U0522746

禅学思想史

中国卷（上）

〔日〕忽滑谷快天 著

朱谦之 译

商务印书馆

忽滑谷快天

禪學思想史 上卷
©玄黃社，東京，日本，大正十二年
根據日本東京玄黃社1923年版譯出

禪學思想史 下卷
©玄黃社，東京，日本，大正十四年
根據日本東京玄黃社1925年版譯出

导　读

杨曾文

本书系日本佛教学者忽滑谷快天所著《禅学思想史》之中国部分，中国著名学者朱谦之教授在晚年把它译成了中文。

忽滑谷快天（1867—1934）是日本近代早期著名佛教学者之一。东京人，自幼受曹洞宗的传统教育。1884年入东京的曹洞宗大学（现名驹泽大学），专攻佛学，尤致力于曹洞宗学，毕业后从善长寺住持忽滑谷亮童受法。1891年入庆应义塾大学，两年后毕业。此后在曹洞宗的高等中学、曹洞宗大学及庆应义塾大学等处任教，并从事佛教研究，发表《禅学新论》等。从1911年11月开始，奉曹洞宗当局之命赴欧美考察宗教和学术两年。1919年担任曹洞宗大学教头，后任此校校长。1925年受文学博士学位。同年曹洞宗大学升格改名为驹泽大学，任校长。著作很多，有《禅学批判论》、《禅学讲话》、《禅之妙味》、《参禅道话》、《达磨和阳明》、《清新禅话》、《和汉名士参禅集》、《乐天生活之妙味》、《禅家龟鉴讲话》、《养气炼心之实验》、《禅的理想和新人生的曙光》、《信仰和民力》、《禅学提纲》、《禅的信仰》、《普劝坐禅仪讲话》、《禅学思想史》上下两卷、《韩国禅教史》等。其中，《禅学思想史》上下两卷分别在1923年和1925年出版，是忽滑谷快天的博士论文。

忽滑谷快天的《禅学思想史》是日本禅学和禅宗研究领域划时

代的代表作。此书主要根据汉译佛教经典和中国佛教著述资料，论述了印度禅学的形成和禅学内容，作为佛教组成部分之一的禅学在中国的传播过程，从南北朝至清初的禅宗逐渐形成、盛行、衰落的演变历史。本书结构严整，条理清晰，在论证中利用了丰富的传统佛教资料。在当时本书被誉为禅学思想史研究的有力"杰作"。综观全书，有如下特色。

1. 全书从论述印度禅学入手，进而论述禅学在中国的传播和发展演变，再考察禅宗形成后在不同历史阶段的流传情况和禅法特点。全书原有两大部分："印度部"和"中国部"。"印度部"的篇幅仅占全书的百分之十一，论述"外道禅"（婆罗门教和数论的瑜伽禅法）和"小乘禅"，旨在说明佛教的禅法源于奥义书等文献所表述的"外道"禅，但有发展。这一部分的内容，朱谦之教授没有译，仅译了"中国部"。

2. 全书以"中国部"为重点，按禅宗的发展阶段分为六编。第一编是"准备时代"，叙述了从东汉末安世高翻译小乘禅经到南北朝梁武帝时菩提达磨来华，不仅介绍了翻译禅经的情况，也介绍了这一时期重要佛经的翻译。第二编是"纯禅时代"，特指从达磨来华至禅宗六祖慧能为止的禅宗酝酿和形成的时期。所谓"纯禅"是指达磨禅或祖师禅，谓信奉大乘教理，用普通佛教用语传法，不重棒喝机用等。第三编是"禅机时代"，介绍了从慧能去世至五代之末禅宗分成五家的禅宗史，谓各家禅法重禅机，棒喝并用，宗风大变。第四编是"禅道烂熟时代"（前期），介绍了北宋的禅宗。第五编是"禅道烂熟时代"（后期），介绍了南宋的禅宗。"烂熟"是指如水果熟透了一样，已发展到极端，而物极必反。认为这两个时期由于教禅混淆、禅净合流，使禅道发展到烂熟，已孕育着危机。第六编是"禅道衰落时代"，介绍了元代至清乾隆时期的禅宗。认为儒释的融合，王阳明学说的兴起，念佛禅的盛行……使禅道名存实亡。

3.本书为了论述清楚，采用三段表述方法：每编前有"概说"，提示每一个禅宗发展阶段的要点；每一章前有"略论"，讲各章中心内容和重要结论；各节为详述。有此安排，读者可根据需要选读不同的部分。

4.虽为禅学史专著，但所涉及的方面十分广博。值得注意的是，各篇章对不同时代的政治、文化背景，都有简明的交代；对各代帝王和士大夫的奉佛、参禅的事迹，也多有介绍。宋明理学的形成受禅宗的影响很大，本书对此也有论述。因此，本书不仅对研究佛教，而且对研究历史、文化、哲学也有参考价值。

5.本书各节篇幅不长，一般是提出论点后再把所据的资料引上。这样做的优点是简明扼要，缺点是没有展开必要的分析说明；在不少地方，对一些可以做出不同解释的引文，没有进行诠释，并做出明确的结论。引证原文很多，但某些地方遗漏注明出处。

本书是日本近代以来第一部禅学思想史，在结构、体例、论述等方面存在这样或那样一些不足之处是可以理解的。从本书出版至今已过了六十多年，无论是在日本还是在中国，佛教研究与其他社会人文学科的研究一样，已取得了巨大的进展。从现在来看，由于当时条件的限制，本书在资料的运用上存在着极大的时代局限性。主要是作者没有看到敦煌遗书中大量的早期禅宗文献和禅宗史书，但是本书的出版标志着日本禅宗研究的旧时期的结束。此后由于敦煌禅籍等新资料的发现和使用，以及其他有关学科的进步，使禅宗研究进入了一个新的时期，在禅宗研究的各个方面都取得了巨大的成绩。尽管如此，《禅学思想史》在今天对我们从事禅学和中国禅宗的研究仍有重要的参考价值，不仅它所提供的资料和线索对我们仍然有用，而且一些论点仍能给我们深入研究以启发。特别是在宋元以后的禅宗研究上，本书仍然居于前列。

在忽滑谷快天《禅学思想史》出版以后的六十多年中，日本的禅学和禅宗研究确实取得了飞跃的进步，其重要原动力是大量敦煌禅籍的发现和研究。由于敦煌禅籍和其他新资料的发现与使用，日本学者对一向被忽视的早期禅宗的文献和历史，对禅宗北宗及南北宗的对立和斗争，对《六祖坛经》等南宗重要典籍的研究与整理，对禅宗历史和禅宗理论的考察研究，都取得了众多成绩。在此仅作概要介绍。

（一）《六祖坛经》新本的发现和研究

《六祖坛经》是禅宗南宗创始人慧能（638—713）说法和生平的集记。从现在掌握的资料来说，《坛经》不是一成不变的，在它最初形成之后，历代有人对它改编和补充，产生过不同的本子。但在明代《大藏经》把元代宗宝改编本《坛经》收编进去以后，其他诸本《坛经》逐渐湮灭无闻。日本学者在20世纪20年代后期及其以后，陆续发现敦煌本《坛经》及源于宋本的兴圣寺本、大乘寺本、真福寺本，以及元代德异本《坛经》等，进行了不同程度的研究。

敦煌本《坛经》（写本，斯坦因，5475）。原题为《南宗顿教最上大乘摩诃般若波罗蜜经六祖慧能大师于韶州大梵寺施法坛经一卷，兼受无相戒弘法弟子法海集记》。矢吹庆辉（1879—1939）1926年从伦敦大英博物馆所藏敦煌遗书中发现，校勘后在1928年把它收入《大正藏》第四十八册之中。铃木大拙（1870—1966）对此进一步研究，1934年出版了由他校订的《敦煌出土六祖坛经》，全书分五十七节，并撰文解说。此校本成为以后最流行的敦煌本《坛经》本子。此后宇井伯寿、柳田圣山、中川孝等人也对敦煌本《坛经》进行校勘或译成日文,并有大量研究敦煌本的论文。

敦煌本是现存最古的《坛经》本子。此本《坛经》不分节,后面师弟机缘(师徒关系)部分篇幅较少,谓此书是法海——道漈——悟真三代相承,当形成于9世纪中叶之前。

源于宋惠昕改编本《坛经》的兴圣寺本、大乘寺本等。在敦煌本《坛经》发现以后,启发日本学者搜寻古本《坛经》,后在京都兴圣寺发现宋惠昕本《坛经》。此本内分十二门,有小标题,版心有《千字文》中的"军"字,当是翻刻宋版《大藏经》的本子,明显上承敦煌本,内载此书传承世系是法海——志道——彼岸——悟真——圆会五代。卷首有日本江户时代(1603—1867)兴圣寺僧了然从别本抄来的宋惠昕的序和宋晁子健的刊记。据此,惠昕于太岁丁卯(胡适考证为宋太祖乾德五年,公元967年)将一部"文繁"的《坛经》改成两卷十一门。此本是晁子健在绍兴二十三年(1153)所刻,底本是他七世祖文元公晁迥所读的《坛经》。铃木大拙在1934年出版了由他校订的兴圣寺《坛经》,并著文介绍。

属于惠昕本《坛经》的本子。日本学者还在石川县大乘寺发现宋政和六年(1116)比丘存中刊本的抄本,称大乘寺本《坛经》。铃木大拙在1942年出版了此书的核订本,并附录两篇论文和索引。在日本金山天宁寺发现的惠昕本《坛经》写本,也属于比丘存中刊本。在日本名古屋真福寺还发现了属于宋大中祥符五年(1012)周希古刊本的写本,是惠昕本的早期刊本。石井修道对此做了研究,并出版了校订本。

元代德异本《坛经》。德异在元至元二十七年(1290)据由他搜寻到的古本刊印此《坛经》,在元宗宝本《坛经》前所载德异之序中对此讲得很清楚。但德异本《坛经》有没有呢？日本学者黑田亮、宇井伯寿、柳田圣山等经考察研究认为，朝鲜流传的《坛经》属德异本系统。据朝鲜嘉靖年间刻本《坛经》末尾所载高丽僧万恒在元大德四年（1300）写的序，德异刊印《坛经》后，托商人于大德二年送给万恒一本，托他刻印流行。此后多次印行。此本卷首有德异的序，有记述慧能略传的"略序"，正文分十章，书后有"宋太祖开国之初……至至元二十七年庚寅得五百七十八年矣"的后记。

元宗宝本《坛经》。此为元至元二十八年（1291）南海风幡光孝寺宗宝改编的《坛经》。据宗宝的跋文，他是用三本校对，"讹者正之，略者详之，复增入弟子请益机缘"。全书分十章，附"缘起外纪"、"历朝崇奉事迹"、"赐谥大鉴禅师碑"（柳宗元、刘禹锡）、"佛衣铭"、编者跋文。此为明代以后最流行的《坛经》本子。

《坛经》诸本的发现，为学者进行研究提供了丰富的资料。松本文三郎（1869—1944）是最早研究《坛经》的学者之一，在敦煌本发现之后，于1932年写了《六祖坛经的书志学研究》的论文，对明本（即入藏的宗宝本）、敦煌本、兴圣寺本《坛经》做了比较研究，认为敦煌本是唐末《坛经》，但不是最早的《坛经》，也不算是善本，兴圣寺本以此本为基础做了发展，为现存一切本的基础。宇井伯寿著《坛经考》（载《第二禅宗史研究》），对十几种版本的《坛经》进行考证，认为敦煌本虽不是最早本，但为现存本中最古的，是各本《坛经》的基础。在现存《坛经》中有敦煌本、惠昕本、德异本和宗宝本三大系统。明洪武本（1373）有朗简的序及契嵩的《坛经赞》，但正文与流通本不同，此或为契嵩本的翻刻。德异所寻的古本，或即为契嵩本，后世一般称为"曹溪原本"。柳田圣山《初期禅宗史书的研究》（1967年），对敦煌本《坛经》的作者、形成等做了考察，认为《坛经》是牛头禅派与神会禅派互相影响的结果,内容中的最古部分是无相授戒仪与般若三昧、七佛二十八祖等记述。这些原是牛头禅派之说,编者当为牛头禅派鹤林玄素(668—752)的门徒法海,而到牛头禅遭到禅宗内部批评时,法海才被说成是慧能的弟子。后来《坛经》中又被增入慧能生平及十大弟子机缘部分。现本敦煌本《坛经》当形成于《曹溪大师别传》(781)与《宝林传》(801)之间。柳田在1985年的《语录的历史》中又认为,敦煌本《坛经》最初是师徒间传授的本子,到慧能第三代弟子悟真时又据神会的《坛语》,并吸收《金刚经》《梵网经》等的思想,重新改编。1989年柳田在出席于我国台湾召开的国际禅学会议上发表《坛语与坛经》,认为不能设想在敦煌本以前有古本《坛经》存在,《坛经》实是从神会的《坛语》发展而来,"敦煌本《坛经》正是开元初期神会的新佛教运动的记录";这种新佛教运动重视大乘菩萨戒的传受,受戒者以"自性清净心"为"戒体",以"般若波罗蜜"为"学处";《坛经》不仅以神会传戒授法的记录为基础,而且吸收了《历代法宝记》《曹溪大师传》的内容,可看作"8世纪禅佛教思想史的成果"。中川孝在《六祖坛经》译注本(《禅的语录》之四)的"解说"中同意胡适的见解,认为《坛经》是神会或其弟子所编,敦煌本《坛经》中有不少地方与神会著作的思想及语句一致。

日本驹泽大学禅宗史研究会在1978年出版了《慧能研究》一书,其中对《曹溪大师传》及其他的慧能传记资料十八种、《坛经》、《金刚经解义》(传为慧能解义)进行研究,并对《曹溪大师传》用五本校订和训注,对《坛经》五本做了对校。这是日本学者研究慧能和《坛经》的重要成果。

（二）早期禅宗语录的发现和研究

禅宗有一个酝酿、形成和发展的历史。从菩提达磨来华至隋朝的僧璨，可看作禅宗的酝酿期；至唐朝的道信、弘忍，是禅宗的正式形成期；到慧能、神秀分立南宗、北宗及以后南宗独盛天下，都可以看作禅宗的发展期。各个时期都有相应的禅宗文献。但在20世纪发现敦煌禅籍之前，禅宗史书典籍几乎全是南宗的，因而对禅宗早期历史的全貌得不到了解。六十年来日本学者从敦煌文书中发现冠以菩提达磨之名的语录及其他早期禅宗文献有多种，推进了对早期禅宗，包括北宗和牛头禅派的研究。

（1）《二入四行论》一卷，在敦煌写本和朝鲜刊《禅门撮要》中都有。铃木大拙的《禅思想史第二》将此文分三部分共101段：1—11段为"达磨大师二入四行论及略序等"，12—67段为"杂录第一"，68—101段为"杂录第二"。第一部分前8段，详略不同地见于《续高僧传·达摩传》《景德传灯录》卷三十所载"略辨大乘入道四行，弟子昙林序"及《楞伽师资记》所引的《四行论》。第11段为《续高僧传》卷十六《僧可传》中向居士的信。铃木认为前56段基本为达磨所述，后来认为第一、二部分皆为达磨所说，第三部分为慧可所述。宇井伯寿的《禅宗史研究》认为1—8段为达磨弟子所记，其他皆非达磨述，大部分是慧可述。柳田圣山的《达摩的语录》认为，这是初期禅宗修持者昙林、慧可、道育、向居士等传承禅法的记录，非一人著述。柳田的《语录的历史》认为第一、二部分与《禅门撮要》本一致，皆为昙林所传，与慧可无关；第三部分为达磨、慧可禅系的师徒间的问答。

（2）《达摩禅师论》一卷，日本药师寺所藏敦煌本，关口真大的《达摩大师的研究》首次出版（1957）。首部缺，写于唐开耀元年（681），主张"事中徐缓""唯净""唯善"三种"安乐法门"，虽是后人伪托之作，但对研究早期禅宗很有价值。

（3）《修心要论》一卷，全称《蕲州忍和上导凡趣圣悟解脱宗修心要论》，也称《最上乘论》《一乘显心论》。虽题弘忍著，实当为弟子集记。敦煌写本有多种，刊本有《禅门撮要》本和安心寺本。铃木大拙《少室逸书》收有校印本，《禅思想史第二》所收是五本的校勘本。此论由14段问答组成，记载弘忍"东山法门"的禅法主张。

（4）《观心论》一卷，《少室六门》称之为《破相论》，为神秀述。敦煌写本中有多种，刊本有《禅门撮要》本和安心寺本。1932年日本神尾式春著《观心论私考》，据所发现的异本和《一切经音义》所载："观心论，大通神秀作。"论证此论为神秀撰，逐渐得到学术界的承认。1936年铃木大拙发表此论的五本对校本（载于《铃木大拙全集》别卷一），但反对此为神秀著，认为是达磨述，由弟子记录的。此论主张坐禅观心，与宗密的《圆觉经大疏钞》卷三之下所说神秀北宗"拂尘看净"及《坛经》批评的北宗"看心看净"的禅法是一致的。

（5）《大乘五方便北宗》一卷，有的写本名《大乘无生方便门》。一般认为是神秀的弟子记述的。宗密的《圆觉经大疏钞》卷三之下说神秀北宗的禅法是"拂尘看净，方便通经"。此"方便通经"，据此写本是依据《大乘起信论》《维摩经》《法华经》《思益经》《华严经》发挥所谓"总彰佛体""开智慧""显不思益""明诸法正性""了无异"五门，为北宗禅的纲要书之一。主张"看心""净心"等。铃木大拙的《禅思想史研究第三》收有此论的四本校订本。

（6）《绝观论》，全名《三藏法师菩提达摩绝观论》，被认为是牛头法融(594—657)著。写本有多种,铃木大拙在1935年于北京图书馆发现一种写本(北闰八四),校刊后收入《少室逸书》,题为《观行法无名上士集》,认为是神会禅系的无名法师编集。1937年久野芳隆在《宗教研究》上撰文介绍了存于巴黎国立图书馆的三种《绝观论》敦煌写本。此后铃木大拙据此三种写本校写出全文,并在《佛教研究》上撰文介绍。1945年铃木大拙与古田绍钦出版了以石井光雄所藏《绝观论》写本为底本,用其他四种本子校订的《绝观论》。在1970年柳田圣山发表了《绝观论的本文研究》(在《禅学研究》五八),介绍了以上五本之外另一种敦煌本《绝观论》,此后发表了用此六本互校的全文。关于《绝观论》的作者,久野芳隆和关口真大据《宗镜录》《祖堂集》《圆觉经大疏钞》中所引的文字,撰文论证是牛头法融的著作。柳田圣山在《初期禅宗史书的研究》认为法融是承达磨《二入四行论》之意而作。铃木大拙在《禅思想史第二》中收有用巴黎本校订的石井本和北京本,但坚持此论为达磨所述。此论显受般若、三论影响,讲"空为道本""无念即无心,无心即真道""绝观",与法融《心铭》之"绝观忘守"有相通之处。

(三)早期禅宗史书《楞伽师资记》《传法宝纪》和《历代法宝记》

过去的中国禅宗史主要讲的是唐末以后的南宗史,所据资料也多是南宗的人编撰的。从敦煌遗书中发现了《楞伽师资记》《传法宝纪》和《历代法宝记》,提供了研究禅宗初创期、禅宗北宗和其他禅派的最新资料。

(1)《楞伽师资记》一卷,唐净觉撰。写本有多种,皆不完整。著者净觉（683—750）是唐中宗时韦后的族弟，从他所著《注般若波罗蜜多心经》所载李知非之序、王维《净觉师碑铭》，可知其生平。此书当撰于唐开元四年（716）之前。胡适最早从敦煌遗书中发现此书有三种钞本，交朝鲜学者金久经校订，后在金久经编的《姜园丛书》（1934）中出版。日本学者矢吹庆辉在1930年发现的一种写本（斯坦因，2054），收在《鸣沙余韵》中影印介绍，后《大正藏》卷八十五所收本是以此为底本，以金氏本校之。此后关于此书的写本续有发现。1954年筱原寿雄在《内野台岭先生追悼论文集》中发表了《楞伽师资记校注》，是将《大正藏》本与金氏本重加校对的结果，又加注文，但仍缺卷首。1966年柳田圣山在《初期禅宗史书的研究》书后所附资料中，吸收以往成果，又利用田中良昭新的发现，发表了新校订的《楞伽师资记序》，卷首补上所缺部分（从文义看，仍不全）。此序与以往学者所校正文合并，是一部迄今最全的《楞伽师资记》了。此书为传授《楞伽经》为禅法宗旨的祖师立传：求那跋陀罗、菩提达磨、惠可、僧璨、道信、弘忍和神秀、玄赜、慧安以及普寂、敬贤、义福、惠福，共八代十三人，各传详略不同。对他们的生平、禅法思想做了介绍。其中"道信章"最长，主要引其所著《入道安心要方便法门》。在弘忍、神秀二章，主要引用玄赜《楞伽人法志》（约撰于707年以后，记弘忍及弟子神秀、慧安的楞伽禅系传）。本书不重视法如和慧能，仅把他们列于传教于一方的弘忍的十大弟子之中。

（2）《传法宝纪》一卷，唐杜朏撰。矢吹庆辉的《鸣沙余韵》（1930）及《解说》（1932）中最早收有一种敦煌写本（伯希和，2624），缺后部的三分之一。此后神田喜一郎又发现了一个写本（伯希和，3858），校订后在白石虎月《续禅宗编年史》附录中发表，此仍缺后面神秀的塔文。1960年柳田圣山在友人的帮助下得到巴黎国立图书馆所藏最完备的写本（伯希和，3559）的照片，校订后发表在他的《初期禅宗史书的研究》所附资料中。1971年将此书与《楞伽师资记》排印并译为日文，题为《初期的禅史Ⅰ》（《禅的语录》2）出版。《传法宝纪》的作者"京兆杜朏字方明"，可能是严挺之《大智禅师碑铭》（《全唐文》，卷280）中的"朏法师"，住大福先寺，义福从他学过大乘经论。日本学者多认为此书撰于开元初年（713），实际上当撰于开元四年至开元二十年之间。书中记述相传为禅宗七祖：菩提达磨、惠可、僧璨、道信、弘忍、法如、神秀的略传及禅法主张。此书承《法如禅师行状》的祖统说，所谓达磨"绍隆此宗"，"入魏传可，可传璨，璨传信，信传忍，忍传如"，也以法如为第六祖，以神秀上承法如。此书明记从达磨至僧璨以《楞伽经》相传授，并在达磨传中批评"壁观及四行"。

（3）《历代法宝记》一卷。敦煌写本中有完整的本子，《大正藏》卷五十一所收的是以斯坦因516写本为底本，与伯希和2125对校的本子。此后矢吹庆辉的《鸣沙余韵》及《解说》中收有此写本的影印本及介绍文章。1935年金久经又重校，收入《姜园丛书》中。此后又有多种写本发现，为校订此书提供了新的资料。1975年柳田圣山在《初期的禅史Ⅱ》（《禅的语录》3）发表他校订与日译的《历代法宝记》，并加详细解说。此书是唐代成都保唐寺无住（714—774）死后不久由他的弟子编撰的，宣传以保唐寺为中心的禅法为正统的禅宗史书。保唐禅派是相对于南北二宗的另一禅系，因肃代二宗时的宰相杜鸿渐（709—769）曾从无住受法，故此派在今四川一带曾盛行一时。此书记禅宗二十九代祖相传世系，但把二十九祖菩提达磨称为菩提达磨多罗。利用神会的祖传法衣之说，编造此衣在则天武后时被诏送朝廷，后转授于智诜，经处寂、无相，传于无住，以此证明保唐禅派的正统性。无住的禅法以强调"无忆、无念、莫妄"为特色,说"一切众生,本来清净"……与宗密的《圆觉经大疏钞》卷三之下所说无住"但贵无心为妙极""灭识"是一致的。

(四)《神会语录》

弘忍死后,以神秀及其弟子普寂等人为代表的禅宗北宗,在以长安、洛阳两京为中心的北方广大地区十分盛行。慧能的弟子神会(670—762)代表南宗出来与北宗辩论、抗争,使南宗影响日益扩大,安史之乱后在朝廷支持下南宗被确立为禅门正统。长期以来,神会的语录等文献在社会上佚失,仅靠宗密的著作等了解其部分情况。1926年胡适最早发现敦煌遗书中的神会遗著,校订出版《神会和尚遗集》(详后)。日本学者对此十分重视,也发现了神会的遗著。石井光雄购入的敦煌写本中有一部《神会语录》,与胡适发现的《神会语录》有很多不同。1932年石井光雄将此件影印出版,题为《敦煌出土神会录》,附铃木大拙所著《敦煌出土神会录解说》的小册子。1934年铃木与公田连太郎重加校订,题为《敦煌出土荷泽神会禅师语录》,并加上《解说及目次》,由森江书店出版。此录篇幅比胡适发现的《神会语录》略大,尾部有从达磨至慧能的六代相承略传及《大乘顿教颂并序》,最后题记中有"唐贞元八年岁在未,沙门宝珍共判官赵看琳于北庭奉张大夫处分,令勘讫。其年冬十月廿二日记"。此语录的原题当为《南阳和尚问答杂征义》,为唐刘澄集记。胡适晚年所校的一个抄本就有题为"唐山主簿刘澄"写的序,有此书名。

以敦煌禅籍研究为重点的研究著作有很多,其中比较有影响的有如下几种。(1)铃木大拙的《敦煌出土少室逸书》《校刊少室逸书及解说》《禅思想史研究第二》《禅思想史研究第三》，是铃木从1934—1966年对所发现的早期禅宗文献所做的校订、研究，对早期禅宗历史研究有重要的参考价值。（2）宇井伯寿的《禅宗史研究》（1939）对菩提达磨及其弟子、牛头禅派、弘忍法嗣及北宗禅、神会、马祖与石头等禅系禅法，有详细论证，把传统的佛教史传资料，新发现的《祖堂集》《宝林传》及碑铭资料、敦煌资料融为一体使用，别具特色。书后附有"北宗残简"，收有敦煌禅籍和传统史料多种。在1942年宇井又出版了《第二禅宗史研究》，其中的《坛经考》详细地介绍了诸本《坛经》的特色，对它们之间的关系做了考证。此外几篇对南宗慧能及其弟子、南岳和青原两大法系、牛头禅派等做了论证。（3）关口真大的《达摩大师的研究》（1957）对多种冠以达摩之名的资料，如敦煌本《绝观论》《无心论》《观心论》《证心论》《四行论》等做了论证，对在日本发现的《达摩禅师论》做了重点论证，认为许多"达摩论"是后人伪托达摩之名而造的，如《观心论》为神秀撰，《绝观论》和《无心论》为牛头法融撰，等等。（4）前面多次提到，柳田圣山的《初期禅宗史书的研究》（1967）对早期禅宗史书的多种资料及禅宗史上的重大问题都有论证。对敦煌禅籍中北宗系的《传法宝纪》和《楞伽师资记》，南宗神会的《南宗定是非论》《六祖坛经》《曹溪大师别传》，四川保唐禅派的《历代法宝记》《宝林传》做了详细论证。作者根据自己的研究和见解，对以往国内外的有关研究做了概要介绍和评论，且注释详尽，为了解20世纪早期禅籍的研究情况提供了丰富的资料和线索。1985年发表了《语录的历史》，详细考察了从达磨《二入四行论》到《神会录》《坛经》及以后诸禅祖语录形成发展的历史，其中对敦煌禅籍的分析论述占有很大篇幅。（5）篠原寿雄和田中良昭编的《敦煌佛典和禅》（1980），是一部由十二人集体分门撰写的著作，对敦煌禅宗文献的内容及其在中国禅宗史上的地位做了全面论述。(6)田中良昭在1983年出版了《敦煌禅宗文献的研究》，是他二十年来从事敦煌禅籍研究成果的集编，对禅宗史书《楞伽师资记》等，对《二入四行论》等禅法文献，对各种文体的文献等做了细密的考察，还对《禅源诸诠集都序》的敦煌本残卷做了研究。

日本筑摩书房从1969年以来组织学者编写《禅的语录》，共二十卷。对中国禅宗的代表作进行译注，各书包括新校订的原文、日本训读、现代日语译文、注释和解说。"解说"部分介绍各书的原作者、编写的时代背景、书的内容和特色、在禅宗史上的地位及各种版本等。现已出十七册：《达摩的语录》、《初期的禅史Ⅰ》(《楞伽师资记》《传法宝纪》)、《初期的禅史Ⅱ》(《历代法宝记》)、《六祖坛经》、《顿悟要门》、《庞居士语录》、《传心法要·宛陵集》、《禅源诸诠集都序》、《临济录》、《赵州录》、《寒山诗》、《辅教篇》、《雪窦颂古》、《十牛图等（四部录）》、《大慧书》、《无门关》、《禅关策进》，其他待出的有《神会语录》、《洞山录》、《语录的历史》(已在《东方学报》第五十七册发表)。

近代以来，从中国、朝鲜、日本发现了一些珍贵的禅宗资料。柳田圣山主编的《禅学丛书》影印了一批上述禅宗典籍（古版或抄本），全书拟出十二册，已出十册。书名是《宋本古尊宿语要》、《禅门撮要·禅源诸诠集都序·法集别行录节要》（高丽本）、《四家语录·五家语录》、《祖堂集》、《宝林传》、《传灯玉英集》(《宋藏遗珍》本)、《景德传灯录》（宋版与高丽本）、《六祖坛经诸本集成》、《敕修百丈清规左觿·庸峭余录》、《临济录抄书集成》、《禅林象器笺·葛藤语笺》。其中《祖堂集》是五代南唐保大十年（952）由雪峰下第四代静、筠二禅僧编，是中国最早的禅宗南宗记言体史书，在宋初《景德传灯录》流行后失传。此为《高丽大藏经》再雕本的附录所收刻本。《六祖坛经诸本集成》收有《坛经》的敦煌本、兴圣寺本、金山天宁寺本、大乘寺本、高丽本、明版南藏本、明版正统本、清代真朴重刻本、曹溪原本、流行本、金陵刻经处本，对研究唐代禅宗和《坛经》的演变很有参考价值。

在禅宗史研究方面，近年出版了阿部肇一的《中国禅宗史的研究》，论述禅宗从唐至宋的发展过程，在对禅宗史实的考察中密切结合各个时代的社会政治背景。铃木哲雄的《唐五代的禅宗》着重考察了南宗青原、南岳两系禅派势力在以湖南、江西为中心的地区的发展，利用广博的史书和碑文资料，论证各禅派的特色。石井修道的《宋代禅宗史的研究》对《景德传灯录》的内容结构和特色，对作者道原做了考察；重点探讨了曹洞宗的形成和发展，对以宏智正觉为代表的默照禅做了详细论证；还考察了日本道元创立的日本曹洞宗与默照禅风的异同，认为道元的禅法是对中国曹洞宗默照禅的发展和"超越"。

在禅宗辞书方面，1978年出版的《禅学大辞典》最有名。这是日本曹洞宗的驹泽大学禅学大辞典编纂所组织近五十名学者用了二十六年的时间编成的，共有三卷，收词三万二千个，包括印度、中国、朝鲜、日本禅学和禅宗历史、思想、人物、著述等方面的术语、名词等，还附有禅宗史迹地图、禅宗法系、年表、禅籍分类要览等。

中国学术界在六十年来社会经常发生变动的环境中，禅宗研究也取得了成绩。首先应当提到的是胡适。胡适在1924年试写《中国禅学史》稿，当写到神会时，仅从《宋高僧传》和宗密的论禅宗的著作中找到很少材料，感到很难写下去，便决心搜求关于神会的史料。1926年因事出访欧洲，在伦敦大英博物馆和巴黎国立图书馆检阅敦煌写本，发现三种神会的语录和神会的《显宗记》，回国后加以校订抄写，1930年由上海亚东图书馆出版，题为《唐神会和尚遗集》。上述三种神会的语录，一是《神会语录》，实即《南阳和尚问答杂征义》的残卷，与日本石井本《神会语录》大体上相同；另两种实际是《菩提达摩南宗定是非论》的两部分残卷。胡适在卷首写了《荷泽大师神会传》，对神会继承慧能，与北宗辩论，宣传南宗禅法，以及神会的禅法主张、南宗正统地位的确立等做了详细论证。胡适在文章中考证，《六祖坛经》的重要部分是神会作的；"如果不是神会作的，便是神会的弟子采取他的语录里的材料做成的。"在文章结尾，对神会做了很高的评价："南宗的急先锋，北宗的毁灭者，新禅学的建立者，《坛经》的作者——这是我们的神会。在中国佛教史上，没有第二个人有这样伟大的功勋、永久的影响。"神会研究，胡适是开创者，立即在日本引起反响。铃木大拙在此后校订了石井本《神会语录》和北京图书馆本《坛语》。胡适晚年继续研究禅宗。1958年他据新发现的敦煌写本校订出《南阳和上顿教解脱禅门直了性坛语》和《菩提达摩南宗定是非论》，1960年又据新发现的敦煌写本校出《南阳和尚问答杂征义》（残卷），都写了论文。这些校本和论文在胡适去世后都被收到新版《胡适校敦煌写本：神会和尚遗集》（1968年，台湾胡适纪念馆版）附编之中。胡适对早期禅宗、《坛经》也写过几篇论文。

　　1949年新中国成立后，宗教研究是社会科学研究的一个方面。在佛教研究方面，在大学和社会科学研究部门的学者按照唯物史观的基本要求，结合具体的社会历史环境来研究佛教的历史、理论和教派。在禅宗研究中，总的来说开展得还很不够，特别是利用新资料的研究较少。比较有影响的论文有任继愈的《禅宗哲学思想略论》（载任著1963年人民出版社出版的《汉唐佛教思想论集》）。本文扼要地介绍了禅宗形成和发展的过程、早期禅宗流派；认为惠能是中国禅宗的真正创始人,论述了惠能禅法理论中的哲学思想和宗教主张;明确地指出禅宗哲学的主观唯心主义的性质,说:"尽管它在一定条件下起过某些进步作用,并有一些有价值的思想资料,但不能忘记它首先是宗教,其次才是哲学。这种哲学是深刻的,但是头脑颠倒的。"

吕澂(1896—1989)多年从事佛教研究,对印度佛教和中国佛教都做了多方面的深入研究。1954年在《现代佛学》上发表了《禅宗》一文。此后,1961年受中国科学院哲学社会科学部的委托,举办了佛学研究班,向学员系统地讲授印度和中国的佛学源流,其《中国佛学源流略讲》,在1979年由中华书局出版。其中的第七讲"楞伽师与达磨禅"和第九讲"南北宗禅学的流行",比较系统地论述了禅宗形成和发展的历史。在论述中利用了敦煌部分禅籍和其他新史料,提出不少很有学术价值的见解。例如,认为从达磨、慧可后,以《楞伽经》为禅法依据,"修头陀行,遵守一种严格的戒律",而到唐代道信、弘忍之时出现许多变化,他们在黄梅聚徒教禅、传戒,除重《楞伽经》之外,还吸收《法华》《般若》等经的思想,说"念心"即是"念佛";现存《最上乘论》主张守自心,心即"心真如门",说此书是弘忍所作也是有根据的;北宗神秀的禅法主张,应主要从《楞伽师资记》中得到了解,所传由他著的《观心论》不甚可靠;敦煌文书中的《大乘无生方便门》或《大乘五方便》,揭示了宗密《圆觉经大疏钞》中所说神秀的禅法是"拂尘看净,方便通经"的具体内容;《六祖坛经》为后人几经改变,其中哪些是慧能的思想,哪些是后人的,已很难一一区别出来了,"至于现行的本子是否就是神会一系所改动的,这也很难确定";"敦煌本《坛经》,由字迹上断定是五代时写的";研究慧能的思想并不能以《坛经》作为唯一的根据,现仍宜以王维的《能禅师碑铭》作依据;神会思想出于慧能,对北宗批评的两大纲领是:"传承是傍,法门是渐。"强调"无念为宗"。此外，对唐末五代由南宗青原、南岳之下分裂成禅门五家，及它们的禅法特点；宋代以后禅教渐趋一致，禅学又与玄学结合，禅法流派之迭兴，如"文字禅""看话禅""默照禅"等，都有简要而精辟的介绍。

1978年中共第十一届三中全会以后，佛教研究取得了很多成绩。在禅宗研究方面，除有研究论文、专著外，还注释出版了若干禅宗文献。1980年由齐鲁书社出版了郭朋的《隋唐佛教》，其中第四章第四节"中国佛教的特产——禅宗"，着重论述了禅宗的形成和早期发展史。除《坛经》主要用敦煌本外，其他多用传统史料。作者认为，《坛经》敦煌本是慧能弟子"法海当时的记录本"，比较真实，此外还有"唐僧惠昕的改编本"、曹溪原本（有明代成化年间重刻本）、元宗宝改编本，其中的曹溪原本"就是契嵩的改编本"；作者又对四本《坛经》做了一些对比，指出后出的《坛经》做了很多篡改，"特别是曹溪原本，其实它远非原本，而是比惠昕本还要晚出，成了宗宝改编《坛经》的蓝本。而宗宝本《坛经》，由于文字比较通畅，内容上后期禅宗的东西也更多一些，因而它几乎成了《坛经》唯一的流通本"。在对慧能思想的评述中，作者反复强调慧能的世界观是"客观唯心论"，而不是"主观唯心论"。"因为，慧能在这里所表达的，完全是真如缘起论思想。慧能认为，性本清净的真如法性，由于为妄念浮云所盖覆，便随缘而生起包括主、客观世界在内的一切万法。这是标准的真如缘起论的客观唯心主义思想。"对慧能以后的禅宗，对沩仰、临济、曹洞、云门、法眼五宗及它们的禅风，做了概要介绍。此后，郭朋把敦煌本、契嵩本（认为即曹溪原本）、宗宝本分段对勘，在每一段落后加按语，说明三本的异同，并做简要评述。此书题为《坛经对勘》，1981年由齐鲁书社出版。郭朋还以日本铃木大拙、公田连太郎所校敦煌本

《坛经》为底本，加以校订和注释，以《坛经校释》的书名，1983年由中华书局出版。此为国内第一次校释和出版敦煌本《坛经》，为研究禅宗提供了方便。1984年中华书局出版了由苏渊雷点校的《五灯会元》。近年来国内研究《坛经》和慧能思想的论文，研究唐宋禅宗人物、思想和历史的论文，发表了不少，也出版了一些比较通俗地介绍禅宗思想、禅宗和中国文化的读物。

在海峡彼岸，台湾地区的学者在禅宗研究中，除胡适外，也有其他学者做出了重要贡献。印顺的《中国禅宗史》（1971年，广益书局初版）是一部有分量的专著。此书广博地利用传统的禅宗史料和20世纪以来新发现的史料，并吸收日本学者的研究成果，着重探讨从印度禅演化为中华禅的历史过程。作者认为，禅史应包含两大部分：禅者的事迹和传承、禅法的方便施化与演变。禅宗重视师承，甚至编造祖统，但此实际与禅法传承无关，即使达磨以来禅师的传记，其中也有很多传说成分。禅法虽非语言文字所可表述，但作为引导的方便来说，形成了不同时代、地区和流派的禅风，由此可看出禅在发展中的历史事实。作者还认为，从达磨"理入"的体悟同一"真性"，到慧能的"自性"，南方宗旨的"性在作用"，达磨门下是一贯的"如来（藏）禅"。中国禅的完成在会昌年间之后，"达磨禅的中国化，主要是老庄化、玄学化"。慧能的"无住"简易禅法，为达磨禅的中国化开辟了通路，而完成这一倾向的是洪州马祖，特别是石头希迁门下，其标志是"通过了、融摄了牛头禅学"。本书对慧能以前的禅宗，对北宗、牛头宗都用相当大的篇幅做论述；对《坛经》的成立与演变、对曹溪南宗的传播与成为禅宗主流，做了详细考察、论证。作者坚持《坛经》是慧能所说、法海集记，但它以后有发展，批评了以为《坛经》是神会或其门下所作，以及认为是牛头宗慧忠所作等说法。在台湾，近年来影印出版了不少禅宗资料汇编,著名的有选自《卍字续藏经》的《禅宗集成》二十五册(艺文印书馆),还有蓝吉富主编的《禅宗全书》百册(文殊出版社)。后者几乎收罗了迄今发现的一切禅宗文献,既包括传统资料,也包括敦煌禅籍、碑刻资料等,在正文前都有概要的"解题"。

总之,从忽滑谷快天出版《禅学思想史》至今,中日两国社会发生了巨大的变化,学术界也取得了飞跃的进步,禅宗研究已进入一个新时期。历史不能中断,学术研究史也不能中断。《禅学思想史》尽管由于时代和资料的局限对早期禅宗没有深入的探究,但它对印度与中国禅学的介绍,对南宗禅的发展,对唐以后不同时代和各个禅派人物、禅法、著作的介绍和评述,还是有参考价值的。此书对广博资料的引证,也可以作为进一步研究的线索,可节省检索原著的时间。当然,今后学术界还应有计划地翻译一些日本较新的禅宗研究著作。可喜的是近年我国已翻译出版了铃木大拙的《禅与日本文化》、阿部正雄的《禅与西方思想》、柳田圣山的《禅与中国》等,在一些刊物上也译介了日本学者的部分禅宗研究成果。日本学者在中国禅宗历史、敦煌禅籍和其他文献资料的研究与整理中所取得的成果,是值得我们重视和借鉴的。我们相信随着翻译出版日本和其他国家学者禅宗著作的增多,一定会对中国禅宗研究产生积极的促进作用。

总　目

第一编　准备时代

概　说 ·· 2
第一章　安世高与禅数 ··· 3
第二章　支娄迦谶与禅教 ·· 6
第三章　支谦与《禅经》 ·· 9
第四章　康僧会与习禅 ··· 13
第五章　朱士行与中国沙门 ·· 16
第六章　竺法护及其译述 ·· 17
第七章　佛图澄与道安之伟业 ··· 23
第八章　习禅之实修 ·· 29
第九章　庐山慧远及其念佛禅 ··· 31
第十章　鸠摩罗什与佛驮跋陀罗 ······································· 41
第十一章　僧肇与道生 ·· 58
第十二章　玄高之修禅及其神异 ······································· 73
第十三章　宝志之出世与佛陀之渡来 ································ 78

第二编　纯禅时代

概　说 ·· 86

第一章	禅观之流行于西域	87
第二章	菩提达磨之东来	110
第三章	达磨之教旨	123
第四章	僧副之禅观与傅翕之超悟	143
第五章	二祖慧可之教旨	152
第六章	三祖僧璨与《信心铭》	158
第七章	僧稠之禅数与亡名之《息心铭》	166
第八章	四祖道信及其教旨	170
第九章	牛头禅之祖法融	175
第十章	五祖弘忍及其时代	179
第十一章	六祖慧能及其宗风	185
第十二章	神秀及其禅	203

第三编　禅机时代

概　说 208
第一章	禅风之大变	210
第二章	牛头禅及无相之三句	216
第三章	青原与石头之宗乘	224
第四章	南岳与马祖之宗乘	230
第五章	永嘉玄觉与《证道歌》	243
第六章	荷泽神会与南北二宗之争	246
第七章	南阳之慧忠及其宗风	250
第八章	大珠慧海与《顿悟入道要门论》	256
第九章	百丈怀海之开创禅刹	260
第十章	南泉与西堂之玄化	272

第十一章	佛光如满与章敬怀晖之见解	278
第十二章	庞蕴之参禅与白居易之念佛	285
第十三章	药山惟俨与丹霞天然之禅风	291
第十四章	五家法系之争论	301
第十五章	圭峰宗密之禅	328
第十六章	沩山与仰山之宗风	345
第十七章	黄檗希运之禅	356
第十八章	大慈山寰中、沩山大安与古灵神赞	368
第十九章	德山宣鉴之玄风	372
第二十章	临济义玄之宗旨	379
第二十一章	洞山良价之家风	396
第二十二章	长沙景岑与赵州从谂	409
第二十三章	子湖利踪、陈尊宿、石霜庆诸等	423
第二十四章	云居道膺、曹山本寂之门风与唐之诸居士	444
第二十五章	雪峰义存与玄沙师备之法门	482
第二十六章	投子大同、大随法真、三圣慧然与兴化存奖	506
第二十七章	长庆慧棱、镜清道怤与鼓山神晏	518
第二十八章	云门文偃与罗汉桂琛	527
第二十九章	法眼文益之禅风	542
第三十章	风穴延沼与天台德韶	552
第三十一章	王侯之归崇与禅门之兴隆	563

第四编 禅道烂熟时代（前期）

概 说 ······578

第一章 赵宋之勃兴与诸宗之恢复 ······579

第二章	永明延寿之宗风及其杂行	584
第三章	首山省念之禅与道原之《传灯录》	597
第四章	汾阳善昭之施设与大阳警玄之门庭	605
第五章	天台教观之复兴与禅者教家之相互交涉	624
第六章	雪窦重显之颂古及其流弊	630
第七章	慈明楚圆与杨岐、黄龙之二派	639
第八章	荐福承古之异彩	648
第九章	琅琊慧觉之门庭	656
第十章	杨岐与黄龙二派之祖	660
第十一章	圆通居讷与育王怀琏	670
第十二章	明教契嵩之修史	679
第十三章	浮山法远之《九带》	684
第十四章	金山昙颖与天衣义怀	692
第十五章	朝臣之参禅	703
第十六章	投子义青与曹洞禅	708
第十七章	圆照宗本与东林常聪	721
第十八章	净因道臻与智海本逸	738
第十九章	长芦法秀与芙蓉道楷	743
第二十章	晦堂祖心、真净克文与兜率从悦	754
第二十一章	赵宋之末路	772
第二十二章	五祖法演与石门慧洪	776
第二十三章	五祖门下之三佛	792
第二十四章	长芦宗颐与长芦清了之念佛禅	822
第二十五章	宋儒之道学	852
第二十六章	北宋之居士	885

第五编 禅道烂熟时代（后期）

概　说 …………………………………………………………………… 900
第一章　宋室之南迁 …………………………………………………… 901
第二章　天童正觉与大慧宗杲之对立 ………………………………… 905
第三章　孝宗帝与诸山长老 …………………………………………… 933
第四章　天童如净与万松行秀之真风 ………………………………… 948
第五章　径山师范之三教融合 ………………………………………… 976
第六章　南宋俗士之参禅与朱陆二大儒之学风 ……………………… 981

第六编　禅道衰落时代

概　说 …………………………………………………………………… 1004
第一章　元初佛教与佛道二教之争 …………………………………… 1005
第二章　万松门下并径山妙高 ………………………………………… 1015
第三章　雪岩祖钦之道学 ……………………………………………… 1021
第四章　天目中峰之禅净融合 ………………………………………… 1029
第五章　元叟行端 ……………………………………………………… 1046
第六章　天如惟则之阳禅阴净 ………………………………………… 1050
第七章　石屋清珙之清逸 ……………………………………………… 1060
第八章　楚石梵琦 ……………………………………………………… 1066
第九章　明初之佛教 …………………………………………………… 1072
第十章　恕中无愠之清操 ……………………………………………… 1086
第十一章　成祖帝之刻藏 ……………………………………………… 1094
第十二章　呆庵普庄之纯禅 …………………………………………… 1099
第十三章　天界道成与曹洞禅 ………………………………………… 1109

第十四章	念佛公案之流行	1114
第十五章	空谷景隆与毒峰季善之念佛禅	1118
第十六章	明初之诸儒	1128
第十七章	王阳明学派之前茅	1134
第十八章	王阳明之心学	1144
第十九章	王门高弟及其末流（第一）	1156
第二十章	王门高弟及其末流（第二）	1167
第二十一章	笑岩德宝等之念佛禅与喇嘛教之流行	1172
第二十二章	无明慧经与明末之诸禅师	1184
第二十三章	无异元来与湛然圆澄	1197
第二十四章	达观真可与憨山德清	1221
第二十五章	鼓山元贤	1250
第二十六章	密云圆悟与费隐通容	1266
第二十七章	清初皇帝与禅匠	1286
第二十八章	为霖道霈与白岩净符	1298
第二十九章	圣祖之表章朱学与世宗之喇嘛禅	1305
第三十章	心学之衰颓与禅学思想之没落	1317

结言 1331

中译本跋 .... 黄心川 1333
绛云赘语 .... 何绛云 1341
后记 .... 黄夏年 1342

上册细目

第一编　准备时代

概　说 ·· 2
第一章　安世高与禅数 ·· 3
　　安世高之习禅及其译经——安世高入洛年代并其所译出《禅经》
第二章　支娄迦谶与禅教 ··· 6
　　支谶之入洛年代——竺佛朔之《道行经》——支谶之译经
第三章　支谦与《禅经》 ··· 9
　　支谦之渡来年代——支谦之译经
第四章　康僧会与习禅 ··· 13
　　康僧会之禅观——康僧会说明之特色
第五章　朱士行与中国沙门 ··· 16
　　昙摩迦罗与朱士行
第六章　竺法护及其译述 ·· 17
　　竺法护之译经——《般若经》之位置——《法华经》之译出——《华严经》与《维摩经》
第七章　佛图澄与道安之伟业 ·· 23
　　竺叔兰之译经与支敏度之合本——佛图澄之化导——道安之达识及其入灭年代——道安之鸿业——道安著述与禅门

之关系——道安注《十二门经》之内容

第八章　习禅之实修 ··· 29
中国人之习禅——当时之禅风

第九章　庐山慧远及其念佛禅 ································· 31
慧远之风格——老庄之学为佛教之阶梯——道安门下与老庄学——白莲社之创立——慧远之入灭年代与其参禅念佛——《大乘大义章》中慧远之禅观——《大乘大义章》之十六特胜说——《般若》之流通

第十章　鸠摩罗什与佛驮跋陀罗 ······························ 41
罗什小传——罗什之入寂年代——罗什之译经与禅法——译经年代之讹谬——《大藏经》中罗什之译经——译经之内容——佛驮跋陀罗——佛驮跋陀罗《禅经》之内容——达摩多罗《禅经》之翻译年代及其编者——佛陀斯那之传承——《禅经》题名之讹谬——佛驮跋陀罗之译经——《禅经》之广略二本——达摩多罗《禅经》非达磨之说——富若罗与般若多罗为别一人——达摩多罗与菩提达磨非同一人——《六十华严》之初译

第十一章　僧肇与道生 ·· 58
道生小传——道生之《涅槃经》——顿悟成佛说——僧肇——《涅槃无名论》之卓见——《物不迁论》与《肇论疏》及禅语——《宝藏论》之禅味——《维摩经注》中禅教之观念——僧叡之参禅

第十二章　玄高之修禅及其神异 ······························ 73
宝云与慧观——玄高小传——惠览之道行——渡来罽宾禅师昙摩密多及其禅经——罽宾之诸禅师——求那跋陀罗之《楞伽经》及其年代

第十三章　宝志之出世与佛陀之渡来·················· 78

司徒竟陵王弘通大乘——顿悟成佛论之继承者法瑗——顿悟成佛论之赞同者刘虬——宝志之灵迹——宝志之隐语——宝志其祖师禅之祖耶——宝志偈颂之大旨——佛陀禅师之风格

第二编　纯禅时代

概　说··· 86

第一章　禅观之流行于西域·························· 87

从释迦佛至达磨之传承——《传灯录》所载七佛之偈——道原之误谬——契嵩之谬论——二十八祖付法之偈——支强梁楼者何人——关于那连耶舍译契嵩之错误——念常之妄论——念常论议之破绽——道原之《西来年表后记》——七佛偈之作者——就《付法藏传》契嵩之极论——契嵩论议之不当——二十八祖之异说——有部之传承——各派传承之所以相违——拈花微笑之本据如何——《人天眼目》之杜撰——浅川鼎之说——浅川鼎之评论——宋濂与《大梵天王问佛决疑经》

第二章　菩提达磨之东来·························· 110

《续高僧传》之达磨渡来之年代——决定达磨东来年代之四种传说——四传说之一致点——达磨入灭年代与佛大先——达磨之渡来地点——达磨与梁武之问答——问答之由来与姚兴僧肇之思想——达磨之渡江说与归天说——达磨毒害说与只履说之讹传——梁武建碑及祖琇之意生身说——意生身说是妄论也

第三章　达磨之教旨·································123

达磨之特色禅门之宗风——皮肉骨髓之说——二入四行说为达磨正统之思想——《少室六门集》与《传灯录》所表

现之达磨思想——《少室六门集》之内容误传为达磨之思想——《人天眼目》之《达磨真性偈》——《楞伽经》付嘱说——《楞伽经》与达磨之思想——《楞伽》与《金刚》二经与诸祖——《集注楞伽阿跋多罗宝经》——《楞伽经》之特色——达磨之中心思想——达磨理入之说——直指之一特色及其解脱说——起源于《楞伽》之佛心宗的名义——四十九年一字不说——五无间业之善用——三界唯心说——禅家之心要及其心说——宗通说通之说与涅槃——禅家自称之禅——不起一念之说

第四章 僧副之禅观与傅翕之超悟 …… 143

僧副与道副非一人——傅翕小传——傅翕传与挥案一下公案并祖琇之妄言——傅翕之信仰与思想之根柢——傅翕与老庄思想——傅翕之思想形式——傅翕之禅偈——《心王铭》——即心即佛是梁代之一思想——鼓山元贤之说

第五章 二祖慧可之教旨 …… 152

慧可小传——《正宗记》并《血脉谱》之断臂说——断臂说非《传灯录》记者之忆说——断臂说与法琳碑文之价值——断臂之实例与法难之说——慧可之教旨

第六章 三祖僧璨与《信心铭》 …… 158

僧璨小传——《编年通论》中之僧璨行实——僧璨之诸传并谥号之误——《旧唐书》并《血脉谱》之说——《续高僧传》并《传灯录》之说——僧璨与南岳慧思之思想——梁代思想之先驱——见性成佛之语与慧可、僧璨之思想——慧可参徒慧布之见处

第七章 僧稠之禅数与亡名之《息心铭》 …… 166

僧稠之风格——僧实与僧达——亡名之为人与其《息心铭》

第八章　四祖道信及其教旨……………………………170
　后周之法难与文帝之护法——文帝与禅门并炀帝之行业——四祖道信——道信之教旨——道信、法融之相见并《般若经》使用之开端

第九章　牛头禅之祖法融……………………………175
　诸传所见法融之行实——法融之《心铭》——《传灯录》之说并牛头之禅风

第十章　五祖弘忍及其时代…………………………179
　唐初诸师之活跃——《五灯会元》中之弘忍传——弘忍传之讹谬——《最上乘论》——《最上乘论》非弘忍真说之诸证及《金刚经》

第十一章　六祖慧能及其宗风………………………185
　《六祖坛经》实为慧能之语录——《坛经》三本之不同——《曹溪大师别传》及其脱稿年代——四书对校之慧能传——关于慧能年代之诸说——《法宝坛经》中之慧能思想——自心自性之说——见性成佛并即心即佛之说——本来面目与王三昧——自性能具万德唯心净土——慧能之坐禅观——慧能对于死及死后之见地——《金刚经口诀》是疑似之作

第十二章　神秀及其禅………………………………203
　神秀略传——慧安之风格——神秀之禅风——慧能、神秀禅风之差异及两者之亲密——神秀之《心要》并六代相传之《楞伽》

第三编　禅机时代

概　说……………………………………………………208

第一章　禅风之大变 ………………………………………… 210
南山念佛禅——法持之念佛——南北二禅之轧轹——行棒竖拂之始——扬眉张目与圆相之始——放喝之始

第二章　牛头禅及无相之三句 ………………………………… 216
径山之道钦——牛头山之智威与慧忠——云居之智——圭峰对牛头禅之批评——五祖门下之一分派无相之三句——无住之三句——无住与杜鸿渐之问答

第三章　青原与石头之宗乘 …………………………………… 224
青原行思——石头希迁——石头之宗风——《参同契》之题号——魏伯阳之仙术——《参同契》著者之事情——江湖之二甘露门

第四章　南岳与马祖之宗乘 …………………………………… 230
南岳怀让——南岳之言行——马祖道一——马祖之禅机——马祖门下之禅机——禅机之弊与五味禅之语——即心即佛——马祖下之流弊

第五章　永嘉玄觉与《证道歌》 ……………………………… 243
永嘉玄觉——《永嘉集》与《证道歌》——《证道歌》传于印度之说

第六章　荷泽神会与南北二宗之争 …………………………… 246
荷泽之神会——南北二宗之对抗——荷泽之《显宗记》

第七章　南阳之慧忠及其宗风 ………………………………… 250
南阳之慧忠——《释门正统》之误谬与南阳之禅——南禅之二大窠臼与慧忠之身心一如论——即心即佛之真义——无情说法之创唱——教禅一致说——十问十对

第八章　大珠慧海与《顿悟入道要门论》 …………………… 256
大珠之慧海——《顿悟入道要门论》——六祖与大珠之契

合——生死涅槃之意义——斥诵经

第九章 百丈怀海之开创禅刹 260
百丈怀海——百丈之机用——百丈之名言及其思想——以不著为宗以无求为心要——一日不作一日不食——禅寺之开创——《古清规序》——现存之《清规》与《古清规》——《敕修清规》之内容——《楞严咒》与《大悲咒》——密教之影响——《楞严咒》之内容——野狐话之伪作——因果问题与野狐话——野狐话非史实——迦叶佛时无人类何况中国之禅宗

第十章 南泉与西堂之玄化 272
马祖门下之三大士——南泉普愿——南泉与黄檗——不是心、不是佛、不是物——绝对之大道——西堂之智藏——无业叹宗弊——竹头接木之语——奇言畸行之流行

第十一章 佛光如满与章敬怀晖之见解 278
佛光如满与顺宗帝——章敬怀晖——章敬之见处——盘山宝积之见处——杨岐甄叔之名言——无业——无业之思想——唤侍者作二虎——狗子佛性之话——四宾主之话

第十二章 庞蕴之参禅与白居易之念佛 285
庞居士——庞居士之思想——庞居士之逸荡——白乐天——白居易之参禅——白居易之念佛——二居士之相违

第十三章 药山惟俨与丹霞天然之禅风 291
药山惟俨及其法系之异说——关于法系所生异说之事由——药山之末后——药山之门风——药山不许人看经——李翱之参禅——李翱之《复性书》——《复性书》之要旨皆出于禅——丹霞天然——丹霞焚木佛——《玩珠吟》

第十四章 五家法系之争论 301
天皇道悟传——龙潭崇信传——争论发端于金山之昙

颖——石门慧洪之说——业海清之论——觉梦堂之论——通容之论——余集生之说——余集生之论据——元贤之《龙潭考》——净符之《法门锄宄》——第二证——第三证——第四证——大宁之说——天王说之论据——嗣法不明之事情——天皇道悟参三师——天王论之唯一证据——达观昙颖之人物——昙颖之妄议——昙颖之盲说——昙颖之厚颜无耻——昙颖之无识——昙颖之宗派的偏见——丘玄素之存否不明——无天王寺其物——丘玄素之碑伪作也——龙潭之传与天王无关——天皇说之佐证——《余集生论》尚欠妥当——雪峰之言可信——王谷之说——第二之论据——第三之论据——第四之论据——第五之论据——第六之论据——第七、第八之论据——关于张无尽之伪证——结论

第十五章　圭峰宗密之禅 ……………………………………328

圭峰宗密——宗密关于法系之异说——宗密之教学研究——宗密之人物——宗密之著述——宗密思想与澄观之影响——澄观之心要法门——宗密之真心——真心者万法之源也——真心者无念也——真心者绝对心也——五种之禅——禅教之和会与禅之三宗——教之三宗——空宗与性宗——宗密之结论——坐禅法——《盂兰盆经疏》与施饿鬼之实行——裴休之参禅——黄檗与裴休——《劝发菩提心文》

第十六章　沩山与仰山之宗风 ………………………………345

武宗帝之毁佛与宣宗帝之复兴——宣宗帝之游方——沩山之灵祐——沩山之无为无事——沩仰之响应——仰山慧寂——仰山之思想识见——仰山小释迦——沩仰之家风与符号之利用——圆相之应用——圆相之传授——圆相之滥用——《人天眼目》之妄议——如来禅祖师禅

第十七章　黄檗希运之禅……356

黄檗希运——三日耳聋之话——黄檗与裴休——关于黄檗法系之误记——关于黄檗之谥号之误记——黄檗与罗汉之传说——一心即佛之提唱——心体圆明与清净遍照——菩萨者一心之异名——经文之禅的解释——经论之真意——临终之用心——黄檗之大眼目——宝志之禅化——看话禅始于黄檗说之伪妄

第十八章　大慈山寰中、沩山大安与古灵神赞……368

大慈山寰中——大慈山寰中之名言——沩山之大安——《十牛图》之滥觞——古灵神赞与钻故纸之典据——弘辩与宣宗帝

第十九章　德山宣鉴之玄风……372

德山宣鉴——德山之悟道与焚经——德山与沩山——德山接人之手段——德山以无事为宗——龙潭德山师资一揆——德山之广语——斥经论之执相——无事休歇与一切放下

第二十章　临济义玄之宗旨……379

临济义玄与三顿棒之因缘——悟后之临济与正法眼藏之熟语——临济之宗风——德山临济二家第一之相似点——第二之相似点——第三之相似点——第四之相似点——第五之相似点——第六之相似点——德山临济之接触——临济之四喝——临济之根本思想——临济之六通——五无间业——临济之闲家具——宾主之意义——《人天眼目》之误——师学之应酬——四料简——四照用——三玄和三要

第二十一章　洞山良价之家风……396

洞山良价——无情说法之话——《联灯会要》之误记——洞山之大悟——洞山之出世演化——洞山之行持——洞山之《宝镜三昧》——洞山之《玄中铭》——洞山之四宾主——

洞山之功勋五位——功勋五位之颂——三渗漏——三路

第二十二章　长沙景岑与赵州从谂 …………………409

长沙之景岑——长沙之彻底的思想——长沙之佛身观——长沙之佛性——长沙之禅教双举——长沙之岑大虫与百尺竿头进一步之语——长沙之生死观——赵州从谂——赵州之大志鸿望——王镕之参禅——《古尊宿语录》之记事——《古尊宿语录》之记事可疑——赵州私淑三祖——不二之大道——赵州无滋味之语——赵州吃茶去之因缘——赵州之真赞

第二十三章　子湖利踪、陈尊宿、石霜庆诸等 …………423

子湖利踪——子湖之狗——神力子湖之因缘——子湖之法门——信行一致之唱导——唐室之衰微——岩头之全豁——岩头之住山——岩头之素养与《涅槃经》之活用——睦州陈尊宿有陈蒲鞋之称——陈尊宿之语句——陈尊宿之活机——现成公案——石霜庆诸——石霜之枯木案——夹山善会——《联灯》记事之疑议——夹山之语句——夹山之格言、杀人刀与活人剑——慈云之楚南——无著文喜——《五灯会元》之误谬——《会元》之蛇足——唐末之禅弊——施设机关——坐脱立亡与奇言畸行——看话禅之萌芽

第二十四章　云居道膺、曹山本寂之门风与唐之诸居士 …………444

云居道膺——云居之力量——锺传并成汭之归向——《五灯会元》之蛇足——云居之宗乘——云居之行履——曹山本寂——曹山与正偏五位——五位之图——曹山正偏之说明——五位之应用——将先哲之语句配当五位——五位与五卦——三种坠——四异类——三燃灯——唐代之诸居士其一崔群——南泉门下之陆亘——药山门下之于頔——沩山门下之王敬初——睦州门下之陈操——仰山门下之陆希声——石

霜门下之张拙——无住门下之杜鸿渐——帝王之参禅——显官之参禅——道原《传灯》之缺点——丰干之疯狂——寒山与寒山诗——拾得与其诗——寒山与拾得为应化之说无其理由——寒山诗所现之思想——寒山之阅历——寒山嗜黄老——寒山信佛教——寒山之厌世主义——寒山之自适——寒山乐自然与无为——寒山与禅——丰干与拾得之诗——布袋——布袋之偈

第二十五章 雪峰义存与玄沙师备之法门……482

五代时天台宗之衰微——华严宗之隆污——法相宗之变迁——律宗之变迁——三论宗之兴废——真言宗之趋势——基督教之布教——景教碑——雪峰义存——三到投子与九至洞山——雪峰之住山——僖宗帝之崇信——王审知之归崇——雪峰之法道——雪峰玄沙与达磨禅——雪峰玄沙与从上之祖师——玄沙之生死观——雪峰之语句——雪峰之接化——玄沙师备——达磨不来东土与二祖不往西天——三白纸之因缘——玄沙之说法——玄沙之力量——玄沙说自性最巧妙——玄沙之三句——三句之颂——三机佛性——达磨之偈——肇法师之偈——曹溪竖拂子——三种病人

第二十六章 投子大同、大随法真、三圣慧然与兴化存奖……506

投子大同与罗汉供养之嚆矢——投子斩钉截铁之句——大随法真——法真之法系——大随之住山——蜀王王衍之皈依——大随活用华严——大随之彻底思想——个是古佛——三圣慧然——雪峰与三圣——兴化存奖——庄宗帝之皈依——庄宗帝之参禅——当时关于嗣法之风习

第二十七章 长庆慧棱、镜清道怤与鼓山神晏……518

长庆慧棱——长庆之住山——王氏夫人之皈依——镜清道

怤——道怤之住山与吴越王之归佛——镜清之语句——鼓山神晏——闽王之崇信——惠宗之崇信——鼓山之玄要——鼓山之玄风——鼓山之法系

第二十八章 云门文偃与罗汉桂琛 ····················527

云门文偃——云门与雪峰——人天眼目——广主者刘龑也——云门与香林明教——云门之门庭——云门之泯绝无寄——云门之格外玄机——两般二种之病——云门之一字禅——顾鉴咦——云门之三句出于德山缘密——三句外之诸句——看话禅——罗汉斋——罗汉桂琛——王诚之崇信——桂琛之心要

第二十九章 法眼文益之禅风 ····················542

法眼文益——桂琛与文益——李昇之崇信——法眼禅教之融合——法眼之活用华严——法眼《参同契注》——法眼之啐啄同时——《宗门十规论》——五代之看话禅——当时嗣法之风习

第三十章 风穴延沼与天台德韶 ····················552

风穴延沼——风穴之法系——《广灯录》之说——风穴之语要——风穴之心印——风穴之用处——天台德韶——忠懿王之问法——天台教之复兴——天台平实之语要——曹溪之真风再起

第三十一章 王侯之归崇与禅门之兴隆 ····················563

南唐王李昇——李璟——楚王马殷——吴越王钱镠——吴越王钱佐——忠懿王钱俶——闽王王审知——王延钧——南汉王刘龑——文穆王与忠献王——法眼门下与诸王

第一编

准备时代

概　说

　　东汉桓帝至梁武帝大约三百五十年，为祖师禅勃兴之准备时代。关于禅数经卷之翻译，炽然盛行，且为禅教基础之大乘诸经有译传、有解说，于禹域中造成心田之开拓与播种。于是习禅观之徒，晦迹岩薮，伴泉石、侣云月而深入定者有之。彼等被称为能伏鬼魅、屈虎兕，以神异出现。又有一类禅徒，禅净兼修，持律清严，以专心西方，发所谓参禅、念佛之端。加之罗什来华以后，三论空宗得新势力，什门下道生、僧肇之辈，以空理与老庄哲学相融，影响至大及扇唐以后之禅风。方此时印度禅观盛行，东来之学匠多称禅师，于弘通禅观赖有大力。此所以至梁名为祖师禅勃兴之准备时代。

第一章　安世高与禅数

中国禅道之兴隆,虽在达磨东渡之后;禅观之实行则不自达磨始。东汉桓帝(147—167)时,有安息国沙门安世高,诵持禅经,备尽其妙。建和二年(148)振锡来至洛阳,译出《安般守意经》等,为习禅者所依,此为东土禅数之权舆。

第一节　安世高之习禅及其译经

达磨渡来以前,正传之禅道未兴,仅修习小乘之禅观而已。以是从东汉桓帝至梁武帝,大约三百五十年,称之为习禅时代,又名准备时代。如安世高精于小乘经论。《高僧传》云:

尤精阿毗昙学,讽持《禅经》,备尽其妙。既而游方弘化,遍历诸国,以汉桓之初,始至中夏。……出《安般守意阴持入经》、大小《十二门》及百六十品。初外国三藏众护撰述经要为二十七章,高乃剖析护所集七章译为汉文,即《道地经》也。(梁慧皎:《高僧传》,卷一,3页右—左)

第二节 安世高入洛年代 并其所译出《禅经》

安世高之至洛阳,当桓帝建和二年,《历代三宝纪》以后诸传皆持此说,唯《释氏资鉴》著者熙仲以属于灵帝建宁三年(170)。按《梁传》引《道安经录》云:"安世高以汉桓帝建和二年至建宁中二十余年,译出三十余部经。"熙仲其将出经之时与渡来之时混为一谈者乎?世高所译《禅经》,依梁僧祐《出三藏记集》为:

《安般守意经》一卷　安录云《小安般经》。

《大道地经》二卷　安公《大道地经》者,修行经抄也,外国所抄。

《大十二门经》一卷

《小十二门经》一卷

《大安般经》一卷

《思惟经》一卷　或《思惟略要法》。

《禅行法想经》一卷(《大藏经》,二十七套,第九册,595页右)

合五部八卷。《大唐内典录》卷一此外附加:

《修行道地经》六卷　出支敏度《录制序》及《宝唱录》《别录》,一云《顺道行经》。

《禅经》二卷　初出见《别录》。

《禅思满足经》　出《阿含》。

第一章　安世高与禅数

《禅秘要经》　出《禅要秘治病经》，或无秘字。

《数息事经》

《阿练若习禅法经》　出《菩萨禅法第一》。

《禅定方便次第法经》

《四百三昧经》

《安般经》

《五门禅要用法》(《大藏经》，第二十九套，第一册，2页左—4页右）

次《开元释教录》卷一所载以上之外有名为：

《禅法经》一卷　见《长房录》。

此等禅经中，现存日本校订《大藏经》中者不过三经：

《佛说大安般守意经》二卷（第十四套，第十册）

《禅行法想经》一卷（第十四套，第十册）

《道地经》一卷（第二十六套，第五册）

此中《大安般守意经》最重要，魏初有康僧会注解，至弥天之道安，更释之行世。(《康僧会序》《道安注序》《谢敷序》)

　　此等经之内容，当叙述小乘禅时，已详审，今不复赘。

第二章　支娄迦谶与禅教

与此同时，月支国沙门支娄迦谶，亦来洛阳，灵帝光和中平之间（178—184）传译梵文，出《般若道行品经》《首楞严经》《兜沙经》等，始得开敷大乘之深义，可称禹域禅教之滥觞。

第一节　支谶之入洛年代

支娄迦谶渡来，殆与安世高同时或似稍先之。《高僧传》记"灵帝时游于雒阳"，依《历代三宝纪》所引朱士行《汉录》，桓帝建和元年，支谶译《阿閦佛经》二卷。朱士行其年代最近支谶，且与《道行般若》之翻译有深切关系，故其所记甚可信赖。果然则支谶渡来，无疑在建和元年丁亥或其以前。《释氏稽古略》卷一作建和二年，《编年通论》卷一作建和三年，均不足依用。《佛祖统纪》卷三十六，并《释氏通鉴》卷二作建和元年，知稍稍近真。

第二节　竺佛朔之《道行经》

空理者禅教之初门，盖扫相门中不可缺之要旨也。故《般若经》之译传，不待言为禅教之渐阶。据朱士行《汉录》，东汉灵帝（168—188）嘉平元年（172）天竺沙门竺佛朔至洛阳译《道行般若经》，此即《出三藏记集》卷二载竺佛朔译：

> 《道行经》一卷 安公云《道行品经》者，般若抄也，外国高明者所撰，安公为之序注。(《大藏经》，第二十七套，第九册，595页右)

然以竺佛朔之译缺乏文理明晰，无法阐明般若之幽旨，朱士行在于阗寻其原本再译之者即《放光经》也。《出三藏记集》卷七所收道安作《道行经序》如下所云：

> 佛泥曰：后外国高士抄九十章为《道行品》，桓灵之世佛朔赍诣京师，译为汉文。……然经既抄撮，合成章指，音殊俗异，译人口传，自非三达，胡能……得本缘故乎？由是《道行》颇有首尾隐者，古贤论之往往有滞。士行耻之，寻求其本，到于阗乃得，送诣仓垣出为《放光品》。(《大藏经》，第二十七套，第九册，635页左)

又依《出三藏记集》卷七所收《放光经》记云：

> 惟昔大魏朱士行……出塞西至于阗国，写得正品梵书胡本九十章六十余万言，以太康三年遣弟子弗如檀，晋字法饶，送经胡本至洛阳，住三年复至许昌二年，后至陈留界仓垣水南寺，以元康元年五月十五日（西晋惠帝，291年）译。(《大藏经》，第二十七套，第九册，636页右)

示知《放光》《道行》二经之为同本异译。

第三节　支谶之译经

竺佛朔译出《道行经》一卷后七年，有支娄迦谶之译《般若道行经》。即《出三藏记集》卷二所记：

《般若道行品经》十卷　或云《摩诃般若波罗蜜经》，或［八］卷，光和二年十月八日出。（《大藏经》，第二十七套，第九册，595页右）

与《道行经》后记所云光和二年（东汉灵帝，179年）十月八日译相符，乃知道安序附注乃支谶译之《道行》《般若》，而非竺佛朔译本。《佛祖统纪》卷三十六"光和二年西天沙门竺佛朔至洛阳译《道行般若经》"所云者谬也。支谶译《道行般若波罗蜜经》十卷，现存日本校订《大藏经》第五套第四册。支谶更以东汉灵帝中平三年（186）二月八日出《首楞严经》，如《历代三宝纪》卷二所引朱士行《汉录》并《大唐内典录》卷一所记。《出三藏记集》卷二有：

《首楞严经》二卷　中平二年十二月八日出，今阙。

其从中平二年亘三年译出者耶？又支谶出《兜沙经》一卷，此经依《开元释教录》，为《华严经》各号品之异译，实《华严经》为东地所知之始。《楞严》教义为禅教所用，世人之所悉知，《华严》玄旨位于禅教之中枢亦无人疑之，而二经之译传皆支谶发其端。《首楞严经》梁代既已阙本，《兜沙经》一卷现存日本校订《大藏经》第八套第三册中。

第三章 支谦与《禅经》

支娄迦谶授学于支亮，支亮传学于支谦。支谦，月支国人，该览群籍，多智多能，通六国语。东汉末避乱往吴，为孙权（在位三十年，自公元222年至252年）所重，任博士。支谦出《大明度经》明般若；译《净行品经》一卷，传华严一斑；出《方等首楞严经》二卷，追支谶之译；出《禅秘要经》四卷及《修行方便经》二卷，重明禅观；译《维摩诘所说不思议法门经》三卷，为禅教增一要素。

第一节 支谦之渡来年代

支谦之从月支渡来年月不明。《高僧传》云：

先有优婆塞支谦，字恭明，一名越，本月支人，来游汉境。……汉献末乱，避地于吴，孙权闻其才慧，召见悦之，拜为博士，使辅导东宫。……从吴黄武元年（222）至建兴中（252）所出《维摩》《大般泥洹》《法句》《瑞应本起》等四十九经，曲得圣义。（梁慧皎：《高僧传》，卷一，9页左—10页右）

《出三藏记集》卷十三所收《支谦传》：

> 支谦字恭明，一名越，大月支人也。祖父法度以汉灵帝世，率国人数百归化，拜率善中郎将。(《大藏经》，第二十七套，第十册，679页左)

归化人之子也。《历代三宝纪》卷五明言："汉末游洛受业于支亮，亮字纪明，明受业于支谶。"然《佛祖统纪》卷三十六所云魏文帝黄初五年（224）支谦来洛阳，其译经之时与渡来之时混为一谈者耶？

第二节　支谦之译经

《大明度经》《出三藏记集》未载，亦见于《历代三宝纪》卷五，记为支谦译。此经与《大般若经》第四会为同本，从吴黄武年中至建康二年出，如《历代三宝纪》卷三所记。现收入日本校订《大藏经》第五套第五册至第六册中是。

《净行品经》为《华严经净行品》而缺偈，其翻译在吴黄武年中（222），《出三藏记集》卷二记：

> 《净本业经》一卷　或云《菩萨本业经》。

即《历代三宝纪》卷五所云：

> 《净行品经》一卷　出《华严》，一云《菩萨本业经》。

现收入日本校订《大藏经》第八套第二册。《首楞严经》二卷梁代既有阙本，《历代三宝纪》卷五黄武年中译与后汉支谶出者有小异，见竺道祖《吴录》。

维摩诘所说《不思议法门经》，与其后鸠摩罗什所译《维摩诘所说经》为同本。本经乃东汉灵帝时沙门严佛调一度译出者。《历代三宝纪》卷四：

> 《古维摩诘经》二卷　初出见《古录》及朱士行《汉录》。

揭严佛调译经中，又同书第三卷东汉灵帝中平五年戊辰之条云：

> 《高僧传》云：《古维摩（诘）》等六部经合十卷，并临淮严佛调于洛阳出之。

然检《高僧传·严佛调传》无此事。据《大唐内典录》并《开元释教录》卷一：

> 《古维摩诘经》二卷　初出见《古录》及朱士行《汉录》，与唐译《无垢称经》同本。
>
> 沙门严佛调……以灵帝中平五年戊辰（188）于洛阳译。(《大藏经》，第二十九套，第二册，138页左)

梁代阙本，唯有名目而已。反之支谦之本，《大周刊定众经目录》卷三所记：

> 《维摩诘所说不思议法门经》一部三卷　或二卷，一名《佛法普[入]道三昧经》。

右吴黄武年优婆塞支谦译，与后汉代严佛调译小异，出《长房录》。(《大藏经》，第三十五套，第四册，130页左)

现存日本校订《大藏经》中作《佛说维摩诘经》，其第九套第五册。

《维摩经》形成禅教之要门，其所说散见所有禅书，鸠摩罗什师弟而影响禅道，如后所论。

第四章 康僧会与习禅

殆与支谦同时,有康居国人康僧会,博学多识,兼善文墨。来吴都建业,化孙权,兴大法于江左。其所译以《吴品经》五卷,阐明般若,又译出《坐禅经》一卷,兼著《安般经注解》一卷,解说禅数,以为习禅之龟鉴。

第一节 康僧会之禅观

康僧会康居国人,世住天竺,其父因商贾移居交阯。闻吴兴佛法而东游,赤乌十年(247)初来建业建精舍。此《高僧传》、《出三藏记集》卷十三、《历代三宝纪》卷三等旧记所一致。然《佛祖统纪》《编年通论》《释氏资鉴》《释氏通鉴》《释氏稽古略》等作赤乌四年,似失其凭依。《吴品经》五卷据《历代三宝纪》作《小品般若经》,梁代既已阙本。《坐禅经》亦只有名目,其本不存。《安般经注解》一卷亦然,唯其序论载在《出三藏记集》卷五,足以瞥见康僧会之意见。不厌其烦,试抄出其要:

夫安般者诸佛之大乘,以济众生之漂流也。其事有六,以治六情。情有内外,眼、耳、鼻、口、身、心谓之内矣,色、声、香、味、细滑邪念谓之外也。……内外六情之受邪行,犹海受流,饿夫梦饭,盖无满足也。心之溢荡,无微不浃,恍惚仿佛出入无间,视之无形,听之无声,逆之无前,寻之无后,深微细妙……弹指之间,心九百六十转,一日一夕十三亿意,意有一身,心不自知。……是以行寂系意着息,数一至十,十数不误,意定在之。小定三日,大定七日,寂无他念,泊然若死,谓之一禅。禅弃也,弃十三亿秽念之意,已获数定转念者随蠲除其八正有二意,意定在随,由在数矣。垢浊消灭,心稍清净谓之二禅也。又除其一,注意鼻端,谓之止也。得止之行,三毒、四走、五阴、六冥,诸秽灭矣。昭然心明,逾日月珠,淫邪浐心,犹镜处泥秽浐垢浐焉。……若自闲处心思寂寞,志无邪欲,侧耳靖听,万句不失,片言斯著,心靖竟清之所由也。行寂止意,悬之鼻头,谓之三禅也。还见其身,自头至足,反覆微察,内体浐露,森楚毛竖,犹睹浓涕于斯,具照天地人物,其盛若衰,无存不亡,信佛三宝,众冥皆明,谓之四禅也。摄心还念,诸阴皆灭,谓之还也。秽欲寂尽,其心无想谓之净也。得安般若行者,厥心即明,举眼所观,无幽不睹,往无数劫方来之事,人物所更,现在诸刹中所有世尊法化弟子诵习,无遐不见,无声不闻,恍惚仿佛,存亡自由,大弥八极,细贯毛厘,制天地,住寿命,猛神听,坏天兵,动三千,移诸刹,八不思议,非梵所测,神德无限,六行之由也。(《大藏经》,第二十七套,第九册,631页左—632页右)

第二节 康僧会说明之特色

康僧会之说六妙门,从通涂之谈而已。其解说四禅,不配当色界天，而为心理的叙述，近于实际。六妙门亦不配当贤圣之阶级，大得吾人之意。虽然至语安般行者之神力，不免虚诞之讥，洵可称印度沙门之一大恶弊也。

第五章 朱士行与中国沙门

康僧会东游后数年,有中天竺人昙摩迦罗来魏都洛阳,始布戒律。颍州人朱士行受戒出家,此为中国沙门之始。朱士行于洛阳讲竺佛朔译《道行经》,盖东土讲经之始。然《道行经》之译,文旨隐幽,难通晓处多,乃慨然立志,为检索梵本,魏甘露五年(260)发迹渡流沙,诣于阗国得梵书正本九十章,使弟子持归洛阳,即《放光般若经》也。

第一节 昙摩迦罗与朱士行

昙摩迦罗一作昙柯迦罗,盖摩柯同音。迦罗之来洛阳年月,旧传皆云魏嘉平中(249—253),《开元释教录》卷一记:"以文帝黄初三年壬寅来至洛阳,……以齐王芳嘉平二年庚午,于洛阳白马寺出《僧祇戒心》。"从黄初三年至嘉平二年凡二十八年,如迦罗空费二十八年于洛阳,仅出《僧祇戒本》一卷,似未可信,故以旧记为准。

朱士行受戒当在迦罗定戒律后,旧传缺年月,宋志磐以属正元元年(254),本觉作甘露二年(257),明觉岸亦同。其为嘉平以后,甘露五年以前无容疑。《历代三宝纪》作甘露五年,盖混同向西天发足时,不足为凭。朱士行之业,关系禅法之隆污事少,唯钦其为法捐身之赤诚,附一言已耳。

第六章 竺法护及其译述

至西晋有竺法护，其先祖月支国人，移居敦煌郡。方西晋武帝（在位二十五年，265—289）时，慨大乘深经未来东土，故游学西域，通三十六种异言，赍来梵本，所译出极多。就中如《光赞经》十卷、《修行经》七卷、《正法华经》十卷、《菩萨十地经》一卷、《维摩诘所说法门经》一卷，最影响于禅道之勃兴。

第一节 竺法护之译经

《光赞经》与先竺佛朔所出《道行经》为同本，《出三藏记集》卷二记：

《光赞经》十卷 十七品太康七年十一月二十五日出。

即《开元释教录》卷二所云，是也。

《光赞般若波罗蜜经》十五卷 初出或十卷，与《大般若》第二会及《放光》大品并同本，亦云《光赞摩诃般若经》，凡二十七品，太康七年十一月二十五日出，见《道安录》及《僧祐录》。

朱士行入于阗得此经梵本，使弟子持还，西晋惠帝元康元年（291）五月十日其译完成。《出三藏记集》卷七所收道安作《合放光光赞略解序》中明记可知：

> 《放光》《光赞》同本异译耳。其本俱出于阗国持来，其年相去无几。《光赞》于阗沙门祇多罗以太康七年赍来，护公以其年十一月二十五日（西晋武帝，286）出之。《放光》分如檀（朱士行弟子）以太康三年于阗为师送至洛阳，到元康元年（西晋惠帝，291年）五月乃得出耳。先《光赞》来四年，后《光赞》出九年也。（《大藏经》，第二十七套，第九册，636页右）

《出三藏记集》卷二云："《放光经》二十卷……到晋武帝元康初，于陈留仓恒水南寺译出。"元康非武帝年号，属惠帝时。

第二节 《般若经》之位置

《般若》之于禅教，虽属初门，此等诸经作为禅学之素地，有特别之价值者。《历代三宝纪》以后经录中，竺法护译：

> 《新道行经》十卷 [太]始年第二出，与汉世竺佛朔译旧《道行》全异，亦名《小品》，[出]《光赞般若》。
> 《小品经》七卷 太始四年三月四日译是第二出，或八卷，见《聂道真录》，与旧《道行经》本同[文]小异。
> 《仁王般若波罗蜜经》一卷 或二卷，见《晋世杂录》。

皆为《般若》不待言。

第三节 《法华经》之译出

《法华》一乘之妙典，亦有与禅不可分离之关系，竺法护之译《出三藏记集》卷二有：

> 《正法华经》十卷　二十七品旧录云《正法华经》，或云《方等正法华经》，太康七年八月十日出。(《大藏经》，第二十七套，第九册，596页左）

《历代三宝纪》卷六记：

> 《正法华经》　太康七年出，清信士张士明、张仲正及法献等笔受，或七卷，见《聂道真录》。昙邃诵之日一遍，遂感神请，九十日毕，施马一匹，白羊五头，绢九十匹。

先是吴支谦以《三车唤经》一卷出，介绍《法华》之一部，魏甘露元年有沙门支强良接，于交州城出《法华三昧经》一部六卷。又西晋武帝太始元年略出竺法护之《法华》，即《萨芸分陀利经》六卷，未引起世人注意。反之竺法护之译《正法华经》十卷，与中国、日本之大乘佛教以深远影响，作妙典弘通，不失为佛教史上重要之一事。太康七年在晋武帝时，即公元286年也。《出三藏记集》卷八所收《正法华经》记云：

> 太康七年八月十日燉煌月支菩萨沙门法护手执胡经，口宣

出《正法华经》二十七品,授优婆塞聂承远、张仕明、张仲政共笔受……九月二日讫。(《大藏经》,第二十七套,第十册,644页右)

又同书《正法华经》后记云,惠帝永熙元年(290)于洛阳东牛寺设大会讲诵此经,竟日尽夜,无不欢喜云。

《萨芸分陀利经》为《法华》之《宝塔提婆品》中之略出少分,如《大藏圣教法宝标目》卷三所示。《历代三宝纪》卷六记:

> 《光世音经》一卷　出《正法华经》

《大周刊定众经目录》卷二作为西晋永嘉二年译,属之《法华》,果为《法华》之一部分否,甚难于辨明。又竺法护译《普门品经》一卷,以《宝积经》第十,《文殊师利普门会》为《法华经普门品》者,《周录》之误也。

先于《正法华》二年有

> 《修行经》七卷　二十七品旧《录》云《修行道地经》,太康五年二月二十三日出。

之译,以追安世高等之迹,解说禅观。

第四节　《华严经》与《维摩经》

就《华严》,《出三藏记集》卷二所举:

第六章 竺法护及其译述

《渐备一切智经》十卷　或五卷，元康七年十一月二十一日出。

《度世经》六卷　或云《度世》，或为五卷，元康元年四月十（三）日出。

《如来兴显经》四卷　一本云《兴显如幻经》，元康元年十二月二十五日出。

《十地经》一卷　或云《菩萨十地经》。

《菩萨十住经》一卷

《菩萨十住经》及《渐备一切智经》为《华严》之《菩萨十住品》。《十地经》与《十住经》大同小异，出《华严十地品》，见《历代三宝纪》卷六。《如来兴显经》为《华严经宝王如来性起品》及《十恶品》，《度世经》为其《离世间品》，如《大周刊定众经目录》卷二、《至元法宝勘同总录》卷二所示。《出三藏记集》卷二揭竺法护译之阙本《等目菩萨经》二卷。据《至元法宝勘同总录》卷二所记《等目菩萨所问经》二卷当为新《华严》之《十定品》之异译。竺法护亦着手译《维摩经》。

《维摩诘经》一卷　一本云《维摩[诘]名解》。

删《维摩诘经》一卷　祐意谓先出《维摩》烦重护删出逸偈[也]。

见《出三藏记集》卷二。《历代三宝纪》卷六举：

《维摩所说法门经》一卷　太安二年四月一日译，是第三出，与汉世严世调、吴世支谦出者大同小异，见《聂道真录》。

上记诸经中《如来兴显经》现存日本校订《大藏经》第八套第二册，

《度世经》见同套第三册,《菩萨十住经》《渐备一切智经》《等目菩萨经》见同套第四册,《光赞经》见第五套第四册,《正法华经》见第九套第三册,《萨芸分陀利经》见同套第二册。

第七章 佛图澄与道安之伟业

竺法护译《正法华经》后五年，有竺叔兰之《首楞严经》；更五年，有同人之异《毗摩罗诘经》。支敏度合两经诸译为《合首楞严经》四本八卷、《合维摩诘经》三本五卷公之于世，亦属惠帝时（在位十七年，290—306）。次神僧佛图澄于怀帝永嘉四年（310）来洛阳，以神异炽然于大法离乱之中。其徒道安弘宣甚力，以不世出之高才，挥巨腕于圣典之上，永为后世权证。

第一节 竺叔兰之译经与支敏度之合本

竺叔兰，天竺人，达摩尸罗之子。尸罗避乱来晋，住河南时生兰。通梵晋两语，惠帝元康元年与于阗人无罗叉共译朱士行之梵本为《放光般若波罗蜜经》三十卷，同年出《首楞严经》二卷，诸录所记皆同，异《毗摩罗诘经》三卷之译，《历代三宝纪》卷三谓为元康六年。由此不久支敏度合支谶、支谦、竺法护、竺叔兰四译，校其异同，出《合首楞严经》八卷，亦合支谦、竺法护、竺叔兰三译，出《合维摩诘经》五卷。足以证其以此等经行世。《历代三宝纪》卷六记：

《合首楞严经》五本八卷　第六出合两支两竺一百五本为一部，见《支敏度录》。

一白即合白延译否？可疑。依《出三藏记集》卷七所收支敏度作《合首楞严经》记，则四本非五本。故《三宝纪》之说不可为据。

第二节　佛图澄之化导

佛图澄，怀帝永嘉四年从罽宾来，入洛阳。翌年汉主刘聪遣其臣刘曜、石勒等攻陷洛阳，怀帝为汉兵所执，扰乱续生，弘法不便，乃以石勒部将郭黑略介见石勒，利用凝视术大为勒所重。时汉兵攻略长安，愍帝出降，西晋灭，东晋元帝即位，都建康，是公元317年也。越公元319年即东晋大兴二年，石勒据燕蓟自称王，又东晋成帝咸和三年（328）用佛图澄之言，攻汉刘曜于洛阳，奋战生擒曜，咸和五年僭称赵天王行皇帝事。石勒登位后，愈敬重澄，号大和尚。咸和八年石勒卒，及咸康元年（335）石虎自立，迁都邺，益崇敬佛图澄，衣以锦绫，乘以雕辇，国人亦崇信澄。澄之所在，望方涕唾便利者无之。东晋穆帝永和四年（348）圆寂于邺宫寺，春秋一百十七。澄大行化导随侍者常数百人，前后门徒近一万，建立佛寺及八百九十三。

第三节　道安之达识及其入灭年代

道安高才远识，古今罕得其匹。彼见佛图澄于邺都中寺，知在石虎自立之后。后于太行恒山创立寺塔，开化门，武邑太守卢歆苦请安讲经，由是为道俗之所欣慕。《佛祖统纪》卷三十七记西晋怀帝永嘉六年卢歆之请有误。因其不知道安之寿几何？梁《高僧传》明记其入寂在秦建元二十一年即东晋太元十年（385）。从太元十年上溯七十三年正当永嘉六年，然则当时道安尚幼，可以推知，况《高僧传》所记是在见佛图澄后之事耶?

东晋孝武帝宁康元年（373）于襄阳建檀溪寺，筑五层塔，佛像庄严，炫耀人目。师徒数百持斋讲经，为时贤所敬重。每岁再讲《放光般若》，未尝或阙，孝武帝（在位二十四年，373—396）钦其德，恩给丰富。秦苻坚以东晋太元四年（379）攻略襄阳，方得道安，使移长安，安置五重寺，盛行法化。当此时中国僧徒皆依其师称姓，道安以为释尊大师，故僧徒当称释氏，及见《增一阿含经》渡来与四河入海无复异名，四姓出家同称释氏之文符合，其达识如此。道安以东晋太元十年入灭，《高僧传》卷五、《出三藏记集》卷十五等旧记甚审，然入宋《隆兴编年通论》卷三、《佛祖历代通载》卷七等作太元十四年，明之《释氏稽古略》卷二亦从此说，不能知其所由。

第四节　道安之鸿业

道安于法门有大功，先哲已有定论。《高僧传》卷五云：

> 初经出已久，而旧译时谬，致使深义隐没未通，每至讲说，唯叙大意转读而已。安（道安）穷览经典，钩深致远，其所注《般若道行》《密迹安般》诸经，并寻文比句为起尽之义，及析疑甄解凡二十二卷，序致渊富，妙尽深旨，条贯既序，文理会通，经义克明，自安始也。自汉魏迄晋，经来稍多，而传经之人，名字弗说，后人追寻，莫测年代。安乃总集名目，表其时人，诠品新旧，撰为《经录》。众经有据，实由其功。（《高僧传》，卷五，3页右一左）

关于道安译经，《高僧传》卷五云：

笃好经典，志在宣法，所请外国沙门僧伽提婆、昙摩难提及僧伽跋澄等译出众经百余万言，常与沙门法和，诠定音字，详核文旨，新出众经于是获正。（《高僧传》卷五，9页左）

僧伽提婆，苻秦建元中（365—384）来长安宣流法化，通晓阿毗昙、阿含等，未与道安共事。昙摩难提通《增一阿含》，建元中至长安，于城中与道安等出《增一阿含》《中阿含》等。僧伽跋澄，通阿毗昙、毗婆沙之达人以建元十七年入关，与道安等共译出其经所宗习。

第五节　道安著述与禅门之关系

道安鸿业中与禅门关系者，《般若》之弘通及《禅经》之注解无论矣。《出三藏记集》卷六收道安作《安般注序》《十二门经序》《大十二门经序》，卷七收《道行经序》，卷八收《摩诃钵罗若波罗蜜经抄序》。《出三藏记集》卷五有《新集安公注经》及《杂经志录》云：

　　《光赞折中解》一卷。
　　《光赞抄解》一卷。
　　《般若放光品》者，分别尽漏而不证八地也，源流浩汗，厥义幽邃，非彼草次可见宗庙之义也。安为《析疑准》一卷、《析疑略》二卷、《起尽解》二卷。
　　《道行品》者，般若抄也。佛去世后，外国高明者撰也，辞句质复，首尾互隐，为《集异注》一卷。
　　大小十二门者，禅思之奥府也。为各作注《大十二门》二卷，《小十二门》一卷。今有。

了本生死者，四谛、四信之玄数也，为注一卷。今有。

《密迹金刚经》《持心梵天经》。

右二经者，护公所出也，多有隐义，为作甄解一卷。

贤劫八万四千度无极者，大乘之妙目也，为解一卷。

《人本欲生经》者，九止八解之妙要也，为注撮解一卷。今有。

《安般守意》多念之要药也，为解一卷。今有。

《阴持入》者，世高所出残经也，渊流美妙至道直径也，为注二卷。今有。

《大道地》者，修行抄也，外国所抄，为注一卷。

众经众行或有未曾共和者，安集之为《十法句义》一卷，连杂解共卷。

《义指》者，外国沙门于此土所传义也，云诸部训异，欲广来学视听也，增之为注一卷。

《九十八结》者，阿毗昙之要义，为解一卷，连约通解共卷又为三十二相解一卷。

三界诸天混然淆杂，安为录一卷。今有。

此土众经出不一时，自孝灵光和以来，迄今晋康宁二年，近二百载，值残出残，遇全出全，非是一人难卒综理，为之录一卷。今有。(《大藏经》，第二十七套，第九册，628页左—629页右)

第六节　道安注《十二门经》之内容

道安所注大小《十二门经》，后世不传，虽无由知其详细，据《弘明集》卷十三所叙《奉法要》，得窥知其内容，云：

《十二门经》曰有时自计我端正好,便当自念身中无所有,但有肝、肠、脾、肺、骨、血、屎、溺,有何等好?复观他人身中恶露如是。若悭贪意起,当念财物珍宝,生不持来,死不俱去,而流迁变化,朝夕难保,身不久存,物无常主。宜及当年施恩行惠赡乏以财,救疾以药,终日欣欣,务存营济。若嗔恚意起,当深生平等,兼护十戒。(《大藏经》,第二十八套,第一册,56页右)

便知苦、空、无我、不净等观,为此经之要目。

第八章 习禅之实修

当此时安世高、竺法护等所译《禅经》，次第流通，渐出禅数学者。所谓习禅之徒，依教修心，隐岩薮、伴泉石、摈鬼魅、屈咒虎之外无他事。虽与后世大乘之禅者有天渊之别，而修禅数则一也。

第一节 中国人之习禅

中国人修禅道者，至东晋之代始见其名，《高僧传》所载竺僧显、帛僧光、竺道猷、释慧嵬、支昙兰等，皆属此时。彼等独处山谷，安禅于石室，或诵经，或念佛，传现其神异，猛虎不能害之，山神不能惊动之。僧传中虎与禅僧并说极多，当为可注意一事。

第二节 当时之禅风

《释慧嵬传》所说，颇暗示当时之禅风。如下文：

释慧嵬，不知何许人，止长安大寺，戒行澄洁，多栖处山谷修禅定之业。有一无头鬼来，嵬神色无变，乃谓鬼曰："汝既无头，便无头痛之患，一何快哉！"鬼便隐形，复作无腹鬼来，但有手足。鬼又曰:"汝既无腹,便无五藏之忧,一何乐哉!"须臾复作异形,鬼皆随言遣之。后冬时天甚寒雪,有一女子来求寄宿,形貌端正,衣服鲜明,姿媚柔雅,自称天女,以上人有德,天遣我来以相慰谕谈说,欲言劝动其意,嵩厥志贞确,一心无扰,乃谓女曰:"吾心若死灰,无以革囊见试。"女遂凌云而逝,顾叹曰:"海水可竭,须弥可倾,彼上人者秉志坚贞。"后以晋隆安三年与法显俱游西域,不知所终。(《高僧传》,卷十一,4页左—5页右)

第九章　庐山慧远及其念佛禅

道安之门人慧远，博识玄览，戒律禅定并行，道安在世时已蔚然成一家，及入庐山创白莲社，弘通念佛，开禅净一致之端。后世参禅念佛者，无不以慧远为祖。

第一节　慧远之风格

道安门人虽多，识量广大，无及慧远者，此其所以为一代师宗也。慧远年少，博综六经，尤善老庄，年二十一以道安在太行恒山，道声远闻，往听其讲《般若》，豁然有所悟，与弟慧持出家，师道安受业。据《庐山莲宗宝鉴》卷四，慧远生于东晋成帝咸和九年，其二十一岁，该当穆帝永和十年（354），传云年二十四讲说，有客听讲，难实相之义，往复移时，弥增疑昧，远乃引《庄子》义为连类，于是惑者晓然，是后道安特许不废俗书云。

第二节　老庄之学为佛教之阶梯

唯老庄之学可谓佛教之阶梯，中国早入佛教者多老庄之徒，故其说佛教多引用老庄而晓深义。如以买山有名之支遁道林为老庄之达者，又自有禅僧之风格。传云：

支遁字道林……时论以遁才堪经济，而洁己拔俗，有违兼济之道，遁乃作《释矇论》。晚移石城山，又立栖光寺，宴坐山门，游心禅观。木食涧饮，浪志无生，乃注《安般》四禅诸经及《即色游玄论》《圣不辩知论》《道行旨归》《学道诫》等。追从马鸣，蹑影龙树，义应法本，不违实相。晚入山阴讲《维摩经》……至晋哀帝即位，频遣两使，征请出都，止东安寺，讲《道行般若》。（《高僧传》，卷四，8页右—10页右）

以彼造诣，足推知矣。彼《大小品对比要抄序》云：

夫般若波罗蜜者，众妙之渊府，群智之玄宗，神王之所由，如来之照功。其为经也，至无空豁，廓然无物者也。无物于物，故能齐于物，无智于智，故能运于智，是故夷三脱于重玄，齐万物于玄同，明诸佛之始，尽群灵之本……般若之智生乎教迹之名，是故言之则名生，设教则智存，智存于物，实无迹也。名生于彼，理无言也。何则至理冥壑归乎无名，无名，无始道之体也。……理冥则言废，忘觉则智全，若存无以求寂，希智以忘心，智不足以尽无，寂不足以冥神。何则？故有存于所存，有无于所无。存乎存者非其存也，希乎无者非其无也。何则徒知无之为无，莫知所以无。知存之为存，莫知所以存。希无以忘无，故非无之所无，寄存以忘存，故非存之所存。莫若无其所以无，忘其所以存。忘其所以存，则无存于所存；遗其所以无则忘无于所无。忘无故妙存，妙存故尽无，尽无则忘玄，忘玄故无心，然后二迹无寄，无有冥尽，是以诸佛因般若之无始，明万物之自然。……设玄德以广教，守谷神以存虚，齐众首于玄同，还群灵

乎本无。(《大藏经》，第二十七套，第十册，642页右)

应用老庄之知识而说佛教之迹，历历可见。

第三节　道安门下与老庄学

慧远之师道安，亦通老庄，彼安世高译《安般经注序》云：

> 安般寄息以成守，四骸寓骸以成定也。寄息故有六阶之差，寓骸故有四级之别。差者损之又损以至于无为，级别者忘之又忘之以至于无欲。(《大藏经》，第二十七套，第九册，632页左)

斯道安照旧采用老子之语说"安般"，因而其门人应用老庄，亦自然之势也。道安之门人《释道玄传》云：

> 释道玄不知何许人，少出家事安公为师，善《放光经》，又以庄、老三玄征应佛理，颇亦属意。……后随安入关，隐覆舟山，岩居独立，不受供养，每潜思入禅，辄七日不起，如此者数矣。(《高僧传》，卷五，17页左—18页右)

如上述可知禅与老庄之关系，其由来极远。

第四节　白莲社之创立

慧远在道安门下蔚然成一家。东晋太元四年(379)道安为前秦苻坚所执,往长安,其徒众分散,弟子数十人南适荆州,住上明寺。
《高僧传》卷六云:

> 伪秦建元九年,秦将苻丕寇并襄阳,道安为朱序所拘,不得去,乃分张徒众,各随所之。

所云盖建元十五年之误。

太元九年慧远欲往罗浮山,至浔阳爱庐山之清秀,建龙泉精舍住之。先是慧远道友慧永来浔阳入庐山,刺史陶范创西林寺居之,此太元二年也。慧永见慧远之来大喜,使同住西林寺。然精舍褊狭,不足容大众,故刺史桓伊新于山东建房殿以充慧远息心之所,此即太元十一年落成之东林寺也。《传》云:"远创造精舍,洞尽山美,却负香炉之峰,傍带瀑布之壑。仍石叠基,即松栽构,清泉环阶,白云满室。复于寺内别置禅林,森树烟凝,石径苔合,凡在瞻履,皆神清而气肃焉。"可以想见其幽静之情。

于是乎贤哲之士、避乱者、清信之宾、求道者望风遥集,以刘遗民等十八贤为上首,同志百二十三人结白莲社,于无量寿佛像前立誓而期西方,时东晋孝武帝太元十五年(390)。

第五节　慧远之入灭年代与其参禅念佛

慧远入灭年月,虽诸记不同,当以《广弘明集》卷二十三所收谢灵运作《远法师诔》所记东晋义熙十三年(417)为正,春秋八十四。慧远之念佛非《莲宗宝鉴》所云参禅念佛之口唱念佛,其修禅之状虽《慧远传》不载,其同志传中有反映之者。《佛祖统纪》卷二十七云:

第九章　庐山慧远及其念佛禅

> 西林法师慧永（道安之弟子）河内潘氏，……初习禅于恒山。……太元初至寻阳，刺史陶范素挹道风，乃留憩庐山，舍宅为西林，以奉师。……峰顶别立茅屋，时往禅思，至其室者，常闻异香。（《续藏经》，第一辑，第二编乙，第四套，第二册，139页左）

同书又云：

> 刘程之……妙善老庄，旁通百氏。……性好佛理，乃之庐山。……遂于西林涧北，别立禅坊，养志安贫，精研玄理。……尝贻书关中，与什、肇扬摧经义，著念佛三昧诗，以见专念坐禅之意。始涉半载，即于定中，见佛光照地，皆作金色。居十五年，于正念佛中，见阿弥陀佛玉毫光照，垂手慰接。程之曰，安得如来为我摩顶，覆我以衣。俄而佛为摩顶，引袈裟，以披之。……面西合手气绝。……时义熙六年也，春秋五十九。（《续藏经》，第一辑，第二编乙，第四套，第二册，141页左—142页右）

《编年通论》卷三详叙程之事迹云：

> 程之自于西林北涧，别立禅房，养志安贫，研精玄理，精勤不倦，具持禁戒。宗张等咸叹仰之，日专坐禅，始涉半岁，即于定中见佛光照大地，皆真金色，既出定已，愈益怡悦。居山十五年，又于念佛中，见弥陀佛身，紫金色毫光散烛，垂手慰接，以临其室。程之慰幸，悲泣自陈曰：安得如来为我摩顶，覆我以衣耶？俄而佛摩其顶，引伽梨以覆之。翌日念佛，又见身入七宝池，池有莲花，皆青白相间，其水湛湛，若无畔岸，中有一人，

顶有圆光,胸题卍字,指地谓程之曰:八功德水汝可饮之。遂掬饮之,甘美非常。及寤,犹觉异香发于毛孔。叹曰,此吾净土之缘至矣。谁致六和之众,与我证明。庐阜诸僧,既而皆集,程之对像焚香再拜,祝曰:我以释迦遗教,故知有无量寿佛,此香当先供养释迦如来,次乃供养阿弥陀佛,然后供养法华会中佛菩萨众,至于十方佛菩萨,愿令一切有情俱生净土,乃与众上人叙别,西向端坐敛手而逝,年五十九。(《续藏经》,第一辑,第二编乙,第三套,第三册,226页左)

由此可想见慧远之念佛为如何耶?

第六节 《大乘大义章》中慧远之禅观

关于禅定,慧远之见解载于其著《大乘大义章》中。同书卷十三云:

依如毗昙,四禅、名禅、八解脱者名为背舍、四无色定、灭尽无想,通名正受,空、无相、无愿,名三摩提,故彼论言诸禅及背舍、正受、三摩提,用此四名,表别诸定。若依成实,四禅名禅,空名定,八解脱者名为解脱。一切禅定用现在前,名三摩提。以此四名名别诸定。若依地论四禅、名禅,四无色定说为解脱,四无量心名为三昧,五神通者名三摩提,用此四名,名别诸行。又更分别四禅、名禅,四空名定,空、无相、无愿名为三昧,得理相应名正定,故灭尽无想名为正受,是处无心身纳法,故四无量心名三摩提,众生缘中用现前,故八解脱者,名为解脱,绝下缚故,又背下过故云背舍,一切禅定始习方便,止竟住缘,名

奢摩他。(《续藏经》，第一辑，第二编，第二套，第一册，84页左）

此从小乘之通义耳。别无慧远一家之说。同卷又云：

> 依如毗昙，摄末从本，禅地有八，所谓四禅、四无色定，分末异本，禅地有十门。所谓八禅，未来中间可知。未来禅者是初禅家方便之定，从欲界地向初禅时修九无碍、九解脱道，断欲界结，然后证得初禅定体。彼九无碍、九解脱道未来至彼根本定体故名未来，以其未至根本定，故论中亦名未至禅矣。中间禅者从初禅地向二禅时，除觉观名中间禅。……问曰：未来及中间禅，八禅地中何地摄乎？释言：此二是初禅家眷属，故摄属初禅。问曰：何故初禅地中独分此二，余不如是？释言：初创背下过多用功力，故立未来以为息处，余不如是，故废不立。又复初禅向二禅时，有觉有观二种过患，除觉观在故立中间。余禅相向单有一过，除之尽处即是后地，故无中间。依《成实》摄末从本。禅地有九，所谓八禅及欲界中如电三昧。故《成实》云如须尸摩经欲界更有如电三昧。……如电三昧，毗昙不论。未来禅者，《成实》不说，见别故尔。大乘法中摄末从本，禅地有九与《成实》同。所言异者，《成实》唯说欲界地中有电光定无余三昧，大乘宣说欲界地中有无量定。(同上书，85页右—左）

第七节 《大乘大义章》之十六特胜说

慧远于《大乘大义章》第十六本说明十六特胜，抄出供参考：

十六特胜如《成实》说,《毗婆沙》中亦广分别。言特胜者,止观胜于不净观法,故名特胜。胜相如何,释有八种。一破患胜。不净观门但破贪欲;此观能破一切烦恼。何故而然,一切烦恼,因恶觉生,念出入息,除灭恶觉,恶觉断故,烦恼不起,故破一切。二断结胜。彼不净观但能伏结,十六特胜亦伏亦永断。三宽广胜。彼不净观但观色法以为不净,特胜通观色心等法。四微细胜。彼不净观但观骨等,特胜微细能观无常、断、离、灭等。五坚固胜。彼不净观缘他身起得而易失,十六特胜缘自身起,得而难失。六调停胜。如《成实》说,彼不净观未得离欲已自厌恶,如彼婆求河边比丘,由观不净,服毒坠高求力自杀,如药过增,反更为患。特胜不尔,能破贪欲而不生厌。七所生胜。如《毗婆沙》说彼不净观,增众生想,以其观察男女等骨为不净故。十六特胜增长法想,以空三昧之根本故。八所异胜。如《毗婆沙》说彼不净观与外道共。十六特胜不共外道。具此八义故名特胜。名义如是,特胜不同离分,十六名字是何？念出入息若长若短遍身,除身行以为初,四觉,喜觉、乐觉、心行、除心行,念出入息复以为四,通前为八觉。心令心喜,令心摄,令心解脱,念出入息复以为四,通前十二观察。无常、断、离、灭等,念出入息复以为四,通前十六名字。如是,相状如何？言息短者,如人上山担重疲极,气息则短。行者亦尔。在粗心中气息则短。何者粗心？所谓躁疾散乱也。言息长者,如人定止,气息则细,细时则长。行者如是心细息细,细则长矣。息遍身者,行者信解己身浮虚,见诸毛孔风行出入名息遍身。除身行者,行者系念住息境界,得境界力,心则安静,心安静故粗息则灭,名除身行。问曰:气息长短有无,为当由身,为当由心？释言：俱由。如人初始处胎之时，及在四空则无气息，明知由身。在第四禅及灭尽定便无气息，明知由心。问曰：气息不由念生，如人虽复心念余事，息常出入。云何说言由心生乎？释言：是息虽不由于作念而生，但以众缘和合故起，有心则有，无心则无，心粗息短，心细息长，故说由心。……言觉喜者，由前四行，心得定住，从此定法，心生大喜，本虽有喜心，不能如是，故名觉喜。言觉乐者，由前心喜，身得调适，身调适故，便得猗息，猗息故乐，如人疲苦得息安乐，故名觉乐。故经说言，以心喜故身得猗息，以身猗故，则得受乐。觉心行者论言从喜，生于贪心，名为心行，见受有此生贪之过，名觉心行。除心行者，行者以见从喜生，贪除受，去贪心则安稳名除心行。此四远从念出入息方便发生，是故名为念出入息。……言觉心者，以除心行见心寂静，故名觉心。令心喜者，是心或时还复沉没荣发，令喜名令心喜。令心摄者，若心还掉摄之令住，名令心摄。令心脱者，若离沉掉心，则调停舍离二边，名令心脱。此亦远从念出入息方便发生，是故亦名念出入息。……无常行者由心寂静见法生灭，名无常行。所言断者，用无常行断诸烦恼，故名断行。所言离者，于有为法悉生厌离，故名离行。所言灭者以心厌离，得一切灭，故名灭行。有人复说观五阴无常，名无常行。观察五阴空与无我名为断行。观五阴苦生于厌离，名为离行。观阴不生是寂灭法，故名灭行。……初之一义如《成实》释，后之四义如《毗婆沙》，此亦远从念出入息方便发生，是故亦名念出入息。

初四正念气息名身念观。次观四受念，次四心念，后四法念。(《续藏经》，第一辑，第二编，第二套，第一册，139页右—140页右)

第八节 《般若》之流通

　　慧远亦用其力于禅教初门《般若》之流通，盖大乘经中最早行于中国者《般若》也。如前所述，道安每岁讲《般若》，同时竺潜亦宣扬《般若》，哀帝兴宁二年（364）应诏讲《般若》于禁中，潜之辞退剡山，诏支遁代之。简文帝咸安元年（371）亦请竺法汰讲《放光般若》。慧远亦仿道安弘宣《般若》，著《大智论要略》二十卷。又著《法性论》唱涅槃常住之说，可知其卓见。彼与罗什并佛驮跋陀罗唱和而影响及于禅法，如次节所述。

第十章　鸠摩罗什与佛驮跋陀罗

与慧远同时，鸠摩罗什来后秦为姚兴所尊崇，译出《大品般若》《法华》《维摩》《中论》《百论》《十二门论》《禅经》等。门徒八百余人谘受什旨，炽唱空宗。此实禅门兴隆之素地也。佛驮跋陀罗亦后于罗什入关，于庐山出《禅经》，习禅乃愈盛。

第一节　罗什小传

罗什之父鸠摩罗炎从天竺来居龟兹，受国师之待遇，娶龟兹王妹生什，什生聪明超悟，七岁与母共出家诵习毗昙，九岁随母渡辛头河至罽宾，遇盘头达多受阿含，以俊才为国王所重。十二岁携母还龟兹，进至沙勒国停一年，学毗昙受六足，又寻访外道之经论。时有须利耶苏摩深通大乘，什以为师，究明《摩诃衍》，受诵《中论》《百论》等。既而龟兹迎之归国，弘演空宗。有顷什母独往天竺，什留龟兹诵大乘经论，为王升师子座说法。停二年旧师盘头达多从罽宾来，乃为达多说大乘一月余，使之信服，达多礼什为师，言和尚是我大乘师，我是和尚小乘师。于是乎什之道誉及于西域，盛名闻于东土。当此时前秦苻坚据关中自称大秦天王。时东晋穆帝升平元年（357）也。苻坚就龟兹人来朝者闻罗什道声，建元十八年九月遣骁骑将军吕光等西伐，临发谓光曰："朕闻西国有鸠摩罗什，深解法相，善闲阴阳，为后学之宗,朕甚思之。贤哲者国之大宝,若克龟兹,即驰驿送什。"既而吕光大破龟兹,杀其王白纯,获罗什,时东晋太元七年(382)。吕光旋师至凉州,闻苻坚既为姚苌所害,据姑臧称王,时太元十一年。罗什在姑臧,蕴其深解,无所宣化,空与吕氏共居约二十年,至后秦弘始三年,秦王姚兴遣使迎罗什入长安,是即同年十二月二十日,东晋隆安五年(401)也。什至长安岁时,其高弟僧叡作《大品经序》,明记弘始三年岁次星纪,冬十二月二十日至长安。然《佛祖统纪》卷三十七误作东晋太元二十年,《编年通论》卷三误作隆安三年。秦主姚兴(在位十八年,自399—416年)待什以国师之礼,使于西明阁及逍遥园从事译经。沙门僧䂮、僧迁、法钦、道统、道恒、道标、僧叡、僧肇等八百余人谘受什旨。又大将军常山公显、左将军安城侯嵩并笃信之居士,请什于长安大寺出众经。于是乎义学之沙门四方云集,从什受业者称三千。

第二节　罗什之入寂年代

罗什之入寂诸录不同,《释氏通鉴》卷三《注》云:

《释教录》云什公卒时,诸记不定。《高僧传》云:弘始十一年八月二十日卒,此不然也。准《成实论·后记》云:弘始十四年九月十五日出讫,准此十四年末什仍未卒。又准僧肇上秦主《涅槃无名论》表云:肇在什公下十有余载,若什四年出经,十一年卒,始经八载,未满十年,云何乃言十有余载?而《释教录》亦不定年月,因看《弘明集》云有僧肇诔什法师,以癸丑年四月十三日薨于大寺,故今以此为准。(《释氏通鉴》,卷三;《续藏

经》,第一辑,第二编乙,第四套,第五册,401页左—402页右)

可称确论。僧肇作《罗什法师诔》收入《广弘明集》卷二十三。癸丑三年四月十三日薨于大寺,即弘始十五年东晋义熙九年(413),罗什以七十岁寂。

第三节 罗什之译经与禅法

罗什译经中有为禅法之一要素者:

《摩诃般若波罗蜜经》四十卷 亦(名)《大品般若经》,祐云《新大品经》[第]三出,与《放光》等同本,或三十卷,或二十四,或二十七,弘始五年癸卯四月二十三日出,至六年四月二十三日讫。见《二秦录》及《僧祐录》。

《小品般若波罗蜜经》十卷 题云《摩诃般若波罗蜜》,无小品字。祐云《新小品经》与《道行明度》等同本第七译或七卷,弘始十年二月六日出,至四月三十日讫。见《二秦录》及《僧祐录》。

《金刚般若波罗蜜经》一卷 亦云《金刚般若经》,佛在舍卫国者初出,与元魏留支等出者同本。见《二秦录》及《僧祐录》。

《摩诃般若波罗蜜大明咒经》一卷 亦云《摩诃大明咒经》,初出与唐译《般若心经》等同本。见经题上。

以上中《大明咒经》即《般若心经》,《出三藏记集》《历代三宝纪》所载,今依《开元释教录》卷四入什译。次:

《妙法莲华经》八卷 《僧祐录》云《新法华经》初为七卷二十七品,

后人益天授品,成二十八,弘始八年夏于大寺出,僧叡笔受并制序,第五译。见《二秦录》及《僧祐录》。

《维摩诘所说经》三卷　一名《不可思议解脱》或直云《维摩诘经》。《僧祐录》云《新维摩[诘]经》,弘始八年于大寺出,僧肇笔受,叡制序,第六译。见《二秦录》及《僧祐录》。

《梵网经》二卷　第二出,弘始八年于草堂寺,三千学士最后出此一品,梵本有六十一品,译讫,融(影)等三百人一时共受菩萨十戒,肇受,见经前序。

《大智度论》一百卷　或云《大智度经论》,亦云《摩诃般若释论》,或七十卷,或一百一十卷,弘始四年夏于逍遥园出,七年十二月二十七日讫,见《二秦录》《僧祐录》。

《中论》四卷　亦云《中观论》,或八卷,弘始十一年于大寺出,僧叡制序,见《二秦录》及《僧祐录》兼前《智度论》传,龙树菩萨造。

《十二门论》一卷　龙树菩萨造,弘始十年于大寺出,僧叡制序,见《僧祐录》及《宝唱录》。

《百论》二卷　提婆菩萨造,弘始六年出,僧肇制序,见《二秦录》及《僧祐录》。(《大藏经》,第二十九套,第二册,164页右—左)

第四节　译经年代之讹谬

《佛祖统记》卷三十七记东晋隆安五年罗什译《法华经》有误。什于后秦弘始三年十二月二十日即东晋隆安五年十二月二十日始入长安,何得以此年译《法华》耶?《法华经后序》,罗什之高弟僧叡谓是岁弘始八年,岁次鹑火(406),当以此为准。《历代三宝纪》卷八及《大唐内典录》卷三以《大智度论》译于弘始六年五月,此亦讹谬。

第十章　鸠摩罗什与佛驮跋陀罗

《出三藏记集》卷十有《大智论记》云：

> 究摩罗耆婆法师以秦弘始三年岁在辛丑十二月二十日至常安，四年夏于逍遥园中西门阁上为姚天王出《释论》，七年十二月二十七日乃讫。

第五节　《大藏经》中罗什之译经

《摩诃般若》《小品般若》《金刚般若》《大明咒经》见现存日本校订《大藏经》第五套第二、第三、第五、第六册，《法华经》同第九套第二册，《维摩经》同套第五册，《梵网经》同第十七套第七册，《大智度论》同第十九套第九、第十册与同第二十套第一、第二、第三、第四册。《中论》同第二十一套第四册，《十二门论》与《百论》同套第七册。

罗什译之《禅经》，《出三藏记集》卷二录三部：

《禅法要解》二卷　或云《禅要经》。
《禅经》三卷　一名《菩萨禅法经》，与《坐禅三昧经》同。
《禅法要》三卷　弘始九年闰月五日重校正。

《历代三宝纪》卷八，外加二部：

《禅秘要经》三卷　见《别录》，或无"经"字（或云一卷）。
《思惟要略法经》一卷　或无"经"字。

《大唐内典录》卷三,代《思惟略要法》曰:

  《阿兰若习禅法经》二卷 见《别录》,或无"经"字,与《坐禅三昧经》同本异译。

僧祐《出三藏记集》卷二:

  《禅经》 鸠摩罗什出《禅经》四卷、《禅法要解》二卷,佛驮跋陀出《禅经》二卷,昙摩密多出《禅法要》二卷、《五门禅经要用法》一卷,沮渠安阳侯出《禅要秘密治病经》二卷。(《大藏经》,第二十七套,第九册,603页右—左)

右一经记四人出。检日本校订《大藏经》,《禅秘要法经》三卷,其第十五套第一册,《禅经要解经》二卷同第二十六套第六册,《坐禅三昧经》二卷同套第七册,《思惟略要法》一卷同套第九册所收。

第六节 译经之内容

《禅秘要法经》之内容据《大藏圣教法宝标目》卷七云:

  佛说不净观、数息法四大观,亦名白骨观,亦名九次第想,亦名杂想观法,所说次第境界甚详。(《大藏经》,第三十五套,第五册,243页左)

是以不净观为主而详述小乘禅法者。《禅法要解》说四禅、四无量心、四空处定、四谛、五神通。与小乘通途之说相同。《坐禅三昧经》之内容，详说修行方法：第一淫欲多修不净观，第二嗔恚多修慈心观，第三愚痴多修因缘观，第四思虑多修数息观，第五重罪人修念佛观。更说初禅、二禅、三禅、四禅、五神通、四善根、随信行、随法行、四果、念佛三昧、慈三昧、四谛、十二因缘、三十七品、般若三昧等，引用《般若》等经而杂糅大小二乘。《思惟略要法》说不净观法、白骨观法、观佛三昧法、生身观法、法身观法、十方诸佛观法、观无量寿佛法、诸法实相观法、法华三昧观法。为后世大乘教徒著作甚明。僧叡《关中出禅经序》云：

> 初四十三偈是究摩罗罗陀法师所造，后二十偈是马鸣菩萨之所造也。其中五门是婆须密、僧伽罗叉、沤波崛、僧伽斯那勒、比丘马鸣罗陀《禅要》之中抄集之所出也。六觉中偈是马鸣菩萨修习之以释六觉也。初观淫恚痴相及其三门，皆僧伽罗叉之所撰也。息门六事诸论师说也。菩萨习禅法中后，更依持《世经益十二因缘》一卷、《要解》二卷，别时撰出。（《大藏经》，第二十七套，第十册，651页右）

慧远《庐山出修行方便禅经统序》云：

> 每慨大教东流，禅数尤寡。三业无统，斯道始废。顷鸠摩耆婆宣马鸣所述，乃有此业，虽其道未融，盖是为山于一篑。

所云乃就现存之《坐禅三昧经》与《禅法要解》而言。

第七节 佛驮跋陀罗

佛驮跋陀罗乃迦维罗卫人，少时曾随大禅师佛大先受业，以禅律驰名。会秦僧智严，求法西域，于罽宾遇佛大先于摩天陀罗精舍，受学禅法三年，要请跋陀流化东土。仍相携东向，步经三载，至交趾，浮海达青州东莱县。

智严之渡西天其年月未审。依《高僧传》卷三《宝云传》，当东晋隆安初，法显、宝云、智严等相继前后往西天，法显以隆安三年出发，诸记多同。智严之求法亦以此时。智严停西天三年，归途亦费三载，其伴跋陀罗踏青州可推知为义熙初。

闻罗什在长安行化甚盛，往从之。什大喜，与共论法相。跋陀罗因谓什曰："见君所释不出人意而致高名，何耶？"什曰："吾年老故耳，何必美谈耶？"时秦主姚兴笃信佛法，供养三千僧，皆出入宫阙，颇背印度沙门之法。跋陀罗独守静与众不同，在长安专弘禅法。四方多闻风而来者，于是乎为什徒所摈斥。

跋陀罗入长安传为东晋义熙二年（406），《编年通论》卷四、《释氏通鉴》卷三等皆然，未知果正确否。《佛祖统纪》卷三十七载义熙四年慧远弟子支法领等在于阗遇佛驮跋陀罗，乃要其东还，盖讹传乎？

跋陀罗之摈出长安，为慧远所招，与弟子慧观等四十余人共赴庐山，译出《禅经》，淹留载许乃游方，义熙十四年于建康道场寺译慧远弟子支法领等从于阗将来之《华严》梵本，南朝宋元嘉六年（429）入寂。春秋七十一。

第八节　佛驮跋陀罗《禅经》之内容

佛驮跋陀罗之禅亦属小乘。于庐山所出《禅经》,《达摩多罗禅经》即其一也。《出三藏记集》卷二:

《禅经修行方便》二卷　一名[庾]伽遮罗浮迷译,言《修行道地》,一名《不净观经》,凡有十七品。

《历代三宝纪》卷七:

《达磨多罗禅经》二卷　一名《不净观经》,一名《修行道地经》。

所记是也。检其内容,初说数息之法,列举种种过失名方便道退,次列举昏沉散乱等之障碍名胜道退。于数息行不进步为方便住,心得少分寂止而住着之为胜道住。数息功夫熟而成就六妙门为方便升进,暖顶忍世第一法成见道、修道、无学道;无色定、得八背舍、十一切入,光明充四体,从四体放光明,有入息三摩提,遍满下方,出息三摩提,遍满上方等功德为胜道升进。数息从一至十,心定不乱,或舍二出息数次入息,如是次第数十之入息,心意不乱,或越十之出息,数次之入息,至十不失正念,于数息得自在,觉知其长短,全十六特胜为方便道决定。观察四大之损坏有情无情,知三界诸法皆苦,证四谛理不失,清净心为胜道决定。次说不净观之退、住、升进、决定;详说四禅、五神通、四无量三昧、观五阴、观六入、观十二因缘。此经所说,尚未能脱小乘之通相。最后于观十二因缘一章,附三昧以种种形容词,颇弄夸张之言,聊带大乘之风,其思想中核既为小乘,不待智者而后知,属于祖师禅之禅数一部,又谁疑耶?

第九节 达摩多罗《禅经》之翻译年代及其编者

此经译时诸录无明文。《佛祖统纪》卷三十七记为义熙九年,《慧远序》并跋陀之高弟《慧观序》未录其年月,殆不可信。宋契嵩《传法正宗论》卷上曰:考跋陀译经之时方在晋安义熙七八年之间。(《大藏经》,第三十一套,第二册,194页右)

此言虽不中不远矣,此经编者佛陀斯那也。斯那辑录从其先哲所传授法门而为此经,故本经修行方便道,安那般那念退分第一云:

> 佛灭后尊者大迦叶、尊者阿难、尊者末田地、尊者舍那婆斯、尊者优波崛、尊者婆须密、尊者僧伽罗叉、尊者达摩多罗乃至尊者不若密多罗诸持法者,以此慧灯次第传授,我今如其所闻而说是义。(《大藏经》,第二十六套,第六册,534页左)

第十节 佛陀斯那之传承

从不若密多罗至佛陀斯那师资之传承如次:

不若密多罗——富若罗——昙摩罗——婆陀罗——佛陀斯那——佛驮跋陀罗

此跋陀罗高弟慧观所作《修行地不净观经序》,序中不若密多罗作富若密罗,其为同一梵字之音译不待论。文云:

第十章　鸠摩罗什与佛驮跋陀罗

佛涅槃后，阿难……先与同行弟子摩田地，摩田地传与舍那婆斯，此三应真，大愿弘覆……后五百年中……乃有五部之异。……此一部典名为具足清净法场，传此法至于罽宾，转至富若蜜罗，富若蜜罗亦尽诸漏，具足六通，后至弟子富若罗亦得应真，此二人于罽宾中为第一教首。富若蜜罗去世已来五十余年，弟子去世二十余年，昙摩多罗菩萨与佛陀斯那俱共谐得高胜，宣行法本。佛陀斯那化行罽宾，为第三训首。有于彼来者，亲从其受法教诲，见其涅槃时遗教，言我所化人众数多，入道之徒具有七百，富若罗所训为教师者十五六人。如今于西域中炽盛教化，受学者众，昙摩罗从天竺来，以是法要传与婆陀罗。婆陀罗与佛陀斯那，佛陀斯那愍此旃丹，无真习可师，故传此法本流至东州。（《大藏经》，第二十七套，第十册，652页左）

慧观从跋陀罗所闻，当即如是。按此传说，佛陀斯那之师婆陀罗，婆陀罗之师昙摩罗，昙摩罗之师富若罗，富若罗之师不若密多罗。

第十一节　《禅经》题名之讹谬

佛陀斯那之行化罽宾，在其师富若罗顺世后二十余年。当时有昙摩多罗菩萨者，与佛陀斯那共从事弘宣，本经题《达摩多罗禅经》。于是不少人误认为达摩多罗之说，此全为经题所惑之故。梵名为庾伽遮罗浮迷，如慧远序所云《修行道地》。僧祐记：

《禅经修行方便》二卷　一名庾伽遮罗浮迷译，言《修行道地》，一名《不净观经》，凡有十七品。

此经原不应题《达摩多罗禅经》。乃费长房记为：

《达摩多罗禅经》二卷　一名《不净观经》，一名《修行道地经》。

其后诸录皆效此作俑，以致讹谬耳。

第十二节　佛驮跋陀罗之译经

跋陀罗所译《禅经》，非唯此一部。依《高僧传》称，应慧远之请于庐山出禅数诸经。一括此等诸经作统序者，即慧远之庐山出《修行方便禅经统序》也。文载《出三藏记集》卷九，兹抄出其一斑如下：

如来泥曰，未久，阿难传其共行弟子末田地，末田地传舍那婆斯……其后有优婆崛……五部之分始自于此。……顷鸠摩耆婆宣马鸣所述乃有此也。……今之所译出自达摩多罗与佛大先，其人西域之俊，禅训之宗，搜集经要，劝发大乘，弘教不同，故有详略之异。达摩多罗合众篇于同道，开一色为恒沙。其为观也，明起不以生，灭不以尽。虽往复无际而未始出于如，故曰色不离如，如不离色，色即是如，如即是色。佛大先以为澄源引流固宜有渐，是以始自二道开甘露门，释四义以返迷，启归途以领会。分别阴界，导以正观，畅散缘起使优劣自辨，然后令原始反终，妙寻其极，其极非尽，亦非所尽，乃曰无尽，入于如来无尽法门。非夫道冠三乘，智通十地，孰能洞玄根于法身，归宗一于无相，静无遗照，动不离寂者哉！（《大藏经》，第二十七套，第十册，651页左—652页右）

第十三节 《禅经》之广略二本

以上之文，禅数诸经中，一为达摩多罗本，他从佛大先出。且达摩多罗之说略，而佛大先之说详。换言之，《禅经》有广略二本并存。乃就现存之《禅经》检其内容，则慧远所谓佛大先之说，二道相当于方便道、胜道，四义相当于退分、住分、升进分、决定分，分别阴界相当于观五阴、观六入，正观相当于不净观，畅散缘起相当于观十二因缘，故本经为佛大先说昭昭如揭日月而行。反之达摩多罗之说如色不离如、如不离色，色即是如，如即是色，全本经中所未能见，盖达摩多罗所说为略本。

《庾伽三磨斯经》一卷　译言《修行略》，一名《达摩多罗法》，或云达摩多罗菩萨撰《禅经要集》。

当即《出三藏记集》卷四新集续撰失译杂经中所揭者。僧祐时代此经尚存，至隋之费长房，犹见其作为晋下失译揭其录中。然至唐代已成阙本，不过有其题目而已。由是观之，费长房以庾伽遮罗浮迷题为《达摩多罗禅经》，盖由于混同广略二本之故。

第十四节　达摩多罗《禅经》非达磨之说

契嵩于其所著《传法正宗论》卷上，不对校、审检本经之内容与慧远序，惑于题目，不知其出于佛大先而断为达摩多罗之说，更附会达摩多罗为菩提达磨。过于断言。夫《禅经》者盖出于菩提达磨而佛驮跋陀罗所译，庐山慧远法师序之。本经内容不足认为菩提达磨之说，契嵩亦所自觉，辩解之云：

祖师之道非止乎是而已矣。若其不立文字直指人心而接上机者，《禅经》一但蕴之而不始发。(《大藏经》，第三十一套，第二册，196页左)

第十五节　富若罗与般若多罗为别一人

又契嵩为欲证成禅门列祖，列慧观之序，"若慧观所谓富若密多者，亦吾正宗之二十六祖也，所谓富若罗者，亦吾正宗二十七祖也，所谓昙摩多罗菩萨者，亦吾正宗之二十八祖也，所谓佛陀斯那者，即菩提达磨同禀之佛大先也"。姑妄勿论，以富若罗与般若多罗同一视之实不可能，何则同序记富若密多去世已五十余年，弟子去世二十余年，昙摩多罗菩萨与佛陀斯那俱共谘得高胜，宣行法本。佛陀斯那宣行法本时代，相当于智严入竺之时，又与沮渠安阳侯求法于阗时契合。据《禅要秘密治病经》后记及《安阳侯传》，侯于于阗逢佛陀斯那，传云：

沮渠安阳侯……河西王蒙逊之从弟也。……少时常度流沙到于阗国，于衢摩帝大寺，遇天竺法师佛陀斯那，谘问道义，斯那本学大乘，天才秀出，诵半亿偈，明了禅法，故西方诸国，号为人中师子。安阳从受《禅要秘密治病经》，因其胡本口诵通利。既而东归，于高昌郡求得观世音、弥勒二观经各一卷，及还河西即译出《禅要》，转为汉文。居数年，魏虏拓跋焘伐凉州，安阳宗

国殄灭,遂南奔于宋。……游上塔寺,以居士自毕。(《大藏经》,第二十七套,第十册,687页右)

又记云:

> 河西王从弟大沮渠安阳侯,于于阗国衢摩帝大寺,从天竺比丘大乘沙门佛陀斯那,其人天才特拔,诸国独步,诵半亿偈,兼明禅法。……以宋孝建二年九月八日于竹园精舍书出此经,至其月二十五日讫。(《大藏经》,第二十七套,第十册,652页右)

安阳侯为河西王蒙逊从弟,蒙逊于东晋隆安五年即王位,义熙八年迁都姑臧。然安阳侯求法于阗,可推知亦此前后。又如前节所述智严于东晋隆安之始渡天竺遇佛陀斯那,则斯那为隆安顷行化之人,可知与罗什、慧远等殆同时。果然,则富若罗之入灭属于隆安前后二十余年前,即东晋哀帝(在位四年,自362—365年)至简文帝(在位二年,自371—372年)顷。然而契嵩竟断以富若罗与正宗之般若多罗为同一人,更叙般若多罗之入灭云:

> 般若多罗于其座,展左右手,各放五色祥光七十余道,寻超身高七多罗木(避御名),即以化火自焚,雨舍利不可胜数,四众敛之,与其国之王月净建浮图而閟之,是时当此宋孝武帝之世也。以达磨六十七年后方东来算之,当在宋孝建元年甲午也。(《大藏经》,第三十一套,第三册,219页左)

其年代推定为宋孝建元年甲午,即公元454年,是可谓自己证明富若罗与般若多罗之别为一人。何则富若罗之归寂，是在般若多罗入灭前八十余年也。

第十六节　达摩多罗与菩提达磨非同一人

如以佛陀斯那与同时人，达摩多罗为与二十八祖菩提达磨为同人，则达磨不得不逢二十七祖般若多罗。何则？契嵩以菩提达磨东来为梁武普通元年庚子（520），其长逝为梁大通二年（528），因而断定：以译《禅经》之年，算达磨此时正年二十七岁，其说《禅经》必在此二十七以前也。从此算来，以合诸传记，所谓达磨既出家得法后，尚随侍其师四十余年，又依师所嘱，且在南天竺行化更六十七年。又东来在路二年，及到中国九年化去，恰是其寿一百五十岁。果然则达磨诞生于东晋孝武帝大元四年（379），近于富若罗即般若多罗逝去之年，达磨何得逢般若多罗而得道耶？且如契嵩之言，达磨二十七岁相当于东晋义熙元年，而契嵩谓为义熙七八年之间，何其多差舛耶？复次契嵩引用慧观之序云：

> 《慧观经序》亦曰昙摩罗以是法要传与婆陀罗。婆陀罗即陀罗即跋陀罗也。《宝林传》但称跋陀，指般若多罗，现在南天竺，未见其传法，《宝林》未足为据。今佛驮跋陀罗传诸父之经，列其祖师之名氏，固亦亲矣，不谬也。（《大藏经》，第三十一套，第二册，194页右）

认慧观所谓婆陀罗与佛驮跋陀罗为同人。慧观之序既如予先所抄出，昙摩罗从天竺来，以是法要传与婆陀罗，婆陀罗传与佛陀斯那，佛陀斯那慇此旃丹无真习可师，故传此法本，流至东州。表示传承为昙摩罗——婆陀罗——佛陀斯那。若如契嵩所云，婆陀罗即佛驮跋陀罗，则佛驮跋陀罗应为佛陀斯那之师，然而如契嵩自亦以佛陀斯那为师，佛驮跋陀罗为其门人，所谓跋陀受业于大禅师佛大先者，佛大先本二十七祖般若多罗受法之弟子，与菩提达磨盖同嗣之弟兄也。如是契嵩颠倒师资，弄前后矛盾之言。要之现存《达摩多罗禅经》为佛大先之说而非达摩多罗之说，契嵩《传法正宗论》，是禅史中之全无权威者也。

第十七节 《六十华严》之初译

佛驮跋陀罗译经中，重要者非《禅经》而《华严经》也。先是慧远使其徒支法领等求《禅经》于西天，法领于于阗得来梵本，即跋陀罗东来后所请出。《华严经记》云：

> 《华严经》胡本凡十万偈，昔道人支法领从于阗得此三万六千偈，以晋义熙十四年岁次鹑火三月十日于扬州司空谢石所道场寺，请天竺禅师佛度跋陀罗手执梵文，译胡为晋，沙门释法业亲从笔受，时吴郡内史孟顗、右卫将军褚叔度为檀越。至元熙二年六月十日出讫。凡再校胡本至大宋永初二年辛丑之岁十二月二十八日校毕。(《大藏经》，第二十七套，第十册，647页左）

此为《华严经》之初出，世称《六十华严》。初为五十卷，后人分为六十卷。对于此经，唐译之《华严》八十卷称《八十华严》。成教界之双璧。《六十华严》收于日本校订《大藏经》第七套第三、第四、第五册。

第十一章　僧肇与道生

鸠摩罗什之门徒三千，四圣十哲为其中龙象。龙象众中，僧肇、道生，以天禀之高才，悟玄理于言象之外，其所唱导，妙契禅道。什之影响及于禅门者，由于其译经与高弟之力。

第一节　道生小传

罗什之门人道生、僧肇、僧叡、道融，称四圣，与昙影、慧严、慧观、僧䂮、道常、道标名十哲。其中酷肖禅旨之说，以道生与僧肇为最。道生初幽栖庐山七年，后游长安师事罗什。《佛祖统纪》卷二十七云：

> 法师道生，……尝喟然叹曰："自经典东流，译人重阻，多滞权文，鲜通圆义。若忘筌得鱼，始可以言道矣。"于是校阅真俗，精练空有，研思因果，乃立善不受报及顿悟成佛义。又著《二谛论》《佛性常有论》《无净土论》《应有缘论》……守文之徒，嫌嫉竞起。师又以法显三藏所翻《泥洹经》本先至，六卷成文经云：除一阐提，皆有佛性。师云，夫禀质二仪，皆有涅槃正因，阐提含生之类，何得独无佛性？盖是经来未尽耳。乃唱阐提之人，皆得成佛。时大本未传，孤明先发，旧学僧党以为背经，遂显大

第十一章 僧肇与道生

众，摒而遣之。……及后《大经》至《圣行品》云，一阐提人虽复断善，犹有佛性。于是诸师皆为媿服。……投庐山预莲社。……所述《维摩诘》《法华》《泥洹》《小品》诸经，皆有义疏。（《续藏经》，第一辑，第二编乙，第四套，第二册，140页右）

又《出三藏记集》卷十五云：

竺道生……义熙五年还都，同停京师，游学积年备总经论，妙贯龙树大乘之源，兼综提婆小道之要，博以异闻，约以一致，乃喟然而叹曰：夫象以尽意，得意则象忘，言以寄理，入理则言息。自经典东流，译人重阻，多守滞文，鲜见圆义，若忘筌取鱼，则可与言道。于是校练空有，研思因果，乃立善不受报及顿悟义。笼罩旧说，妙有渊旨，而守文之徒，多生嫌嫉，与夺之声，纷然互起。又六卷《泥洹》，先至京都，生剖析佛性，洞入幽微，乃说阿阐提人皆得成佛。于时《大涅槃经》未至此土。孤明先发，独见迕众。于是旧学僧党以为背经邪说，讥忿滋甚。遂显于大众摒而遣之。……以元嘉七年投迹庐岳，销影岩阿，怡然自得。山中僧众，咸共敬服。俄而《大涅槃经》至于京都，果称阐提皆有佛性，与前所说若合符契。（《大藏经》，第二十七套，第十册，690页左—691页右）

第二节　道生之《涅槃经》

按道生所阅六卷之《泥洹经》是法显渡天竺从摩揭陀国巴连弗邑阿育王塔天王精舍优婆塞伽罗先所得梵本，而于东晋义熙十三年

(417)十月一日至同十四年正月二日,与佛驮跋陀罗在道场寺之翻译者也。又据《高僧传》云《涅槃经》之大本达南京,道生获之炽然讲说,以宋元嘉十一年(434)冬十一月庚子于庐山精舍升法座端坐而化。所谓《涅槃》大本,昙无谶译也。谶中天竺人,与号白头禅师者论议,授以树皮之《涅槃经》本,由是敬信大乘,赍《涅槃》之前分十卷往罽宾,转出龟兹,复进至姑臧,河西王蒙逊,接待甚厚。滞留三载,译初分十卷。然因品数未足,故还外国追寻岁余,于于阗发现中分,再还姑臧译之。后又遣使于阗寻得后分传,译为三十三卷。以蒙逊之玄始三年就翻传,同十年十月二十三日讫,即南朝宋永初二年(421)法显译后之四年也。而《涅槃》之后分犹未全,宋元嘉十年(433)行西天求之,为蒙逊所嫉视而被暗杀。《出三藏记集》卷二记《大涅槃经》三十六卷,《历代三宝纪》卷九记四十卷,此所谓北本《涅槃》,现存日本校订《大藏经》第八套第五册及第六册。及北本《涅槃经》之将来南朝,慧严、慧观等与谢灵运协力,依旧《泥洹经》增加品目,成《大般涅槃经》三十卷,所谓南本《涅槃》是也。收入日本校订《大藏经》第八套第七册及第八册。

第三节 顿悟成佛说

道生于《佛性论》示前贤未发之卓见,创唱顿悟成佛之义。虽无由知其立义之详,彼现存《法华经疏》二卷,其见《塔品注》云:

既云三乘是一,一切众生,莫不是佛。

又云:

> 以神通力接诸大众,皆在虚空,所以接之者,欲明众生大悟之分皆成于佛,示此相耳。(《续藏经》,第一辑,第二编乙,第二十三套,第四册,408页右—左)

足仿佛推知顿悟成佛说之一斑。

《续高僧传》僧旻之条云:

> 晋安太守彭城刘业尝谓旻(僧旻)曰:"法师经论通博,何以立义多儒?"答曰:"宋世贵道生顿悟以通经,齐时重僧柔、影昵昙以讲论,贫道谨依经文,文玄则玄,文儒则儒耳。"(《续高僧传》,卷六,10页左)

由此观之,顿悟成佛说喧传宋世,为文帝(在位三十年,自424—453年)所重。道生门人《道猷传》云:

> 释道猷,吴人,为生公弟子。……宋文简问:"慧观顿悟之义,谁复习之?"答云:"生弟子道猷。"即敕临川郡,发遣出京,既至,即延入宫内,大集义僧,命猷伸述顿悟,时竞辩之徒,关责互起。……宋元徽中卒,春秋七十有一。(《高僧传》,卷七,30页左)

次祖述顿悟之义者有法瑗。彼传云:

> 释法瑗,……元嘉十五年还梁州,……依道场慧观为师,笃志大乘,……后入庐山守静味禅,澄思五门,游心三观,……后

文帝访觅述生公顿悟义者，乃敕下都，使顿悟之旨重伸。宋代何尚之闻而叹曰："常谓生公没后微言永绝，今日复闻象外之谈，可谓天未丧斯文也。"（《高僧传》，卷八，6页左）

今道生微言永绝，实可哀也。

第四节 僧 肇

较道生而甚大影响及禅门者僧肇也。彼为：

> 京兆人，家贫以佣书为业，遂因缮写，乃历观经史，备尽坟籍。志好玄微，每以庄老为心要。尝读老子《道德》章，乃叹曰："美则美矣，然期栖神冥累之方，犹未尽善。"后见旧《维摩经》，观喜顶受，披寻玩味，乃言始知所归矣。（《高僧传》，卷六，26页右一左）

第五节 《涅槃无名论》之卓见

肇非以老庄为心要，而以老庄之语说佛教如彼者少也。此所以为当时依文解义之汉所讥。然肇神悟达识，非洞彻玄理不止。《涅槃无名论》云：

> 夫至人空洞无象，而万物无非我造，会万物以成己者，其唯圣人乎？
>
> 疏曰：会，证会也，圣人了法即心。前则依生起相，此则会

相归心,所以成圣。《楞严经》云,一切众生从无始来,迷已逐物,失于本心,为物所转。若能转物,即同如来。云庵云:昔石头和尚读至于此,遂豁然大悟。曰:圣人靡己,靡所不己。法身无相,谁云自他?圆鉴虚照于其间,万象体玄而自现。(《续藏经》,第一辑,第二编,第一套,第三册,230页左)

方肇之时,《华严经》之译未成,因而唯心的一元论亦尚未起,而一言道破其精髓。云万物无非我造,其卓见可知也。石头亦于此一句领得禅旨有以哉!又《涅槃无名论》云:

夫涅槃之为道也,寂寥虚旷,不可以形名得,微妙无相,不可以有心知。……然则言之者失其真,知之者反其愚,有之者乖其性,无之者伤其躯,所以释迦掩室于摩竭,净名杜口于毗耶。(《续藏经》,第一辑,第二编,第一套,第一册,38页右)

后世禅者开口则曰掩室于摩竭,杜口于毗耶,皆效肇之口吻也。
又云:

经曰:菩提之道不可图度,高而无上,广不可极,渊而无下,深不可测,大仓天地,细入无间,故谓之道。(同上书,第三册,222页右)

石头云:细入无间,大绝方处。同论又云:

净名曰:不离烦恼而得涅槃。天女曰:不出魔界而入佛界。

然则玄道在于妙悟,妙悟在于即真。即真则有无齐观,齐观则彼己莫二,所以天地与我同根,万物与我一体。(同上书,225页右)

此说亦出于庄子,由肇唱之,遂成后世禅门之一公案。

第六节 《物不迁论》与《肇论疏》及禅语

肇《物不迁论》云:

夫生死交谢,寒暑递迁。(同上书,第一册,31页左)

此语虽禅家之雏僧亦无不暗诵,《肇论》之为禅药之一味久矣哉!同论又云:

寻夫不动之作,岂释动以求静;必求静于诸动。必求静于诸动,故虽动而常静,不释动以求静,故虽静而不离动。……然则乾坤倒覆,无谓不静,洪流滔天,无谓其动。(同上书,31页左—32页右)

此则动静一如、事理不二之妙谛,与禅家之现象即实在旨同。《肇论疏》卷上云:

道远乎哉,触事而真。圣远乎哉,体之即神。疏曰:道远乎

哉者，言不远也。触事皆是道，更无别道耳。圣远乎哉者，言不远也。体悟即是圣，更无别有圣人。（同上书，57页右）

后世禅师言平常心即道，与肇此说没什么不同。

第七节 《宝藏论》之禅味

禅家之言谓有一物上拄天、下拄地，黑漆漆的。肇《宝藏论·广照空有品》云：

空可空非真空，色可色非真色。真色无形，真空无名。无名，名之父；无色，色之母，为万物之根源，作天地之太祖。（《续藏经》，第一辑，第二编，第一套，第一册，23页左）

黑漆漆的岂非无名之谓？上拄天、下拄地岂非天地之太祖、万物之根源？同品又云：

其大也愰荡无涯，含识一体，万物同怀。应则千变，化则众现。不出不没，用无有间，有心无形，有用无人，示生无生，示身无身，常测不测，常识不识，为而无为，得而无得，镜象千端，水质万色，影分尘界，应用无极。无形而形，无名而名，物类相感，和合而生，生而不生，其无有情，众谓之圣，众谓之明，种种称号，各任其名。然其实也，以无为为宗，无相为容，等虚空，同太空，究无处所，用在其中。（同上书，24页右）

此岂非禅家所谓过在动用中、动用中收不得之消息耶？同品又云：

> 唯道无根，虚湛常存。惟道无体，微妙常真。惟道无事，古今常贵。唯道无心，万物圆备。……无内无外，包含太一，该罗八冥，周备万物。其状也，非内非外，非小非大，非一非异，非明非昧，非生非灭。……若言其内，通含法界，若言其外，备应形载。若言其小，包裹弥远，若言其大，复入尘界。（《续藏经》，第一辑，第二编，第一套，第一册，24页左）

以此等语插入禅录中，谁得辨之乎？同品又云：

> 夫入道之径，内虚外净，如水凝澄，万象光映。其意不沉，其心不浮，不出不入，湛寂自如。（同上书，25页右）

此岂非离掉举昏沉而入定者乎？又云：

> 夫天地之内，宇宙之间，中有一宝，秘在形山，识物灵照，内外空然，寂寞难见，其号玄玄。……本净非莹，法尔圆成，光超日月，德越太清。……其宝也，焕焕煌煌，朗照十方，圆寂无动，应用堂堂。……其本也冥，其化也形，其为也圣，其用也灵，可谓大道之精，其精甚真，万物之因，凝然常住，与道同伦，故经云随其心净，则佛土净。（同上书，25页左）

此非亦禅家之常套语耶？同论《离微体净品》云：

第十一章　僧肇与道生

> 体离者，本无烦恼可断，无小乘可弃。体微者，无菩提可求，无大用可窥，无一法可相应故。是以圣人不断妄，不证真，可谓万用而自然矣。（同上书，26页右）

此是禅家不除妄想，不求真之要诀也。同品又云：

> 是以为道者生而不喜，死而不忧。何以故？以生为浮，以死为休，以生为化，以死为真。（同上书，28页右）

此是生死透脱之妙旨也。同论《本际虚玄品》云：

> 夫所以有三界者，为以执心为本，迷真一故，即有浊辱生其妄气，妄气澄清为无色界，所谓心也。澄浊现为色界，所谓身也。散滓秽为欲界，所谓尘境也。故经曰三界虚妄不实，唯一妄心变化。（同上书，28页右）

此以外物与身心为欲、色、无色者，前贤所未曾道，肇妙悟言外，可称古今独步。同品又云：

> 譬如有人于金器藏中，常观于金体，不睹众相。虽睹众相，亦是一金。既不为相所惑，即离分别，常观金体，无有虚谬。喻彼真人，亦复如是。常观真一，不睹众相，虽睹众相，亦是真一，远离妄想，无有颠倒，住真实际，名曰圣人。……然彼真一而有种种名字，虽有种种名字，终同一义，或名法性、法身、真如、实际、虚空、佛性、涅槃、法界，乃至本际、如来藏而有无量名字，皆是真一异名。（同上书，29页左—30页右）

此万古不变之铁案也。禅门之宗师横说竖说,千言万语,不出肇此论之外。

第八节 《维摩经注》中禅教之观念

僧肇影响禅门处,不但为依《肇论》而已。由于《维摩经注》之弘通大也。禅教之主要观念,均摄于《维摩经》中。同经云:

> 不断烦恼而入涅槃是宴坐。
> 生曰,既观理得性,便应缚尽泥洹,若必以泥洹为贵,而欲取之,即复为泥洹所缚。若不断烦恼即是入泥洹者,是则不见泥洹异于烦恼,则无缚。(《维摩经注》,卷二,19页右—左)

此禅家之烦恼即菩提也。道生注脚却迂远。又云:

> 夫说法者,无说无示,其听法者,无闻无得。
> 肇曰……终日说而未尝说也。……终日闻而未尝闻也。(同上书,24页左)

此禅家不以一法示人底之端的也。又云:

> 若弥勒得阿耨多罗三藐三菩提者,一切众生皆亦应得。所以者何?一切众生即菩提相,若弥勒得灭度者,一切众生亦当灭度。所以者何?诸佛知一切众生毕竟寂灭,即涅槃相不复更灭。(同上书,卷四,5页左—6页右)

第十一章 僧肇与道生

此禅家生佛同性，迷悟不二之要旨也。又云：

> 诸有所作，举足下足，当知皆从道场来住于佛法矣。（《维摩经注》，卷四，14页左）

此禅家佛法即世间法之妙谛也。又云：

> 一切诸法是解脱相。舍利弗言不复以离淫怒痴为解脱乎？天曰佛为增上慢，人说离淫怒痴为解脱耳。若无增上慢者，佛说淫怒痴性即是解脱。（同上书，卷六，26页左—27页右）

此禅家一切法是解脱相之端的也。又云：

> 天曰："舍利弗，汝得阿罗汉道耶？"曰："无所得故而得。"天曰："诸佛菩萨亦复如是，无所得故而得。"（同上书，卷六，34页左）

此禅家不可得处只么得之消息也。又云：

> 宝积当知！直心是菩萨净土。
> 肇曰：土之净者必由众生。众生之净，必因众行，直举众生以释净土。……夫行净则众生净，众生净则佛土净。（《维摩经注》，卷一，26页左）

此禅家唯心净土之极则也。肇注隔靴搔痒。又云：

> 舍利弗言:"我见此土,丘陵坑坎,荆棘沙砾,土石诸山秽恶充满。"螺髻梵王言:"仁者心有高下,不依佛慧,故见此土为不净耳。舍利弗,菩萨于一切众生悉皆平等,深心清净,依佛智惠,则能见此佛土清净。"(同上书,34页右—左)

此禅家娑婆即净土之极则也。又云:

> 又问:"无住孰为本?"答曰:"无住无本,文殊师利从无住本立一切法。"(同上书,卷六,21页右)

此禅家从无住本建立一切法之所由出也。又云:

> 唯!舍利弗,夫求法者,不着佛求,不着法求,不着众求。(同上书,卷六,2页右)

此禅家三不求之公案之所由出也。又云:

> 文殊师利问:"维摩诘,我等各自说已,仁者当说何等是菩萨入不二法门?"时维摩诘默然无言。
> 什曰:如佛泥洹后六百年,有一人年六十出家,未几时,颂三藏都尽。……思惟言:"佛法中复有何事?唯有禅法,我当行之。"于是受禅法,自作要誓:若不得道,不具一切禅定功德,终不寝息,胁不着地。因名胁比丘。少时得成阿罗汉,具三明六通,有大辩才,能论议。有外道师名曰马鸣,利根智惠。……闻胁比丘名,将诸弟子往到其所,唱言一切论议,悉皆可破。若我

不能破汝言论,当斩首谢屈。胁比丘闻是论,默然不言。马鸣即生憍慢。……与其弟子舍之去,中路思惟已,语弟子言,此人有甚深智慧,我坠负处。……即下发为胁比丘作弟子。(《维摩经注》,卷八,12页右一左)

此禅家默识心通之要义也。

第九节　僧叡之参禅

如上所述,罗什之高弟中,僧肇、道生于后之禅教有所贡献。与之同时,僧叡于禅数亦有贡献。依《关中出禅经序》,叡热心求禅法,隆安五年(弘始三年)十二月二十日什之来长安,同月二十六日从什学禅法,达其精妙。《高僧传》云:

释僧叡……常叹曰:经法虽少,足识因果,禅法未传,厝心无地。什后至关,因请出《禅法要》三卷,始是鸠摩罗陀所制,末是马鸣所说,中间是外国诸圣共造,亦称菩萨禅。叡既获之,日夜修习,遂精练五门,善入六静。(《高僧传》,卷六,23页右一左)

所谓《禅法要》三卷乃指日本校订《大藏经》第二十六套第七册所收《坐禅三昧经》上下二卷。

僧叡作《关中出禅经序》云:

禅法者,向道之初门、泥洹之律径也。此土先出修行大小

《十二门》、大小《安般》，是其事既不根悉，又无受法学者之戒，盖阙如也。究摩罗法师以辛丑之年十二月二十日自姑臧至常安。予即以其月二十六日从受禅法。……寻蒙抄撰《众家禅要》，得此三卷。初四十三偈是鸠摩罗陀法师所造，后二十偈是马鸣菩萨之所造也。其中五门是婆须蜜、僧伽罗叉、沤波崛、僧伽斯那勒比丘、马鸣、罗陀《禅要》之中抄集之所出也。六觉中偈是马鸣菩萨修习之以释六觉也。初观淫恚痴相及其三门皆僧伽罗叉之所撰也。息门六事诸论师说也。菩萨习禅法中，后更依《持世经益十二因缘》一卷，《要解》二卷，别时撰出。(《大藏经》，第二十七套，第十册，651页右)

初四十三偈是鸠摩罗陀法师所造者，以《坐禅三昧经》卷上起首"导师说难遇，闻者喜亦难，……虽未得涅槃，当勤求此利"之四十三偈也。后二十偈是马鸣菩萨所造者，《坐禅三昧经》卷下"行者定心求道时，常当观察时方便……应病与药佛如是，淫怒痴病随药灭"之二十偈也。五门者，同经所说第一治贪欲法门乃至第五治等分法也。六觉者，欲觉、嗔觉、恼觉、里觉、国土觉、不死觉也。此六觉说于第四治思觉法门中，即所谓马鸣菩萨所修习之偈。息门六事者为六妙门息同第四治思觉法门中。要解者，《禅法要解》二卷也。

第十二章　玄高之修禅及其神异

　　从佛驮跋陀罗受学禅业者，有宝云、慧观等名僧，而以习禅独擅美名者，玄高也。玄高以灵异为佛事，门徒数百，其中有现神异者。惜哉高不能全其终。同时禅师之从西天来者多，可推知小乘禅观之盛于西域。求那跋陀罗之译《楞伽经》，亦成于此时。

第一节　宝云与慧观

　　宝云于东晋隆安之初求法西天，亲拜圣迹，还随佛驮跋陀罗受禅，参与晋宋之际译经。宋元嘉二十六年（449）示寂。慧观为宝云之亲友，从学慧远、罗什，又谘《禅要》于佛驮跋陀罗。跋陀罗之适江陵，观亦随之，风化荆楚之民。及宋武帝（在位三年，自420—422年）南征，遇帝江陵，为其所优遇。既归京，与跋陀罗共栖止于道场寺，从之译经。元嘉中先宝云而逝，春秋七十一。

第二节　玄高小传

　　玄高生于后秦弘始四年（东晋元兴元年），十二岁出家，业禅律，闻佛驮跋陀罗在石羊寺弘法，往师之，旬日诣其堂奥，高乃杖策游西秦。时西秦王乞佛炽槃（412—427）跨有陇西，外国禅师昙无毗来此教授禅道，然受学者寡。玄高游无毗之门，旬日而无毗倾其蕴奥。及无毗之还舍夷国，为恶比丘所嫉，潛于河南王世子曼，谓高徒众多，将为国之灾。高被摒，禅寂于河北之林阳堂山，学徒三百，得神通者称十一人。高旧友昙弘，时从长安来化河南，辩其清白。王悔，迎高崇为国师。高进入凉为沮渠蒙逊所敬重。时北魏太武帝（在位二十八年，424—451年）占据平城，其舅阳平王杜超，屈请高游化平城。此事依《释氏通鉴》卷四为宋永嘉四年。高既到平城，太子拓跋晃师事之。先是魏主崇信道术，尊寇谦之为天师，其相崔浩又惑溺之，妒太子潛之太武，帝信其言欲幽太子。晃哀求其师玄高，高为作《金光明忏》，太武乃梦见祖先执剑让其信谗，惊觉问群臣，诸臣皆言太子无过。太武遇晃如初，更使太子总统万机。崔浩、寇谦之恐太子于己不利，潛云太子实有逆心，结玄高将有所为。太武大怒收高。时北魏太平真君五年、宋元嘉二十一年（444）九月十五日，春秋四十一。

第三节　惠览之道行

玄高同时人有惠览者，以禅定闻于世。依《名僧传抄》及《高僧传》，知其人览游西域，于罽宾国师达摩达受禅业。达摩达往距罽宾五千余里之尼健诃罗国得菩萨戒，授览使东归。览乃到于阗弘之。举国禅思，为法忘食。后来河南，吐谷浑慕延、世子琼等，为览建左军寺于蜀使居之。蜀之学禅者，不师事者无之。宋文帝请览来都，安置于钟山定林寺。至孝武帝时，诏建中兴寺移居之，一时学侣，接踵来受业，吴兴沈演、平昌孟顗等，钦览道声，为造禅室。以宋大明中示寂，春秋六十余。

第四节　渡来罽宾禅师昙摩密多及其禅经

当时西天渡来沙门多称禅师，罽宾禅师昙摩密多其一也。密多究禅法，过龟兹、敦煌，适凉州，大盛禅业，以宋元嘉元年转到蜀，俄出峡，止荆州长沙寺，建立禅阁，有顷东下，达建康。宋文帝、袁皇后及皇太子等尊信甚笃。

> 参候之使，旬日相属，即于祇洹寺译出《禅经》《禅法要》《普贤观虚空藏观》凡三部经，常以释道教授，或千里资受，四辈远近皆号大禅师。(《大藏经》，第二十七套，第十册，685页左—686页右)

《高僧传》卷三云：

> 元嘉十年还都，止钟山定林下寺，密多性凝静，雅爱山水，以为钟山镇岳，埒美嵩华。常叹下寺基构临涧低侧，于是乘高相地，揆卜山势，以元嘉十二年斩木刊石，营建上寺，士庶钦风，献奉稠叠，禅房殿宇，郁尔层构，于是息心之众，万里来集。……以元嘉十九年七月六日卒于上寺，春秋八十有七。(《高僧传》，卷三，20页左—21页右)

密多所译禅经，有《禅秘要经》三卷(元嘉十八年译出)、《五门禅经要用法》一卷，后者收于日本校订《大藏经》第二十六套十册。

第五节　罽宾之诸禅师

昙摩耶舍亦罽宾禅师,明悟拔群,陶思入禅,心游七觉。以东晋隆安年中达广州,义熙中入长安,为姚兴所重,出《舍利弗阿毗昙》,弘始十六年讫。后南游于江陵辛寺大弘禅法。随徒三百余人。宋元嘉中还西域,不知所终。

畺良耶舍亦禅师也。

> 虽三藏兼明而以禅门专业,每一禅观或七日不起,常以三昧正受,传化诸国,以元嘉之初,远冒沙河,萃于京邑。太祖文皇深加叹异。……元嘉十九年西游岷蜀,处处弘道,禅学成群。后卒于江陵,春秋六十矣。(《高僧传》,卷三,22—23页)

僧伽达多亦禅师也。

> 禅学深明,来游宋境。达多尝在山中坐禅,日时将迫,念欲虚斋,乃有群鸟衔果飞来授之。……元嘉十八年夏,受临川康王请,于广陵结居,后终于建业。(《高僧传》,卷三,23页)

僧伽罗多哆亦禅师也。以宋少帝景平末来建业,元嘉十年于钟山之阳造立精舍,即宋熙是也。依梁宝唱《名僧传抄》,元嘉二十七年卒,春秋五十有九。此外昙无毗、佛陀斯那等,皆以禅匠知名,可以卜知印度禅法之流行矣。

第十二章　玄高之修禅及其神异

第六节　求那跋陀罗之《楞伽经》及其年代

译《楞伽》之求那跋陀罗，中天竺人，大乘造诣甚深，以摩诃衍之号为世所知。跋陀罗之来中国，经师子国泛海，以宋元嘉十二年达广州，文帝迎入建康，道俗崇敬，造门者冠盖相望。乃止于祇洹寺为众僧出《杂阿含》，又于东安寺出《法鼓经》，后于丹阳郡传译《楞伽经》《胜鬘经》，丞相南谯王义宣，师事跋陀罗，其出镇荆州，相携俱行住辛寺。元嘉三十年太子劭谋大逆，文帝殂，劭又为武陵王所讨灭。武陵王即世祖孝武帝（在位十九年，454—472年），谯王亦与劭谋叛逆，世祖将王玄谟讨之，于乱军中获跋陀罗，既送到都，世祖礼遇甚厚。及太宗明帝（在位八年，465—472年）之代礼供弥隆。太始四年（468）春秋七十五示寂。《楞伽经》四卷先有昙无谶译。《出三藏记集》未收录，其题目见《历代三宝纪》以后诸录，惜哉其本阙矣。求那跋陀罗译《楞伽经》四卷，《出三藏记集》不记翻传年月，但云于道场寺译出耳。《历代三宝纪》卷十记：

> 《楞伽阿跋多罗宝经》四卷　元嘉二十年于道场寺译，慧观笔受，见道慧、僧祐、法上等录。

其后诸录皆同，然准《高僧传》则《楞伽》《胜鬘》二经共出于丹阳郡，阅慧观作《胜鬘经序》云："元嘉十三年岁次玄枵八月十四日，初转梵轮，迄于月终。"若与《胜鬘》同时译，当在此年前后。元嘉二十年以后跋陀罗去往荆州，仍知《楞伽》之译在元嘉十三年至二十年之间。次就《楞伽经》与禅门之关系及经之内容，当如后章所叙。

第十三章　宝志之出世与佛陀之渡来

及南朝宋灭齐代，竟陵萧子良深信佛教，招致高僧弘宣教理。于是大乘之经论大行于世。此时有法瑗继承道生顿悟成佛论者，刘虬亦赞同之。宝志显灵迹为朝野所渴仰，佛陀禅师来北魏，盛禅观于少林，此皆形成禅门之起于梁代之素地者也。

第一节　司徒竟陵王弘通大乘

南朝宋以公元478年终，萧齐入代，司徒竟陵王尽力弘通大乘。王抄出宣扬诸经，见《出三藏记集》卷五：抄《华严经》十四卷、抄《方等大集经》十二卷、抄《菩萨地经》十二卷、抄《法华药王品经》一卷、抄《维摩诘·佛国品》一卷、抄《维摩诘·方便品》一卷、抄《维摩诘·问疾品》一卷、抄《菩萨本业经》一卷、抄《大乘方等要慧经》一卷等。

第二节　顿悟成佛论之继承者法瑗

如前所言，法瑗重申顿悟成佛论。瑗陇西人，北魏大尚书辛源明之弟。出家游学，适建康，师道场寺之慧观，览内外坟典。后入庐山专禅寂。有顷应刺史庾登之请出山讲说。宋文帝觅述道生顿悟之义者，因庾登之奏诏瑗来都讲演，帝亲临闻说法。此事依《佛祖统纪》卷三十七属元嘉十三年，然准《高僧传》则应为十五年以后。文帝又敕瑗为南平穆王铄之戒师。及孝武帝时敕为西阳王子之尚友，固辞得免。结庐方山，注《胜鬘经》等。泰始四年太宗明帝新建湘宫寺，大盛讲席，请瑗当法主，帝自临法筵，公卿缙士云集，成一时盛观。齐武帝永明七年（489）春秋八十一殁。

第三节　顿悟成佛论之赞同者刘虬

刘虬南阳逸民也。宋泰始年中（465—471）为当阳令，后为南郡之丞，罢官归家，时年三十二。《广弘明集》卷十九叙虬生平云：

> 辟谷却粒，饵术衣麻，布衣草属，茅室土帐。礼诵六时不阙，世谛典籍，不复修综，棋书小艺一切屏绝，惟研精佛理，述善不受报顿悟成佛义，当时莫能屈。注《法华》等经，讲《涅槃》大小品等，齐建元初诏征通直散骑侍郎不就。……建武初征为国子博士，二年冬疾甚，移在江州，白云徘徊，似入櫺户，有异香气，空中磬声，因卒，年六十。……梁大通三年诸子稽于谥法……曰文范先生。（《大藏经》，第二十八套，第三册，208—209页）

《编年通论》卷六云卒年五十八，虽未知孰是，《广弘明集》之记事颇值信赖，仍从之。刘虬疏《华严经》以顿渐二门垂判教之范，人之所知也。

第四节　宝志之灵迹

宝志者，不测之异人。梁萧子显御讲《金字摩诃般若波罗蜜经序》云：保志法师者，神通不测，灵迹甚多。梁武帝《净业赋》亦云：沙门宝志，形服不定，示见无方。其始为世所知，在宋泰始年中之初，亘齐梁而现异迹。志东阳朱氏子，少出家，师事钟山道林寺僧俭，习禅观。《高僧传》卷三《畺良耶舍》条云：

> 畺良耶舍，西域人，虽三藏兼明而以禅门专业，每一禅观或七日不起。常以三昧正受，传化诸国。以元嘉之初，远冒沙河，萃京邑，太祖文皇深加叹异。初止钟山道林精舍，沙门宝志崇其禅法。（《高僧传》，卷三，23页右）

僧俭其获禅于耶舍者乎？宋《编年通论》以后诸录皆记七岁出家，泰始二年显迹。梁唐旧录未明记年时。据《高僧传》卷十则居止无定，饮食无时，发长数寸，常跣行街巷，执一锡杖，杖头挂剪刀与镜，或挂一两匹帛。数日不食亦无饥容，时或赋诗，其语如谶记难晓，至后而验，士庶敬事者多。于是武帝（在位十年，自483—492年）恶其惑众，收于建康之狱，至明旦有入市见志者，还检狱中，则依然在狱。语狱吏，门外有两舆之食，金钵盛饭，汝可取之。既而齐文惠太子竟陵王子良并饷志食，果如其言。然准宋以后诸记，此永明七年也。及梁武帝即位下诏云："志公迹拘尘垢，神游冥寂，水火不能燋濡，蛇虎不能侵惧，语其佛理则声闻以上，谈其隐沦则遁仙高者，岂得以俗士常情空相拘制，何其鄙狭一至于此。自今行来随意，勿得复禁。"是天鉴二年也。由是多出入禁中。

第五节 宝志之隐语

武帝一日问志:"弟子烦惑未除,何以治之?"答云:"十二(识者以十二因缘治惑之药也)。"又问:"十二之旨?"答云:"书字时刻在刻漏中(识者以为书之事在十二时中)。"又问:"弟子何时得静心修习?"答云:"安乐禁(识者以为禁者止也,至安乐之时止耳)。"其辞旨隐没难解,皆此类。天鉴十三年(514)示寂,敕葬钟山独龙阜,于墓所建开善精舍。志显迹时,其年五六十许,后亦无老衰容,人咸不能测其龄,行年当九十七云。

第六节 宝志其祖师禅之祖耶

据《景德传灯录》卷二十七,宝志制大乘赞二十四首,盛行于世,又称其余辞句有与禅宗旨趣冥会者。然如《高僧传》去志入灭仅五年,未记天鉴十八年成书中大乘赞之事。又唐道宣曾将《梁弘明集》所漏重要记录一一辑录,其《广弘明集》中亦未载宝志之偈。至宋《景德传灯录》第二十九卷始录出大乘赞十首、十二时颂十二首、十四科颂,予不能辨其真伪。然后世禅录中引用宝志者皆无不伪谬,故大乘赞等当知亦出后人所作。考查宝志偈颂内容,全为禅旨无他。如不解即心即佛,真似骑驴觅驴,见为六祖以后宗旨之常套语。如宝志真作此等偈颂,则祖师禅可云为志所创,不必待达磨之西来也。在宝志时,大乘诸经部除密部外殆全被传译,通大乘实理者极多,如沈约俗士尚唱佛知不异众生知,如萧子显亦持生死不异涅槃、涅槃不异生死之意见，见道宣《广弘明集》卷十九。然则有达人作偈颂如称宝志作者亦决不难。如与宝志殆同时傅翕之作《心王铭》，其一例也。

第七节　宝志偈颂之大旨

志偈颂之大旨多从《维摩经》处得来。烦恼即菩提，生死即涅槃，生佛不二，迷悟不二，心即佛，触目是道，色空一如，心境平等，真妄一如，是其要领也。本此见解而排斥持律、坐禅、西方往生，与六祖慧能之说无大差别。至明之瞿汝稷初称宝志禅师，亦有以哉！以上偈颂之外，有传于唐代者二三。宗密《圆觉大疏钞》卷二之下云：

志公云：无为大道快乐，众生不解修错，不逢出世明师，未服大乘法药云云。

第八节　佛陀禅师之风格

佛陀禅师，西域人，游历诸国，至魏北台之恒安。时孝文帝（在位二十八年，472—499年）优遇佛陀，别设禅林居之，乃凿石为龛，结徒禅寂。及太和十七年（齐永明十一年，493年）帝都迁洛阳，佛陀亦南迁，敕建静院处之。以性爱泉石，志幽栖，屡往嵩岳。帝敕就少室山构禅院，于是四海息心之侪，闻风而集，众达数百，禅法一时炽然。此所谓少林寺以禅祖达磨之面壁闻名于天下。少林之建立在北魏太和二十一年，齐建武四年（497）。《少林寺志》云：

少林寺，在五乳峰前，对少室，如翠屏端立，形势绝佳。

第十三章　宝志之出世与佛陀之渡来

《魏书》云：跋陀自西来，有道业，深为孝文所敬，诏于少室山阴，立少林寺以居之。周大象中改为陟岵寺。隋开皇中，复名少林寺。唐太宗为秦王时，有《赐少林书》。高宗、武后常幸此地。清康熙四十三年御书匾额，颁悬寺内，雍正十三年奉敕重修山门，雍正十三年奉敕创建东石坊云云。(《少林寺志》，卷一，5页右一左)

佛陀不知其所终，弟子慧光、僧稠二人最有名。

第二编

纯禅时代

概　说

从达磨西来至六祖慧能入寂，大约一百九十年，为纯粹达磨禅之实行时代。当时禅风与后世相比有天渊之别。前者恰如大道坦坦，后者如横歧之参差。前者如四通八达之都会，后者如山岳险峻之僻邑。前者直截简明，容易领其大旨，后者幽险晦涩，使学者苦于钻研。达磨禅之特色在于：第一，不摒斥经教而体现其真意，去算沙之弊而活捉佛之精神。第二，用普通佛教之术语，不用特殊禅宗之术语，致力于全提佛法而不注意于宗派角立。第三，不陷于习禅一弊之厌世主义，又不现神异，守平实稳健之家风。第四，不感染老庄哲学思潮，唯信奉大乘之教理。第五，虽用力于坐禅工夫，不囿于看活之死型。第六，不借拂拳棒喝之机用，又无脱常轨逞畸言异行以自高之风。第七，用心于布教传道，不似后世禅僧以闲居自适为乐。

第一章 禅观之流行于西域

当南朝宋齐梁之代，禅观盛行于西天，禅师之东来者不少，多兼学大小乘，虽三学并修，而以禅观独秀为其特色。中国禅门初祖菩提达磨，此等禅师之一人也。方此时西天无名禅宗之一派，唯有大小乘分派而已，分派虽多，均为一味之佛法。

第一节 从释迦佛至达磨之传承

从宋末亘齐梁禅师之从西天渡来者甚多，前章既已论及，达磨即此等禅师之一人，其门徒大行化于中国，至形成独立禅宗之一派，在西天却无独立之禅宗。论达磨之师承，其渊源发自释迦佛，可不待言。

从释迦佛至达磨之传承，非有禅门特殊之祖师。其大体与余门分明有共通者。

第二节 《传灯录》所载七佛之偈

按禅门诸录，释迦佛以来有依一种特别之形式，授受禅的法门，辗转传受至菩提达磨。这禅门口诀，并非可为史的论究之事实。《景德传灯录》记道原于释迦佛前加上六佛成为七佛，列七佛所说之偈，以示从前佛有付法之偈。据宋契嵩《传法正宗记》卷一，则唐智炬于《宝林传》之首已有七佛之列名。然列七佛之偈者实从《景德传灯录》开始。乃如下：

叙七佛

古佛应世，绵历无穷，不可以周知而悉数也。故近谭贤劫有千如来，暨于释迦，但纪七佛。案《长阿含经》云，七佛精进力，放光灭暗冥，各各坐树下，于中成正觉。又曼殊室利为七佛祖师，金华善慧大士登松山顶行道，感七佛引前，维摩接后。今之撰述，断自七佛而下。

毗婆尸佛过去庄严劫第九百九十八尊偈曰：

身从无相中受生，犹如幻影出诸像。

幻人心识本来无，罪福皆空无所住。

尸弃佛庄严劫第九百九十九尊偈曰：

起诸善法本是幻，造诸恶业亦是幻。

身如聚沫心如风，幻出无根无实性。

毗舍浮佛庄严劫一千尊偈曰：

假借四大以为身，心本无生因境有。

前境若无心亦无，罪福如幻起亦灭。

拘留孙佛现在贤劫第一尊偈曰：

见身无实是佛身，了心如幻是佛幻。

了得身心本性空，斯人与佛何殊别。

拘那含牟尼佛贤劫第二尊偈曰：

佛不见身知是佛，若实有知别无佛。

智者能知罪性空，坦然不怖于生死。

迦叶佛贤劫第三尊偈曰：

一切众生性清净，从本无生无可灭。

即此身心是幻生，幻化之中无罪福。

释迦牟尼佛贤劫第四尊姓刹利，父净饭、天母大清净妙位登补处生兜率天上，名曰胜善天人，亦名护明大士，度诸天众，说补处行，亦于十方界中，现身说法……说法住世四十九年后，告弟子摩诃迦叶，吾以清净法眼涅槃妙心，实相无相、微妙正法将付于汝，汝当护持，并敕阿难副贰传化，无令断绝，而说偈言：

法本法无法，无法法亦法。令付无法时，法法何曾法。（《大藏经》，第三十套，第九册，811页左—812页右）

第三节　道原之误谬

道原当录此等佛祖偈，先举《长阿含经》与关于傅翕之传说。长阿含《游行经》有《七佛略传》，此仿释迦佛之传而作，痕迹昭昭，其记事千篇一律，可证成于一人之笔，苟为史而欲博信于后世者，绝不可依用如斯之传说。又傅翕非正传之禅者，其幻觉的事迹可作窥其思想之资料，却无力证明七佛之实在。道原不立脚于禅门正传之说，而举小乘经与他家梦幻的事实，非可以博信于后世。按《三千佛名经》，毗婆尸佛、尸弃佛、毗舍浮佛皆位于过去庄严劫千佛之终尾，准此说则过去庄严劫从华光佛至毗舍浮佛为千佛出世，现在贤劫从拘留孙佛至楼至佛为千佛出世，未来星宿劫从日光佛至须弥相佛为千佛出世。所谓劫者，大劫有过去、未来、现在，有成、住、坏、空，成、住、坏、空各有二十之增减。以是过去庄严劫者，过去宇宙经此过去宇宙之成、住、坏、空，后所形成者为现在贤劫。果然则毗婆尸等佛说法之宇宙乃在空劫之前。因之如其所说之偈，征之书契耶？书契尚未在奈何！征之口碑耶？人物尚未生奈何！

若谓过去之宇宙有偈，经坏劫、空劫而不灭，有梵本存于现在之宇宙，又有其译人，则谁不惊其荒唐之谈，谁不笑其非常识耶？

第四节　契嵩之谬论

然契嵩所著《传法正宗记》卷一论云：

> 曰：他书之端必列七佛，此无之。岂七佛之偈非其旧译乎？曰：不然，夫正宗者必以亲相师承为其效也。故此断自释迦如来已降，吾所以不复列之耳。吾考其《宝林》《传灯》诸家之传记，皆祖述乎前魏支强梁楼与东魏之那连耶舍此二梵僧之所译也。或首列乎七佛之偈者，盖亦出于支强、耶舍之二译耳。岂谓非其旧本耶？（《大藏经》，第三十一套，第三册，202页左）

果如契嵩所谓则支强、耶舍二人是有如何神力从过去宇宙、通空劫而得梵本耶？乃知七佛之偈绝为后人之妄作。契嵩为禅门注其心血，草《正宗记》可称多劳，然而彼之所论往往露出马脚，反而为祖门之殃，岂不可惜哉！

第五节　二十八祖付法之偈

契嵩于其著《传法正宗论》卷上，证成二十八祖并其付法之偈云：

吾考始译斯事者，前传皆曰：初由中天竺沙门号支强梁楼，尝往罽宾国，于其国之象白山，会达磨达比丘，其人老寿，出于常数，乃师子祖傍出之徒。支强因以师子之后其法兴衰问之。达磨达曰：如来之法传大迦叶以至吾师子大师，然吾师知自必遇害，未死预以法正付我同学南天竺沙门婆舍斯多，亦名婆罗多那（《宝林传》云北天竺则呼为婆罗多罗，与《三藏记》并同，此云多那，盖译有楚夏耳。复授衣为信）。即遣之，其国其人方大为佛事于彼。支强曰：然，我识其人也。支强遂以前魏陈留王曹奂之世至于洛邑，初馆白马寺，时魏室方危，奂忧之，数从问其兴亡，支强皆以隐语答之。因与沙门昙谛、康僧铠辈译出众经及诸祖付受事迹传于中国，以此验知中先有祖事，非权舆于付法藏传耳。(《大藏经》，第三十一套，第二册，192页右)

第六节　支强梁楼者何人

所谓支强梁楼者，一个无名之沙门耳。僧祐《经录》无其所译之经题，《高僧传》译经中不载其名。长房《三宝纪》卷五云：

《法华三昧经》六卷　一本有正字，祐云失译。

右一部六卷，高贵乡公世，甘露元年七月外国沙门支强梁接，魏言正无畏，于交州译，沙门道声笔受。《祐录》云失译，房检及竺道祖《魏世录》及《始兴录》，若依交州及《始兴录》，应入《吴录》，今据年及《魏录》收，附此。(《大藏经》，第三十套，第七册，620页右)

《开元释教录》卷二记:

> 《法华三昧经》(六卷一名有正字,初出与法护《正法华》等同本,见竺道祖《魏录》,亦见《始兴录》)沙门支强梁接,吴云正无畏,西域人,以孙亮五凤二年乙亥,于交州译《法华三昧经》。沙门竺道馨笔受。《长房》《内典》二录编于曹魏之代,今依交州及《始兴》地割入《吴录》。

此外吴魏译家中,无支强梁楼,岂以接与楼文字相似,故误作楼耶?然而梁接译经先于魏奂之世三年,则所谓梁楼似为别人,此《释氏通鉴》《释氏稽古略》等所以从《正宗论》记为支强梁楼也。契嵩所云译出众经及诸祖付受事迹,未指出何经,又历代经录中亦无一系梁楼译出者。

第七节 关于那连耶舍译契嵩之错误

契嵩又复云:

> 又云,有罽宾沙门那连耶舍,以东魏孝静之世至邺而专务翻译,及高氏更魏称齐,乃益翻众经。初与处士万天懿译出《尊胜菩萨无量门陀罗尼经》,因谓天懿曰,西土二十七祖亦尊此经,复指达磨其所承于般若多罗,谓此土继其后者,法当大传,乃以谶记之。复出己译祖事与天懿正之,而杨衒之《名系集》亦云耶舍尝会此,东僧昙启于西天竺共译祖事为汉文,译成而耶舍先持之东来,然与支强之所译者未尝异也。夫自七佛至乎二十五祖

第一章 禅观之流行于西域

婆舍斯多者，其出于支强之所译也。益至乎二十七祖与二十八祖达磨多罗《西域传》授之事迹者，盖出于耶舍之所译也。(《大藏经》，第三十一套，第二册，192页右一左）

检《续高僧传》卷二"那连提离耶舍"之条，耶舍，北齐天保七年（556）届京邺，文宣皇帝极具殊礼，偏异恒伦，是东魏灭亡后八年东来也。又就耶舍之译经，有敕昭玄大统沙门法上等二十余人监掌翻译，沙门法智居士万天懿传语。耶舍所译出经论，《历代三宝纪》卷九列七部五十一卷，明记其翻译年月，其后之经录皆袭之，而《尊胜菩萨无量门陀罗尼经》非耶舍之译，万天懿之所出也。

《开元释教录》卷六云：

《尊胜菩萨所问一切诸法入无量门陀罗尼经》一卷　第三出与《无崖际持法门经》等同本或直云《尊胜菩萨所问经》，亦直云《入无量门陀罗尼经》。

右一部一卷其本见在

居士万天懿，本姓拓跋，北代云中人也，魏分十姓，因为万俟氏，世居洛阳，故复为河南人也。后单称万氏。少曾出家，师婆罗门，而聪慧有志力，善梵书梵语，兼工咒术，由是应召，得预翻传之数。懿以武成帝湛河清年中，于邺都自译《尊胜菩萨所门经》一部。见《长房录》。(《大藏经》，第二十九套，第二册，192页左）

耶舍译祖师之事迹示万天懿，诸录所未载；又杨衒之所谓耶舍遇昙启之事，《耶舍传》无其文，《昙启传》《续高僧传》所不列。如斯契嵩所云自七佛至二十五祖婆舍斯多者，其出于支强之所译也；并支强梁楼之名亦不载于译经沙门中，历代经录亦一无揭其译经。彼所推测与二十八祖达磨多罗西域传授之事迹者，盖出耶舍之所译也，亦据僧传所不能验证奈何！

第八节　念常之妄论

与契嵩之说相同，却招致他家之侮者元之念常，彼所著《佛祖通载》卷十尚且公言：

佛祖传法偈。按禹门太守杨衒之《铭系记》云，东魏静帝兴和二年庚申，西魏文帝大统六年，梁武大同六年，高僧云启往西域求法，至龟兹国，遇天竺三藏那连耶舍，欲来东土传法。法云启曰：佛法未兴，且同止此，遂将梵本译为华言。云启去游印土，那连亲将至西魏，值时多故，乃入高齐，以宣帝礼遇甚厚，延居石窟寺，以齐方受禅，未暇翻译别经，乃将龟兹与云启所译祖偈因缘，传居士万天懿，乃殷勤控问，深悟玄旨，遂将校勘昭玄沙门昙曜同天竺三藏吉迦夜所译付法藏，失于次序，兼无偈讖，写本进去魏朝，证其差谬。《付法藏传》乃魏武真君年中崔浩、寇谦之邪说毁灭佛法，至文成帝和平中重兴，故缺。梁简文帝闻魏有本，遣使刘玄运往彼传写，归建康，流布江表。唐贞元中，金陵沙门惠炬，将此祖偈往曹溪，同西天胜持三藏，重共参校，并唐初以来传法宗师机缘，集成《宝林传》，光化中华岳玄伟禅师集贞元以来出世宗师机缘，将此祖偈，作其基绪，编为《圣胄集》。开平南岳三生藏惟劲头陀，又录出光化以后出世宗匠机缘，亦以祖偈为由，集成《续宝林传》。宋景德中，吴僧道原集《传灯录》，进于真宗，敕翰林学士杨亿、工部员外李淮、太常丞王曙同议校勘，具奏诏作序，编入大藏颁行。天圣中，驸马都尉李遵勖，参石门聪禅师，发明因缘，聚禅学僧，列此祖偈世系事缘，成《广灯录》，上仁宗，御制序文，敕入大藏流通。建中靖国元年，沙门惟白将此祖偈，以为标本，成《续灯录》进上云云。他宗不知其原，谓七佛偈无译，寡闻浅识，一至妄谬，良可笑也。(《续藏经》，第一辑，第二编乙，第五套，第二册，205页右—左）

第九节　念常论议之破绽

念常将《正宗论》之说加以订正，不以东魏孝静帝之代为那连耶舍东渡之时，而以高僧云启渡天之时，尚矣。云启《正宗论》作昙启，未知其孰是。所谓高僧云启者亦《续高僧传》所不录。《正宗论》云耶舍翻经之后出佛祖偈示万天懿，念常则耶舍翻经先传佛祖偈，此二家之异所也。念常更附加新事实，云耶舍与万天懿共校勘《付法藏传》，见其失次序兼无偈讖，写本进去魏朝证其差谬。然而那连耶舍之渡来为北齐文宣帝天保七年（556），同年西魏恭帝禅位于后周，其国灭亡，耶舍等如何得以写本进魏朝耶？又云梁简文帝闻魏有本，使其臣往彼传写归而流布江表，唐惠炬据此编《宝林传》。梁简文帝以大宝二年（551）为侯景所弑，由此经六年而那连耶舍入北齐，简文帝如何能得耶舍之译本？依契嵩所谓则《宝林传》中七佛偈，未列入云。

第十节 道原之《西来年表后记》

次《景德传灯录西来年表后记》云：

达磨至中国，今取《正宗记》为定。盖依梁宝唱《续法记》，昔那连耶舍与万天懿译七佛至二十八祖传法事。梁简文帝因使臣刘悫运往北齐取其书诏宝唱编入《续法记》也。(《大藏经》，第三十套，第九册，809页左)

那连耶舍入北齐之日，简文已在黄泉，以何得取耶舍之书编入《续法记》耶？所谓《续法记》者，《续高僧传》"宝唱"条，并《历代三宝纪》卷十一宝唱之著书目录中均所未载，岂即《宝唱传》所云之《续法轮论》？

又敕唱自大教东流，道门俗士有叙佛理著作弘义，并通鸠聚，号曰《续法轮论》，合七十余卷。(《续高僧传》卷一，7页左)

唯七佛偈并非可以翻译性质之物，七佛中前三佛如出现于过去庄严劫者，则属于现在宇宙尚未形成时代，支强、耶舍辈如何得以译出其所说之偈耶？此因后人之妄添，昭昭然矣。

第十一节 七佛偈之作者

《出三藏记集》卷四所收失译杂经中揭《七佛各说偈》一卷，次

《历代三宝纪》卷十一有：

> 《九伤经》一卷见《旧录》，《安墓咒经》一卷见《别疑录》，《菩提福藏法化三昧经》一卷武帝世出，见《三藏记》及《宝唱录》，《七佛各说偈》一卷见《吴录》，《深自知身偈》一卷见《吴录》，右五部合五卷，齐世沙门释道备出，备后改名观，虽见《众录》，然并注入疑经。（《大藏经》，第三十套，第七册，656页右）

由是观之，《七佛偈》似出道备之作。至其内容不过说诸法无生，唱罪福之空，其识见之低劣，到底不能及傅翕之《心王铭》、宝志之《大乘赞》等。

第十二节　就《付法藏传》契嵩之极论

他宗学者，或证《付法藏传》而斥禅家二十八祖传者有之，于是乎，契嵩于此尽力辩疏，示《付法藏传》之不足取。乃于《传法正宗论》卷上引《传灯录》云：

> 《传灯录》曰：昔唐河南尹李常者，常得三祖璨师舍利，一日饭沙门落之。因问西域三藏僧犍那曰：天竺禅门祖师几何？犍那曰：自大迦叶至于般若多罗凡有二十七祖。若叙师子尊者傍出达摩达之四世，自二十二人，总有四十九祖。若七佛至此璨大师不括横枝，凡三十七世。常复问，席间耆德曰：余尝视祖图，或引五十余祖，至于支派差殊，宗族不定，或但空有其名者，此何以验之？适有六祖弟子号智本禅师者。对曰：此因后魏毁教，其

时有僧昙曜于仓黄中,单录乎诸祖名目,持之亡于山野,会文成帝复教,前后更三十年。当孝文帝之世,昙曜遂进为僧统,乃出其所录,诸沙门因之为书,命曰《付法藏传》(《付法藏传》亦云昙曜所撰),其所差逸不备,盖自昙曜逃难已来而致然也。以吾前之所指,其无本末者,验智本之说,诚类采拾残坠所成之书。又其品目曰某付某,果所谓单录,非其元全本者也。(《大藏经》,第三十一套,第二册,191页左)

契嵩更进一步谓《付法藏传》乃托梵僧吉迦耶之名而行,极言其谬书可焚也。

第十三节 契嵩论议之不当

阅《昙曜传》有云:

释昙曜,未详何许人也。……太武皇帝、太平真君七年司徒崔浩邪佞谀词,令帝崇重道士寇谦之,拜为天师,珍敬老氏,虔刘释种,焚毁寺塔。至庚寅年太武感致疠疾,方始开悟……诛夷崔氏。事列诸传。至壬辰年太武云崩,子文成立,即起塔寺,搜访经典,毁法七载,三宝兴。曜慨前陵废,欣今重复,故于北台石窟,集诸德僧对天竺沙门译《付法藏传》,并《净土经》流通后贤。(《续高僧传》卷一,11—12页)

与智本之言非全然不合。《出三藏记集》卷二记:

《杂宝藏经》十三卷　阙。

《付法藏传因缘经》六卷　阙。

《方便心论》二卷　阙。

　　右三部二十一卷宋明帝时西域三藏吉迦夜于北国以伪延兴二年共僧正昙曜译出，刘孝标笔受，此三经并未至京都。（《大藏经》，第二十七套，第九册，602页右）

如此梁僧祐时，此书未至金陵。但既译于宋文帝时，当以随佛驮跋陀罗学禅法之宝云所出为第一。《付法藏经》六卷载于《历代三宝纪》卷十。其次北魏文成帝和平三年（462）诏玄统沙门昙曜译出《付法藏传》四卷，此为第二出。其次北魏延兴二年（472）为西域沙门吉迦、昙曜所出《付法藏因缘传》六卷，此为第三出。因此《开元释教录》卷六记：

《付法藏因缘传》六卷　或无"因缘"字，亦云《付法藏经》，或四卷，或二卷。见道惠《宋齐录》第三出，与宋智严、魏昙曜出者同本，亦见《僧祐录》。

盖智严当为宝云之误。昙曜为当时僧统亦奉诏译出者，并非可播弄私意而翻译，且由西域沙门吉迦夜再译为同本六卷，在翻译上当近于无伪谬。虽与禅门之二十八祖传不合，却亦不妨作为一种传说以供参考。不应以称智本之一无名僧之言为证，而抹杀《历代三宝纪》以下之确实记录。

第十四节　二十八祖之异说

　　禅门之相承虽永明延寿之《宗镜录》并《景德传灯录》以后已成

定说，在唐代却尚未然。圭峰宗密《圆觉经大疏钞》撰于唐穆宗帝长庆三年（823），先于《传灯录》一百八十余年。同书卷三下所载禅门二十八祖之名即与《传灯》不同。又日本传教大师最澄《内证佛法相承血脉谱》为嵯峨天皇弘仁十年即唐宪宗帝元和十四年（819）真忠所笔受，先于《圆觉经钞》五年。同书所载禅门二十八祖之名，全与圭峰之说不异，足以证唐代之二十八祖与宋以后之二十八祖不同。兹对照《付法藏因缘传》《景德传灯录》《圆觉经大疏钞》《内证佛法相承血脉谱》四书，如下表：

《付法藏因缘传》	《景德传灯录》《宗镜录》	《圆觉经大疏钞》《内证佛法血脉谱》
摩诃迦叶（1）	第一祖摩诃迦叶	摩诃迦叶第一
阿难（2）	第二祖阿难	阿难第二
摩田提（旁）	末田底迦（旁）	……
商那和修（3）	第三祖商那和修	商那和修第三
优波毱多（4）	第四祖优波毱多	优波毱多第四
提多迦（5）	第五祖提多迦	提多迦第五
弥遮迦（6）	第六祖弥遮迦	弥遮迦第六
佛陀难提（7）	第七祖婆须密	佛陀难提第七
佛陀密多（8）	第八祖佛陀难提	佛陀密多第八
胁比丘（9）	第九祖伏驮密多	胁比丘第九
富那奢（10）	第十祖胁尊者	富那舍第十
马鸣（11）	第十一祖富那耶奢	马鸣菩萨第十一
比罗（12）	第十二祖马鸣大士	毗罗尊者第十二
龙树（13）	第十三祖迦毗摩罗	龙树菩萨第十三
迦那提婆（14）	第十四祖龙树尊者	迦那提婆第十四
罗睺罗（15）	第十五祖迦那提婆	罗睺罗第十五
僧伽难提（16）	第十六祖罗睺罗多	僧伽难提第十六

续表

《付法藏因缘传》	《景德传灯录》《宗镜录》	《圆觉经大疏钞》《内证佛法血脉谱》
僧伽耶舍（17）	第十七祖僧伽难提	僧伽耶舍第十七
鸠摩罗驮（18）	第十八祖伽耶舍多	鸠摩罗驮第十八
阇夜多（19）	第十九祖鸠摩罗多	阇夜多第十九
婆修槃陀（20）	第二十祖阇夜多	婆修槃陀第二十
摩奴罗（21）	第二十一祖婆修槃头	摩奴罗第二十一
夜奢（22）	第二十二祖摩奴拏罗	……
	……	鹤勒那夜遮第二十二
鹤勒那（23）	第二十三祖鹤勒那	师子比丘第二十三
师子（24）	第二十四祖师子比丘	舍那婆斯第二十四
	第二十五祖婆舍斯多	优婆掘第二十五
	第二十六祖不如密多	婆修密第二十六
	第二十七祖般若多罗	僧伽罗叉第二十七
	……	达摩多罗第二十八
	第二十八祖菩提达磨	

《付法藏传》与唐传虽殆为同一，而师子比丘以后，前者法系断绝，后者加以五祖。又《传灯》，师子以下加以与唐传全然别名之四祖。梁以来至宋二十八祖之名尚无一定，不容疑也。

第十五节　有部之传承

契嵩于所著《传法正宗论》卷上引用慧远之《庐山出禅经统序》并慧观之《修行地不净观经序》而有所论，其说自相矛盾，前既言之。检嵩引用《出三藏记集》卷十二有部之师资目录，其列名如下：

萨婆多部旧记	佛大跋陀罗师宗相承
大迦叶第一 阿难罗汉第二 末田地罗汉第三 舍那婆斯罗汉第四 优婆掘罗汉第五 慈世子菩萨第六 迦旃延罗汉第七 婆须密菩萨第八 吉栗瑟那罗汉第九 长老胁罗汉第十 …… 马鸣菩萨第十一 鸠摩罗驮罗汉第十二 韦罗罗汉第十三 瞿沙菩萨第十四 富楼那罗汉第十五 后马鸣菩萨第十六 达摩多罗菩萨第十七 密遮迦罗汉第十八 难提婆秀罗汉第十九 瞿沙罗汉第二十 般遮尸弃罗汉第二十一 …… 罗睺罗罗汉第二十二 弥帝丽尸利罗汉第二十三 达磨达罗汉第二十四 师子罗汉第二十五 …… 因陀罗摩那罗汉第二十六 瞿罗忌利婆罗汉第二十七 ……	…… 阿难罗汉第一 末田地罗汉第二 舍那婆斯罗汉第三 优婆披罗汉第四 …… 迦旃延菩萨第五 婆须密菩萨第六 吉栗瑟那罗汉第七 …… 勒比丘罗汉第八 马鸣菩萨第九 …… 瞿沙菩萨第十 富楼那罗汉第十一 …… 达摩多罗菩萨第十二 寐遮迦罗汉第十三 难提婆秀罗汉第十四 巨沙第十五 般遮尸弃第十六 达磨浮帝罗汉第十七 罗睺罗第十八 弥帝贝尸利第十九 达摩巨沙第二十 师子罗汉第二十一 达磨多罗第二十二 因地罗摩那罗汉第二十三 瞿罗忌利罗汉第二十四 鸠摩罗大菩萨第二十五 ……

第一章 禅观之流行于西域

续表

萨婆多部旧记	佛大跋陀罗师宗相承
婆秀罗罗汉第二十八	众护第二十六
僧伽罗叉菩萨第二十九	优波膻大第二十七
优波膻驮罗汉第三十	婆婆罗提第二十八
婆难提罗汉第三十一	那伽难提第二十九
那伽难罗汉第三十二	法胜菩萨第三十
达摩尸利帝罗汉第三十三	……
龙树菩萨第三十四	婆难提菩萨第三十一
提婆菩萨第三十五	破楼求提第三十二
婆罗提婆菩萨第三十六	婆修跋慕第三十三
破楼提婆第三十七	比栗瑟嵬弥多罗第三十四
婆修跋摩第三十八	比楼第三十五
毗栗瑟多罗汉第三十九	比阇延多罗菩萨第三十六
毗楼第四十	摩帝戾披菩萨第三十七
毗阇延多罗菩萨第四十一	诃梨跋慕菩萨第三十八
摩帝丽菩萨第四十二	披秀槃头菩萨第三十九
诃梨跋暮菩萨第四十三	达磨诃帝菩萨第四十
婆秀槃头菩萨第四十四	栴陀罗罗汉第四十一
达摩达帝菩萨第四十五	勒那多罗菩萨第四十二
梅陀罗罗汉第四十六	槃头达多第四十三
勒那多罗菩萨第四十七	……
槃头达多第四十八	婆罗多罗菩萨第四十八
弗若密多罗汉第四十九	不若多罗第四十四
婆罗多罗第五十	佛大尸致利罗汉第四十五
不若多罗第五十一	佛驮驮悉达罗汉第四十六
……	又师以璺为证不出名罗汉第四十七
佛驮先第五十二	佛大先第四十九
达摩多罗菩萨第五十三	昙摩多罗第五十
	达摩悉大第五十一
	罗睺罗第五十二
	耶舍第五十三
	僧伽佛澄第五十四

第十六节　各派传承之所以相违

以上二传不契合之处亦多，此不足怪也。释迦佛灭后，有大众、上座二部之分裂，大众上座亦出其分派遂达二十部。加之，龙树时代前后大乘勃兴，然则各派异其师资传承者当然耳。从西天东来沙门其数甚多，或其学派异，或其生国异，其师资传承亦自不同。有部传中弗若密多、不若多罗二者与《景德传灯录》之不若密多、般若多罗相类，而似补之为师子以下之祖名。

《六祖坛经》列二十八祖之名如《传灯》，同书为元至元中所编出者，其以《传灯》为准不待论。

《付法藏传》以师子为正法传授之终末，以是契嵩之徒斥《付法藏传》，欲以有部之传说为证，证成二十八祖，然而以有部传承与禅门之相承同一视，乃根本的谬想也。禅门于大乘立脚，有部于小乘立脚，其教理之根柢有所不同，毋庸加以牵强附会。如契嵩论议，下以严密之史的批判时，反而有为禅门招侮之虞，此予所以不取《正宗论》也。

第十七节　拈花微笑之本据如何

要之禅门祖师以大迦叶、阿难、商那和修、优波毱多为始，以至胁、马鸣、龙树、提婆与他门诸祖无有不同，此为印度禅门尚未从他门分化独立之明证。

所云释迦佛在世有禅门特殊相承、辗转嘱累至菩提达磨者，禅门之口诀也，并非具著之于书、笔之于史之性质，唯有诣其门者始得领会之耳。然而《景德传灯录》尚未有世尊拈花、迦叶微笑之付法云云，至李遵勖《天圣广灯录》始记多子塔前之付法，《传灯》后九十余年，《建中靖国续灯录》中载录拈花普示、微笑初传。其后诸录皆效之。就中《联灯会要》，最为杜撰，云：

> 世尊在灵山会上，拈花示众，众皆默然。唯迦叶破颜微笑。世尊云，吾有正法眼藏、涅槃妙心、实相无相、微妙法门，不立文字，教外别传，付嘱摩诃迦叶。(《联灯会要》，卷一；《续藏经》，第一辑，第二编乙，第九套，第三册，220页右—221页左)

不立文字、教外别传，此后人形容达磨禅特色之文字，释迦佛岂有借达磨以后之成语用以付法耶？

契嵩时既已有关于付法之二云：

> 或谓如来于灵山会中，拈花示之，而迦叶微笑即是而付法。又曰，如来以法付大迦叶于多子塔前，而世皆以是为传受之实。然此始见其所出，吾虽稍取，亦不果敢以为审也。(《大藏经》，第三十一套，第三册，201页左)

契嵩据《传灯录》作《正宗记》，故不记拈花之事。此禅家口诀，参之以为得道之术，未为无益。笔之于史则恐泥，况求拈华之本据于经文耶？

第十八节 《人天眼目》之杜撰

与《联灯会要》同时代所作《人天眼目》卷五《宗门杂录》曰：

> 王荆公问佛慧泉禅师云："禅家所谓世尊拈花出在何典？"泉云："藏经亦不载。"公曰："余顷在翰苑，偶见《大梵天王问佛决疑经》三卷，因阅之，经文所载甚详。梵王至灵山，以金色波罗花献佛，舍身为床座，请佛为众生说法。世尊登座，拈华示众，人天百万悉皆罔措，独有金色头陀，破颜微笑。世尊云：'吾有正法眼藏、涅槃妙心、实相无相，分付摩诃大迦叶。'此经多谈帝王事佛请问，所以秘藏，世无闻者。"（《续藏经》，第一辑，第二编，第十八套，第五册，440页左）

此以拈花之出据在于秘经之妄谈也。若宋时代有所谓《大梵天王问佛决疑经》，则如元《至元法宝勘同总录》之详细经录当不逸其题号，而此事无载。

第十九节 浅川鼎之说

《大梵天王问佛决疑经》在日本已久，以是面山等既斥其伪谬。浅川鼎之《善庵随笔》云：

> 宋儒所谓道统，以禅家之血脉、世尊拈花迦叶微笑附会曾子之一贯，此世人所知，今姑不论。但拈花事出于《五灯会元》，虽

一切经中所未见，而古来相传之说，必非为彼徒之杜撰，然彼徒诸宗皆有所依之经，以禅宗言，若无所依之经而胡乱教人，恐为人所疑。乃有出于《大梵天王问佛决疑经》等说，而其经世因无闻者，则谓尝在秘府，王安石见之。

《僧史稽古略》卷四引《梅溪集》云：

> 荆公谓蒋山建康佛慧泉禅师曰："世尊拈花微笑。顷在翰苑，偶见《大梵天王问佛决疑经》三卷。有云梵王在灵山会上以金色波罗华献佛，请佛说法。世尊登座，拈华示众，人天百万悉皆罔措。独迦叶破颜微笑。世尊曰：'吾有正法眼藏、涅槃妙心，分付迦叶。'"

《人天眼目》卷五引《宗门杂录》与依《稽古略》所云相似。（文已见前）

第二十节　浅川鼎之评论

经反复研究《梅溪集》，答案是绝无影响。《山庵杂录》卷下亦云：

> 明善韩先生书陆放翁《普灯录叙》草后云："放翁先生手书《普灯录叙》草本，报恩净上人之所藏也。余故有先生遗文二帙，其间误处皆手自涂了。《传灯》言，世尊举华，迦叶一笑。今讲者以为经无此事，诋其妄传。或曰：金陵王丞相于秘省得《梵王决疑经》，阅之有此语，有所避讳，故经不入藏。今先生以为书之木叶傍行之间，不知即丞相之所见以否？其言如此，必有所考

矣，并书其后云。"夫二先生学广理明，其言岂妄？近翰林宋公为余叙《应酬录》亦曰："予观《大梵天王问佛决疑经》，所载拈花云云。宋公既亲观之，则此经世必有之，而或者诋以为妄，前云有所避讳，故不入藏。"斯言尽矣。

宋学士集，未见有《应酬录》叙。盖托王安石、宋景濂二公欲以取信于世，实不能认二公有此，而为彼徒所杜撰无疑。故《济北集》卷十八论云：

> 智证大师教相同异曰："禅宗教相如何？答：唯以《金刚》《般若》《维摩经》而为所依，以即心是佛而为宗，以心无所着而为业，以诸法空而为义。始自佛世，衣钵授受，师师相承，更无异途。"呜呼！珍公何不思自语相乖哉。已言自佛世衣钵授受师师相承，何还以《维摩》《金刚》为所依乎？因诸宗各有所依，将以为禅门亦有所依乎？盖三论者依《中》《百》《十二门》也。法相者依《楞伽》《深密》及《唯识》也。天台者依《法华》也，贤首者依《华严》也。此诸宗依于经论者宜矣。何者像法诸师取论意而立宗也。我禅门不然，如来命饮光传心印，尔来师师衣钵授受，以为法言，何暇求所依，而取《金刚》《维摩》乎？若有所依，非佛心宗。珍公不听禅宗，比拟语宗，臆度分别，出所依者，实可笑也。

况今世所传《大梵天王问佛决疑经》者。《大梵天王问佛决疑经》全轴二十四品，分为二本，云是陆奥国南部花巷玉凤山瑞兴寺无著灵光禅师所秘藏本也。享保十二年丁未仲夏，灵光所志，附凡例十件，有享保十二年乙卯闰三月尾张国鹫头山长寿禅寺东澧道澥之后序。或曰相传斯经所珍藏本邦有三处，其一奥州平泉光堂秀衡庙处经堂今存，其二浓州郡上郡长泷村长泷寺天台古刹，其三摄州水由三宝寺能忍旧迹，今为洞宗，灵光所传光堂本也。

云文义浅薄，非西土人之伪作，乃本邦人依《涅槃经》伪造，附会为台岭慈觉大师曾自大唐抄来，在某国某寺等将不可信用云，知此经之伪造事，《空华随笔》中已有论列之欤，读之可也。

第二十一节　宋濂与《大梵天王问佛决疑经》

明宋濂所撰《瑞严恕中和尚语录序》云：

> 余观《大梵天王问佛决疑经》所载梵王以金色波罗华献佛，请为说法，佛拈华示众，人天百万，悉皆罔措，独金色头陀破颜微笑。佛云："我有正法眼藏、涅槃妙心、实相无相，分付摩诃迦叶。"呜呼，此非禅波罗蜜之初乎？（《续藏经》，第一辑，第二编，第二十八套，第五册，403页右）

若宋濂之言为事实，则至明有伪作此经者，无眼子汉弄泥团而招白衣之侮，祖门之辱奈何？予尝检我国所行《大梵天王问佛决疑经》之内容，证其伪妄，文载《禅学批判论》附录。

第二章　菩提达磨之东来

菩提达磨南天竺人，神慧卓朗，一闻千悟，志学大乘，特以禅学知名。以梁武帝普通中（520—526）渡南海之波涛达广州，谒武帝于金陵不契，去往北魏，演化七八岁，传法于弟子慧可、道育等入寂，此为纯禅之滥觞。

第一节　《续高僧传》之达磨渡来之年代

唐道宣《续高僧传》卷十九记达磨者南天竺婆罗门也，然《景德传灯录》卷三则为南天竺国香至王第三子，未知孰真。关于达磨东来极难得其正确年月。依《续高僧传》，初达宋境，南越在南朝宋时，即到今广东省地。然此说漠然不足为据，何则，慧可之参达磨为其四十岁顷，《景德传灯录》卷三并《续高僧传》卷十九均所一致。又慧可生存至后周武帝废毁佛道二教后，此《续高僧传》所云，慧可于隋开皇十三年龄百七岁示寂，此《景德传灯录》所传。仍从隋开皇十三年溯至宋末一百五十年，如达磨来华之时，慧可四十岁，则慧可非保有百五十五岁余之高龄不可，此非人间之常数，以是《续高僧传》所谓达磨来宋境之说不足信。

第二节　决定达磨东来年代之四种传说

决定达磨之来时有种种传说。第一，嵩山少林寺之建立也。达磨于少林寺凝住壁观九年，此《传灯录》《正宗记》等所传，有此传说，足证达磨之渡来在少林寺建立之后。少林寺之建立若为北魏孝文帝太和二十一年（497），相当于齐高宗明帝建武四年。正值佛陀禅师在此寺盛唱禅法，已如前章所述。

《宝林传》并《传灯录》以达磨太和十年入魏，十九年圆寂。其为误传不待说，恐其与佛陀禅师之传相混者乎？《续高僧传》无达磨住少林之记事。第二，达磨灭后还西天与魏使宋云遇于葱岭之传说。有此传说，足以暗示达磨之入灭在宋云渡天竺前后。《释氏通鉴》卷五魏孝明帝正光三年条云：

> 魏胡太后，熙平初，遣宋云与比丘惠生，往西域求未至经。再期至乾罗国。是冬还达洛阳，得佛经一百七十部。《北史》。（《续藏经》，第一辑，第二编乙，第四套，第五册，421页左）

又《释氏稽古略》卷二魏正光三年条云：

> 魏胡太后于丙申熙平元年，遣宋云偕比丘惠生，往西域求未至经，自洛阳西行四千里至赤岭，乃出魏境。又西行再期至乾罗国而还，得佛经一百七十部。至此二月回达洛阳，魏国通有佛经四百十五部，合一千九百一十九卷。《魏书·释老志》并经目。（《续藏经》，第一辑，第二编乙，第五套，第五册，457页左）

魏正光三年为梁普通三年，当公元522年。《佛祖统纪》卷三十九记北魏孝明正光二年敕宋云沙门法力往西天求经，四年宋云等使西竺诸国还得佛教一百七十部与《魏书》不合。当以正光三年为正。第三，慧可得达磨法，达磨灭后扬化于邺，此东魏天平初为梁之中大通六年，当公元534年。第四，达磨诣禹门千圣寺，为期城太守杨衒之说法之传说。有此传说，足示达磨之渡来前后于杨衒之时代。杨衒之所撰《洛阳伽蓝记》序文云：

> 皇魏受图，光宅嵩洛，笃信弥繁，法教逾盛。王侯贵臣，弃象马如脱屣，庶士豪家，舍资财若遗迹。于是招提栉比，宝塔骈罗。……暨永熙多难，皇舆迁邺，诸寺僧尼，亦与时徙。至武定元年中，余因行役重览洛阳，墙宇倾毁，荆棘成林，野兽穴于荒阶，山鸟聚于庭树。……周室京城内外凡有一千余寺，今日寥廓，钟声罕闻，恐后世无传，故撰斯记。（《大藏经》，第三十套，第七册，647页左）

永熙多难，皇舆迁邺云者，指北魏丞相高欢立清河王亶之世子善见为帝，迁都于邺，即永熙三年改元为天平元年，为公元534年。杨衒之再游洛阳，目击诸寺之荒废，在武定元年，属梁大同九年，即公元543年。乃知杨与慧可为同时人，得以目睹天平以前洛阳诸寺之隆盛。

第三节　四传说之一致点

由以上四个标准推定达磨之年代，据杨衒之与慧可之标准则达磨圆寂必在东魏天平元年，即梁中大通六年或其前。次宋云从西天还若为北魏正光三年，即梁普通三年。又达磨东来当在嵩山少林寺创建之后，少林寺建立（497）先于梁武帝即位（502）五年，然则达磨于梁武之代来广州可不容疑。据《续高僧传》称，慧可从学达磨六载，从学之前后亦当经过不少年月，故《传灯录》所谓九年面壁之说亦足信凭。达磨迁化之后，慧可若即扬化，则达磨入寂为梁中大通六年，其东来为普通七年。又从慧可之年龄推算，可四十岁，为梁普通七年，可以之为达磨东来之年，可开法之年，即梁中大通六年得以之为达磨圆寂之岁，故其间九年与九年面壁之说合。《传灯》以达磨东来为普通八年，近于事实。然契嵩等却无何等根据，擅改之为普通元年，甚不合也。唐智升所著《开元释教录》卷六《菩提留支传》中云：

时有西域沙门菩提达磨者，波斯国人也，自西域来游洛京，见金盘炫日，光照云表，宝铎含风，响出天外，歌咏赞叹，疑是神工，自云一百五十岁。（《大藏经》，第二十九套，第二册，190页右）

智昇以达磨为波斯人亦是一说，达磨所赞叹者传为魏胡太后所开创之永宁寺，熙平元年即为梁天监十五年所落成者，先于普通四年以暗示达磨之东来在普通年中。

第四节　达磨入灭年代与佛大先

《少林寺志》曰：

达磨大师碑颂　　梁武帝

大师讳达磨，天竺人也。莫知其所居，未详其姓氏，以梁大

同二年十二月五日终于洛州禹门，塟葬于熊耳。(《少林寺志》卷一，"宸翰"一页）

从此说则达磨入灭为梁大同二年，与吾人所推算仅隔三年耳。诸录皆以菩提达磨与佛大先为同时人。然假定达磨行年一百五十岁，以梁中大通六年迁化，其诞生为东晋孝武帝太元十年（385）。又佛大先之门人佛驮跋陀罗以南朝宋元嘉六年春秋七十一归寂，则其出生为东晋穆宗帝升平三年，即公元359年。换言之，较达磨长二十七年，然则与达磨为伯仲之间之佛大先，亦当较其门人跋陀为青年，岂有此父少子老之颠倒的事象耶？假定达磨享一百五十岁犹且如是，况人间之保有其常命耶？《传灯》以佛大先为跋陀之门人，师资颠倒，《正宗论》既审之矣。

第五节　达磨之渡来地点

《续高僧传》云达磨达南越，《传灯录》云至广州。梁之南越指广州地方，此二说不矛盾。当时从西天来者多经南海，达磨亦其一人耳。广州刺史萧昂以达磨之渡来奏武帝，即诏赴京都。契嵩疑之云：

《传灯录》诸家旧说并云达磨来梁在普通八年。今案史书，普通只至七年，唯今三佑长历甲子数，或有八岁可疑。又皆称萧昂以达磨事奏及，昂传不见其为广州刺史，唯昂侄萧励当时尝作此州刺史，恐昔传录者误以励为昂耳。(《大藏经》，第三十一套，第三册，222页右）

嵩依《南史》为此言，然阅《梁书》，萧昂为武帝从父弟萧景之第三弟。《昂传》云：

> 昂字子明，景第三弟也。天监初累迁司徒右长史，出为轻车将军，监南兖州。初兄景再为南兖，德惠在人，及昂来代，时人方之冯氏，征为琅邪彭城二郡太守，军号如先。复以轻车将军出为广州刺史，普通三年为散骑常侍信威将军……大同元年，卒时五十三。(《梁书》，卷二十四，《列传》第十八)

萧昂为广州刺史，虽不明记年月，其为普通中甚明。昂武帝之近亲，知其亦好佛法，以达磨之诣广州奏帝者当然耳。契嵩所谓萧励者，《梁书》不载其传。

第六节　达磨与梁武之问答

武帝览奏遣使迎达磨，已至金陵。

> 帝问曰："朕即位已来，造寺写经，度僧不可胜纪，有何功德？"师曰："并无功德。"帝曰："何以无功德？"师曰："此但人天小果，有漏之因，如影随形，虽有非实。"帝曰："如何是真功德？"答曰："净智妙圆，体自空寂，如是功德，不以世求。"

最澄《内证佛法相承血脉谱》云：

> 谨案《传法记》云：达磨大师谓弟子佛陀耶舍云："汝可往振旦国传法眼，看彼国信如此事否？"弟子耶舍奉师付嘱，便附舶

来此土。耶舍到秦中，见大德数千余人，坐禅加行精进。忽闻耶舍所说，无有一人信者，皆言何有此事妖讹之说，遂摒耶舍向庐山东林寺。其时远大师见耶舍来，遂请问："大德从西域来，将何佛法传此土遂被摒耶？"其时耶舍答远大师曰："已手作拳，以拳作手，是事疾否？"远大师便悟，将知烦恼与菩提本性不二也。后时耶舍无常，达磨大师知弟子无常，遂自泛船渡来此土。初至梁国，武帝迎就殿内，问曰："朕广造寺度人，写经铸像，有何功德？"达磨大师答云："无功德。"武帝问曰："以何无功德？"达磨大师云："此是有为之事，不是实功德。"不称帝情，遂发遣劳过。大师杖锡，行至嵩山，逢见慧可，志求胜法，遂付嘱佛法矣。（《传教大师全集》卷二，517—518页）

此所谓佛陀耶舍者，佛驮跋陀罗也。不能以佛陀为菩提达磨之门人，既已论及。与武帝之问答与《传灯》符合，知唐代有此说矣。

第七节　问答之由来与姚兴僧肇之思想

达磨之师子吼，武帝所不能解，乃去而往魏。达磨与梁武之问答，不始于宋之《传灯》。唐宗密《圆觉经大疏钞》卷二之上，评达磨对梁武言，谓其契理不契机。禅家诸记皆云：

武帝又问："如何是圣谛第一义？"师曰："廓然无圣。"帝曰："对朕者谁？"师曰："不识。"帝不领悟。师知机不契，是月十九日潜回江北云云。

以上之问答出自罗什高弟僧肇之言。僧肇撰《涅槃无名论》，上表秦主姚兴，其中有云：

> 辄作《涅槃无名论》，论有九折十演，博采众经，托证成喻，以仰述陛下无名之致。岂曰关诣神心，穷究远当，聊以拟议玄门，班喻学徒耳。论末章云诸家通第一义，皆云廓然空寂，无有圣人，吾常以为太甚径庭，不近人情。若无圣人，知无者谁，实如明诏。夫道恍惚窈冥，其中有精，若无圣人，谁与道游。（《续藏经》，第一辑，第二编，第一套，第一册，38页右）

僧肇《涅槃无名论》乃敷衍姚兴之思想者，姚兴尝与安成侯姚嵩问答法义。文载《广弘明集》卷十八。其中云：

> 吾意以为道止无为，未详所以宗也。何者？夫众生之所以流转生死者，皆着故也。若欲止于心，即不复生，既不生死，潜神玄漠，与空合其体，是名涅槃耳。既曰涅槃，复何容有名于其间哉。夫道以无寄为宗，若求寄所在，恐乃惑之大者也，吾所明无为不可为有者，意事如隐，寻求或当小难。今更重伸前义。向所引《中论》，即吾义宗，诸法若不空，则无二谛，若不有，亦无二谛，此定明有无不相离。何者？若定言有，则无以拔高士，若定明无，则无以济常流，是以圣人有无兼抱而不舍者，此之谓也。然诸家通第一义廓然无有圣人，吾常以为殊太遥远，不近人情，若无圣人知无者谁也。（《大藏经》，第二十八套，第二册，205页右）

乃知姚兴有《涅槃无名》之语，僧肇敷演此语作论上秦主。诸家通第一义者，皆言廓然空寂无有圣人，姚兴以为是太甚径庭，不近人情。若无圣人则知无者谁。圣谛第一义之问答实如从此脱化而来。《肇论》久为禅家所用，而其对禅大影响，前章既已论及。宏智不通此间之消息，以达磨廓然之公案为颂，而道破其廓然无圣来机，径庭矣。

第八节　达磨之渡江说与归天说

达磨去梁，渡江而入魏。禅家诸录皆称其潜渡江，未云乘芦渡江。宋本觉《释氏通鉴》卷五梁普通元年条云：

> 九月廿一日，天竺二十八祖菩提达磨至广州。刺史表闻，武帝遣使诏迎，十一月一日至金陵，十九日遂去梁，折芦渡江，二十三日北趋魏境。

此所以有达磨一苇渡江之图，其为诗的不待智者而知。

《传灯》以后诸录，皆载宋云遇达磨于葱岭之记事。《传灯录》卷三所云如下：

> 魏氏奉释，禅隽如林，光统律师、流支三藏者，僧中之鸾凤也。睹师演道，斥相指心，每与师论议，是非蜂起。师遐振玄风，普施法雨，而偏局之量，自不堪任，竞起害心，数加毒药。至第六度以化缘已毕，传法得人，遂不复救之，端居而逝，即后魏孝明太和十九年丙辰岁十月五日也。其年十二月二十八日，葬熊耳山，起塔于定林寺。后三岁魏宋云奉使西域回，遇师于葱岭，见

手携只履翩翩独逝。云问:"师何往?"师曰:"西天去。"又谓云曰:"汝主已厌世。"云闻之茫然,别师东迈,暨复命即明帝已登遐矣。逮孝庄即位,云具奏其事,帝令启圹,惟空棺,一只草履存焉。(《大藏经》,第三十套,第九册,824页右)

第九节　达磨毒害说与只履说之讹传

达磨毒害之说古人多不取,固当然矣。所云太和十九年丙辰,与所云其后三岁悉皆差讹,此为《正宗记》以来之定论。《旧唐书·神秀传》云:

> 昔后魏末有僧达磨者,本天竺王子,以让国出家入南海,得禅宗妙法,云自释迦相传,有衣钵为记,世相付授。达磨赍衣钵航海而来,至梁诣武帝,帝问以有为之事,达磨不说,乃之魏,隐于嵩山少林寺,遇毒而卒。其年魏使宋云于葱岭回见之,门徒发其墓,但有只履而已云云。(《旧唐书》,卷百九十一)

《旧唐书》为五代石晋时官撰,成于宰相刘昫等之笔,关于达磨,采录当时之传说可勿论。然宋云归国为普通三年,此时达磨未卒,知为讹传。按《释氏通鉴》宋苍梧王元徽元年条云:

> 沙门邵硕,康居人,与志公最善。出入经行,不问夜日。……是年九月将亡,谓沙门法进曰:"愿露骸松下,然脚须着履。"进诺之,已而化,舁其尸露之。明日往视,失所在。俄有自郫县来者曰:"昨见硕公着一履行市中,曰:'为我语进公,

小儿见欺，止为我只履。'"进惊问沙弥，答曰："异尸时一履堕，行急不及系也。"(《续藏经》，第一辑，第二编乙，第四套，第五册，411页左）

此事与达磨之只履相类，时代亦不甚远，岂其彼此混同者乎？

第十节　梁武建碑及祖琇之意生身说

梁武帝追崇达磨，撰其碑。此又《传灯》以来之通说，其文虽《广弘明集》未收录，但不能强加否定。《正宗记》卷五载其略云：

> 其略曰为玉毫久灰，金言未剖，誓传法印，化人天竺及乎杖锡来梁，说无说法。如暗室之扬炬，若明月之开云，声振华夏，道迈古今。帝右闻名，钦若昊天。又曰，嗟乎，见之不见，逢之不逢，古之、今之、悔之、恨之。朕虽一介凡夫，敢师之于后。（《大藏经》，第三十一套，第三册，223页右）

宋祖琇所著《隆兴佛教编年通论》卷七论云：

> 昔嵩明教著《传法正宗记》，称达磨住世凡数百年，谅其已登圣果，得意生身，非分段生死所拘。及来此土，示终葬毕乃复全身以归，则其住寿固不可以世情测也。《传灯录》云：师以九月二十一日至广州，刺史以表闻奏，帝遣使赍诏迎之。师以十月一日至金陵，然自广至金陵，亡虑三千余里，将命者往而复，师方启行，岂以十日之间，能历三千里乎？又谓魏孝明帝钦师异

迹，三屈诏命，师竟不下少林。及师示寂，宋云自西域还，遇师于葱岭。孝庄帝有旨，令启圹。如《南史》。普通八年即大通元年也。孝明以是岁癸丑殂，师以十月至梁，盖师未至魏时，孝明已去世，及其子即位，未几为尔朱荣所弑，乃立孝庄帝，由是魏国大乱。越三年而孝庄殂，又五年而分割为东西魏，然则吾祖在少林时，正值其乱。及宋云之还，则孝庄去世，亦五六年，其国至于分割久矣，乌有孝庄令启圹之说乎？《旧唐书》云后魏末有僧达磨，航海而来，既卒其年，魏使宋云于葱岭回见之，门徒发其墓，但有只履而已，此乃实录也。又谓光统律师菩提流支数下毒害师，师遂不求。呜呼甚哉！光统、流支法门龙象，讵能尔乎？是皆立言者误也。虽然吾宗从上来事昭昭若揭日月而行，故二祖礼三拜后，依位而立，当尔之际，印尘劫于瞬息，洞刹海于毫端，直下承当，全身负荷，正所谓通玄峰顶，不是人间，入是门来，不存知解者也。抑乌有动静去来彼此时分而可辨哉？（《续藏经》，第一辑，第二编乙，第三套，第三册，248页右—左）

第十一节　意生身说是妄论也

祖琇以意生身说，将达磨传弄糊涂，实不能许可之妄论也。若达磨脱分段生死而得意生身，则当去来出没变幻自在，焉有时处之关系可以推知，既离时处之关系，尚以何得书之于史？史者次古今之岁月，指东西之方所，要使井然不可淆滥，故超越时处之制约者史不能笔，虽笔之亦毕竟徒劳耳。如祖琇所谓印尘劫于瞬息、洞刹海于毫端，尚乌有动静去来彼此时分之可辨耶？此即同于谓祖师为超脱时处之关系。既为离彼此时分者,祖琇何故将列祖之事迹编入岁月?苟撰史者而如是妄论,非使史实之差误弄糊涂了不可。史者非信仰之告白,非想象之描写,以信仰与想象蒙蔽事实,此史家之所大戒也。

第三章 达磨之教旨

菩提达磨其教徒之要云：一切含生同一真性，客尘障故不显己耳。凡圣同一，无自无他，得失随缘，心无增减。违顺风静而冥顺于法，安住性净之理而寂然无为，此其心要也。

第一节 达磨之特色禅门之宗风

从西天渡来沙门多以翻传梵经为业。达磨之东来不译出一偈，此彼与他之异一。毫不尽力讲授，只管以心要为教，此其二。不大小双演，纯弘大乘，此其三。斥有为己功德，独唱真乘，此其四。简明直截，蓦诲安心，此其五。达磨以后此等特色由其门徒益益加以发挥，遂至形成所称禅门特殊之宗风。第一特色，达磨不在译经沙门之列，所以经录中不留其名。第二特色，使北魏讲说之徒所以生讥谤。第三特色，所以其从学者极少。第四特色，与梁武相见所以不契。第五特色，由其与慧可之问答知之。《传灯录》卷三云：

光（神光，即慧可）曰："诸佛法印可得闻乎？"师曰："诸佛法印，匪从人得。"光曰："我心未宁，乞师与安。"师曰："将心来与汝安。"曰："觅心了不可得。"师曰："我与汝安心竟。"（《大藏经》，第三十套，第九册，823页左）

欲知达摩之宗风，先要注意此等五种之特色。

第二节　皮肉骨髓之说

《传灯录》卷三载皮肉骨髓之分付云：

> 欲西返天竺，乃命门人曰："时将至矣，汝等盍各得所得乎？"门人道副对曰："如我所见，不执文字，不离文字，而为道用。"师曰："汝得吾皮。"尼总持曰："我今所解，如庆喜见阿閦佛国，一见更不再见。"师曰："汝得吾肉。"道育曰："四大本空，五阴非有，而我见处，无一法可得。"师曰："汝得吾骨。"最后慧可礼拜后依位而立。师曰："汝得吾髓。"乃顾慧可告之，曰："昔如来以正法眼付迦叶大士，辗转嘱累而至于我，我今付汝，汝当护持。"（《大藏经》，第三十套，第九册，823页左）

《续高僧传》卷十九中，载达磨之资道育、慧可二人，同书有僧副传。就达磨禅师出家，弘禅法于蜀，以普通五年寂。《传灯》之道副，疑其非即一人。然《传灯录》不录其传，无由检证。菩提达磨若于宋代来华，则不妨以僧副为其门人。然而宋代之说不足取，僧副从学于达磨禅师，若在齐建武前，则所谓达磨禅师当为别人。尼总持之传亦诸记所逸。且对四门人而配当以皮肉骨髓，未免有斧凿之痕。慧可礼拜依位而立，若于灵山大迦叶之破颜微笑，同巧异曲，无强加以史笔之要也。

第三节 二入四行说为达磨正统之思想

所称菩提达磨语录流布当世，其可信赖之记录存者极少。二入四行之说见《续高僧传》卷十九及《景德传灯录》卷三十。昙琳之《四行观》，阅昙琳之序与《续高僧传》多相合之点，记弟子昙琳序，果其为达磨之弟子否耶？《续高僧传》卷一云：

> 又熙平元年有南天竺波罗奈城婆罗门，姓瞿昙氏名般若流支，魏言智希。从元象元年至兴和末于邺城译《正法念》《圣善住》《回诤》《唯识》等经论凡一十四部八十五卷，沙门昙琳、昉等笔。（《续高僧传》，卷一，16页左）

熙平元年即梁天监十五年，则达磨东渡时，昙琳正在魏，从达磨问法也不可知。《四行观》之末有附称梁武帝作达磨大师碑颂。与《传灯录》《正宗记》等均不合。然则二入四行并非作为达磨真说而被公认，将此与慧可示向居士语对照则见其暗合，兹仍校勘上记三书抄出如下：

> 夫入道多途，要而言之，不出二种。一是理入，一是行入。理入者谓借教悟宗，深信含生同一真性，但为客尘妄想所覆，不能显了。若也舍妄归真，凝住壁观，无自无他，凡圣等一，坚住不移，更不随于文教，此即与理冥符，无有分别，寂然无为，名之理入。行入谓四行，其余诸行，悉入其中。何等四耶？一报冤行，二随缘行，三无所求行，四称法行。云何报冤行，谓受道人

若受苦时，当自念言，我往昔无数劫中，弃本从末，流浪诸有，多起冤憎，违害无限，今虽无患是我宿殃恶业果熟，非天非人所能见，甘心甘受都无冤诉。经云逢苦不忧，何以故？识达故。此心生时与理相应，体冤进道，故说言报冤行。二随缘行者，众生无我，并缘业所转，苦乐齐受，皆从缘生。若得胜报荣誉等事，是我过去宿因所感，今方得之，缘尽还无，何喜之有？得失从缘，心无增减，喜风不动，冥顺于道，是故说言随缘行。三无所求行者，世人长途处处贪着，名之为求。智者悟真，理将俗反。安心无为，形随运转。万有斯空，无所愿乐。功德黑暗常相随逐，三界久居犹如火宅，有身皆苦，谁得而安，了达此处，故舍诸有，止想无求。经曰：有求皆苦，无求即乐，判知无求，真为道行，故言无所求行。四称法行者，性净之理，目之为法，此理众相斯空，无染无着，无此无彼。经曰法无众生，离众生垢故，法无有我，离我垢故。智者若能信解此理，应当称法而行。法体无悭身命财，行擅舍施，心无吝惜，达解三空，不倚不着，但为去垢称化众生而不取相，此为自行，复能利他，亦能庄严菩提之道，檀施既尔，余五亦然，为除妄想，修行六度而无所行，是为称法行。

契嵩所著《传法正宗记》卷五云：

四行之说岂达磨道之极耶？夫达磨之徒，其最亲者慧可也。其次道副、道育，古今禅者所传可辈之言，皆成书繁然盈天下，而四行之云亦未始概见，独昙琳序之耳。然琳于禅者亦素无称。昙琳诚得于达磨，亦恐祖师当时且随其机而方便云耳。若真其

道，则何只以慧可拜已归位而立云汝得吾髓，此验四行之言非其道之极者也。(《大藏经》，第三十一套，第三册，223页右一左）

二入四行，断非肤浅法门，二入之文出《金刚三昧经》，又与慧可、僧璨等语不矛盾，其为达磨正统之思想明也。证之慧可之礼拜得髓而轻视此者，失轻重之度。达磨所说不局于二入四行，惜哉正确传之者无之。

第四节 《少室六门集》与《传灯录》所表现之达磨思想

《少室六门集》于四行观之终附以偈颂：

> 外息诸缘，内心无喘，心如墙壁，可以入道，明佛心宗，等无差误，行解相应，名之曰祖。

此后人之作昭昭然也。《传灯录》云：

> 别记云师初居少林寺九年，为二祖说法，只教曰："外息诸缘，内心无喘，心如墙壁，可以入道。"慧可种种说心性理道未契，师只遮其非，不为说无念心体。慧可曰："我已息诸缘。"师曰："莫不成断灭去否？"曰："不成断灭。"师曰："何以验之云不断灭。"可曰："了了常知，故言之不可及。"师曰："此是诸佛所传心体，更无疑也。"

又：

期城太守杨衒之,早慕佛乘,问师曰:"西天五印师承为祖,其道如何?"师曰:"明佛心宗,行解相应,名之曰祖。"

与此合而为偈形者。外息诸缘、内心无喘等之说可认为达磨之思想,此外达磨直说更无可信者。

《传灯》等诸录,皆以达磨与佛大先同时之达磨多罗同一视,又达磨在印度有破六宗之传说,此皆年代差误,师资颠倒,所不足取也。

第五节 《少室六门集》之内容误传为达磨之思想

《少室六门集》不知何人所作,乃托达磨说禅。第一门为《心经颂》。《心经》有二译,罗什题为《摩诃般若波罗蜜大明咒经》,玄奘目为《般若波罗蜜多心经》,《心经颂》所颂者玄奘译,达磨灭后至玄奘译经大约百二十年,达磨何得取灭后之译本作颂耶?第二门为达磨大师《破相论》,其中谓胡言阿僧祇,汉名不可数,达磨焉得仿中国人口吻称西天为胡耶?且达磨在魏,不可谓汉。又论释迦佛成道时食乳糜云:若言如来食于世间和合不净牛膻腥乳,岂不谤误之甚。牛为神兽,乳为大清净饮料,此印度一般思想,达磨何以不净称之。又排斥称名念佛云:诵之与念,义理悬殊,在口曰诵,在心曰念。……诵在口中,即是音声之相,执相求理,终无是处。称名念佛之祖魏沙门昙鸾,求不老长生之仙术,适从菩提流支授《观无量寿经》,念佛之始属于梁大通以后,方达磨时代,称名念佛尚在胚胎中,达磨何必要破之耶?第三门有二种人,既如前抄出。第四门有《安心法门》。此文《传灯》《广灯》《正宗》《续灯》咸不载,《传灯》成后百七十八年,及南宋淳熙十年《联灯会要》出世,始录此文。出处甚不明,当附伪疑之列。第五门有《悟性论》,其中云不起一念历三千,是天台之法门也,达磨何得应用其灭后所起天台教观以说禅耶?《悟性论》之终附《达磨真性颂》,杜撰妄谬,言语道断。第六门有《血脉论》,全篇通贯见性之一义,酷似《六祖坛经》之说,其论旨本无不可,可惜借名达磨耳。

第六节 《人天眼目》之《达磨真性偈》

《联灯会要》后六年,出《人天眼目》,其第六卷有《达磨真性偈》,如下:

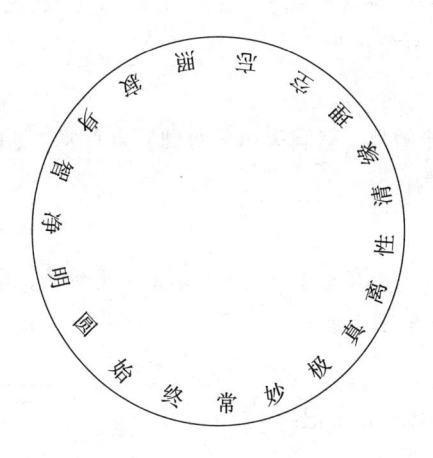

（圆形排列文字：印因缘清净性真玄妙常岳圆明争昌有强）

达磨西来,九年面壁,独神光立雪断臂,自证巧说不得,只许心传。上根既契,便欲西归,犹怜中下之机,强留二十字,称为《真性偈》。翻覆读之,成四十韵,各有旨趣。盖为老婆心切,狼藉不少。庶几后代儿孙因指见月,倘有个汉,向性字未形之前领略，文彩自彰，匪从他得，翻笑老胡，正好痛与柱杖。

　　灵隐慧昭大师　可光述（《续藏经》，第一辑，第二编，第十八套，第五册，448页左）

可光无眼，被好事之汉瞒却，正好痛与三顿！

第七节　《楞伽经》付嘱说

　　达磨以《楞伽经》四卷授慧可，诸录皆一致。《续高僧传》卷十九中云：

　　　　初达磨禅师以四卷《楞伽》授可，曰："我观汉地唯有此经，仁者依行，自得度世。"

慧可亦开示其徒僧那、慧满等以《楞伽》为心要，见同书。加之《景德传灯录》卷三有：

　　　　师又曰：吾有《楞伽经》四卷，亦用付汝，即是如来心地要门，令诸众生开示悟入。

又见同书《僧那传》亦见记：

　　　　初祖兼付《楞伽经》四卷，谓我师二祖曰：吾观震旦，唯有此经可以印心。仁者依行，自得度世。

《天圣广灯录》无《楞伽》付嘱之事。然《正宗记》依用《传灯》之说。

此经初译于昙无谶，所出四卷阙而不传，《出三藏记集》逸其题目。次南朝宋元嘉二十年（443），求那跋陀罗、慧观笔受出于道场寺。复次菩提流支以北魏延昌二年即梁天监十二年僧朗、道湛笔受，译入《楞伽经》十卷。流支于魏宣武帝永平元年从北印度来，敕寓永宁大寺。有七百梵僧，敕以流支为译经之元匠。以上宋魏二译共成于达磨东渡以前。

第八节 《楞伽经》与达磨之思想

《楞伽经》付嘱之传说，暗示达磨思想与同经之说符合，有一考之价值。以禅门无所依经为理由，而一概排斥者，非也。宋苏轼《楞伽经后记》云：

> 《楞伽阿跋多罗宝经》先佛所说微妙第一真实了义，故谓之佛语心品。祖师达磨以付二祖曰："吾观震旦所有经教，唯《楞伽》四卷可以印心，祖祖相授，以为心法。"……近岁学者名宗其师，务从简，便得一句一偈以为了证，至使妇人孺子抵掌嬉笑，争谈禅悦，高者为名，下者为利，余波末流，无所不至，而佛法微矣。……太子太保乐全先生、张公安道以广大心得清净觉，庆历中（1041—1048）尝为滁州，至一僧舍，偶见此经入手，恍然如获旧物。……从是悟入，常以经首四偈发明心要。轼游于公之门三十年矣，今年二月过南都，见公于私第……乃授此经，且以钱三十万使印施江淮间。金山长老佛印大师子元曰："印施有尽，若书而刻之则无尽。"轼乃为书之，而元使其侍者晓机走钱塘求善工刻之，板遂，以为金山常住。元丰八年（1085）九月九日，

朝奉郎新差知登州军州兼管内劝农事骑都尉,借绯苏轼书。(《续藏经》,第一辑,第一编,第二十五套,第三册,214页右—左)

第九节 《楞伽》与《金刚》二经与诸祖

苏轼举《续高僧传》之说,且云"祖祖相授,以为心法"。三祖、四祖亦用《楞伽》否不明,至五祖于壁间画《楞伽》变相,同时使其门人诵《金刚经》。其二经并用耶?蒋之奇序苏轼书《楞伽经》云:

> 昔达磨西来,既已传心印于二祖,且云吾有《楞伽经》四卷,亦用付汝,即是如来心地要门,令诸众生开示悟入,此亦佛与禅并传,而玄与义俱付也。至五祖始易以《金刚经》传授,故六祖闻客读《金刚经》,而问其所从来。客云:我从蕲州黄梅县东五祖山来,五祖大师常劝僧俗,但持《金刚经》,即自见性成佛矣。则是持《金刚经》者,始于五祖,故金刚以是盛行于世,而楞伽遂无传焉。今之传者,实自张公倡之。(《续藏经》,第一辑,第二十五套,第三册,213页左)

蒋之奇承《传灯》之说,且至五祖付此经,五祖易以《金刚经》云。然六祖亦应用《楞伽》,神秀亦以《楞伽》为心要,见《张说碑》。六祖之嫡孙马祖云:

> 汝等诸人各信自心是佛,此心即佛。达磨大师从南天竺国来至中华,传上乘一心之法,令汝等开悟,又引《楞伽经》以印众生心地,恐汝颠倒不信此一心之法,各各有之,故《楞伽经》

以佛语心为宗，无门为法门。(《续藏经》，第一辑，第二编，第二十四套，第五册，406页右）

第十节 《集注楞伽阿跋多罗宝经》

《楞伽》之用于祖门久矣，其后几废而仅存，至宋再行于世。宋沈瀛序正受之《集注楞伽阿跋多罗宝经》云：

> 白公乐天与常禅师诗有"求师治此病，惟劝读《楞伽》"。又曰："人间此病治无药，惟有《楞伽》四卷经。"荆国王公介甫亦曰："《楞伽》我亦见仿佛，是知此经惟上上根人所深好而研穷之，其它人莫识也。"（《续藏经》，第一辑，第二十五套，第四册，307页右）

由是观之，可知游意于《楞伽》之人如何其少。《续藏经》所收本经注疏，《楞伽经注》《楞伽经疏》《楞伽经纂》《楞伽经精解评林》见第一辑第九十一套第二册，《大乘入楞伽经注》见同第三册，《入楞伽经心玄义》《楞伽经通义》见第一辑第二十五套第三册，《楞伽经集注》《楞伽经记》现存同书第四册及第五册。就中观《普灯录》著者正受所编《楞伽阿跋多罗宝经集注》，以宋译为底本，以与魏译并唐之实叉难陀译对比，原其异同，又稽唐古注与宋宝臣、闽杨彦国、延寿《宗镜录》之说，集其精华，对读者之便益不少。正受之《阁笔记》云：

> 正受自早岁祝发，振锡方外，每于痴坐之余，敬读是经句

义,漠然不能终卷。……隆兴甲申(1164)冬会法亲布衲于蕲之四祖山,复以所未至请问。……衲曰:"是经盖有三译,宋元嘉中中印度三藏求那跋陀罗此云功德贤于金陵草堂寺译成四卷,在身字函;后魏延昌中北印度三藏菩提流支此云觉希于洛阳汝南王宅及邺都金华寺译成十卷,在发字函;大唐久视中于阗三藏实叉难陀此云觉喜于嵩岳天中寺译成七卷,在四字函。子试取魏唐二译者十七卷置宋译四卷之左右,澄其神观,参考研味,则不惟可以读是经,且可以入是经矣。"正受如其言,取前二译合今四卷读之,弥月乃于句义疑碍冰释。……归永寿故居,与友人智灯复取先后三经,又以唐遗名尊宿注文、皇朝东都沙门宝臣亲说、闽中太姥居士杨彦国所纂,复智觉禅师《宗镜录》中有议及是经者并诸经论于九旬之内,焚香对席,钩索深隐,采撷精要入跋陀所译经下,……目曰《楞伽集注》。(《续藏经》,第一辑,第二十五套,第四册,360—361页)

此书从南宋宁宗庆元元年三月至翌二年(1196)四月完成。

第十一节 《楞伽经》之特色

检《楞伽经》之内容时,知达磨之推奖是经并非虚说。《续高僧传》卷十九《菩提达磨》章云:

> 北度至魏,随其所止,诲以禅教,于时合国盛弘讲授,乍闻定法,多生讥谤。

不依文字葛藤为达磨直指之特色，算沙之徒所由生讥谤，《楞伽》之态度正与此特色相合。

非如实圣智在于言说，大慧应随顺于义，莫着所说名字章句。(《入楞伽经》，卷第三，《集一切佛法品》第三之二)

大慧譬如有人为示人物，以指指示，而彼愚人即执着指，不取因指所示之物。大慧愚痴凡夫亦复如是，闻声执着名字指故，乃至没命终不能舍，文字之指取第一义。(《入楞伽经》，卷第六，《法身品》第七)

如痴见指月，观指不观月。计着名字者，不见我真实。(《入楞伽经》，卷第七，《问如来常无常品》第十)

第十二节　达磨之中心思想

达磨思想之中核，为一切众生同一真性，为客尘烦恼所障，不能显了，此亦《楞伽》之所反复力说。

如来藏是清净相，客尘烦恼垢染不净。(《入楞伽经》，卷第七，《佛性品》第十一)

心法常清净，非是迷惑生，迷从烦恼起。(《入楞伽经》，卷第九，《总品》第十八之一)

如来藏自性清净具三十二相，在于一切众生身中为贪嗔痴不实垢染阴界入衣之所缠裹，如无价宝垢衣所缠。(《入楞伽经》，卷第三，《集一切佛法品》第三之二)

虽自性清净，客尘所覆，故犹见不净。(《楞伽阿跋多罗宝

经》，卷第四）

第十三节　达磨理入之说

杨彦国论说真识之不灭条云：

> 不灭真相，即达磨所传之一心也，明灵虚彻，亘古亘今，究其本源，无有间杂。妄想和合乃有诸识，诸识所现，乃有诸相，诸相不常，乃有生、住、灭。觉此则涅槃乐，迷此则生死河。达道之人，觉彼所现幻尘不实，皆由无始妄想所薰，回光返照，还于真识，如水归坎，流浪自停，如火归空，光芒顿灭，便可逍遥自在，心境俱忘，永谢诸尘，端然实相。盖为薰习尚在，未免攀缘，终日依他，不自知觉，则有强生知见，立自本心，不知阴界藏身，徒然以觅佛，一则依他境界，一则以心缘心，二病未除，妄相相续，故如来必欲所缘俱息，依因并捐，转业兼离，真相永净。是道也，非从他得，只是家珍，目前历历孤明，认着依前埋没，不须取舍，本自圆成，但离妄缘，即是实际，佛语心品明此而已。（《续藏经》，第一辑，第九十一套，第二册，159页左）

如所云达磨之理入，唯悟入此一心，然则《楞伽》与达磨思想可谓根本冥符矣。

第十四节　直指之一特色及其解脱说

次达磨云凝住壁观，无自无他，凡圣等一，坚住不移，不随他教，与道冥符，寂然无为。又谓慧可云："诸佛法印匪从人得。"盖不假他教自证自悟，此彼直指之一特色也。《楞伽》亦云：

> 独处闲静，观察自觉，不由他悟，离分别见，上上升进，入如来地。(《大乘入楞伽经》，卷第三，《集一切法品》第二之三)

次达磨云："道士悟真，理与俗反，安心无为，形随运转。"又对于慧可言我心未宁，乞师与安而喝破以将心来与汝安，这随处安心、随处解脱云云，换言之，生死即涅槃，不厌生死不欣涅槃也。《楞伽》亦云：

> 一阐提常不入涅槃，何以故？以能善知一切诸法本来涅槃，是故不入涅槃。(《入楞伽经》，卷第二，《一切佛法品》第三之一)
>
> 我言一切诸法不二，一切诸法不二者，世间涅槃无二。(《入楞伽经》，卷第三，《集一切佛法品》第三之二)

第十五节　起源于《楞伽》之佛心宗的名义

以上列记《楞伽》与《维摩》思想相符合之点，更可证后世禅家所说多出自《楞伽》。禅门名佛心宗，实始于此，四卷《楞伽》诸品之悉名《佛心品》。唐法藏《入楞伽经心玄义》中云：

> 此经一部俱是楞伽心也。佛语者，准梵语正翻为佛教，于佛教《楞伽》中，此为中心要妙之说，非是缘虑等心，如般若心等，此是满部之都名，非别品名。(《续藏经》，第一辑，第二十五套，

第三册，209页左）

如所云，佛语心者"楞伽"一部之大宗也。故马祖道一云《楞伽经》以佛语心为宗，为佛心宗一名之权舆。《景德传灯录》卷三举达磨之语，明佛心宗行解相应名之曰祖，此非直译达磨之语，从达磨至六祖以禅门称佛心宗者无之。

第十六节　四十九年一字不说

四十九年一字不说为禅家之常套语，亦出自《楞伽》：

大慧，我依此义于大众中作如是说：我何等夜得大菩提，何等夜入般涅槃。此二中间不说一字，亦不已说、当说、现说。（《入楞伽经》，卷第五，《佛心品》第四）

第十七节　五无间业之善用

善用五无间业而杀无明之父云云，散见禅录。《楞伽》云：

五无间者，一者杀母，二者杀父，三者杀阿罗汉，四者破和合僧，五者恶心出佛身血。大慧，何者众生母？谓更受后生贪喜俱生如缘母立。大慧，何者为父？谓无明为父，生六入聚落。大慧，断彼二种能生根本名杀父母。大慧，何者杀阿罗汉？谓诸使如鼠毒发拔，诸使怨根本不生，大慧，是名杀阿罗汉。大慧，何者破和合僧？谓五阴异相和合积聚究竟断破名为破僧。大慧，何者恶心出佛身血?谓自相同相,见外自心相,八种识身依无漏,三解脱门究竟,断八种识,佛名为恶心出佛身血。(《入楞伽经》,卷第五,《佛心品》第四)

第十八节 三界唯心说

禅家说三界唯心极痛切。《楞伽》云:

菩萨摩诃萨观察三界但是一心作故。(《入楞伽经》,卷第三,《集一切佛法品》第三之二)
三界上下法,我说皆是心。(《入楞伽经》,卷第七,《无常品》第八)
心见于自心,见外种种相,实无可见法……三界唯是心。(《入楞伽经》,卷第九,《总品》第十八之一)

如是文字充溢本经之各章。

第十九节 禅家之心要及其心说

自性清净心为禅家心要之根基。《楞伽》云:

自性清净心,意等以为他。彼所积集业,杂染故为二。意等我烦恼,染污于净心。犹如彼净衣,而有诸垢染。如衣得离垢,亦如金出矿。衣金俱不坏,心离过亦然。(《大乘入楞伽经》,卷第七,《偈颂品》第十之三)

> 心法体清净,虚空中无薰。虚妄取自心,是故心现生。(《入楞伽经》,卷第九,《总品》第十八之一)

禅家之说心为遍满宇宙,贯通十方。《楞伽》云:

> 心遍一切处,一切处皆心。(同上)

第二十节 宗通说通之说与涅槃

禅家开口则言宗通说通。《楞伽》云:

> 大慧宗通者谓缘自得胜进相,远离言说文字妄想,趣无漏界自觉地自相,远离一切虚妄,觉想降伏一切外道众魔,缘自觉趣,光明辉发,是名宗通相。云何说通相?谓说九部种种教法,离异不异,有无等相,以巧方便随顺众生,如应说法,令得度脱,是名说通相。(《楞伽阿跋多罗宝经》,卷第三,《一切佛语心品》第三)

禅家之解涅槃,非生灭,具活泼泼地之妙用。《楞伽》云:

> 大慧,般涅槃者非生非灭。若涅槃是死法者应有生缚,故大慧,若般涅槃是灭法者,应堕有为法故。是故大慧,般涅槃者非死非灭。(《入楞伽经》,卷第三,《集一切佛法品》第三之二)

第二十一节　禅家自称之禅

禅家常云所谓禅非外道小乘之禅。《楞伽》云：

> 大慧，有四种禅。何等为四，一者愚痴凡夫所行禅，二者观察义禅，三者念真如禅，四者诸佛如来禅。大慧，何者愚痴凡夫所行禅？谓声闻、缘觉、外道修行者观人无我，自相同相骨锁故，无常、苦、无我、不净执着诸相如是，如是，决定毕竟不异故。如是次第，因前观次第上上乃至非想灭尽定解脱是知愚痴凡夫外道、声闻等禅。大慧何者观察禅？谓观人无我自相同相故，见愚痴凡夫、外道自相同相，自他相无实故，观法无我诸地行相义次第故，大慧，是名观察义禅。大慧，何者观真如禅？谓观察虚妄分别，因缘如实，知二种无我如实分别一切诸法无实体相。尔时不住分别，心中得寂静境界。大慧，是名观真如禅。大慧，何者观察如来禅？谓如实入如来地故，入内身圣智相三空三种乐行故，能成辨众生所作不可思议，大慧，是名观察如来禅。（《入楞伽经》，卷第三，《集一切佛法品》第三之二）

第二十二节　不起一念之说

禅所谓不起一念、诸法本不生等实语，多出《楞伽》。

此经说八识、二无我，谈万法唯心如《唯识论》。说如来藏缘起，其与无明俱有如水波，如《起信论》。故法藏于所著《入楞伽心玄义》中评云：

莫不皆依如来藏缘起、称实显现，如金作严具，如此《楞伽》及《密严》等经，《起信》《宝性》等论说。

要之达磨非斥经教不用，其以禅教并存授其徒，昭昭然矣。

第四章　僧副之禅观与傅翕之超悟

梁武帝时代，菩提达磨之外，有僧副、慧初等，息心山溪，重隐逸，小乘之弊犹未能去。独傅翕超悟大乘，出入老佛。感化及于后世禅教者，翕一人也。

第一节　僧副与道副非一人

僧副自幼玄鉴绝群，闻有达磨禅师者善禅观，从之出家。后周游讲席，齐建武中（494—498）至金陵，止于钟山定林下寺。爱林薮，寂然渊默，不赴王侯之请。梁武帝仰其清风，于开善寺造禅室待之。副曰："环堵之室，蓬户瓮牖，匡坐其间，尚足为乐，宁贵广厦而贱茅茨乎？且安能迁古人所尚，何必滞此用赏耳目之好耶？"会西昌侯萧渊藻出镇蜀，从入蜀弘禅法。久之再还金陵，住开善寺，以梁普通五年卒，春秋六十一。《传灯录》举菩提达磨之资有道副者，其为别人可知。副传见《续高僧传》卷十九。

慧初者，魏天水人，少习禅寂，其深入定也，不觉雷霆之大震。后入梁，住兴皇寺，摄心闲房，芳名外漏。武帝为设禅室于净名寺处之，习定道俗问法趋之如云，守志清高，虽王侯不迎候。普通五年寂，春秋六十八。

第二节　傅翕小传

　　傅翕,《续高僧传》作傅弘,与宝志共称梁之二大士。有唐楼颖之《善慧大士语录》,叙述详明。然其所记,多幻想错觉,史的价值极少。兹参照《续高僧传》卷三十四、《景德传灯录》卷二十七等记其略。

　　傅翕者,以齐明帝建武四年(497)生,婺州义乌县人。天质淳和,尝与里人渔,以笼盛鱼沉水中祝曰:欲去者去,止者留。人以为愚。梁天鉴十一年,龄十六娶留氏,有子二人,名普建、普成。梁普通元年二十四岁泊于稽亭塘下,遇梵僧嵩头陀,有所感悟,乃结庵于松山下双梼树间,号双林树下来解脱善慧大士。与其妻妙光昼出为人佣作,夜归敷演佛法,苦行七年,屡感见异相。由此四众沓至作礼。郡守王烋以为妖妄囚之,旬日不食,烋愧释还。师事者愈众,因扬言曰:"我从兜率宫来为说无上菩提,昔隐此事,今不复藏。"大通二年舍卖妻子,得钱五万,设大会救众。中大通六年四十四岁,遣使诣阙奉书。武帝诏随其意,仍十二月到建康钟山,翌年入禁内见帝,对语异常情,退寓钟山定林寺,以官资给养。大同元年武帝于重云殿讲三慧《般若经》,翕亦列其席,同年四月归山。大同五年再诣都,谓武帝曰:"一切色像莫不归空,无量妙法不出真如,天下非道不安,非理不乐。"帝默然而已。大同十年,屋宇、田园、什宝悉捐舍设大法会。太清二年龄五十二告众曰:"将持不食上斋,烧身为大明灯,供养三宝,普度一切,盖以是禳梁末之兵祸也。"弟子哀惧,请输己命,代之者十九人,烧臂、烧指、臧耳、劓鼻者二十八人,持上斋三日不食者十五人,卖身奉供者二十余人,忧梁末之饥,日日与其徒拾橡栗,揉草作糜以活闾里,陈太建元年(569)卒,春秋七十三。

第三节　傅翕传与挥案一下
公案并祖琇之妄言

禅史之传傅翕者始于《传灯》,《广灯》《续灯》《联灯》《普灯》略,均不载之。宋普济《五灯会元》载傅翕,其中附加逸话云:

> 梁武帝请讲《金刚经》,士(傅翕)才升座,以尺挥案一下,便下座。帝愕然。圣师曰:"陛下还会么?"帝曰:"不会。"圣师曰:"大士讲经竟。"(《续藏经》,第一辑,第二编乙,第十一套,第一册,39页左—40页右)

此就《传灯》所云变形而为公案也:

> 帝于寿光殿请志公讲《金刚经》,志公曰:"大士能耳。"帝请大士,大士登座,执拍板唱经成四十九颂。

宋宗鉴《释门正统》中云:

> 《传灯》云,武帝命大士讲经,执拍板,唱四十九颂,或以经相参题为夹颂《金刚》。观竹庵云,多用三性义语,恐北方相宗人师窃大士名也。大士既弥勒化身,若以无著所受偈计之,何矛盾若此?如云优波初请问经首立何言准《大论》。阿泥楼豆策阿难,请问本非优波,或云只以拍板挥案一下。帝问志公,公云:"大士讲经竟。"然大士入朝,公已去世二十一年,何从有此问

答？楼颖编《大士言行录》，其与帝问答佛法妙义，及讲经旨趣甚详，何独讲《般若》时挥案一下，俾帝罔措耶？（同上书，第三套，第五册，448页右—左）

可云确论。然祖琇于所著《隆兴编年通论》卷八云：

> 至宝公举大士讲经者，说者以谓大士入朝，宝公去世已二十一年矣。然宝公神异著明，虽殁而时时降现禁中，为帝言事，兹亦不足疑也。

所论不解史为何物，真妄言也。

《善慧大士语录》之著者《楼颖传》，不见新旧《唐书》，现存本去唐末二百三十余年，以南宋高宗帝绍兴十三年为楼炤删定者。卷首载《傅翕传》正与陈太建五年徐陵敕撰之碑契合，最后有日本元禄七年伯映泰作之跋文，其前揭《傅大士传》，与《会元》说同，盖泰之所载者耶？

第四节　傅翕之信仰与思想之根柢

傅翕无师自悟，自信为弥勒化身，幻想梦觉之间见诸佛菩萨，现神异，为缁素所崇信。加之舍妻子、田宅供三宝，断食洁斋，烧臂燔身而不辞。且劝弟子烧指、斩耳、洒血以奉三宝。翕长子普建以陈后主祯明元年至烧身取灭。

翕思想之根柢为般若空宗，受僧肇之影响大也。如其偈《行路难》二十篇，非断非常，真照无照，心相实相，般若无净，本际不可得，三空无性等题，皆合三论之旨。翕上书武帝公言：

> 双林树下当来解脱，善慧大士白国王：救世菩萨今欲条上、中、下善，希能受持其上善，以虚怀为本，不着为宗，亡相为因，涅槃为果。其中善略以治身为本，治国为宗，天上人间果报安乐。其下善略以护养众生，胜残去杀，普令百姓，俱禀六斋。（《大藏经》，第三十套，第十册，4页右）

所谓上善般若，中善儒，下善施政。《释氏稽古略》卷二传：

> 大士一日顶冠披衲靸履，帝问："是僧邪？"士以手指冠。帝曰："是道耶？"士以手指靸履。

楼颖于本传中所未载。翕又创轮藏，《佛祖统纪》卷三十四云：

> 梁傅大士愍世人多故，不暇诵经及不识字，乃方双林道场创转轮藏，以奉经卷。其誓有曰："有三登吾藏门者，生生不失人身。有能信心推之一匝，则与诵经，其功正等。有能旋转不计数者，所获功德，即与读诵一大藏经正等无异。"藏前相承列大士像，备儒道释冠服之相者，以大士常作此状也。（《续藏经》，第一辑，第二编乙，第四套，第三册，198页右—左）

第五节　傅翕与老庄思想

轮藏之建详见本传，而不言及道冠儒服，必为后人之假托。以傅翕思想为三教之调和者误也。翕如文字信受佛经之说，又如文字行其说者。然以真空为其教之根柢，故应用老庄之虚无，又其说明之方式有相似之点。楼颖于语录中收一偈：

> 有物先天地，无形本寂寥。能为万象主，不逐四时凋。

这全然老子之语，不得云翕作，岂老子之虚无与般若之空寂相似故应用之者耶？

见翕语录以真空为第一义而说实相平等，故多合矛盾二语而为一。入而无所入，真照无照，一心非心，行于不行，空性无空，非一亦非多，智非智，危而不危，说空名名亦空，寂灭中无有灭，真实觉中无觉知，成就大我、无我，具足大人、无有人等之语，不遑枚举。用老庄之"无为而无不为"之形式也。其本义是：真空者妙有，般若者无知，真照者无照，妙有故空而不空，无知故无不知，无照故无不照，智愚、净秽、生佛、生死涅槃、烦恼菩提等本性空寂，不一不异，傅翕之意在此。

第六节　傅翕之思想形式

合矛盾二语为一者，傅翕常用之形式也，由是观之：

> 空手把锄头，步行骑水牛。牛从桥上过，桥流水不流。

此偈亦一见而得其意。空手便无把，无把故无不把，此所以空手把锄头。步行便无骑者，无骑者故无不骑，此所以步行骑水牛。牛从桥上过，"牛"字《传灯》等作"人"，桥本不流，不流故流；水常流，流故

常不流。一偈皆譬喻也,别无深意。《行路》偈云:

> 猛风不动树,打鼓不闻声。日出树无影,牛从水上行。行路易,路易真可怜。修道解此意,长伸两脚眠。

此亦同前偈,譬无生空理,非喻禅意。古来禅家以桥流水不流一偈为公案,忆想分别无不至。《传灯》唯录此一偈,故后人不精读翕语录,而没头于桥水之流不流耳。

第七节 傅翕之禅偈

翕一个佛教之信者而已,非有师承,然其说近似六祖慧能以后禅者之说。

> 万类同真性,千般体一如。若人解此法,何用苦寻渠。四生同一体,六趣会归余。无明即是佛,烦恼不须除。

又还源之偈云:

> 还源去,何须更追寻,欲求真解脱,端正自观心。还源去,心性不浮沉,安住王三昧,万行悉圆收。

如所云得作为禅偈看。尤其如:

> 夜夜抱佛眠,朝朝还共起。起坐镇相随,语默同居止。纤毫不相离,如身影相似。欲知佛去处,只这语声是。

可称杰作之一。

第八节 《心王铭》

《心王铭》亦不失为佳作。为禅家药笼中物久矣。其辞云：

观心空王，玄妙难测（玄一作微）。无形无相，有大神力，能灭千灾，成就万德。体性虽空，能施法则。观之无形，呼之有声，为大法将，心戒传经。水中盐味，色裹胶青，决定是有，不见其形。心王亦尔，身内居停，面门出入，应物随情。自在无碍，所作皆成，了本识心，识心见佛。是心是佛，是佛是心，念念佛心，佛心念佛。欲得早成，戒心自律，净律净心，心即是佛。除此心王，更无别佛，欲求成佛，莫染一物。心性虽空，贪嗔体实，入此法门，端坐成佛。到彼岸已，得波罗蜜，慕道真士。自观自心，知佛在内，不可外寻。即心即佛（即一作是），即佛即心，心明识佛，晓了识心，离心非佛，离佛非心，非佛莫测。无所堪任，执空滞寂，于此漂沉。诸佛菩萨，了此安心（了一作非），明心大士，悟此玄音，身心性妙，用无更改（更一作能）。是故智者，放心自在，莫言心王，空无体性，能使色身，作邪作正，非有非无，隐显不定，心性离空（离一作虽），能凡能圣，是故相劝，好自防慎（自一作生）。刹那造作，还复漂沉，清净心智，如世黄金，般若法藏，并在身心，无为法宝，非浅非深，诸佛菩萨，了此本心，有缘遇者，非去来今。

第九节　即心即佛是梁代之一思想

由是观之，宝志先创唱即心即佛，傅翕见而禀受之，志、翕均传显现神异，其非凡庸之材可以测知，即心即佛之语非始于达磨，实梁代之一思想耳。水中盐味、色裹胶青，此禅者之常套语。无为真人出入面门，亦出于此铭。

第十节　鼓山元贤之说

《鼓山元贤传信录》序云：

> 余来婺期月，即遇《大士录》，如获上珍，及阅之，觉其杂糅相半，莫睹全璧。前卷虽有增饰，而本质未亡；后二卷率多肤学应酬，村老传布之语，如《行路难》《行路易》诸篇，又俱唐以后体，其为伪撰何疑。且其间妄谈般若，疑误后来，迷谬相承，为祸烈矣。所幸者《心王铭》《法身颂》诸篇尚存，如披沙见金，精光夺目，大士之化，于是乎不灭也。（《续藏经》，第一辑，第二编，第三十套，第三册，273页右）

览翕之语录要有沙中择金之眼光也。

第五章 二祖慧可之教旨

菩提达磨寂后,慧可传其法而蕴光年,及东魏建国在邺都盛开秘苑,祖师法门如揭日月而行。其言云:本迷摩尼谓瓦砾,豁然自觉是真珠也。当知万法即皆如,观身与佛不差别,何须更览彼无余?此慧可直指之大纲也。

第一节 慧可小传

慧可传,《续高僧传》与《传灯录》比较多不契合,此疑问所以发生。《传灯录》慧可门人,悉准《续高僧传》,独慧可之传有大差,别无史料可据,取二书之略略一致者。

慧可,虎牢人(《传灯》作武牢),探内外经籍,至洛阳香山,从宝静禅师出家。旷达远识,不合时俗,虽居京,人莫知之。及菩提达磨游魏,一见大悦,奉以为师。时可龄四十岁,从学六载,尽其秘奥。达磨迁化之后,化导道俗有年。以东魏孝静帝天平元年(梁中大通六年,534)于邺都盛唱玄风。奇辩纵横,学者无不风靡,滞名相之辈以为魔说,是非纷起谤黩甚,乃流离邺卫,亟经寒暑,以待时。翌二年度僧璨。北齐天保元年(梁太宝元年,550年)教化向居士,由是缁素之参玄相踵。及后周武帝毁释道二教(武帝建德三年,陈宣帝太建六年,574年),韬光晦迹,用同尘之方便。于相州教化僧那,僧那又度慧满,慧可会此辈以《楞伽》为心要。隋文帝开皇十三年寂,年一百七岁,为东土第二祖。

当慧可时,属南北两朝衰运,有东西二魏之兴亡,有后周陈隋之争夺,祸乱相续,正法陵夷,虽高僧大德,其事迹因而不传。依《传灯录》卷三,慧可之参达磨立雪中不动,断臂不惜身命以求法。据《续高僧传》卷十九遇贼斫臂云。《续高僧传》依何史料不可知,《传灯录》则据法琳之碑者也。

第二节 《正宗记》并《血脉谱》之断臂说

契嵩之《正宗记》卷六云:

> 唐《僧传》谓可遭贼断臂,与子书云,曷其异乎?曰余考《法琳碑》,曰师乃雪立数宵,断臂无顾,投地碎身,营求开示。然为唐《传》者与琳同时,琳之说与禅者书合而宜反之,岂非采听之未至乎?故其书不足为详。(《大藏经》,第三十一套,第三册,224页左)

最澄《内证佛法相承血脉谱》云:

> 谨案《慧可和上碑铭》云:禅师讳慧可,武牢人也,领西望冀闻甚深之法,于三十年之间,寤寐慨叹。时西国有达磨大师乃总持之林苑,不二之川泽也。为金棺久寂,微言且绝,大教斯隐,谁其遵之,于是发悲愍之心,传风东夏,策杖请益,蹶蹋禅门,如满月之显高楼,若渤澥之吞江汉。禅师年四十方始遇也。

不舍昼夜，精勤六年。大师曰："夫求法者不以身为身，不以命为命方得也。"禅师乃雪立而数宿，断臂而无顾，投地碎身，策求开示。大师乃喜曰："我心将毕，大教已行，一真法是可有矣。"命令执手，默付心灯，持奉《楞伽》将为要诀妙，尔乃启喜颜，授真教，乃至大师印之，惟可禅师矣。系明重迹则僧璨得之，相承宝光，明明大照，一导众生而无尽时，万劫而不堕也。叹乎，达磨大师乃观音圣人也。(《传教大师全集》，卷二，520页—521页)

第三节　断臂说非《传灯录》记者之忆说

《血脉谱》为嵯峨帝弘仁十年（唐宪宗帝元和十四年，819年）真忠之笔受。契嵩之记在宋代，《血脉谱》之记在唐代，而雪立断臂之文全然同一，然则《传灯》之记事乃据法琳之碑，昭昭然矣。然有以《传灯》之记事改作《续高僧传》之说夸张，描写如妄想者，诚可笑也。尤其《续高僧传》之说，史料不明，至《传灯》所据却极明白，何得舍《传灯》之说而取《续高僧传》耶？

《少林寺志》所载唐顾少连《少林寺厨库记》云：

> 跋陀之经始灵塔，劫火焚指，盼泉流使之西注。稠公挥杖而二兽解斗，惠可割臂而三业息尘。(《少林寺志》卷二《碑记》，5页右)

此记之成在唐德宗帝贞元十四年戊寅。慧可断臂事又见于此碑。《旧唐书》卷百九十一亦有慧可尝断其左臂以求其法。断臂之说非《传灯》记者道原之忆说也。

第四节　断臂说与法琳碑文之价值

检《续高僧传》，法琳精研儒释道三教，妙于文词。唐武德四年太史令傅奕奉废佛法理由十一条时，愤然痛击奕诬妄，上《破邪论》一卷，因而得寝奕奏状。琳更探典籍括玄奥撰《辨正论》八卷。贞观十三年冬，方士秦世英，上疏以琳论讪皇帝，太宗勃然沙汰僧尼，推勘琳。琳奋然诣公庭，不怖缧绁，为法轻身，辩净甚力。有敕免罪徙益州僧寺。途中达百牢关之菩提寺，得疾卒，春秋六十九。所著诗、赋、启、颂、碑、表、章、议、大乘教法并诸论记传合三十余卷，果然则琳之碑足信矣。

第五节　断臂之实例与法难之说

断只手以表赤心者，他例有之。唐圭峰宗密之门人泰恭元和中为求法断臂事，载《圆觉经略疏》卷下之二。此圭峰所自记也。

明达观真可所撰《湖州府弁山圆证寺募四万八千弥陀缘起》云：

余万历庚寅岁，结夏于留都摄山栖霞寺，以七月旬有二日，有断手僧如林者，来山白余曰："我断只手，不为名闻，不为衣食。我闻阿弥陀如来，有四十八愿，愿依数请四十八员，真实持戒，求生西方禅僧，僧各顶戴旃檀弥陀灵相，于昼夜六时，精修净业，无限年月，以毕生为期。奈何事大力寡，无以感人，故断只手以表寸赤。"（《续藏经》，第一辑，第二编，第三十一套，第五册，420页右）

此又一例也。

《憨山大师梦游全集》卷三十二云：

> 湖州南浔报国古刹，始建于宋，五百余年，殿圮久矣，缁白过而不问。无唱导者。寺沙弥某发愿重修，誓断一臂，以坚众志。朱太史为文以鬯之。寺僧持过径山，予三复之，大有感焉云云。（同上书，第三十二套，第四册，341页左）

以断臂表赤心之实例如是，何独疑慧可哉？据《续高僧传》慧可在邺，玄化炽然，有道恒禅师者妒之，货贿官府非理屠害云。据《传灯录》有辩和法师者谤诉慧可于筦城县之邑宰翟仲侃，加以非法，道恒、辩和其传不明，无由检其实。翟仲侃之传亦《隋书》所不载。

第六节 慧可之教旨

慧可所示其徒之大要，具《向居士传》中。《传灯录》《续高僧传》以降皆从之。云：

> 向居士幽栖林野，木食涧饮。北齐天保初（551），闻二祖盛化，乃致书通好曰："影由形起，响逐声来。弄影劳形，不识形为影本；扬声止响，不知声是响根。除烦恼而趣涅槃，喻去形而觅影，离众生而求佛果，喻默声而寻响。故知迷悟一途，愚智非别，无名作名，因其名则是非生矣；无理作理，因其理则争论起矣。幻化非真，谁是谁非？虚妄无实，何空何有？将知得无所得，失无所失。未及造谒，聊申此意，伏望答之。"二祖大师命笔回

第五章 二祖慧可之教旨

示曰:"备观来意皆如实,真幽之理竟不殊。本迷摩尼谓瓦砾,豁然自觉是真珠。无明智慧等无异,当知万法即皆如。愍此二见之徒辈,申辞措笔作斯书。观身与佛不差别,何须更觅彼无余。居士捧披祖偈,乃伸礼觐,密承印记。"(《景德传灯录》,卷三,《向居士》)

乃知慧可之教旨在体认万法一如、生佛不二。一切众生同一真性者,达磨理入之根本义也,慧可承之,道破身与佛之无差别,立即身成佛之义。滞文之教家所以惊也。更以此与僧璨之《信心铭》对照,其旨趣全同。达磨正传之宗乘,由可之言如指掌矣。

第六章　三祖僧璨与《信心铭》

慧可门人僧璨，出世于梁末至隋乱离之时，文书泯灭，其事迹难考。其著《信心铭》大纲如下：夫道之为物，洞然明白，一点不容拟议。在佛而无余，在众生而无缺。一切二见，总荡尽了则万法一如、真妄无别。欲与此道相应，无如作不二观，不二之真宗包容一切，一即一切，一切即一，大小圆融，古今泯绝，这个妙境岂言语思量之所及耶？

第一节　僧璨小传

僧璨之事迹，《续高僧传》记者无所采录，《传灯录》不审其乡贯姓氏，于东魏天平二年见慧可得道，隐栖舒州皖公山，遇后周武帝破毁佛法，往来大湖县司空山，居处无常，积十余载。隋开皇十二年度沙弥道信，后游罗浮山，又还皖公山，隋大业二年（606）寂。方此时，有东魏、西魏、后周、北齐、陈、隋之兴亡，干戈不息，怀道者潜于山水之间，僧璨亦岩薮之间终一生，惜哉！此为禅门之第三祖。

第二节　《编年通论》中之僧璨行实

《隆兴编年通论》卷十八所收《舒州刺史独孤及赐谥碑》文，记僧璨行实：

第六章 三祖僧璨与《信心铭》

是岁（唐代宗大历六年）淮南节度使扬州牧、御史大夫张延赏状舒州三祖行实，请谥于朝。夏四月，天子赐谥曰镜智禅师。刺史独孤及制赐谥碑曰：按前史，禅师号僧粲，不知何许人，出见于周隋间，传教于慧可大师。抠衣邺中得道于司空山，谓身相非真，故示有疮疾。谓法无我，故居不择地。以众生病为病，故所至必说法度人。以一相不在内外中间，故必言不以文字。其教大略以寂照妙用，摄群品，流注生灭，观四维上下，不见法、不见身、不见心，乃至心离名字，身等空界，法同幻梦，无得无证，然后谓之解脱。禅师率是道也，上膺付嘱，下拯昏疑，大云垂荫，国土皆化，谓南方教所未至，我是以有罗浮之行。其来不来也，其去无去也。既而以袈裟与法俱付悟者，道存影谢，遗骨此山，今二百岁矣。皇帝（代宗）即位后五年，岁次庚戌，某剖符是州，登禅师遗居，周览尘迹，明征故事，其荼毗起塔之制，实天宝丙戌中别驾前河南尹赵郡李公常经始之。碑版之文，隋内史侍郎河东薛公道衡，唐相国河南房公琯继论撰之，而尊道之典，易名之礼，则朝廷方以多故而未遑也。……扬州牧御史大夫张公延赏以状闻，于是六年夏四月，上沛然降兴废继绝之诏，册谥禅师曰镜智，塔曰觉寂。……某以谓初中国之有佛教，自汉孝明始也，历魏、晋、宋、齐及梁武，言第一义者，不过布施持戒，天下惑于报应而人未知禅，世与道交相丧。至菩提达磨大师始示人以诸佛心要，人疑而未思。慧可大师传而持之，人思而未修造。禅师三叶，其风浸广，真如法味，日渐月渍，万木之根、茎、枝、叶，悉沐我雨，然后空王之密藏，二祖之微言，始行于世间，浃于人心。当时闻道于禅师者，其浅者，知有为无非妄想，深者见佛性，于言下如灯照物。朝为凡夫，夕为圣贤，双峰大师道信其人也。其后信公以传弘忍，忍传慧能、神秀，秀传普寂，寂公之门徒万人，升堂者六十有三。得自在慧者，一曰弘正。正公之廊庑龙象，又倍焉。或化嵩洛，或之荆吴。自是心教之被于世也，与六籍伴盛。於戏！微禅师吾其二乘矣。……其铭曰：人之静性，与生偕植，智诱于外，染为妄识。……如来悯之，为眸度门即安了真，以证觉源，启迪心印，贻我后昆。……凡今后学，入佛境界，于取非取，谁缚谁解，万有千岁，此法无坏。(《续藏经》，第一辑，第二编乙，第三套，第四册，300页右—左）

第三节　僧璨之诸传并谥号之误

《僧璨传》初成于隋薛道衡之笔，道衡一代文士，后璨四年而被杀。其传见《隋书》卷五十七。次唐玄宗时太尉房琯，撰《僧璨碑记》。琯乃崇信神秀之高弟义福者，其传见在《旧唐书》卷百十一。契嵩亲见琯碑，此间不容疑。僧璨之谥号代宗帝大历六年所赐，由御史大夫张延赏奏请，当时张延赏出扬州刺史，为淮南节度使，载《旧唐书》卷百二十九甚明。《传灯录》《正宗记》等谓玄宗帝赐谥号鉴智误也。谥号镜智乃代宗所赐。

第四节　《旧唐书》并《血脉谱》之说

《旧唐书》卷百九十一云：

　　慧可传璨，璨传道信。

《内证佛法相承血脉谱》云：

> 天平宝字年中，正四位下太宰府大贰吉备、朝臣真备纂云：大唐道璿和上，天平八岁至自大唐……其前序云：昔三藏菩提达磨，天竺东来，至于汉地，传禅法于慧可，可传僧璨，璨传道信，信传弘忍，忍传神秀，秀传普寂，寂即我律师所事和上也。(《传教大师全集》，卷三，525—526页)

《血脉谱》之作，是否出自最澄，尚不能详，然信如其所引吉备、真备之言，则知唐代既已有此说矣。

第五节 《续高僧传》并《传灯录》之说

《续高僧传》以缺僧璨传，竟认为假设之人物，何不思之甚也。《续高僧传》卷二十六《道信章》云：

> 又有二僧莫知何来，入舒州皖公山，静修禅业，闻而往赴，便蒙受法随逐，依学遂经十年。师往罗浮，不许相逐，但于后住，必大弘益。(《续高僧传》，卷二十六，13页左)

此即道信从皖公山一道者传禅，从学十年，师去游罗浮，信后住出世也。以此道者为僧璨时，正与《传灯》之说符合。《传灯录》卷三云：

> 至北齐(东魏之误)天平二年有一居士，年逾四十，不言姓氏，聿来设礼而问师曰："弟子身缠风恙，请和尚忏罪。"师(慧

可)曰:"将罪来与汝忏。"居士良久云:"觅罪不可得。"师曰:"我与汝忏罪竟,宜依佛法僧住。"曰:"今见和尚已知是僧,未审何名佛法。"师曰:"是心是佛,是心是法,法佛无二,僧宝亦然。"曰:"今日始知罪性不在内,不在外,不在中间,如其心然,佛法不二也。"大师(慧可)深器之,即为剃发,云:"吾宝也,宜名僧璨。"(《大藏经》,第三十套,第九册,824页左)

第六节 僧璨与南岳慧思之思想

慧可既对向居士云"身与佛不差别",今亦示僧璨云"是心是佛",同一思想出于同一人,不足疑也。所见与宝志之《大乘赞》及傅翕之《心王铭》即心是佛之思想相同。《佛祖统纪》卷六《南岳慧思传》云:

常示众曰:"道源不远,性海非遥,但向己求,莫从他觅,觅即不得,得亦非真。"

又偈曰:

顿悟心源开宝藏,隐显灵通见真相。独行独坐常巍巍,百亿化身无数量。纵令逼塞满虚空,看时不见微尘相。可笑物兮无比况,口吐明珠光晃晃。寻常见说不思议,一语标名言下当!

又偈曰:

天不能盖地不载，无去无来无障碍。无长无短无青黄，不在中间及内外。超群出众太虚玄，指物传心人不会。(《佛祖统纪》卷六；《续藏经》，第一辑，第二编乙，第四套，第一册，52—53页右)

南岳陈之大建九年寂，正与傅翕同时出世。见其偈与《心王铭》异音同调，知"顿悟心源"乃一般大乘行者所主。僧璨亦殆与南岳傅翕同时同世，其思想之相类固当然耳。

第七节　梁代思想之先驱

既如前章所述，佛驮跋陀罗于东晋义熙十四年传译《华严经》，示法身常住之观念；鸠摩罗什于姚秦弘始八年出《妙法莲华经》，传十界皆成佛之旨；昙无谶于北凉玄始三年译《大般涅槃经》，弘佛性常住之理；求那跋陀罗于宋元嘉二十年出《楞伽经》，绍介如来藏缘起说。然则至梁时，高才卓识之间生见性成佛、顿悟心源、即心是佛之谈者自然之势也。后魏灵辨《华严经论》云：

身与依果，自性无二，于一切法平等同真际，如是见佛身者是净慧眼，如法性故。

又云：

法性涅槃中，一切法平等，佛与众生入实相门。(《续藏经》，第一辑，第九十三套，第五册，469页右)

此依正不二、生佛一如之观念也。梁大法师法云于《法华经义记》卷四云：

> 有心识者同归作佛理，唯一致无二差别。（《续藏经》，第一辑，第四十二套，第二册，124页右）

此十界皆成佛之谈也。梁宝亮于敕集《涅槃经集解》中，举罗什高足道生之说云：

> 案道生曰：体法为佛法即佛矣。

又云：

> 案道生曰：夫体法者冥合自然，一切诸佛莫不皆然，所以法为佛性也。（《续藏经》，第一辑，第九十四套，第三册，300页右）

此三宝一体之说也。

第八节　见性成佛之语与慧可、僧璨之思想

《涅槃经集解》举僧亮之说云：

> 案僧亮曰：见性成佛即性为佛也。（同上书，236页右）

此为用见性成佛成语之始，所谓见性者，见佛性之义。从《涅槃经》

出不待论。《涅槃经》云:

> 诸佛世尊,见始见终,以是义,故诸佛了了得见佛性。

僧亮传不见于《高僧传》,其为梁宝亮之先觉也甚明。然则出于梁末至陈隋之间慧可、僧璨之思想中,有一体三宝、是心是佛、万法一如等思想,决不足奇,思想发展之自然而已。

僧璨《信心铭》之玄旨,归于深信不二一句,为敷演达磨之理入者,华严圆融之旨,灼然如见。虽然以较慧可之见处,尚有不及之感。

第九节 慧可参徒慧布之见处

慧可参徒之中,慧布最有荣名。虽义学之徒悟入不可测,《传》云:

> 释慧布……于《大品·善达章》中,悟解大乘烦恼调顺,摄心奉律,威仪无玷,常乐坐禅,远离嚣扰,誓不讲说,护持为务,末游北邺,更涉未闻于可禅师所。暂通名见,便以言悟其意。可曰:"法师所述,可谓破我除见莫过此也。"……或见诸人乐生西方者,告云:"方土乃净非吾愿也。如今所愿化度众生,如何在莲华中十劫受乐,未若三途处苦救济也。"……临终遗诀曰:"长生不喜,夕死无忧,以生无所生,灭无所灭故。"(《续高僧传》,卷九,17页左—18页右)

布虽不列《传灯》,其见处却非僧那、慧满之比。以陈贞明元年卒,与慧可同时代。

第七章　僧稠之禅数与
亡名之《息心铭》

梁至隋间，菩提达磨之门徒大阐扬禅教，同时佛陀等之高弟亦尽力弘通禅数。前者入于顿悟之妙，后者资渐修之实行。禅数之达人推北齐僧稠，后周之僧实亦冠绝一时。至器局之小者不过显异惊俗而已。

第一节　僧稠之风格

唐之道宣尝以达磨与僧稠并论云：

　　稠怀念处，清范可崇。磨法虚宗，玄旨幽颐。(《续高僧传》，卷二十六，18页右)

达磨之门徒阐明幽颐无余蕴。同时佛陀之神足僧稠尽力于从念处摄心，于是乎至形成禅教、禅数二派。僧稠居巨鹿，二十八岁出家，就少林寺佛陀之门人道房受止观。后从赵州漳洪山之道朋授十六特胜之法，钻仰九旬，兀坐石上，不觉晨宵，布缕入肉，虽挽不脱。或煮食未熟，摄心入定，为禽兽所㖆。以死誓心，入深定九日，定觉而情想澄然。诣少林寺佛陀呈所证。陀曰："自葱岭已东，禅学之最，汝其人也矣。"更授深要，稠由是现神异。后在怀州之西王屋山闻两虎交斗，声响震岩，乃以锡杖中解，各各散去。魏孝明帝闻其令德，虽前后三召，辞之。孝武帝永熙元年又召之不出。由是奉信者愈殷。北齐文宣帝天保二年下诏使出山，稠不应，帝出郊迎稠，扶接入内。稠云三界本空，国土亦尔，荣华世相不可常保。广说四念处。帝闻而毛竖汗流，即受禅法。在禁中四十余日乃还本住。天保三年敕建云门寺居之，兼为石窟寺之主。帝率其羽卫参观，稠宴坐都不迎送。以北齐乾明元年（陈天嘉元年，560年）逝，春秋八十一。

第二节 僧实与僧达

僧实者，咸阳人，年二十六剃度，至魏都洛阳，遇西天之沙门勒那受禅法，三学兼修，偏以九次第定治心，奇相超伦，道契生知足为人天之师。后周太祖文帝魏大统中诏曰："师目丽重瞳，偏同虞舜，背隆伛偻，分似周公。"其为人主所重如此。以保定年诏为国之三藏。三年（陈天嘉四年），春秋八十八而寂。

从学勒那者，僧实之外有僧达。达，上谷人，为魏孝文帝所重，谒后梁武帝于重云殿，说法七宵，帝受戒，誓为弟子。敕住同泰寺，隆礼奉供，辞而还魏，废帝中山王召之入邺，受菩萨戒。北齐文宣帝又加殊礼，天保七年（梁敬帝太平元年，556年），春秋八十二而逝。

当时习禅之俦，伏虎驱鬼，现猛火，出巨蛇等，传说不遑枚举。北齐有慧文，其门人慧思虽炽禅观，此徒别成一宗，本论不叙及。

第三节 亡名之为人与其《息心铭》

梁末有亡名,南郡人,富才华事,梁元年(在位三年,552—554年)深受礼待。梁鼎倾后,脱世累投兑禅师者染衣受戒。后周宇文儁,爱贤才,颇重亡名。天和二年(567)大冢宰宇文护,以书奖就官途,固辞不应,云:"乡国殄丧,宗戚衰亡,贫道何人,独堪长久,诚得收迹岩中,摄心尘外,支养残命,敦修慧业,此本志也。"宇文护不敢夺其嘉遁之志,以使迎至咸阳,礼遇甚笃。尝作《息心赞》。其铭曰:

> 法界有如意宝人焉,九缄其身,铭其膺曰,古之摄心人也,诫之哉,诫之哉!无多虑,无多知。多知多事,不如息意,多虑多失,不如守一。虑多志散,知多心乱,心乱生恼,志散妨道。勿谓何伤,其苦悠长,勿言何畏,其祸鼎沸。滴水不停,四海将盈,纤尘不拂,五岳将成。防末在本,虽小不轻,关尔七窍,闭尔六情。莫视于色,莫听于声,闻声者聋,见色者盲。一文一艺,空中小蚋(小一作蚊),一伎一能,日下孤灯。莫贤才艺,是为愚弊,舍弃浮朴(浮一作淳),耽溺淫丽。识马易奔,心猿难制,神既劳役,形必损毙。邪径终迷(径一作行),修途永泥,莫贵才能,是曰惛憒(是曰一作日益)。夸拙羡巧,其德不弘,名厚行薄,其高速崩。徒舒翰卷,其用不恒,内怀侨伐,外致怨憎。或谈于口,或书于手,邀人令誉,亦孔之丑。凡谓之吉,圣以之咎,赏悦暂时(悦一作玩),悲忧长久(忧一作哀)。畏影畏迹,逾走逾剧(走一作远,剧一作极),端坐树阴,迹灭影沈。厌生患老,随思随造,心想若灭,长死长绝(长一作生)。不死不生,无相无名,一道虚寂,万物齐平。何胜何重,何劣何轻,何贱何辱,何

贵何荣。澄天愧净，皎日惭明，安夫岱岭，固彼金城。敬贻贤哲，斯道利贞。(《续高僧传》，卷九，21—22页)

虽悟入浅，戒心极切，可以箴空疏之病。

第八章　四祖道信及其教旨

隋高祖文帝受周毁法之后，再兴三宝弘阐禅法。及炀帝代之崇信不衰。僧璨之门人道信，此时出世，其心要谓，百千之法门同归方寸，河沙之妙德总在心源。任性从容，任心自在，随处解脱，随处安心。

第一节　后周之法难与文帝之护法

后周武帝惑于道士张宾之妖言，妄信黑衣之谶，废毁释道二教。《佛祖统纪》卷三十九记毁齐境佛教经像时，僧尼反服者二百余万。事属后周建德三年，即陈太建六年，公元574年。周道颓败，隋室代之。隋之灭陈，一统天下，其开皇九年（589）也。高祖文帝（在位二十四年，581—604年）与佛教有宿缘。据《隋书》卷一，帝生于凤翔之般若寺，为尼抚养。长树拨乱之功，受周之禅，兴隆三宝，以祈冥福。如《广弘明集》卷二十八所收隋高祖于相州战场立寺诏，了了然可见帝志。开皇二年建大兴善寺于长安，造营经像，听民出家。又帝尝于龙潜之间所经四十五州同起大兴国寺。于是大德之集京者有洛阳之慧远、魏郡之慧藏、清河之僧休、济阳之宝镇、汲郡之洪遵、博陵之昙迁，皆率门人来辇下，蒙帝优遇。文帝在位之间治佛事有：

写佛经四十六藏,凡十三万卷,修治故经四百部;造金铜檀像六十余万躯,修治故像一百五十万九千余躯;宫内造刺绣并织成像及画像、五彩珠幡不可称计;崇缉寺宇五千余所;译经道俗二十四人,所出经论垂五百余卷。(《释氏稽古略》,卷二)

第二节 文帝与禅门并炀帝之行业

文帝又重禅门,唐道宣《续高僧传》卷二十四云隋高造寺偏重禅门。又同书卷二十三云开皇之始弘阐禅门。当时禅学之有名者如赵州章洪山之智舜、长安化度寺之僧邕、魏州之信行皆奉诏入京。智舜、僧邕并僧稠之直弟也。南岳慧思、天台智顗又以禅法张化。仁寿三年文献皇后崩,于长安西南置禅定寺。

下敕曰:自稠师灭后,禅门不开,虽戒慧乃弘,而行仪攸关阙。今所立寺,既名禅定,望嗣前尘,宜于海内,召名德禅师百二十人,各二侍者,并委迁禅师搜扬。(《续高僧传》,卷二十二,10页右)

炀帝弑文帝而立为公元605年,亦以有漏之功德,欲偿悖逆之罪名。

为文皇、献后于长安造二寺二塔,立别寺十所,修治故经六百十二藏,计九十万三千五百八十卷,修治故像十万一千躯,铸造新像三千八百五十六躯,度僧一万六千二百人。(《释氏通鉴》,卷六)

第三节　四祖道信

道信者亘隋唐扬其玄化。《续高僧传》卷二十六载其传。姓司马氏，蕲州广济县人，少出家，隋开皇十二年，龄十三入舒州皖公山。谒僧璨曰："愿和尚慈悲，乞与解脱法门。"璨曰："谁缚汝？"曰："无人缚。"璨曰："何更求解脱乎？"道信言下立解，依学十载，得衣法。隋大业中领徒众抵吉州，住衡岳，欲次江州，因道俗之请，留庐山大林寺十年，爱江北黄梅县双峰山（旧名破头山）之泉石，乃入住。在山三十余年，荆州四层寺法显，荆州神山寺立爽等，诸州学者来而问道。有神足弘忍继承其法。唐高帝永徽二年寂，春秋七十二，为东土禅门之第四祖。

第四节　道信之教旨

道信之教人也，立脚于其师僧璨不二之大道，得一切处解脱安乐。一心灵源是不二之真宗也，不二真宗者生佛同得，更无阙少。行住坐卧，快乐无限。可以任心自在，随意纵横，触处解脱，随处安心。《景德传灯录》卷四《牛头山之法融章》云：

> 祖（四祖）曰："夫百千法门同归方寸，河沙妙德总在心源，一切戒门、定门、慧门，神通变化，悉自具足，不离汝心。一切烦恼业障，本来空寂，一切因果皆如梦幻，无三界可出，无菩提可求。人与非人，性相平等。大道虚旷，绝思绝虑。如是之法，汝今已得，更无阙少，与佛何殊，更无别法。汝但任心自在，莫

第八章　四祖道信及其教旨

作观行,亦莫澄心,莫起贪嗔,莫怀愁虑,荡荡无碍,任意纵横,不作诸善,不作诸恶。行住坐卧,触目遇缘,总是佛之妙用,快乐无忧,故名佛师。"(牛头法融)曰:"心既具足,何者是佛,何者是心?"祖曰:"非心不问佛,问佛非不心。"师曰:"既不许观行,于境起时如何对治?"祖曰:"境像无好丑,好恶起于心,心若不强名,妄情从何起,妄情既不起,真心任遍知。汝但随心自在,无复对治,即名常住法身,无有变易。吾受璨大师顿教法门,今付于汝。"(《大藏经》,第三十套,第九册,828页左)

第五节　道信、法融之相见并《般若经》使用之开端

《续高僧传》卷二十六《法融传》不云融谒道信,岂由于道宣采访不足耶?赞宁《宋高僧传》卷八《弘忍传》云:

又信禅师尝于九江遥望双峰,见紫云如盖,下有白气,横开六歧。信谓忍曰:"汝知之乎?"曰:"师之法旁出一枝,相踵六世。"信甚然之,及法融化金陵牛头山,贻厥孙谋,至于慧忠,凡六人,号曰牛头六祖。(《宋高僧传》,卷八,2页右—左)

赞宁奉敕编成《宋高僧传》为宋太宗帝端拱元年(988),先于《景德传灯传》十八年,而与《传灯》之说符合。

又《景德传灯录》卷三云:

高宗永徽辛亥岁闰九月四日忽垂诫门人曰:"一切诸法悉皆

解脱，汝等各自护念，流化未来。"言讫安坐而逝。

此正与道信所示法融相合。且参照后节所揭法融之《心铭》无所矛盾。《楞伽经后记》云：

> 三祖《信心铭》，四祖之《禅宗论》，六祖《坛经》。

道信之著《禅宗论》，真否未可考。道信似为用《般若经》之发端。《续高僧传》卷二十六云：

> 住杏州寺，被贼围城七十余日，城中乏水，人皆困弊，信从外入，井水还复。刺史叩头："贼何时散？"信曰："但念《般若》云云。"（《续高僧传》，卷二十六，13页左）

此暗示道信之用《般若》，信之高足弘忍用《金刚般若》如后叙之。

第九章　牛头禅之祖法融

道信之门人法融，在牛头山布化。栖止岩薮，与禽兽驯游，自具习禅之风格。驰思空门为牛头禅之祖。其教云：心性虚玄，照用自尔，灵通应物，常在目前，湛然明净，不须功巧，菩提本有，不须觅，烦恼本无，不要除，放旷纵横，所作无滞，则乐道恬然，优游无为矣。

第一节　诸传所见法融之行实

《续高僧传》卷二十六叙法融之行实颇详，以较《景德传灯录》卷四所载《融传》互有详略。《传灯》不言法融研学三论。《僧传》不谓法融受道信之教。唐慧详于《弘赞法华传》云：

> 释法融……负笈寻师不远千里，乃依茅山丰乐寺大明法师听三论及《华严》《大品》《大集》《维摩》《法华》等诸经。伏膺累年，妙探机奥，虽久为门侣，人未之识也，大明既灭，又听盐官邃法师讲诸经论。……后有永嘉永安寺旷法师，会稽一音寺敏法师，钟山定林寺旻法师并当时义海，融遍游座下，忻然独得。后归丹阳牛头山幽栖寺……后不测所终。(《续藏经》，第一辑，第二编乙，第二十二套，第一册，7页左)

而未言及融参禅。然准唐宗密《圆觉经大疏钞》卷三之下并赞宁《宋高僧传》卷八，法融为道信旁出之资。融润州延陵人，姓韦氏，仪表瑰异，头颅巨大，眉目长广，气宇深远。年十九遍通经史，入茅山依三论学匠炅者剃发，探空宗之幽颐，更致力栖心，宴默于空林者二十年。唐贞观十七年于牛头山幽栖寺北岩下建禅堂息心。禽兽来驯，至集食手上。时牛头山佛窟寺有七藏经书，一佛经，二道书，三佛经史，四俗经史，五医方图符。法融就佛窟寺内外寻阅，殆八年，素养大富。据《传灯录》，贞观中自入山见融，端坐自若，曾无一顾，信问："在此作什么？"融曰："观心。"信曰："观是何人，心是何物？"融无对，便起作礼曰："大德高栖何所？"信曰："贫道不决所止或东或西。"融曰："还识道信禅师否？"曰："道信禅师贫道是也。"融稽首请说心要。信曰夫百千法门同归方丈云云，如前揭。道信付法讫，返双峰山。尔后法席大盛。永徽三年应邑宰之请于建初寺出讲《大品般若》。僧众千人。永徽中江宁令李修，钦融之嘉德，使出州讲《大集经》，听众道俗三千余人，称一时荣观。融在山溪，徒众乏粮，乃自往丹阳化缘，负米一石八斗，朝往暮还，供众百有余日。唐高宗显庆二年（657）寂于建初寺，春秋六十四。

第二节　法融之《心铭》

法融所著《心铭》载《景德传灯录》卷三十，即如下：

心性不生，何须知见。本无一法，谁论熏炼。往返无端，追寻不见。一切莫作，明寂自现。前际如空，知处迷宗。分明照境，随照冥蒙。一心有滞，诸法不通。去来自尔，胡假推穷。生无生

第九章 牛头禅之祖法融

相，生照一同。欲得心净，无心用功。纵横无照，最为微妙。知法无知，无知知要。将心守静，犹未离病。生死忘怀，即是本性。至理无诠，非解非缠。灵通应物，常在目前。目前无物，无物宛然。不劳智鉴，体自虚玄。念起念灭，前后无别。后念不生，前念自绝。三世无物，无心无佛。众生无心，依无心出。分别凡圣，烦恼转盛。计校乖常，求真背正。双泯对治，湛然明净。不须功巧，守婴儿行。惺惺了知，见网转弥。寂寂无见，暗室不移。惺惺无妄，寂寂明亮。万象常真，森罗一相。去来坐立，一切莫执。决定无方，谁为出入。无合无散，不迟不疾。明寂自然，不可言及。心无异心，不断贪淫。性空自离，任运浮沉。非清非浊，非浅非深。本来非古，见在非今。见在无住，见在本心。本来不存，本来即今。菩提本有，不须用守。烦恼本无，不须用除。灵知自照，万法归如。无归无受，绝观忘守。四德不生，三身本有。六根对境，分别非识。一心无妄，万缘调直。心性本齐，同居不携。无生顺物，随处幽栖。觉由不觉，即觉无觉。得失两边，谁论好恶。一切有为，本无造作。知心不心，无病无药。迷时舍事，悟罢非异。本无可取，今何用弃。谓有魔兴，言空象备。莫灭凡情，唯教息意。意无心灭，心无行绝。不用证空，自然明彻。灭尽生死，冥心入理。开目见相，心随境起。心处无境，境处无心。将心灭境，彼此由侵。心寂境如，不遣不拘。境随心灭，心随境无。两处不生，寂静虚明。菩提影现，心水常清。德性如愚，不立亲疏。宠辱不变，不择所居。诸缘顿息，一切不忆。永日如夜，永夜如日。外似顽嚣，内心虚真。对境不动，有力大人。无人无见，无见常现。通达一切，未尝不编。思惟转昏，汩乱精魂。将心止动，动止转奔。万法无所，唯有一门。不入不出，非静非喧。声闻缘觉，智不能论。实无一物，妙智独存。本际虚冲，非心所穷。正觉无觉，真空不空。三世诸佛，皆乘此宗。此宗毫末，沙界含容。一切莫顾，安心无处。无处安心，虚明自露。寂静不生，放旷纵横。所作无滞，去住皆平。慧日寂寂，定光明明。照无相苑，朗涅槃城。诸缘忘毕，诠神定质。不起法座，安眠虚室。乐道恬然，优游真实。无为无得，依无自出。四等六度，同一乘路。心若不生。法无差亘。知生无生，现前常住。智者方知，非言诠悟。（《大藏经》，第三十套，第十册，1023—1024页）

第三节 《传灯录》之说并牛头之禅风

《景德传灯录》卷四揭法融与博陵王问答之偈，其大意，说色境本来空，心性本来无念，幻境幻识之所作，心境双空，心性不动无念，生灭如梦影，求定亦是缚，念生是无明，作佛亦是病，明与无明一，空有不二等，与《心铭》其归一，故不抄录。

牛头禅法，多排遣之言，倾于空宗，势所不能免。其说心性也，着眼虚寂，而似失于灵机活用。

第十章　五祖弘忍及其时代

道信法门嫡传者为弘忍。唐代初,念佛有善导,律有道宣,法相有玄奘,华严有杜顺,天台有灌顶,诸宗勃兴之时,弘忍化盛东山。无语录传世,所说法门,不知其要旨。

第一节　唐初诸师之活跃

唐高祖（在位九年,618—626年）复兴文运,及太宗（在位二十三年,627—649年）继位,为度战亡将卒之英魂,于战场建寺塔。又帝以亲诛千余人,命诸寺行忏。天台智者门人灌顶以太宗贞观六年（632）迁化,智者之说法,如云如雨,能领能持唯师而已（《释门正统》,卷二）。同年诏杜顺入见,赐号帝心（《佛祖统纪》,卷四十）。贞观十四年示寂。

贞观十五年（641）善导至西河,是绰禅师九品道场讲诵《观经》,喜曰:"此入佛之津要也。修余行业迂阔难成。唯此观门,速超生死。"至京师击发四部三十余年,般舟行道,造《弥陀经》十万余卷,画净土变相三百余壁,满长安中并从其化,有终身诵《弥陀经》十万至三五十万卷,日课佛名一万至十万声者。师念佛时有光明从口出。（《佛祖统纪》,卷四十）

贞观十九年玄奘自西天还,至洛阳见太宗,诏撰《西域记》,就弘福寺使与道宣等从事翻经。高宗麟德元年(664)玄奘顺世。乾封二年(667)道宣迁化。

第二节 《五灯会元》中之弘忍传

弘忍姓周氏,蕲州黄梅县人,与道信邂逅,对问朗畅,信知其非凡人,谕之出家。《五灯会元》卷一云:

> 五祖弘忍大师者,蕲州黄梅人也。先为破头山中,栽松道者。尝请于四祖曰:"法道可得闻乎?"祖曰:"汝已老脱,有闻其能广化邪?倘若再来,吾尚可以迟汝。"乃去行水边,见一女子浣衣。揖曰:"寄宿得否?"女曰:"我有父兄,可往求之。"曰:"诺。我即敢行。"女首肯之,遂回策而去。女,周氏季子也,归辄孕,父母大恶,逐之。女无所归,日佣纺里中,夕止于众馆之下,已而生一子,以为不祥,因抛浊港中。明日见之,溯流而上,气体鲜明,大惊,遂举之。成童,随母乞食,里人呼为无姓儿。逢一智者叹曰:此子缺七种相,不逮如来。后遇信大师,得法嗣化于破头上。(《续藏经》,第一辑,第二编乙,第十一套,第一册,18页)

第三节 弘忍传之讹谬

此说《宋高僧传》卷八、《景德传灯录》卷三、《天圣广灯录》卷七、《传法正宗记》卷六等旧记所未载。《建中靖国续灯录》卷一始记弘忍大满禅师，童儿得道，乃栽松道者后身。《联灯会要》云：弘忍大师蕲州黄梅人，无父，从母姓周氏。《嘉泰普灯录》卷一云：弘忍大士，蕲之黄梅人，出周氏处女，以栽松道者假阴而生，至《五灯会元》更逞其想象而构成者，不足信凭。《宋高僧传》卷八谓道信于双峰山出家，诸录准此说。道信入双峰，《景德传灯录》卷三为唐武德甲申岁（624），《正宗记》等皆依之。然弘忍于高宗上元二年（675）其龄七十四殁，诸传皆一致。然则弘忍七岁为隋大业四年，先于武德十六年也。《传灯录》纪年差误甚多，不可依用，同书卷三云：

> 唐武德甲申岁师（道信）却返蕲，春住破头山，学侣云臻。一日往黄梅县，路逢一小儿，骨相奇秀，异乎常童。师问曰："子何姓？"答曰："性即有，不是常性。"师曰："是何姓？"答曰："佛性。"师曰："汝无姓耶？"答曰："性空故。"（《大藏经》，第三十套，第九册，825页左）

唐武德甲申岁弘忍之龄既二十三，不得云七岁小儿。又栽松道者不得再来。《传灯》《正宗》皆为矛盾之说，惜哉！与道信问答亦非小儿语，习空门之沙门言耳，《传灯》之说所以不能取信于后世。

第四节 《最上乘论》

《宋高僧传》以下无详记弘忍事迹者。其所说法门，亦无举其大要。《续藏经》第一辑第二编第十五套第五册所收《最上乘论》一卷，记为第五祖弘忍禅师述，拟于后人笔记。《后记》文云：

  隆庆四年庚午仲春,全罗道同福地安心寺开版。钦舍小财雕刻现论,以属宣流,伏冀人人守真心,个个证果体。

  时正德六岁丙申林钟谷旦 尼妙严白

隆庆四年庚午为明穆宗四年(1570),以此岁于朝鲜全罗道安心寺开版,更在日本,以正德六年即享保元年丙申,为尼妙严所刻者。

第五节 《最上乘论》非弘忍真说之诸证及《金刚经》

  《最上乘论》一篇说守本真心是涅槃之根本、入道之要门、十二部经之宗、三世诸佛之祖也。真心者本来清净不生不灭,此是本师也,守此心胜念十方诸佛。此论想非弘忍之真说,试举其证如下:

  问曰:"何知自心本来清净?"答曰:"《十地经》云:众生身中有金刚佛性,犹如日轮,体明圆满,广大无边,只为五阴黑云之所覆,如瓶内灯光不能照辉。譬如世间云雾八方俱起,天下阴暗,日岂烂也,何故无光?光元不坏,只为云雾所覆,一切众生清净之心亦复如是。只为攀缘妄念烦恼,诸见黑云所覆,但能凝然守心,妄念不生,涅槃法自然显现,故知自心本来清净。"

此弘忍弟子神秀之见也,与彼嫡嗣慧能之见比较为劣而不胜,此其一。

  若有初心学坐禅者,依《观无量寿经》,端坐正念闭目合口,

第十章　五祖弘忍及其时代

心前平视,随意近远,作一日想,守真心,念念莫住。

使初学依《观无量寿经》非祖门之正传。且与弘忍以《金刚经》为心要之史实相违背,此其二。

端坐正念,善调气息,惩其心,不在内,不在外,不在中间,好好如如,稳看看熟,则了见此心识流动,犹如水流,阳焰晔晔不住。既见此识时,唯是不内不外,缓缓如如,稳看看熟,则反覆销融,虚凝湛住。其此流动之识,飒然自灭。灭此识者,乃是灭十地菩萨众中障惑。此识灭已,其心即虚,凝寂淡泊,皎洁泰然。吾更不能说其形状。汝若欲得者,取《涅槃经》第三卷中《金刚身品》及《维摩经》第三卷见《阿閦佛品》,缓缓寻思,细心搜检熟看,若此经熟实,得能于行住坐卧及对五欲八风不失此心者,是人梵行已立,所作已辨,究竟不受生死之身。

此宛然教家之婆说,非禅将直指之狮子吼。此其三。

弟子上来集此论者,直以信心。依文取义,作如是说。实非了了证知,若乖圣理者,愿忏悔除灭。

此学道未熟之言,无权威,无力量,弘忍一代之宗匠,岂如是耶? 此其四。

若我诳汝,当来坠十八地狱,指天地为誓,若不信我,世世被虎狼所食。

开口见胆。作者卑陋之见地,于此可见,此其五。

弘忍令其门弟持《金刚般若经》。《宋高僧传》云:

> 偶闻邻肆间诵《金刚般若经》,能(慧能)凝神属垣,迟迟不去。问曰:"谁边受学此经?"曰:"从蕲州黄梅冯茂山忍禅师劝持此法,云即得见性成佛也。"(《宋高僧传》,卷八,3页右)

道信用《般若》,弘忍用《金刚》,此祖门谈空理之渐也。弘忍称东土禅门之第五祖。

第十一章　六祖慧能及其宗风

弘忍之嫡嗣慧能,天成禅匠,玄悟超伦,如天马行空,见本心,识本性,此衲僧家本分之事。自性本来不生不灭,自心广大,犹如虚空无有边际,无方圆大小之相,非青黄赤白之色。自性能含万法,万法中自有本性。心心直心是净土,念念净念是如来,五分法身不离自性,三宝、三身自心圆成。见性明心是第一义,此外更无第二义、第三义。此慧能所说之要旨也。

第一节 《六祖坛经》实为慧能之语录

慧能语录名《六祖坛经》。《御制法宝坛经序》所云曹溪没后,其徒会其言传为《坛经》是也。

《六祖坛经付嘱第十》云:

> 师曰:"吾于大梵寺说法以至于今,抄录流行目曰《法宝坛经》。汝等守护递相传授,度诸群生,但依此说,是名正法。"(《大藏经》,第三十一套,第一册,14页右)

此后人假托之言耳。空谷景隆所述《尚直编》卷下云:

> 六祖大师《法宝坛经·第十付嘱章》曰:师一日唤法海,此

处起首,至于转相教授勿失宗旨,共计七百七十七字,此是金天教之人伪造邪言,增入刊版未革之弊也。详览《坛经》之意,只是一统说去,分为十章者,亦是金天所分也。(《正法眼藏四禅比丘卷涉典录》)

然则《坛经》之传其来远矣。元德异《六祖大师法宝坛经序》云:

> 菩提达磨东来此土,直指人心,见性成佛,有可大师者,于言下悟入,末上三拜得髓,受衣绍祖,开阐正宗,三传而至黄梅。会中高僧七百,惟负春居士一偈,传衣为第六祖。……开东山法门,韦使君命海禅师者录其语,目之曰《法宝坛经》。大师始于五羊,终至曹溪,说法三十七年。……名载《传灯》,惟南岳青原执侍最久,尽得无巴鼻,故出马祖石头……一门深入,五派同源,历循炉锤,规模广大,原其五家纲要,尽出《坛经》……惜乎《坛经》为后人节略太多,不见六祖大全之旨。德异幼年尝见古本,自后遍求三十余载,近得通上人寻到全文,遂刊于吴中休休禅庵,与诸胜士同一受用。……至元二十七年庚寅岁中春日叙。

便知《坛经》是慧能语录,而为门人法海等所编成。

第二节 《坛经》三本之不同

《坛经》传写之间,有字句之改换,玉石相混,慧能之门人慧忠云:

吾比游方多见此色，近尤盛矣。聚却三五百众目视云汉，云是南方宗旨，把他《坛经》改换添糅，鄙谭削除圣意，惑乱后徒。（《大藏经》，第三十套，第十册，1006—1007页）

慧忠之时《坛经》既混入疑似，后世更无由得正本。现在六祖大师《法宝坛经》有德异至元二十七年（1290）序。同书宗宝《跋》云：

余初入道有感于斯，续见三本不同，互有得失，其板亦已漫灭，因取其本校雠，讹者正之，略者详之，复增入弟子请益机缘，庶几学者得尽曹溪之旨。……至元辛卯夏南海释宗宝跋。

至元辛卯为二十八年，相当公元1291年。三本之不同，校雠而成现形。

第三节 《曹溪大师别传》及其脱稿年代

先此书二百八十余年《景德传灯录》成，先《传灯》十八年《宋高僧传》成，先《宋高僧传》大约二百八十余年《曹溪大师别传》成，《别传》传为最澄从唐所将来。祖芳《后记》云：

昔于东武，获《曹溪大师别传》。曩古传教大师从李唐手写，赍归镇藏叡岳，何日流落子院秘之，年尚享保乙巳春，东武儒官山田大介延、同学天野丈右卫门，历观京都名区，偶获此宝册，拜写十，袭其家焉。《传》末有"贞元十九二月十九日毕，天台最澄封"之字。且搭朱印三个，刻"比叡寺印"四字，贞元十九当日本延历二十年乙酉，大师迁寂乃唐先天二年。至于贞元十九年得九十一年，谓《坛经》古本湮灭已久，世流布本宋后编修，诸传亦非当时撰，唯此《传》去大师谢世不远，可谓实录也，而与诸传及《坛经》异也。然检黄梅传法一事，师资唱酬机缘如此，实可尊信哉。乃前疑方消，竺仙评论亦有验，惜乎失编者之名，考请来进官录曰《曹溪大师传》一卷是也。呜呼！何幸假鸿德乎，千年旧物流于吾桑域，是国之宝也，仍欲垂不朽，授之剞劂氏云。

宝历十二年壬午夏四月，祖芳谨识。(《续藏经》，第一辑，第二编乙，第十九套，第五册，488页右)

"贞元十九年二月十九日毕"殆《别传》书写了毕之意，非必最澄之手写。最澄于我朝延历二十三年七月随遣唐使入中国，九月到明州海岸，翌二十四年八月归，即德宗贞元二十年入唐，顺宗永贞元年归朝。祖芳所云贞元十九当日本延历二十年乙酉也，贞元十九相当于延历二十二年癸未，《别传》之成，不审其岁月，载代宗永泰元年之记事。又末章中，有大师在日受戒开法度人，三十六年先天二年壬子岁灭度，至唐建中二年计当七十一年之语，先天二年改元号开元为癸丑而非壬子。从先天二年至建中二年计六十九年而非七十一年。《别传》之著者计为至建中二年(781)之年数者乃暗示此书脱稿在此年，不然则全失其意义。

第四节　四书对校之慧能传

对校《曹溪大师别传》《宋高僧传》《景德传灯录》《六祖法宝坛

第十一章 六祖慧能及其宗风

经》四书而检慧能传，相互非无出入，大体则相一致，大略如下：

慧能俗姓卢氏，世居范阳，父名行瑶。唐武德三年九月，被贬岭南新州，以贞观十二年生能。三岁丧父，为母所鞠育。以贫窭采樵自给。一日负薪至市，闻有人诵《金刚般若经》，悚然问曰："谁边受学此经？"曰："从蕲州黄梅县冯茂山弘忍禅师劝持此法，云得见性成佛。"慧能闻是说，如饥渴之于饮食，立志游方，即往韶州，遇刘志略者，略有姑出家，号无尽藏，常读《涅槃经》。慧能为尼解释经义，尼遂执卷问字，能曰："我不识文字。"尼曰："字犹不识，安解其义？"能曰："诸佛妙理岂在文字耶？"尼惊异，告乡里耆艾。乡人营缉宝林古寺之旧地使居之。

《释氏通鉴》卷五，梁武帝天监元年条云：

> 天竺僧智药，自西土来，泛舶至汉土，寻流上至韶州，曹溪水口，闻其香，掬尝其味曰："此水上流有胜地。"寻之，遂开山创立宝林。乃云："此去百七十年当有无上法宝，在此演法，今六祖南华是也。"曹溪者乃昔曹叔良，为魏武裔，避地于此，因以名焉。(《憨山梦游集》，五十卷；《续藏经》，第一辑，第二编乙，第四套，第五册，417页右)

依《别传》宝林寺于天监五年落成，依《外纪》则天监三年竣工。由于隋末荒乱而毁废者，未几慧能去宝林进至韶州乐昌县，投智远禅师者坐禅。时有惠纪禅师，告慧能曰："黄梅山弘忍禅师大法之祖，宜为汝师。"能北征往黄梅东禅寺见弘忍。问曰："汝何处来，欲求何物？"能曰："弟子是岭南人，唯求作佛。"忍曰："岭南人无佛性。"曰："人有南北，佛性本无南北。"忍默然知其大器，使在槽厂破柴蹈碓以供众。

能在东山八月余,忍一日语门人曰:"生死事大,正法难解,汝等宜各为一偈,说汝所见,若至真则付衣法。"时神秀博学,为众中上座。一夕作偈书寺廊之壁曰。

　　身是菩提树,心如明镜台。时时勤拂拭,莫使惹尘埃。("莫"《坛经》作"勿"。"莫使惹"《传灯》作"莫遣有")

弘忍见而赏曰:"后世若依此修行,亦得胜果。"勉众诵之。慧能适闻问曰:"此为谁作?"曰:"此神秀上座偈也,大师善之,当可付法。"能曰:"此言虽善,未了。"寻作偈和之曰:

　　菩提本无树,心镜亦非台。本来无一物,何处有尘埃。("心"《坛经》作"明"。"处有"《传灯》作"假拂"。"有"《坛经》作"惹")

弘忍见之默不显称,使中夜入室,付法授衣钵。且曰:"汝须速去,恐人害汝。"慧能得衣钵直至蕲州九江驿,上船南行至大庾岭。大众知慧能得衣钵,有欲逐而夺之者。惠明率先趋至,能乃掷衣钵于石上,曰:"此衣表信,岂得以力争耶?"明曰:"我为法来,非为衣来,行者为我说法。"能曰:"不思善,不思恶,正与么时,那个是明上座本来面目。"明言下大悟。尔时韬晦有年,一日至广州法性寺,值印宗法师讲《涅槃经》,时风吹幡动,一僧曰风动,一僧曰幡动,议论不已。能曰:"是非风动,是非幡动,仁者心动也。"一众骇然。印宗延置上席,征诘奥义,慧能言简而理契,见其不由文字,知非常人。曰:"久闻黄梅之衣法南来,是岂非行者耶?"慧能曰:"然。"印宗曰:"黄梅付嘱如何指授？"慧能曰："惟论见性，不论禅定解脱。"印宗欢喜，为削发，受具足戒。慧能于是开演东山法门。后印宗与僧俗共送慧能归曹溪。于是广开禅门，学徒云集。中宗帝闻其玄风，神龙元年遣内供奉薛简使入内，慧能称病不起，诏赐衲衣宝帛，敕改宝林为中兴寺。明年韶州刺史为之一新，改为法泉寺，以其新州之旧居为国恩寺。睿宗帝先天二年（713）寂，春秋七十有六。

第五节　关于慧能年代之诸说

诸录记慧能之年时彼此参差。第一从《曹溪大师别传》，咸亨元年（670）慧能龄三十游方，诣曹溪，居曹溪三年，慧能春秋三十三。咸亨五年春秋三十四参黄梅，弘忍付法慧能毕，三日迁化，慧能避难五年，春秋三十九。至仪凤元年于广州制旨寺遇印宗。同年正月十七日剃发，二月八日于法性寺受戒，年登四十。神龙元年正月十五日，高宗帝敕慧能入内，以表辞。神龙三年四月二日高宗帝赐磨衲袈裟一领，绢五百匹。神龙三年十一月十八日敕修中兴寺佛殿。延和元年慧能归新州修国恩寺。先天二年八月染疾，三日迁化，春秋七十有六。《别传》之纪年杜撰太甚。以先天二年癸丑为壬子，此其一。如先天二年（713）慧能七十六岁，则其诞生当为贞观十二年（638），从而咸亨元年（670）慧能之龄三十三岁成为三十岁，此其二。咸亨五年即上元元年（674）龄三十七成为三十四岁，此其三。高宗帝以弘道元年（683）崩，神龙元年（705）为中宗年号，而此作高宗，此其四。睿宗帝壬子初称太极，又改延和，更改先天，而此混延和、先天记之，此其五。其他误谬如先所指摘，《别传》记者谓仪凤元年慧能之龄三十九，正示其诞生之为贞观十二年。

第二据《宋高僧传》卷八，慧能以贞观十二年生。咸亨中往韶州遇尼无尽藏，上元中演畅宗风。神龙三年诏修殿宇，延和元年（先天元年）于国恩寺建浮图，先天二年八月三日寂，春秋七十六。由此说则慧能值印宗而明师承。开法门是属于先仪凤元年三年之上元中。

第三准《景德传灯录》卷三及卷五，则咸亨二年慧能参黄梅，经八个月嗣法，后四载上元二年弘忍寂。仪凤元年丙子遇印宗示师承。仪凤二年归宝林寺。中宗帝神龙元年诏入内，以表辞。神龙三年敕修寺塔，说法利生四十载。先天元年往新州国恩寺，先天二年八月三日寂，寿七十六。依此说则咸亨二年慧能春秋三十四参黄梅，韬晦五年，仪凤元年出世。

第四依《传法正宗记》卷六，则咸亨中参黄梅时慧能春秋二十二，付法之后四载，上元二年弘忍寂。经混俗四载，仪凤元年于广州法性寺出世，明年归曹溪。神龙中，中宗帝诏迎，能称疾不起。先天二年八月二日化于国恩寺，报寿七十有六。咸亨中慧能春秋三十余，不应为二十二。

第五据《六祖法宝坛经》，慧能付法后，经混俗十五载于广州法性寺出世。先天二年癸丑岁八月初三日化，春秋七十有六，二十四传衣，三十九祝发，说法利生三十七载。据此说则龙朔元年（661）嗣法，仪凤元年祝发，嗣法之年月与旧录不同。

第六据柳宗元《赐谥大鉴禅师碑》，慧能殁后至元和十年（815），共一百有六年。隐遁南海十六年。准此说则慧能于睿宗景云元年（710）顺世，先于先天二年者三年。先于仪凤元年者十六年，至龙朔元年，慧能此岁传衣。

第七据刘禹锡《大鉴禅师碑》三十出家，四十七岁殁，后百有六年赐谥。从此说则贞观九年诞，麟德元年出家，景云元年顺世。

第六节 《法宝坛经》中之慧能思想

慧能思想显然从《法宝坛经》得以看取。同书《机缘第七》云：

> 一日师告众曰："吾有一物，无头无尾，无名无字，无背无面，诸人还识否？"神会出曰："是诸佛之本源，神会之佛性。"师曰："向汝道无名无字，汝便唤做本源佛性。汝向去有把茆盖头也，只成个知解宗徒。"祖师灭后，会入京洛大弘曹溪顿教，著《显宗记》盛行于世。是为荷泽禅师。(《大藏经》，第三十一套，第一册，13页右)

慧能蓦直提来绝对之一物示人，恰如金刚王之挥宝剑，背触共非，至神会唤之作诸佛之本源，已落二边去。

第七节　自心自性之说

同书《行由第一》云：

> 无上菩提须得言下识自本心，见自本性，不生不灭于一切时中，念念自见万法无滞，一真一切真，万境自如，如如之心即是真实。若如是见，即无上菩提之自性也。(同上书，3—4页)

又云：

> 三鼓入室，祖(五祖)以袈裟遮围，不令人见，为说《金刚

经》，至应无所住而生其心。惠能言下大悟一切万法不离自性。遂启祖言何期自性本自清净，本不生灭，何期自性本自具足，何期自性本无动摇，何期自性能生万法。(同上书，4页)

知自心识自性是慧能一代说法之键钥。所谓自心，非思量念想之个心。《般若第二》云：

> 心量广大犹如虚空，无有边畔，亦无方、圆、大、小，亦非青、黄、赤、白，亦无上、下、长、短，亦无嗔、无喜、无是、无非、无善、无恶。……善知识自性能含万法是大，万法在诸人性中，若见一切人恶之与善，尽皆不取不舍，亦不染着，心如虚空，名之为大。(同上书，5页右)

第八节　见性成佛并即心即佛之说

又云：

> 善知识心量广大，遍周法界，用即了了分明，应用便知一切，一切即一，一即一切，去来自由，心体无滞即是般若。(同上书，5页右)

果然则明这个绝对之妙心，即此成佛作祖也。故《行由第一》云：

> 菩提自性本来清净，但用此心，直了成佛。(同上书，3页)

直指人心见性成佛之说,于是乎明明白白。《般若第二》云:

> 善知识凡夫即佛,烦恼即菩提。前念迷即凡夫,后念悟即佛。前念着境即烦恼,后念离境即菩提。(同上书,5页左)

又《机缘第七》云:

> 僧法海韶州曲江人也。初参祖师问曰:"即心即佛愿垂指论。"师曰:"前念不生即心,后念不灭即佛。……听吾偈曰:'即心名慧,即佛乃定,定慧等持,意中清净。悟此法门,由汝习性,用本无生,双修是正。'"法海言下大悟,以偈赞曰:"即心元是佛,不悟而自屈。我知定慧因,双修离诸物。"(同上书,9页右一左)

即心即佛之旨,于是乎如指掌矣。

第九节　本来面目与王三昧

自心本性,不生不灭,唤此为本来面目。《行由第一》云:

> 惠明作礼云:"望行者为我说法。"惠能曰:"汝既为法而来,可屏息诸缘,勿生一念,吾为汝说。"明良久。惠能云:"不思善,不思恶,正与么时,那个是上座本来面目。"惠明言下大悟。(同上书,4页左)

此为禅门本来面目一语之始。彻见本来面目,此所谓见性。慧能门下

唯有一法,名之曰见性。《行由第一》云:

> 宗(印宗)复问曰:"黄梅付嘱如何指授?"惠能曰:"指授即无,惟论见性,不论禅定解脱。"(同上书,4页左)

更有一行三昧,此王三昧也。《付嘱第十》云:

> 于一切处而不住相,于彼相中不生憎爱,亦无取舍,不念利益成坏等事。安闲恬静,虚融澹泊,此名一相三昧。若于一切处,行住坐卧,纯一直心不动道场,真成净土,此名一行三昧。(同上书,14页左)

又《定慧第四》云:

> 善知识一行三昧者,于一切处行住坐卧,常行一直心是也。《净名》云直心是道场,直心是净土。(同上书,7页右)

第十节　自性能具万德唯心净土

百千之法门,无量之妙义,皆悉归自性,自性能具万德。《忏悔第六》云:

> 劝善知识归依自性三宝,佛者觉也,法者正也,僧者净也,自心归依觉,邪迷不生。……自性归依正,念念无邪见。……自性归依净,一切尘劳……自性皆不染着。……自归依,凡夫不

会。从日至夜受三归戒。……今既自悟，各须归依自心三宝。于自色身归依清净法身佛。于自佛于自色身归依圆满报身佛。于自身色归依千百亿化身佛。……三身佛在自性中，世人总有为自身迷，不见内性外觅三身如来。……何名清净法身佛？世人性本清净，万法从自性生，思量一切恶事即生恶行，思量一切善事即生善行，如是诸法在自性中……善知识智如日，慧如月，智慧常明，于外着境，被妄念浮云盖覆，自性不得明朗。若遇善知识，闻真正法，自除迷妄，内外明彻，于自性中万法皆现。见性之人亦复如是，此名清净法身佛。善知识自心归依自性，是归依真佛。……何名圆满报身，……念念圆明见本性，善恶虽殊，本性无二，无二之性名为实性。于实性中不染善恶，此名圆满报身佛。……何名千百亿化身？……一念思量名为变化，思量恶事化为地狱，思量善事化为天堂。毒害化为龙蛇，慈悲化为菩萨……此名自性化身佛。善知识法身本具念念自性自见即是报身佛，从报身思量即是化身佛。（同上书，8—9页）

又《忏悔第六》云：

先为传自性五分法身香，……一戒香即自身中无非无恶，无嫉妒、无贪嗔、无劫害名戒香。二定香即睹诸善恶境相，自心不乱名定香。三慧香，自心无碍，常以智慧观照自性，不造诸恶，虽修众善，心不执着，敬上念下，矜恤孤贫名慧香。四解脱香，即自心无所攀缘，不思善，不思恶，自在无碍，名解脱香。五解脱知见香。自心既无所攀缘，善恶不可沉空守寂，即须广学多闻，识自本心，达诸佛理，和光接物，无我无人，直至菩提真性

不易，名解脱知见香。（同上书，8页右）

又云：

> 众生无边誓愿度……众生各须自性自度，是名真度。何名自性自度？即自心中邪见烦恼……将正见度……邪来正度，迷来悟度，愚来智度，恶来善度，如是度者是名真度。又烦恼无边誓愿断，将自性般若智除却虚妄思想心是也。又法门无量誓愿学，须自见性，常行正法，是名真学。又无上佛道誓愿成，既常能下心行于真正离迷离觉，常生般若。除真除妄，即见佛性，即言下佛道成。（同上书，8页）

既自性自度则唯心净土，自心作佛，何须他土之往生哉。《疑问第三》云：

> 迷人念佛求生于彼，悟人自净其心。所以佛言随所住处恒安乐。……念念见性，常行正直，到如弹指，便睹弥陀。（同上书，6页左）

禅门之本义应当如是。后世禅净习合之说，与慧能法门有天渊之别。

第十一节　慧能之坐禅观

慧能坐禅之见解，见《坐禅第五》。谓：

第十一章 六祖慧能及其宗风

此门坐禅，元不着心，亦不着净，亦不是不动。若言着心，心元是妄，知心如幻，故无所着也。若言着净，人性本净，由妄念故盖覆真如，但无妄想，性自清净，起心着净，却生净妄。（同上书，7页左）

又云：

善知识何名坐禅？此法门中无障无碍，外于一切善恶境界，心念不起，名为坐内，见自性不动名为禅。善知识外离相即禅，内不乱即定。外禅内定，是为禅定。《菩萨戒经》云我本元自性清净，善知识于念念中自见本性清净，自修自行，自成佛道。（同上书，8页右）

《般若第二》斥空坐云：

又有迷人空心静坐，百无所思，自称为大，此一辈人不可与语为邪见。（同上书，5页右）

《宣诏第九》排邪解云：

薛简曰："京城禅德皆云欲得会道，必须生禅习定，若不因禅定而得解脱者，未之有也。未审师所说法如何？"师曰："道由心悟，岂在坐也。一经云若言如来若坐若卧是行邪道。何故无所从来，亦无所去，无生无灭，是如来清净禅？诸法空寂，是如来清净坐，究竟无证，岂说坐耶？……汝若欲知心要，但一切善恶

都莫思量，自然得入清净，心体湛然常寂，妙用恒沙。"（同上书，13页右—左）

第十二节　慧能对于死及死后之见地

对于死及死后，慧能之见地极为明确。《付嘱第十》云：

师于太极元年壬子延和七月，是年五月改延和八月，玄宗即位方改元先天，次年遂改开元。他本作先天者非。命门人往新州国恩寺建塔，仍令促工。次年夏末落成。七月一日集徒众曰："吾至八月欲离世间，汝等有疑但早相问……"法海等闻悉皆涕泣，惟有神会神情不动，亦无涕泣。师云："神会小师却得善不善等，毁誉不动，哀乐不生，余者不得，数年山中，竟修何道。……汝等悲泣，盖为不知吾去处，若知吾去处，即不合悲泣。法性本无生灭去来。"（同上书，14页右）

又《机缘第七》云：

僧志道，广州南海人也，请益。曰："学人自出家，览《涅槃经》十载有余，未明大意，愿和尚垂诲。"师曰："汝何处未明？"曰："诸行无常是生灭法，生灭，灭已寂，灭为乐，于此疑惑。"师曰："汝作么生疑？"曰："一切众生皆有二身，谓色身、法身也。色身无常，有生有灭；法身有常，无知无觉。经云生灭灭已寂灭为乐者，不审何身寂灭、何身受乐？若色身者，色身灭时四大分散，全然是苦，苦不可言乐。若法身寂灭，即同草木瓦石，谁当受乐？又法性是生灭之体，五蕴是生灭之用，一体五用，生灭是常，生则从体起用，灭则摄用归体，若听更生，即有情之类不断不灭，若不听更生则永归寂灭，同于无情之物。如是则一切诸法，被涅槃之所禁伏尚不得生，何乐之有？"师曰："汝是释子，何习外道断常邪见而议最上乘法。据汝所说，即色身外别有法身，离生灭求于寂灭。又推涅槃常乐言有身受用，斯乃执吝生死，耽着世乐。汝今当知佛为一切迷人认五蕴和合为自体相，分别一切法为外尘相，好生恶死，念念迁流，不知梦幻虚假，枉受轮回，以常乐涅槃翻为苦相，终日驰求。佛愍此故，乃示涅槃真乐，刹那无有生相，刹那无有灭相，更无生灭可灭，是即寂灭现前。当现前时亦无现前之量，乃谓常乐，此乐无有受者，亦无不受者，岂有一体五用之名？何况更言涅槃禁伏诸法，令永不生，斯乃谤佛毁法。听吾偈曰：

无上大涅槃，圆明常寂照。凡愚谓之死，外道执为断。"（同上书，11页右）

真常之涅槃，生死是也；迁流之人生，涅槃是也。论死后灵魂之有无浮沉汉，不知生死，况涅槃耶？

第十三节 《金刚经口诀》是疑似之作

慧能于《金刚般若经》有悟入，因使人指之。《般若第二》云：

善知识若入甚深法界及般若三昧者，须修般若行。持诵《金刚般若经》即得见性。（同上书，5页左）

《金刚经口诀》一卷收入《续藏经》第一辑第九十二套第一册，虽题六祖大鉴禅师说，是否真说却可疑。劈头叙云：

> 法性圆寂，本无生灭，因有生念，遂有生缘，故天得命之以生，是故谓之命。天命既立，真空不有，前日生念转为意识。……所谓性者，圆满具足，空然无物，湛乎自然，其广大与虚空等，往来变化一切自由。天虽欲命我以生，其可得乎？天犹不能命我以生，况于四大乎？况于五行乎？既有生念，又有生缘，故天得以生命我，四大得以气形我，五行得以数约我，此有生者之所以有灭也。（《续藏经》，第一辑，第九十二套，第一册，82页右）

曰天命，说五行，是即糅迂儒之说者，与慧能《坛经》所说有云泥之差，行文亦不似唐代之简劲，所以属疑似也。

第十二章　神秀及其禅

弘忍门徒七百，神秀其上座。与同门慧安共为则天武氏所重，扬化长安。秀开法之要云：忘念以息想，极力以摄心。趣定之前，万缘尽闭，发慧之后，一切皆如。住心观静，此秀之特色。以是慧能之徒以之为渐，以能之禅为顿。南顿北渐之称始此。

第一节　神秀略传

神秀传见《宋高僧传》诸录，其碑为中书令张说所撰。载于《隆兴编年通论》卷十四。其略云：神秀，本姓李，陈留尉氏人，身长八尺，秀眉大耳，具伟人相。少通经史，博综多闻。出家求法，谒弘忍于蕲州双峰之东山寺，服勤六年，日夜不息。弘忍叹曰："东山之法，尽在秀矣。"弘忍去世后，仪凤中，住江陵之当阳山，四海缁徒向风而靡。久视中，则天武后闻道誉，下诏使赴都，肩舆上殿，武后亲跪礼，丰供施以问道。敕建度门寺于当阳山，改尉氏之宅为报恩寺。王公已下，京师士庶，竞来礼谒，日以万数。中宗神龙二年（706）泊如示灭，葬日敕给羽仪卤簿。高祖武德八年（625）受具，僧腊八十，生于隋末，世寿百有余岁。门人普寂、义福等并为朝野所重。

第二节　慧安之风格

慧安，姓卫氏，荆州支江人，禀性宽慈，该贯法门。隋大业中大发丁夫开通济渠，饿殍相枕。安乞食救之，为全命者众。炀帝闻而征之，逃隐于太和山。隋末海内纷乱，乃杖锡登衡岳修头陀行。及太宗贞观中于黄梅师事弘忍，悉领心要。麟德元年游终南山石室止焉。后遍历名迹，至嵩山少林寺栖止。尔后学者辐辏，则天皇后遣使召安，与神秀同加钦礼，尊为国师。神龙二年中宗帝赐紫袈裟，于禁中供养。景龙三年（709）辞归嵩岳而寂，世寿百二十八。弟子元珪，破灶堕，有名于世。

第三节　神秀之禅风

神秀禅风之大略载在《张说碑》。谓：

> 其开法大略，则忘念以息想，极力以摄心。其入也品均凡圣，其到也行无前后。趣定之前，万缘尽闭，发慧之后，一切皆如，特以《楞伽》递为心要。（《续藏经》，第一辑，第二编乙，第三套，第三册，982页左）

以之与秀呈弘忍之偈：

> 身是菩提树，心如明镜台。时时勤拂拭，莫使惹尘埃。

此偈比较全相符合。秀之置重于观心可知矣。

《六祖坛经·机缘第七》云：

"汝师（志诚之师神秀）若为示众？"对曰："常指诲大众住心观静，长坐不卧。"师（慧能）曰："住心观静是病非禅，长坐拘身，于理何益。"（《大藏经》，第三十一套，第一册，12页右）

又云：

"吾（慧能）闻汝师（志诚之师神秀）教示学人戒定慧法，未审汝师说戒定慧行相如何？与吾说看。"诚曰："秀大师说诸恶莫作名为戒，诸善奉行名为慧，自净其意名为定。彼说如此。"……师曰："汝师戒定慧接大乘人，吾戒定慧接最上乘人。……听吾偈曰：

心地无非自性戒，心地无痴自性慧，心地无乱自性定，不增不减自金刚，身去身来本三昧。"（同上书，12页右）

第四节　慧能、神秀禅风之差异及两者之亲密

准上说则神秀之见地似尚未彻底者，然亦未必尽然。《景德传灯录》卷四云：

大臣张说尝问法要，执弟子之礼。师（神秀）有偈示众曰：
一切佛法，自心本有。将心外求，舍父逃走。

此与慧能以自心自性为究尽万法者毫无轩轾。唯慧能贵从大观自己本分上来，神秀力说潜行密用，不立纤尘。能之法门适于上根大器，秀之禅风中下之学可学，此所以有南顿北渐之名。能偏顿悟则生增上慢之病，秀辟渐修则向小见坠去。南北两宗虽冰炭相阋，在神秀与慧能则水乳相和。中宗帝下诏慧能云：

> 朕请安、秀二师宫中供养，万机之暇每究一乘，二师并推让，云南方有能禅师，密受忍大师衣法，可就彼问。今遣内侍薛简驰诏迎请，愿师慈念，速赴上京。(《大藏经》，第三十套，第九册，836页右)

慧安、神秀并奏荐慧能，岂有反目嫉视者耶？

第五节　神秀之《心要》并六代相传之《楞伽》

按《张说碑》，神秀特以《楞伽》心要，然则《楞伽》是达磨以来师资相承，以为心要之处。非至弘忍以《金刚般若》代《楞伽》。《法宝坛经》中有于黄梅东山之壁间使画《楞伽》变相之记事。征之神秀亦用《楞伽》，则达磨之法门纯乎六代相传可知矣。从达磨东来至慧能之归寂，大约一百九十余年，可名之为纯禅时代。

第三编

禅机时代

概　说

　　六祖以后，醇厚之家风一变，而棒喝之机用大行，竹头接木之语，泛滥禅海。曹溪门下龙象甚多，青原行思，南岳怀让，各成一家，儿孙至今不绝。青原之神足石头希迁，有深远宏大之思，成为幽玄之曹洞宗乘之基础。南岳之高弟马祖道一，禅机独脱，权变无方，成为活泼纵横之临济禅之权舆。青原南岳以外，荷泽之神会，永嘉之玄觉、南阳之慧忠，各放一异彩，禅风自别，成为六祖门下之五大宗匠。马祖之嗣百丈怀海，开创禅刹，整顿规矩，促成祖门之独立。如是禅机大行于世，从而平实之语变为幽险之句，方正之行持变而为畸行异迹。石头嫡嗣有药山惟俨，国子博士李翱，游其门撰《复性书》，内禅外儒，后世陆王之学，实渊源于此。虽以唐武宗会昌五年（845）排毁佛教，及宣宗即位再兴佛教，俊杰之士多辈出于禅林。即如百丈怀海之门人沩山灵祐，与其徒仰山慧寂出一只手而为沩仰宗之祖。黄檗之希运，见地超迈，棒下打出临济义玄而为临济宗之祖。石头之法，三传至德山宣鉴，鉴呵风骂雨，颇与临济同辙。洞山之良价，行业纯密，见解高深，彻头彻尾，析微阐幽而为曹洞宗之祖。如上所述唐代之末期，大德高僧接踵而出；然而禅病渐生，去简就繁，舍易取难，去平就险，弃明取晦，故至其语句流于隐晦，其动作失于奇怪。唐灭，五代乱离之世，佛教诸宗虽皆衰颓，禅门却毫无衰兆。德山之法，三传至云门文偃。偃机辩雷奔，舒卷风生，为云门宗之祖。德山之法又四传至清凉文益，益博涉教理，悟入圆融之深义，活用曹洞回互之禅，为法眼宗之祖。五派宗旨于是告成。从六祖慧能寂后以至五代末大约二百五十年，称之为禅机时代。

第一章　禅风之大变

达磨之正宗，六代递传，不失醇一之风，然弘忍以后，纯杂相交。加之慧能、神秀，南北分化，水乳不相容。慧能门下济济多士，宗匠如林，各各张其门户，拂拳棒喝之机用，新生于此间，而纯密之家风一变，故名之为禅机时代。

第一节　南山念佛禅

达磨之正宗三传至道信，牛头山之法融，受其心要别成一派，然尚未失醇一之禅味。至于弘忍门徒，则无不弃大道而入小径者。宗密《圆觉经大疏钞》卷三之下云：

> 疏有借传香而存佛者，第六家也。即南山念佛门禅宗也，其先亦五祖下分出。法名宣什。果州未和上、阆州蕴玉、相如县尼一乘皆弘之。余不的知禀承师资昭穆。言传香者，其初集礼忏等仪式，如金和上门下欲授法时，以香为资师之信。和上手付，弟子却授和上，和上却授弟子，如是三遍，人皆如此。言存佛者，正授法时，先说法门道理修行意趣，然后令一字念佛。初引声由念，后渐渐没声，微声乃至无声。送佛至意，意念犹粗，又送至心，念念存想，有佛恒在心中，乃至无想，盍得道。（《续藏经》，第一辑，第十四套，第三册，279页左）

若然则弘忍门徒之开念佛禅,不可否定。宣什之传未详。

第二节　法持之念佛

弘忍门人入念佛者,不止宣什,如金陵之法持不但参黄梅,牛头山之第四祖也,而入念佛去。宋戒珠《净土往生传》卷中云:

> 释法持,俗姓张,润州江宁人也。九岁事青城山方禅师,天机秀发,动臻渊致。十三依黄梅忍大师,得心焉。寻归青城,事方禅师,更明宗极。自是四方学徒,翕相归慕,声望日隆,闻于海外。黄梅谢世,尝与众曰:"后之传吾法者十人,金陵法持即其一也。"持于净土,以系于念,凡九年,俯仰进止,必资观想。长安二年九月五日终于延福寺。……寺僧其日,有见神幡数十首,闪日西下,幡出异光,以烛其室,持之先居幽栖故寺,竹林皆变白焉。(《续藏经》,第一辑,第二编乙,第八套,第一册,28页左)

这不及道绰、善导等念佛往生之法门对于禅门之影响。

第三节　南北二禅之轧轹

慧能与神秀之儿孙,水乳不相和合,毕竟党同伐异之陋而已。《圆觉经大疏钞》卷三之下云:

> 能大师灭后二十年中,曹溪顿旨,沉废于荆吴;嵩岳渐门,

炽盛于秦洛。普寂禅师，秀弟子也，谬称七祖，二京法主，三帝门师，朝臣归崇，敕使监卫，雄雄若是，谁敢当冲？岭南宗途，甘从毁灭，法信衣服，数被潜谋，事如祖章，传授碑文，两遇磨换。据碑文中所叙，荷泽亲承付嘱，讵敢因循，直入东都，面抗北祖，诘普寂也。龙麟虎尾，殉命忘躯。……天宝四载，兵部侍郎宋鼎请入东都，然正道易申，谬理难固。于是曹溪了义，大播于洛阳，荷泽顿门派流于天下。然北宗门下，势力连天。天宝十二年，被谮聚众，敕黜弋阳郡。……皆北宗门下之所毁也。（《续藏经》，第一辑，第十四套，第三册，277页右）

《宋高僧传》卷八云：

南北二宗时始判焉。致普寂之门，盈而后虚，天宝中御史卢奕阿比于寂，诬奏会（神会）聚徒，疑萌不利。（《宋高僧传》，卷八，11页右）

同书赞宁系《神会传》云：

五祖丧而大义乖，秀也拂拭以明心，能也俱非而唱道。及乎流化北方尚修练之勤，从是分歧，南服兴顿门之说，由兹荷泽行于中土，以顿门隔修练之烦。……致令各亲其亲，同党其党，故有卢奕之弹奏，神会之徙迁。（《宋高僧传》，卷八，9页右）

《景德传灯录》卷五云：

因两宗盛化，秀之徒众，往往讥南宗曰：能大师不识一字，有何所长？

又云：

西域崛多三藏者，天竺人也，东游韶阳见六祖，于言下契悟。后游五台，至定襄县历村，见一僧结庵而坐。三藏问曰："汝孤坐奚为？"曰："观静。"……三藏曰："汝出谁门耶？"曰："神秀大师。"三藏曰："我西域异道，最下根者，不坠此见，兀然空坐，于道何益？"（《大藏经》，第三十套，第九册，837页右）

南北宗风自别，加以荷泽之神会，至洛阳鼓吹南宗，两派之接触，斗争乃益深矣。

第四节　行棒竖拂之始

至拂拳棒喝之机用，慧能以前未之曾闻，慧能始打神会，此为行棒之权舆。《六祖法宝坛经》云：

有一童子名神会，襄阳高氏子，年十二，自玉泉来参礼。师曰："知识远来艰辛，还将得本来否？若有本则合识主，试说看。"会曰："以无住为本，见即是主。"师曰："这沙弥争合取次语。"会乃问曰："和尚坐禅还见不见？"师以拄杖打三下云："吾打汝痛不痛？"云云。

慧能顺世之后，不久而其徒青原山之行思活用拂子，此为竖拂之始。《景德传灯录》卷五行思之章云：

> 师既得法，住吉州青原山静居寺，六祖将示灭，有沙弥希迁问曰："和尚百年后，希迁当依附何人？"祖曰："寻思去。"及祖顺世，……礼辞祖龛，直诣静居。师问曰："子何方而来？"迁曰："曹溪来。"……他日师复问迁："汝什么处来？"曰："曹溪来。"师乃举拂子曰："曹溪还有这个么？"曰："非曹溪，西天亦无。"

慧能之资有慧安，慧安之门人破灶坠，以拂子打僧，盖其次也。

第五节　扬眉张目与圆相之始

怒眼扬眉亦接物之一法，始于慧能之高弟慧安。《景德传灯录》卷四《嵩岳慧安》之章云：

> 问曰："如何是祖师西来意？"师曰："何不问自己意。"曰："如何是自己意？"师曰："当观密作用。"曰："如何是密作用？"师以目开合示之。

打圆相亦是一机。盖从慧能之高弟慧忠始。《景德传灯录》卷五慧忠之传云：

> 慧忠国师见僧来，以手作圆相，相中书日字。

同书卷四牛头山第五世智威之法孙《道钦传》云：

> 马祖令人送书到，书中作一圆相。师发缄于圆相中作一画，却封回。（忠国师闻，乃云钦师犹被马师惑。）

慧忠之圆相与道一之圆相不知何者为先。

第六节　放喝之始

放喝亦是一机，始于慧能之嫡孙道一。《景德传灯录》卷六《怀海传》云：

> 洪州百丈山怀海禅师参马祖（道一）。祖见师来，取禅床角头拂子竖起。师云："即此用，离此用。"祖挂拂子于旧处。师良久。祖云："你已后开两片皮，将何为人师？"遂取拂子竖起。祖云："即此用，离此用。"师挂拂子于旧处，祖便喝，师直得三日耳聋。

其他禅机之应用，不遑枚举。极应机接物，纵横自在之妙者，无若马祖道一。然则可谓创于慧能，而大成于道一。道一之禅机，如下所叙。

第二章 牛头禅及无相之三句

四祖道信门下，牛头山之法融，成一派之禅既如上述。师资传授六世泻瓶，道钦、慧忠等有盛名。所说法门不失融本旨。弘忍门下有智诜，二传至无相。无相出无住。师弟唱和，开演三句之法门。其要曰：无忆、无念、莫忘三句，无忆名戒，无念名定，莫忘名慧，一心不生，具戒定慧。

第一节　径山之道钦

牛头禅之第一世法融，第二世智严，第三世慧方，第四世法持，第五世智威，第六世慧忠。智威之嗣有玄素。唐玄宗帝开元中，应郡牧韦铣之请住京口之鹤林寺。上下归向，扬化益于一时。玄宗帝天宝十一年（752）春秋八十五寂。素出道钦，《宋高僧传》卷九作法钦者是。钦挂锡径山，临海令吴贞，舍其别墅为精舍，参学云集。代宗帝大历三年诏使至阙下，亲加瞻礼。司徒杨绾一见钦叹曰："此实难得名之方外高士也。"代宗帝赐国一之号。相国崔涣等极深崇信。德宗帝贞元八年（792）迁化，龄七十九。

第二节　牛头山之智威与慧忠

慧忠就牛头山第五世智威受法。威以山门付忠。夙夜精励，寒暑一衲，及四十年。玄宗帝天宝初，出止庄严寺。代宗帝大历三年（768）寂，龄八十七。

三论之空理为牛头禅之要素，其修心，努力扫荡情尘。法融尝告昙璀云：

> 色声为无生之鸩毒，受想是至人之坑阱。

可知其用心之所在。智威有偈示慧忠云：

> 莫系念念，成生死河。轮回六趣海，无见出长波。

慧忠以偈答曰：

> 念想由来幻，性自无始终。若得此中意，长波当自止。

智威又示偈曰：

> 念本性虚无，缘妄生人我。如何息妄情，还归空处坐。

慧忠以偈答曰：

> 虚无是实体，人我何所存。妄情不须息，即泛般若船。（《大藏经》，第三十套，第九册，830页右）

慧忠有安心偈曰：

人法双净，善恶两忘。直心真实，菩提道场。(《大藏经》，第三十套，第九册，830页右）

第三节　云居之智

慧忠之法孙有云居之智，说见性成佛之义。《景德传灯录》卷四云：

> 尝有华严院僧继宗问："见性成佛，其义云何？"师曰："清净之性，本来湛然，无有动摇，不属有无、净秽、长短、取舍，体自翛然，如是明见，乃名见性，性即佛，佛即性，故云见性成佛。"曰："性既清净，不属有无，因何有见？"师曰："见无所见。"曰："见无所见，因何更有见？"师曰："见处亦无。"曰："如是见时，是谁之见？"师曰："无有能见者。"曰："究竟其理如何？"师曰："汝知否？妄计为有，即有能所，乃得名迷，随见生解，便坠生死。明见之人即不然。终日见未尝见，求见处体所不可得，能所俱绝，名为见性。"曰："此性遍一切处否？"师曰："无处不遍。"曰："凡夫见否。"师曰："上言无处不遍，岂凡夫而不具乎？"曰："因何诸佛菩萨不被生死所拘，而凡夫独萦此苦，何曾得遍？"师曰："凡夫于清净性中计有能所，即坠生死。诸佛大士善知清净性中不属有无，即能所不立。"曰："若如是说，即有了不了人。"师曰："了尚不可得，岂有能了人乎？"曰："至理若何？"师曰："我以要言之，汝即应念，清净性中无有凡圣，亦无了人不了人。凡之与圣，二俱是名。若随名生解，即坠生死。若知假名不实，即无有当名者。"又曰："此是极究竟处，若云我能了彼不能了，即

是大病。见有净秽凡圣，亦是大病，作无凡圣解。又属拨无因果，见有清净性可栖止亦大病，作不栖止解亦大病。然清净性中虽无动摇，具不坏方便应用，及兴慈运悲，如是兴运之处，即生清净之性，可谓见性成佛矣。"（《大藏经》，第三十套，第九册，831页左—832页右）

语虽有详略而师资之处，函盖相合。

第四节　圭峰对牛头禅之批评

宗密于《圆觉经大疏钞》卷三之下评牛头禅云：

疏有本无事而忘情者，第五家也，即四祖下分出也。其先即牛头慧融大师，是五祖忍大师同学。四祖委嘱忍大师继代之后，方与融相见。融通信简高，神慧灵利，久精般若空宗，于一切法，已无计执。后遇四祖，于方空无相体，显出绝待灵心本觉，故不俟久学，便悟解洞明。四祖语曰："此法从上一代只委一人，吾已有嗣，如可自建立。"融遂于牛头山，息缘妄情，修无相理，当第一祖。智严第二，慧方第三，法持第四，智威第五，慧忠第六。智威弟子润州鹤林寺马素和上，素弟子径山道钦和上相袭，传此宗旨。言本无事者，是所悟理，谓心境本空，非今始寂；迷之谓有，所以生憎爱等情，情生诸苦所系梦，作梦受故。了达本来无等，即须丧己忘情，情忘即度苦厄故，以忘情为修行也。

第五节　五祖门下之一分派无相之三句

弘忍之门出智诜。诜《传灯录》作侁。蜀之资州人，得法后于德纯寺开化。智诜之法嗣处寂，则天武后闻其芳誉，赐磨衲僧伽梨。寂现神异，博众之崇仰。玄宗帝开元二十二年（734）迁化，享年八十七。处寂之高弟无相，新罗之王子，开元十六年入唐，谒智诜于资州。受处寂之教，习杜多行，精苦积年。成都县令杨翌，造净众等之寺，使无相居净众之本院。肃宗帝至德元年（756）入灭，春秋七十七。无相之子无住，栖止于南阳白崖山，专事宴坐，以无念为宗。代宗帝大历元年（766）相国杜鸿渐致礼问法。后终于保唐寺，其岁月未详。宗密《圆觉经大疏钞》卷三之下云：

> 疏有三句用心为戒定慧者，第二家也。根本是五祖下分出，名为智诜，即十人中之一也。本是资州人，后却归本州德纯寺开化。弟子处寂俗姓唐，承后唐生四子，成都府净众寺金和尚，法名无相，是其一也，大和此教。言三句者，无忆、无念、莫忘也。意令勿追忆已过之境，勿预念虑未来荣枯等事，常与此智相应，不昏不错，名莫忘也。或不忆外境，不念内心，修然无寄。戒定慧者，次配三句也。离开宗演说方便多端，而宗旨所归在此三句。

唯无忆者不追忆、执取过去之境，谓防外驰之心；既无外驰之心则免犯戒之过，此第一句所以配戒。无念者不预念未来荣枯之事，谓无内心烦燥；既无内心烦燥，则禅那之功可全，此第二句所以配定。

莫忘者虽无外驰之心，无内心烦燥，而非无心如死灰之谓，即净智现前，觉性圆明也。此第三句所以配慧。

第六节　无住之三句

依宗密所云，则无相创唱无忆、无念、莫忘三句，无住改莫忘为无妄。《圆觉经大疏钞》卷三之下云：

> 疏有教行不拘而灭识者，第三家也。其先亦五祖下分出，即老安和上也。六十岁出家授戒，六十夏方灭度，时年一百二十，故时号老安。安即名也，为则天圣后之所师敬，道德深厚，志节孤高，诸名德皆难比类。有四弟子皆道高名著。中有一俗弟子陈楚章，时号陈七哥。有一僧名无住，遇陈开示领悟，亦志行孤劲。后游蜀中，遇金和尚闻禅，亦预其会，但更谘问，见非改前悟，将欲传之于未闻，意以禀承俗人，恐非宜便，遂认金和尚为师，指示法意大同。其传授仪式，与金门下全异。异者，谓释门事相一切不行，剃发了便挂七条，不受禁戒。至于礼忏、转读、画佛、写经，一切毁之，皆为妄想。所住之院不置佛事，故云教行不拘也。言灭识者，即所修之道也。意谓生死轮转，都为起心，起心即妄。不论善恶，不起即真。亦不似事相之行，以分别为怨家，无分别为妙道。亦传金和尚三句言教，但改忘字为妄字。云诸同学，错领先师言旨，意谓无忆、无念即真，忆念即妄，不许忆念，故云莫妄。毁诸教相者，且意在息灭分别而全真也，故所住持，不议衣食，任人供送，送即暖衣饱食，不送即任饥任寒。亦不求化，亦不乞饭。有人入院，不论贵贱，都不逢迎，亦

不起动。赞叹供养，怪责损害，一切任他。良由宗旨说无分别，是以行门无非无是，但贵无心而为妙极，故云灭识也。

由上述则无住之禅有极端消极之病，离正宗之真趣而坠二乘之见。虽然无住之所说，不必如宗密之评。据《传灯录》卷五，诸见地颇有可取者，但比慧能等之领悟，则不免悬隔矣。

第七节　无住与杜鸿渐之问答

《无住传》云：

> 公（唐相国杜鸿渐）曰："弟子闻今和尚说无忆、无念、莫妄三句法门是否？"曰："然。"曰："此三句是一是三？"曰："无忆名戒，无念名定，莫妄名慧，一心不生，具戒定慧，非一非三也。"公曰："后句妄字，莫从心之妄乎？"曰："从女者是也。"公曰："有据否？"曰："《法句经》云：若起精进心，是妄非精进；若能心不妄，精进无有涯。"公闻疑情荡焉。又问："师还以三句示人否？"曰："对初心学人，还令息念。澄停识浪，水清影现，悟无体念，寂灭现前，无念亦不立也。"……又问："何名第一义？第一义者从何次第得入？"师曰："第一义者无有次第，亦无出入，世谛一切有，第一义即无诸法、无性性，说名第一义。佛言有法名俗谛，无性第一义。"公曰："如师开示，实不可思议。"……又问云："云何不生，云何不灭，如何得解脱？"师曰："见境心不起名不生，不生即不灭，既无生灭，即不被前尘所缚，当处解脱。不生名无念，无念即无灭，无念即无缚，无念即无脱。举要而言，

识心即离念，见性即解脱，离识心见性外，更有法门证无上菩提者，无有是处。"公曰："何名识心见性？"师曰："一切学道人随念流浪，盖为不识真心。真心者念生亦不顺生，念灭亦不依寂。不来不去，不定不乱，不取不舍，不沉不浮，无为无相，活泼泼平常自在。此心体毕竟不可得，无可知觉，触目皆如，无非见性也。"公与大众作礼称赞，踊跃而去。(《大藏经》，第三十套，第九册，834页左—835页右)

第三章　青原与石头之宗乘

曹溪门下龙象虽甚多，其居冠首者，青原山之行思也。行思出石头希迁。迁张玄化于湖南。其著《草庵歌》《参同契》，足以窥其思想。迁法门大要曰：心体灵昭，湛然圆满，谓之灵源。一源含万派，万象现心中，谓之支派。全万派而一源，全一源而万派。理者绝对，事常相待，事中有理，理中有事。泯然无差别是暗，显然差别是明，明中暗，暗中明，比如前后步。若会此意则触目无非道。后世曹洞宗乘之滥觞，实出于此。

第一节　青原行思

慧能在曹溪，门徒号称曹溪大师。行思者，吉州安城人，姓刘氏，出尘之后，渊默乐道。闻曹溪法席之盛，乃往参礼。问曰："当何所务即不落阶级？"慧能曰："汝曾作什么来？"思曰："圣谛亦不为。"能曰："落何阶级？"思曰："圣智尚不为，何阶级之有？"慧能深器重之。门徒虽众，行思居其首。得法既熟，住吉州青原山静居寺，鼓吹玄风，故称青原，其门也称青原下。玄宗帝开元二十八年（740）顺世。

第二节　石头希迁

希迁姓陈，端州高要人（要一作安）。幼参谒曹溪，始发灵机。往来三峡之间，开元十六年罗浮山受具。后从学于青原山行思，超悟绝伦，有麟角之誉。行思卒后，以玄宗帝天宝初（742）至衡岳南寺。寺之东有石，其状如台，乃结庵其上。时人因号为石头和尚。《佛祖纲目》卷三十一云：

> 石头和尚作《草庵歌》曰："吾结草庵无宝贝，晚来从容图睡快。成时初见茅草新，破时还将茅草盖。住庵人，镇常在，不属中间与内外。世人住外我不住，世人爱处我不爱。庵虽小，含法界，方丈老人相体解。上乘菩萨信无疑，中下闻之必生怪。问此庵，坏不坏，坏与不坏主元在。不居南北与东西，基址坚牢以为最。青林下，明窗内，玉殿琼楼未为对。衲被蒙头万事休，此时山僧都不会。住此庵，休作解，谁夸铺席图人买。回光返照便归来，廓达灵根非向背。遇祖师，亲训诲，结草为庵莫生退。百年抛却任纵横，摆手便行且无罪。千种言，万般解，只要教君长不昧。欲识庵中不死人，岂离而今这皮袋。"（《续藏经》，第一辑，第二编乙，第十九套，第三册，245页右一左）

身心一如之玄旨，句外了然。当时住衡山者有怀让、明瓒、坚固。怀让、坚固皆曹溪之直弟，明瓒者普寂之资。皆告其徒曰："彼石头真师子吼，必能使汝眼清凉。"其为同辈所重如此。

第三节　石头之宗风

《景德传灯录》卷十四云：

> 师（希迁）一日上堂曰："吾之法门，先佛传授，不论禅定

精进，唯达佛之知见，即心即佛，心佛众生，菩提烦恼，名异体一。汝等当知自己心灵体离断常，性非垢净，湛然圆满，凡圣齐同，应用无方。离心意识，三界六道，唯自心现。水月镜像岂有生灭？汝能知之，无所不备。"（《大藏经》，第三十套，第九册，895页左）

希迁之见地可称能透达磨正宗之真髓，得慧能大全之旨。《五灯会元》卷五云：

> 师（希迁）因看《肇论》，至会万物为己者，其唯圣人乎？师乃拊几曰："圣人无己，靡所不己；法身无象，谁云自他？圆鉴灵照于其间，万象体玄而自现，境智非一，孰云去来？至哉斯语也！"……遂著《参同契》曰：
>
> 竺土大仙心，东西密相付。人根有利钝，道无南北祖。灵源明皎洁，支派暗流注。执事元是迷，契理亦非悟。门门一切境，回互不回互。回而更相涉，不尔依位住。色本殊质象，声元异乐苦。暗合上中言，明分清浊句。四大性自复，如子得其母。火热风动摇，水湿地坚固。眼色耳音声，鼻香舌咸醋。然于一一法，依根叶分布。本末须归宗，尊卑用其语。当明中有暗，勿以暗相遇。当暗中有明，勿以明相睹。明暗各相对，比如前后步。万物自有功，当言用及处。事存函盖合，理应箭锋柱。承言须会宗，勿自立规矩。触目不会道，运足焉知路？进步非近远，迷隔山河固。谨白参玄人，光阴莫虚度。（《续藏经》，第一辑，第二编乙，第十一套，第一册，81页左）

第四节 《参同契》之题号

《参同契》之题号出自道书。《佛祖统纪》卷三十六西汉顺帝永和元年条云:

> 魏伯阳者,上虞人,好道术,与弟子三人入山作丹,丹成先服之,即死。弟子虞生曰:"吾师非凡人,服丹而死,将有意焉。"亦服丹而死。余二弟子疑不服,出山求棺木,伯阳即起,将虞生皆仙去。逢入山伐木人,作书寄谢二弟子。伯阳作《参同契五将类》三卷,其说似解《周易》,而假借爻象,以论作丹之事。儒家不识其旨,唯以阴阳二义为之注解。

第五节 魏伯阳之仙术

《太平广记》卷二《神仙传》引曰:

> 魏伯阳者,吴人也,本高门之子而性好道术,后与弟子三人,入山作神丹,丹成知弟子心怀未尽,乃试之曰:"丹虽成,然先宜与犬试之,若犬飞,然后人可服耳,若犬死即不可服。"乃与犬食,犬即死。伯阳谓诸弟子曰:"作丹唯恐不成,今既成,而犬食之死,恐是未合神明之意,服之恐复如犬,为之奈何?"弟子曰:"先生当服之否?"伯阳曰:"吾背违世路,委家入山,不得道亦耻复还,死之与生,吾当服之。"乃服丹,入口即死,弟子顾视相谓曰:"作丹以求长生,服之即死,当奈此何?"独一弟子

曰:"吾师非常人也,服此而死,得无意也。"因乃取丹,服之亦死。余二弟子相谓曰:"所以得丹者,欲求长生耳。今服之既死,焉用此为?不服此药,自可更得数十岁在世间也。"遂不服,乃共出山,欲为伯阳及死弟子求棺木。二子去后,伯阳即起,将所服丹,内死弟子及白犬口中,皆起。弟子姓虞,遂皆仙去。道逢入山伐木人,乃作手书与乡里人寄谢,二弟子乃始懊恨。伯阳作《参同契五行相类》凡三卷,其说是《周易》,其实假借爻象,以论作丹之意,而世之儒者不知神丹之事,多作阴阳注之,殊失其旨矣。(《太平广记》,卷二,5页左)

可以想见伯阳之人物。

第六节 《参同契》著者之事情

希迁唤佛称大仙,又假各仙书提唱玄旨耳。迁看《肇论》有所悟入,遂著《参同契》。此说不始于《会元》,圆悟之时,既有同一之传说。《碧岩集》第四十则评云:

> 石头因看《肇论》至此会万物为自己处,豁然大悟,然后作一本《参同契》,亦不出此意。

圆悟所谓豁然大悟者,谓石头依《肇论》而有所得。《参同契》之大旨,谓归于会万物为己一句亦无不可。前揭上堂语,穿却《参同契》一篇之首尾,僧肇多活用老庄语说佛理者,希迁读《肇论》有所得,亦假道书之名以说禅,方便酷似《肇论》。圆悟之说,不足为定论。宋祖琇《编年通论》卷十九云:"石头《参同契颂》清凉大法眼注之,其深禅妙句,使人读之三叹不已。"惜哉!不传于世。

第七节　江湖之二甘露门

代宗帝广德二年(764)门人请希迁,下梁端、张化门,于是乎江西有道一,湖南有希迁,各为一方之宗主,成为学者之二甘露门。德宗帝贞元六年(790)寂,享年九十一。希迁之法光灯灯相续,形成曹洞宗。

第四章 南岳与马祖之宗乘

青原行思之同学南岳怀让，亦曹溪下一伟材也，让之门出马祖道一。道一禅机独脱，权变无方，能养成百有余员之宗将。其心要略曰："自心是佛，心外无佛，佛外无心，取善舍恶，观空入定，即属造作。若欲会道，平常心是道，如今行住坐卧尽是道，一切法皆是佛法，不假修道，不用坐禅，此如来清净禅也。若了此意，则随时着衣吃饭，长养圣胎，任运过时可也。"

第一节 南岳怀让

怀让姓杜，金州安康人，弱冠依荆州玉泉寺弘景律师出家，同学坦然，知让志气高迈，使参嵩山之慧安。安启发不契，直诣曹溪谒慧能。能曰："什么处来？"让曰："嵩山来。"能曰："什么物怎么来？"让不能对。经八载，忽然有省。乃白能曰："某甲有个会处。"能曰："作么生？"让曰："说似一物即不中。"能曰："还假修证也无？"让曰："修证不无污染即不得。"能曰："只此不污染，是诸佛之所护念，吾亦如是，汝亦如是。"

《传灯》等诸录中："慧能问曰：什么物怎么来？怀让曰：说似一物即不中。"让龄仅过弱冠，参玄日犹浅，何以得如斯师子吼耶？仍依《天圣广灯录》记之如上。

尔后侍曹溪左右十五载，慧能下世后，以玄宗帝开元元年往南岳宴居于般若寺之观音道场。以此世称南岳，其法孙亦因之称南岳下。《宗统编年》卷十、《释氏稽古略》作先天元年，然而《宋高僧传》传慧能入灭后，怀让往南岳。慧能入灭在先天二年，正当开元元年。《传灯》《广灯》皆作先天二年。让生于高宗帝仪凤二年，算其出家修学年数，正当先天二年。玄宗帝天宝三载（744）卒，春秋六十八。元和中儒士张正甫制碑，文见《隆兴编年通论》卷十六。

第二节　南岳之言行

怀让言行多不传。见其接徒道一语，对坐禅见解，毫不异于慧能《坛经》。《传灯录》卷五云：

> 南岳怀让禅师……唐先天二年始往衡岳，居般若寺。开元中有沙门道一住传法院。常日坐，禅师知是法器，往问曰："大德坐禅图什么？"一曰："图作佛。"师乃取砖于彼庵前石上磨。一曰："磨砖作么？"师曰："磨作镜。"一曰："磨砖岂能成镜耶？"师曰："磨砖既不成镜，坐禅岂得作佛耶？"一曰："如何即是？"师曰："如牛驾车，车不行，打车即是，打牛即是？"一无对。师又曰："汝为学坐禅，为学坐佛？若学坐禅，禅非坐卧，若学坐佛，佛非定相，于无住法不应取舍。汝若坐佛即是杀佛，若执坐相，非达其理。"（《大藏经》，第三十套，第九册，840页右）

第三节　马祖道一

道一姓马，汉州什邡人，容貌怪伟，虎视牛行，引舌过鼻。依资州唐和尚落发，受具戒于渝州圆律师。开元中在衡山传法院专事坐观，遇怀让受心印。后以盛行化于江西南康龚公山，被称江西马祖，马盖其俗姓也。德宗帝贞元四年（788）正月登建昌石门山，经行林中，见其洞壑平坦，峰峦秀拔，以为终焉之地。二月四日入灭，春秋八十，入室之弟子一百三十九人，各为一方宗主。

第四节　马祖之禅机

道一禅机峻峭，权威不可测。举其二三例：
其一打着：

僧问："如何是西来意？"师（道一）便打，乃云："我若不打汝，诸方笑我也。"

其二画地：

有僧于师前作四画，上一长下三短，问云："不得道一长三短，离此四字外，请和尚答。"师乃画地一画云："不得道长短，答汝了也。"

其三打掴：

洪州泐潭法会禅师问马祖:"如何是西来祖师意?"祖曰:"低声,近前来。"师便近前,祖打一掴,云:"六耳不同谋。"

其四吹耳:

洪州泐潭惟建禅师一日在马祖法堂后坐禅,祖见,乃吹师耳两吹。其五竖拂及喝。

师(百丈)再参马祖,祖见师来,取禅床角头拂子竖起。师云:"即此用,离此用。"祖挂拂子于旧处。师良久。祖曰:"你已后开两片皮,将何为人师?"遂以拂子竖起。祖云:"即此用,离此用。"师挂拂子于旧处,祖便喝。

其六蹋著:

洪州水老和尚初参马祖:"如何是西来的意?"祖云:"礼拜著。"师才礼拜,祖便与一蹋。

第五节　马祖门下之禅机

如是试种种作略为达磨以来所未有。道一学徒亦仿之逞一机一境之禅。举其显著者有:

其一把鼻:

抚州石巩慧藏禅师问西堂:"汝还解捉得虚空么?"西堂云:"捉得。"师云:"什么生捉?"堂以手撮虚空。师云:"作么生,恁么捉虚空？"堂却问："师兄作么生捉？"师把西堂鼻孔拽。西堂作忍痛声，云："太杀拽人鼻孔，直得脱去。"师云："直须怎么捉虚空始得。"

其二吐舌：

袁州南源道明禅师。有僧问："一言作么生？"师乃吐舌云："待我有广长舌相即向汝道。"

其三拍手：

朗州中邑洪邑禅师仰山初领新戒，到谢，戒师见来，于禅床上拍手云"和和"。

其四作舞：

同师下禅床执仰山手作舞，云："山山与汝相见了。"

其五玩月：

西堂智常、南泉普愿、百丈怀海随侍马祖玩月次，祖曰："正当恁么时如何？"西堂云："正好供养。"百丈云："正好修行。"南泉拂袖便去。祖云："经入藏，禅归海，唯有普愿独超物外。"

其六卷席：

马祖上堂,大众云集,方升座良久,师(百丈)乃卷却面前礼拜席,祖便下堂。

其七大笑:

百丈普请钁地次,忽有一僧闻饭鼓声,举起钁头大笑便归。师云:"俊哉!此是观音入理之门。"

其八召唤:

百丈有时说法竟,大众下堂乃召之,大众回首,师曰:"是什么?"

其九掀床:

潭州三角山总印禅师,麻谷便问:"眨上眉毛即不问,如何是此事?"师曰:"蹉过也。"麻谷乃掀禅床。师打之。

其十步立:

马祖遣师(常兴)诣长安,奉书于忠国师,国师问云:"汝师说什么法?"师从东过西而立。国师曰:"只这个更别有?"师却过东边立。

其十一覆鞋:

百丈令一僧来伺候,师(怀恽)上堂次,展坐具礼拜了起来,拈师一只靸鞋,以衫袖拂却尘了,倒覆向下。师曰:"老僧罪过。"

其十二振锡:

有一僧来,绕师三匝,振锡而立,师(怀恽)曰:"是是。"

其十三圆相:

小师于地画一圆相,师(怀恽)曰:"只这个别有?"小师乃画破圆相后礼拜。

其十四作卧势:

麻谷与丹霞游山次,见水中鱼,以手指之。丹霞曰:"天然,天然。"师至来日又问丹霞:"昨日意作么生?"丹霞放身作卧势。师曰:"苍天。"

其十五翘足:

僧问:"如何是祖师西来意?"师(宝彻)乃起立,以杖绕身一转,翘一足云:"会么?"僧无对,师打之。

其十六敲柱:

鄂州无等禅师尝谒州牧王常侍者,师退将出门,王后呼之曰:"和尚。"师回顾,王敲柱三下,师以手作圆相,复三拨之,便行。

其十七竖指:

一日大众晚参禅师(无等),见人人上来,师前道不审,乃谓众曰:"大众适来,声向什么处去也?"有一僧竖起指头。师曰:"珍重。"

其十八拈带:

师(智常)因俗官来,乃拈起帽子两带云:"还会么?"俗官云:"不会。"师云:"莫怪老僧头风不卸帽子。"

其十九拟势:

师(智常)问:"新到僧什么处来?"僧曰:"凤翔来。"师曰:"还将得那个来否?"僧云:"将得来。"师云:"在什么处?"僧以手从头擎捧呈之。师即举手作接势,抛向背后。僧无语。师云:"这野狐儿。"

其二十斩蛇:

师(智常)划草次,有座主来参,值师锄草,忽见一条蛇,师以锄镢。

其二十一弹指：

　　僧问："如何是观音行？"师（智常）乃弹指，云："诸人还闻否？"僧曰："闻。"师云："一队汉向这里觅什么？"以棒趁出，大笑归方丈。

其二十二举拳：

　　江州刺史李渤问云："《大藏经》明得个什么边事？"师（智常）举拳示之，云："还会么？"李云："不会。"师云："这个措大，拳头也不识。"

其二十三斩猫：

　　师（普愿）东西两堂各争猫儿。师遇之，白中曰："道得救取猫儿，道不得即斩却也。"众无对，师便斩之。

其二十四打地：

　　忻州打地和尚，自江西领旨，自晦其名，凡学者致问，惟以棒打地。

其二十五拔剑：

云岩来参师（智常），作挽弓势。岩良久，作拔剑势。师云："太迟生。"

第六节　禅机之弊与五味禅之语

如是事例不遑枚举，皆出自道一之门。后世手忙脚乱之徒，左喝右棒，竖拳举拂，张口扬眉，恰如颠狂之发作，而自称大善知识之弊，渊源于此。道一之嗣、庐山归宗寺之《智常传》云：

僧辞师，问："甚么处去？"答曰："诸方学五味禅去。"师曰："诸方有五味禅，我这里有一味禅。"曰："如何是一味禅？"师便打。僧曰："会会。"师曰："道道。"僧开口拟，师又打。此为五味禅成语之始。

第七节　即心即佛

道一高唱即心即佛，诸方和之胡说乱道，以是一之高弟《如会传》云：

师自大寂去世，常患门徒以即心即佛之谭诵忆不已，且谓佛于何住，而曰即心，心如画师，而云即佛。遂谓众曰："心不是佛，智不是道，剑去久矣。"

然而道一之禅，与慧能之法门无大差。《景德传灯录》卷七云：

江西道一禅师一日谓众曰："汝等诸人各信自心是佛，此心即是佛心。达磨大师从南天竺国来躬至中华，传上乘一心之法，令汝等开悟。又引《楞伽经》文以印众生心地，恐汝颠倒不自信此心之法，各各有之，故《楞伽经》云：佛语心为宗，无门为法门。又云：夫求法者，应无所求，心外无别佛，佛外无别心，不取善不舍恶，净秽两边俱不依，怗达罪性空，念念不可得，无自性故，三界唯心，森罗万象一法之所印。凡所见色，皆是见心，心不自心，因色故有心，汝但随时言说，即事即理，都无所碍，菩提道果亦复如是。于心所生即名为色，知色空，故生即不生，若了此心乃可随时着衣吃饭，长养圣胎，任运过时，更有何事？"（《大藏经》，第三十套，第九册，844页左）

又马祖道一禅师《广录》云：

僧问："如何修道？"曰："道不属修。若言修得，修成还坏，即同声闻。若言不修，即同凡夫。……自性本来具足，但于善恶事中不滞，唤作修道人。……一念妄心，即是三界生死根本。但无一念，即除生死根本，即得法王无上珍宝。……一切众生，从无量劫来，不出法性三昧，长在法性三昧中，着衣吃饭，言谈祗对，六根运用，一切施为，尽是法性。

"道不用修，但莫污染。何为污染？但有生死心，造作趋向，皆是污染。若欲直会其道，平常心是道。……只如今行住坐卧，应机接物，尽是道。……不假修道坐禅，不修不坐，即是如来清净禅。"（《续藏经》，第一辑，第二编，第二十四套，第五册，406页右—407页左）

第八节　马祖下之流弊

道一说心体不审，有以心猿意马误认为佛之弊。其谈道或说修为工夫不细，不免有使人陷于自然外道之病。人若模仿道一禅机，有百害无一利，可不戒哉！宗密《圆觉大疏钞》卷三下云：

疏有触类是道而任心者，第四家也。其先从六祖下分出。谓南岳观音台让和上，是六祖弟子。本不开法，但居山修道，因有剑南沙门道一，俗姓马，是金和上弟子，高节志道，随处坐禅，久住荆南明月山，后因巡礼圣迹，至让和上处。论量宗运，征难至理，理不及让，又知传衣付法曹溪为嫡，便依之修行。住乾州、洪州、虎州，或山或廓，广开供养，接引道流，大弘此法。起心动念、弹指、謦咳、扬眉，因所作所为，皆是佛性全体之用，更无第二主宰。如面作多般饮食，一一皆面，佛性亦尔。全体贪嗔痴，造善恶受苦乐故，一一皆性。意以推求，而四大骨肉，舌、齿、眼、耳、手、足，并不能自语言见闻动作，如一念今终，全身都未变坏，即便口不能语，眼不能见，耳不能闻，脚不能行，手不能作。故知语言作者必是佛性。四大骨肉，一一细推，都不解贪嗔故。贪嗔烦恼并是佛性。佛性非一切差别种种，而能作一切差别种种。意准《楞伽经》云：如来藏是善不善因，能遍与造一切，起生受苦乐与因俱。又云：佛语心。又云：或有佛刹，扬眉动睛，笑欠声咳，或动摇等，皆是佛事，故云触类是道也。言任心者，彼息业养神（或云息神养道）之行门也。谓不起心造恶修善，亦不修道，道即是心，不可将心还修于心。恶亦是心，不可以心断心，不断不造，任运自在，名为解脱人，亦名过量人。无法可拘，无佛可作。何以故？心性之外，无一法可得，故云但任心即为修也。此与第三家，敌对相违。谓前则一切皆妄，此即一切皆真。(《续藏经》，第二编，第十四套，第三册，279页右)

宗密评道一不中法门之全象，虽然有依文解义之弊，不亦如密所云乎？道一之法，嫡嫡相承，至临济义玄乃成一宗。中国之禅徒，属此法系者最多。

第五章 永嘉玄觉与《证道歌》

永嘉之玄觉亦谒慧能而得心印。其立言之要谓，无明实性即是佛性，幻化空身即是法身，无罪福，无人法，本来无一物，便是如来大圆觉也。无价之宝珠，人皆具之，三身四智谁不圆哉！不求真不断妄，心镜昭昭含万象。恒沙诸佛体皆同，诸佛法身入我性，我性还与如来合。若得此意则行亦禅，坐亦禅，语默动静体安然。

第一节 永嘉玄觉

玄觉温州永嘉人，姓戴，总角出尘，遍涉经教，特精研天台教观。常乐禅寂，住龙兴寺。睹寺旁有胜境，构禅室于岩下，负青山，面沧海，息心有年。据灵岩注《证道歌》后序，玄觉一日开《大般若经》豁然大悟，遂往谒慧能。又准《释门正统》卷八，则因觉《涅槃》洞明妙旨，往参曹溪。《联灯会要》卷三则因看《维摩经》发明心地云云。盖玄觉得力于《般若经》，故《证道歌》云：

有人问我解何宗，报道摩诃般若力。

与东阳之策禅师诣曹溪。初到振锡绕慧能三匝，卓然而立。能曰："夫沙门者具三千威仪，八万细行，大德自何方而来生大我慢？"觉曰："生死事大，无常迅速。"能曰："何不体取无生，了无速乎？"觉曰："体即无生，了本无速。"能曰："如是如是。"觉乃具威仪参礼，须臾而辞，慧能留使一宿，仍号一宿觉。翌日下山回温州，学者辐辏其门。先天二年（713）寂，春秋四十九。《释氏通鉴》卷八作先天元年，《宗统编年》卷十一，并《编年通论》卷十五作开元二年，未知孰是？

第二节 《永嘉集》与《证道歌》

唐庆州刺史魏静集玄觉著作十篇为一卷，名《永嘉集》。魏静明言：

大师在生，凡所宣纪总有十篇，集为一卷。

中有发愿文，与同学书，而未收《证道歌》，此疑问所以起。然亦不能证其伪撰。《宗统编年》卷十以中宗帝神龙元年谒慧能，未知真否？若然《证道歌》成于见慧能之后，是觉晚年所作明也。《永嘉集》与天台之禅波罗蜜次第法门相同，徒繁于义门名相，较之《证道歌》易感为别人之作。盖玄觉一见慧能而心机一转，抛却从前之智解也。故《证道歌》云。

吾早年来积学问，亦曾讨疏寻经论。分别名相不知休，入海算沙徒自困。却被如来苦诃责，数他珍宝有何益？从前蹭蹬觉虚行，多年枉作风尘客。

又叙其参玄之状云：

游江海涉山川,寻师访道为参禅。自从认得曹溪路,了知生死不相关。

自觉其师子吼被人诽谤云:

从他谤任他非,把火烧天徒自疲,我闻恰似饮甘露,消融顿入不思议。观恶言是功德,此即成吾善知识。

《证道歌》之大旨,略叙如本文。

第三节 《证道歌》传于印度之说

传说《证道歌》输入印度而行于彼土。《大慧普觉禅师普说》卷二云:

妙喜昔在京师,有密三藏者方中年,人见其端然受数辈老比丘礼拜,因问其所以?曰:"我是中印土人,乃佛生处,当受四印土人礼,非但比丘,百姓亦然,信知五天之人可杀重佛法。"因他说《证道歌》,彼方译作梵语,分为三册。

未知真否?

第六章　荷泽神会与南北二宗之争

北宗之祖神秀，宣扬东山之法门于两京之间，南宗之法光沉于荆吴，殆四十有余载。其说行至洛阳者由于荷泽神会之力。会之禅力说真空，以无念为宗。其言谓真空是体，妙有是用。妙有即摩诃般若，真空即清净涅槃。般若者无知而知涅槃，涅槃者无生而生般若。故有无双泯，心境两亡。于是乎善恶之所不拘，静乱之所不摄，不厌生死，不乐涅槃，无不能无，有不能有，行住坐卧，心不动摇，一切时中得无所得。三世诸佛之教旨如斯。

第一节　荷泽之神会

神会姓高，襄阳人，投国昌寺之颢元出家，聪敏通内外典籍。为沙弥时，参曹溪执侍有年。一日慧能告众曰："吾有一物，无头无尾，无名无姓，无背无面，诸人还识否？"会乃出曰："是诸佛之本源，神会之佛性。"能曰："向汝道无名无字，汝便唤本性佛性。"会礼拜而退。据《景德传灯录》卷五，十四岁参慧能。《法宝坛经》以为十二岁，《宋高僧传》不记其岁月。参见问答亦三书不同，不尽可信。《法宝坛经·付嘱第十》云：

> 七月一日（先天二年）集徒众曰："吾至八月欲离世间，汝等

有疑,早须相问,为汝破疑,令汝迷尽。吾若去后,无人教汝。"法海等闻悉,皆涕泣。惟有神会神情不动,亦无涕泣。师云:"神会小师却得善不善等,毁誉不动,哀乐不生。"

慧能顺世后,遍寻名迹,玄宗帝天宝四年诣洛阳大唱南宗。

第二节 南北二宗之对抗

先是,神秀则天武后之所崇信,化扬两京,普寂等续之,树法幢于都下。王侯士庶,知有北宗,不知有南宗,及神会诣洛阳,南北对抗,兰菊竞其美。《宋高僧传》云:

> 南北二宗时始判焉。普寂之门盈而复虚。天宝中御史卢奕阿比于寂,诬奏会聚众,疑萌不利。……敕徙荆州开元寺般若院。(《宋高僧传》,卷八,11页右)

《圆觉经大疏钞》卷三之下云:

> 天宝十二年被谮聚众,敕黜弋阳郡,又移武当郡。至十三载……又敕移荆州开元寺。

卢奕者忠谠朴实之士,载《旧唐书·忠臣列传》。奕诬奏之事,未可遽信。

肃宗帝诏使建禅宇于洛阳之荷泽寺中居之。时人称为荷泽之禅。上元元年(760)殁,寿七十五。《宋高僧传》作九十三岁。《圆觉经大

疏钞》作乾元元年卒,寿七十五,待后贤之订正而已。宗密《禅门师资承袭图》云:

> 德宗皇帝贞元十二年敕皇太子,集诸禅师楷定禅门宗旨,搜求传法傍正,遂有勅下,立荷泽大师为第七祖,内神龙寺见有铭记,又御制《七代祖师赞文》,见行于世。

第三节 荷泽之《显宗记》

神会之禅,详其著《显宗记》,收于《景德传灯录》卷三十。其说与《法宝坛经·定慧第四》符合。加之,极与僧肇《般若无知》和《涅槃无名》之论相类。宗密《圆觉经大疏钞》卷三之下云:

> 荷泽大师所传,谓万法既空,心体本寂,寂即法身,即寂而知……寂知之性。举体随缘作种种门,方为真见。寂知如镜之净明,诸缘如能现影像。荷泽深意本来如此。

神会之著《显宗记》不单叙述宗旨,且暗示南宗之为正嫡。云:

> 无念为宗,无作为本,真空为体,妙用为用。夫真如无念,非想念而能知,实相无生,岂色心而能见。无念念者,即念真如,无生生者,即生实相。无住而住,常住涅槃,无行而行,即超彼岸。如如不动,动用无穷,念念无求,求本无念。菩提无得,净五眼而了三身;般若无知,运六通而弘四智。是知即定无定,即慧无慧,即行无行。性等虚空,体同法界。六度自兹圆满,道

品于是无亏。是知我法体空，有无双泯，心本无作，道常无念。无念、无思、无求、无得，不彼不此，不去不来。体悟三明，心通八解，功成十力，富有七珍，入不二门，获一乘理。妙中之妙，即妙法身，天中之天，乃金刚慧。湛然常寂，应用无方，用而常空，空而常用，用而不有，即是真空，空而不无，便成妙有。妙有即摩诃般若，真空即清净涅槃。般若是涅槃之因，涅槃是般若之果。般若无见，能见涅槃，涅槃无生，能生般若。涅槃、般若名异体同，随义立名。故云法无定相，涅槃能生般若，即名真佛法身。般若能建涅槃，故号如来智见。知即知心空寂，见即见性无生。知见分明不一不异，故能动寂常妙，理事皆如。如即处处能通达，即理事无碍，六根不染，即定慧之功。六识不生，即如如之力。心如境谢，境灭心空，心境双亡，体用不异，真如性净，慧鉴无穷，如水分千月，能见闻觉知。见闻觉知而常空寂，空即无相，寂即无生，不被善恶所拘，不被静乱所摄，不厌生死，不乐涅槃，无不能无，有不能有，行住坐卧，心不动摇，一切时中，获无所得。三世诸佛，教旨如斯。即菩萨慈悲，递相传授。自世尊灭后西天二十八祖共传无住之心，同说如来智见。至于达磨，届此为初，递代相承，于今不绝。所传秘教，要借得人。如王髻珠，终不忘与。福德、智惠二种庄严，行解相应，方能建立。衣为法信，法是衣宗，唯指衣法相传，更无别法。内传心印，印契本心。外传袈裟，将表宗旨。非衣不传于法，非法不受于衣。衣是法信之衣，法是无生之法，无生即无虚妄，乃是空寂之心，知空寂而了法身，了法身而真解脱。

第七章　南阳之慧忠及其宗风

神会逝后，即起而代之唱导南禅于京师者为南阳之慧忠。忠乃曹溪门下大器而晚成者也。当此时，道一雄视于江西，缁门英杰多聚其蠢下。慧忠在北京位列王侯之尊贵，痛刺南方禅将弱点。其教旨大纲，身心一如，教禅一致，无情说法等是。

第一节　南阳之慧忠

慧忠姓冉，越州诸暨人，从学于慧能受心印。《宋高僧传》卷九云少而好学，法受双峰，此指参双峰之曹溪慧能。忠《语录》云：

> 吾比游方，多见此色，近尤盛矣。聚却三五百众，目视云汉，云是南方宗旨，把他《坛经》改换，添糅鄙谭，削除圣意，惑乱后徒，岂成言教，苦哉吾宗丧矣。

斯忠以慧能为圣，以慧能之宗为吾宗，能之门下必矣。慧能去世后历试名胜，遂卜居南阳白崖山党子谷，养圣胎于林泉之间者四十年，足不一下山门。道声遐达于京，上元二年肃宗帝诏迎请，忠下山入都，肩舁上殿坐而论道，敕居光宅寺，供赐甚渥。尔后肃宗、代宗二帝所师事也。大历十年（775）泊然而化。诏归葬于党子谷之香严寺。居南阳白崖山，故称南阳之慧忠。

第二节 《释门正统》之误谬与南阳之禅

《释门正统》卷八云：

> 法融阐化金陵，牛头至南阳忠六世，亦号牛头六祖。

与牛头山之慧忠混同，其误错勿论。

慧忠之禅乃彻达磨正宗之真髓。

> 有僧问："若为得成佛去？"师曰："佛与众生一时放却，当处解脱。"曰："清净法身怎么生得？"师曰："不着佛求耳。"问："阿那个是佛？"师曰："即心是佛。"曰："心有烦恼否？"师曰："烦恼性自离。"曰："岂不断耶？"师曰："断烦恼者，即名二乘。烦恼不生名大涅槃。"

此祖师门下千古不磨之真诀也。当时道一门人，妄误解即心即佛，而有心常身灭之说。《景德传灯录》卷二十八云：

> 南阳慧忠国师问："禅客从何方来？"对曰："南方来。"师曰："南方有何知识？"曰："知识颇多。"师曰："如何示人？"曰："彼方知识直下示学人即心即佛，佛是觉义。汝今悉具，见闻觉知之性，此性善能扬眉瞬目，去来运用遍于身中，挃头头知，挃脚

脚知，故名正遍知。离此之外更无别佛。此身即有生灭，心性无始以来未曾生灭。身生灭者如龙换骨、蛇脱皮、人出故宅；即身是无常、其性常也。南方所说，大约如此。"师曰："若然者，与彼先尼外道无有差别。彼云我此身中有一神性，此性能知痛痒，身坏之时，神则出去，如舍被烧，舍主出去；舍即无常，舍主常矣。审如是者，邪正莫辨，孰为是乎？吾比游方，多见此色，近尤盛矣。聚却三五百众，目视云汉，云是南方宗旨。把他《坛经》改换，添糅鄙谭，削除圣意，惑乱后徒，岂成言教，苦哉吾宗丧矣！若以见闻觉知是佛性者，《净名》不应言法离见闻觉知。若行见闻觉知，是则见闻觉知，非求法也。"

第三节　南禅之二大窠臼与慧忠之身心一如论

南方禅师落二窠臼。身心别归是一，妄心即佛是二。错会即心即佛者必落此二大窠臼，永丧慧命。慧忠怜之，唱导身心一如。

曰："有知识示学人，但自识性了无常时，抛却壳漏子一边，着灵台智性迥然而去，名为解脱，此复若为？"师曰："前已说了，犹是二乘外道之量，二乘厌离生死，欣乐涅槃，外道亦云，吾有大患为吾有身，乃趣冥谛。须陀洹入八万劫，余三果人六四二万，辟支佛一万劫住于定中，外道亦入万劫，住非非想中，二乘劫满犹能回心向大，外道还却轮回。"曰："佛性一种为别？"师曰："不得一种。"曰："何也？"师曰："或有全不生灭，或半生半灭，半不生灭。"曰："孰为此解？"师曰："我此间佛性全不生灭,汝南方佛性半生半灭,半不生灭。"曰:"如何区别?"师曰:"此则身心一如,心外无余,所以全不生灭,汝南方身是无常,神性是常,所以半生半灭,半不生灭。"

身心者一体之两面,生灭不生灭者一物之表里,法界一相,三界唯心,慧忠之本旨如是。

第四节　即心即佛之真义

忠又斥即心即佛之谬解云:

曰:"师亦言即心是佛,南方知识亦尔,那有异同。师不应自是而非他。"师曰:"或名异体同,或名同体异,因兹滥矣。只如菩提、涅槃、真如、佛性名异体同,真心、妄心、佛智、世智名同体异。缘南方错将妄心言是真心,认贼为子,有取世智称为佛智,犹如鱼目而乱明珠,不可雷同,事须甄别。"

认心猿意马为佛,生大我慢,此为暗证之天魔已耳。

第五节　无情说法之创唱

无情说法此慧忠所创唱。

问:"那个是佛心?"师曰:"墙壁瓦砾是。"僧云:"与经大相违也。《涅槃》云离墙壁无情之物,故名佛性。今云是佛心,未审心之与性为别不别?"师曰:"迷即别,悟即不别。"曰:"经云佛性是常,心是无常,今云不别何也?"师曰:"汝但依语而不依义。譬如寒月,水结为冰,及至暖时,冰释为水。众生迷时,结性成心,众生悟时,释心成性。若执无情无佛性者,经不应言三界唯心。宛是汝自违经,吾不违也。"问:"无情既有心性,还解说法否?"师曰:"他炽然常说,无有间歇。"……曰:"无情说法,有何典据?"师曰:"不见《华严》云刹说众生说三世一切说,众生是有情乎?"曰:"师但说无情有佛性,有情复若为?"师曰:"无情尚尔,况有情乎?"

第六节　教禅一致说

南方之禅者任口而说,多轻经论。慧忠反之,博涉经律,兼究论藏,所以乃有教禅一致之说。

> 示众云:"禅宗学者,应遵佛语,一乘了义契心源,不了义者,互不相许,如师子身虫。"

可知当慧忠之时尚未有不立文字之邪见。

> 师一日唤侍者,侍者应诺,如是召应皆应诺。师曰:"将谓吾孤负汝,却是汝孤负吾。"

侍者有三应之称自此始。

第七节 十问十对

肃宗帝与慧忠为十问十对,是旧录所未见,《五灯》中无其说。宋祖琇《编年通论》卷十七初载之云:

> 帝益不晓,于是斋沐别致十问。其一曰见性已后,用布施作福否?忠对无相而施合见性。二曰日夕作何行业,合得此道?忠答无功而修合此道。三曰或有病难,将何道理修行抵拟?忠对无功而修,了业本空,得不动转。四曰临终时作么生得清凉自在无疑?忠以努力自信道为对。五曰烦恼起时将何止息?忠以本心湛然,烦恼回归妙用为对。六曰见性已去用持戒念佛求净土否?忠对性即是佛性,即是净土。七曰舍此阴了,当生何处?忠以无舍无生自在生为对。八曰临终时有华台宝座来迎可赴否?忠以不取相为对。九曰作么生得神通似佛国?忠以见性如贫得宝,如民得王对。十曰只依此本性修定得作佛否?忠对定得作佛,佛亦无相无得乃为真得。前十对皆广有其辞,今约科目为对耳。帝由是凝心玄旨。

十对之趣意与慧忠思想不矛盾。又祖琇所传,不知据何典。琇以慧忠之入朝为属于乾元二年,亦与旧录不合。

第八章 大珠慧海与《顿悟入道要门论》

　　行思、怀让、神会、玄觉、慧忠各放一异彩，禅风亦自别也。此为慧能门下之五大宗匠。惜哉！神会等之法灯不久而灭，行思、怀让二派至今绵绵不绝。就中怀让一派，道一以后得人愈多。道一之资有大珠之慧海，著《顿悟入道要门论》。其略云：欲得解脱，唯有一门，顿悟是也。顿者顿除妄念，悟者悟无所得。欲得顿悟者不可不了心源，了心源之法，禅定是也。妄心不生之谓禅，见本性之谓定。本性者湛寂无生之心，对一切之境无憎爱取舍，无憎爱取舍湛然与清净佛心冥合。此称入佛位，名得解脱。

第一节 大珠之慧海

　　慧海传《宋高僧传》不载，《传灯录》卷六所记极简。谓慧海姓朱，建州人，依越州大云寺道智受业，游江西参道一。一问曰："从何处来？"曰："越州大云寺来。"一曰："来此拟须何事？"曰："来求佛法。"一曰："自家宝藏不顾，抛家散走作什么？我这里一物也无，求什么佛法。"海遂礼拜问曰："阿那个是慧海自家宝藏？"一曰："即今问我者是汝宝藏，一切具足，更无缺少，使用自在，何假向外觅。"海言下大悟。尔后师事六年归越州，其终焉岁月未详。

第二节 《顿悟入道要门论》

慧海撰《顿悟入道要门论》一卷,其侄玄晏,窃出江外呈道一,一览讫谓众曰:"越州有大珠圆明,光透自在,无遮障处也。由是号大珠和尚。"

慧海之说虽广涉诸经,以《金刚般若》为中心。般若无知,无事不知;般若无见,无事不见,此海思想之骨髓也。其说本心云:

其心不青、不黄、不赤、不白、不长、不短、不去、不来、不垢、不净、不生、不灭,湛然常寂,此是本心形相也。

力说心体之静的方面,其能动的不说。说明顿悟之法门云:

问:"此顿悟门以何为宗,以何为旨,以何为体,以何为用?"答:"无念为宗,妄心不起为旨,以清净为体,以智为用。……无念者无邪念,非无正念……苦、乐、生、灭、取、舍、怨、亲、憎、爱并名邪念,不念苦乐等即名正念。……得无念自然解脱。"

第三节 六祖与大珠之契合

慧海之说三学,与慧能之解释全然相同。

云:"何是戒定慧?"答:"清净无染是戒。知心不动对境寂然是定。知心不动时不生不动想,知心清净时不生清净想,乃至善恶皆能分别。于中无染得自在者,是名为慧也。"

三学具于一心,故佛戒云者,非禁制之谓,佛戒者,清净心是也。

心清净而无妄念,此解脱也,涅槃也。

第四节 生死涅槃之意义

问:"如何得大涅槃?"师曰:"不造生死业。"曰:"如何是生死业?"师曰:"求大涅槃是生死业,舍垢取净是生死业,有得有证是生死业。"……曰:"云何即得解脱?"师曰:"本自无缚,不用求解。"

有源律师来问和尚:"修道还用功否?"师曰:"用功。"曰:"如何用功?"师曰:"饥来吃饭,困来即眠。"曰:"一切人总如是,同师用功否?"师曰:"不同。"曰:"何故不同?"师曰:"他吃饭时不肯吃饭,百种须索。睡时不肯睡,千般计较,所以不同也。"

慧海常谈即心即佛,说心即佛,佛即法,法即僧。佛既然,净土亦不离心。公言:

若心清净,所在之处皆为净土。……其心若不净在,所生处皆是秽土。净秽在心,不在国土。

第五节　斥诵经

《慧海语录》虽多引经证,却不许学者诵经者:

> 僧问:"何故不许诵经,唤作客语?"师曰:"如鹦鹉只学人言,不得人意。经传佛意,不得佛意而但诵,是学语人,所以不许。"

果然则当时斥诵经之风,已渐开始可知矣。然而排斥文字之陋风尚未发生。

慧海之《顿悟入道要门论》,并诸方门人参问语录,收入《续藏经》第一辑第二编第十五套第五册,上节所引之文即由此抄出。

第九章　百丈怀海之开创禅刹

称为领得道一大机者，百丈怀海是也。怀海之思想别无特色。唯开创禅刹，整顿规矩，成就祖门独立之功，永不可没。怀海之禅以不为物所拘为宗。其语曰：苦乐顺逆一切世法，总莫记忆，莫缘念，不为见闻觉知所缚，不为诸境所惑，心如木石始得自在，迥然无寄，一切不拘，此人地狱天堂所不能摄也。

第一节　百丈怀海

怀海姓王，福州长乐人，远祖避乱移闽，早岁依西山之慧照落发，受具于衡山之法朝。及道一树法幢于江西，乃倾心从学。既得心印，栖止于云松之间，以蕴其德光。初居石门，学徒日麇至。后檀越请海住洪州新吴界大雄山，水清山灵，兀立千尺许，故有百丈之名。宪宗帝元和九年（814）顺世，寿六十六。《宋高僧传》等诸录皆作九十五，然据《敕修百丈清规》卷八所收陈诩碑，报龄六十六、僧腊四十七云。

第二节　百丈之机用

怀海之机用颇类道一。《海语录》云：

第九章 百丈怀海之开创禅刹

师(怀海)侍马祖,行次,见一群野鸭飞过。祖曰:"是甚么?"师曰:"野鸭子。"祖曰:"甚处去也?"师曰:"飞过去也。"祖遂回头,将师鼻一扭,负痛失声。祖曰:"又道飞过去也。"师于言下有省。却归侍者寮,哀哀大哭。同事问曰:"汝忆父母耶?"师曰:"无。"曰:"被人骂耶?"师曰:"无。"曰:"哭作甚么?"师曰:"我鼻孔被大师扭得痛不彻。"同事曰:"有甚因缘不契。"师曰:"汝问取和尚去。"同事问大师曰:"海侍者有何因缘不契,在寮中哭,告和尚为某甲说。"大师曰:"是伊会也,汝自问取他。"同事归寮曰:"和尚道,汝会也,令我自问汝。"师乃呵呵大笑。同事曰:"适来哭,如今为甚却笑?"师曰:"适来哭,如今笑。"同事罔然。

又云:

西堂问师:"你向后作么生开示于人?"师以手卷舒两过。堂云:"更作么生?"师以手点头三下。

又云:

马祖令人持书,并酱三瓮与师,师令排向法堂前,乃上堂。众才集,师以拄杖指酱瓮云:"道得即不打破,道不得即打破。"众无语,师便打破,归方丈。

又云:

师问黄檗:"甚处来?"檗云:"山下采菌子来。"师云:"山下有一虎子，汝还见么？"檗便作虎声。师于腰下取斧，作斫势，檗约住便掌。(《续藏经》，第一辑，第二编，第二十四套，第五册，409页右—410页左)

如斯海之作略，多似其师道一。故后有沩山、仰山之评。

  沩山云："马祖下出八十四人善知识，几人得大机？几人得大用？"仰山云："百丈得大机，黄檗得大用。余者，尽是唱道之师。"沩山云："如是如是。"(《续藏经》，第一辑，第二编，第二十四套，第五册，409页左)

云以百丈和黄檗得大机大用可，云余皆唱道之师未可。

第三节　百丈之名言及其思想

怀海上堂语云：

  灵光独耀，迥脱根尘，体露真常，不拘文字。心性无染，本自圆成，但离妄缘，即如如佛。(同上)

简而尽要，如是者少也。然而海之思想无出格之分。云：

  问："如何是大乘入道顿悟法要？"师曰："你先歇诸缘，休息万事，善与不善，世出世间，一切诸法并皆放却，莫记、莫忆、莫缘、莫念，放舍身心，全令自在。心如木石，口无所辩，心无所行，心地若空，慧日自现。如云开日出，但歇一切攀缘，贪嗔爱取，垢净情尽。对五欲八风不动，不被见闻觉知所阂，不被诸法所惑，自然具足一切功德，具足一切神通妙用，是解脱人。对一切境法，心无诤乱，不摄不散，透一切声色，无有滞阂，名为道人。善恶是非，俱不运用，亦不爱一法，亦不舍一法，名为大乘人。不被一切善恶，空有垢净，有为无为，世出世间，福德智慧之所拘系，名为佛慧。是非好丑，是理非理，诸智解情，尽不能系缚，处处自在，名为初发心菩萨，便登佛地。"（《续藏经》，第一辑，第二编，第二十四套，第五册，461页右）

第四节 以不著为宗与以无求为心要

按《古尊宿语录》卷一所收怀海《广录》，海以不著为宗，以无求为心要。盖《般若》《维摩》为海思想之中核。云：

只如今，心如虚空相似，学始有所成。西国高祖云："雪山喻大涅槃。"此土初祖云："心心如木石。"三祖云："兀尔忘缘。"曹溪云："善恶都莫思量。"先师云："如迷人不辨方所。"肇公云："闭智塞聪，独觉冥冥者矣。"文殊云："心同虚空故，敬礼无所观。甚深修多罗，不闻不受持。"只如今，但是一切有无诸法，都不见不闻，六根杜塞，若能与么学，与么持经，始有修行分。"（《续藏经》，第一辑，第二编，第二十三套，第二册，90页右）

看海《广录》中，引用宝志、傅翕、僧肇之语，可知以彼等与列祖同等之权威为禅家所信用。海云：

若是过量俗人，亦不得向他与么说。如《维摩诘》、傅大士等类。

表示以傅翕与《维摩》为同等之思想。

第五节　一日不作一日不食

怀海于思想虽无别之特色，其行业却为可称者。《广录》云：

师凡作务，执劳必先于众。众皆不忍早收其作具而请息之。师云："吾无德，争合劳于人。"师既遍求作具不获而亦忘食，故有一日不作一日不食之言流播寰宇矣。

第六节　禅寺之开创

怀海开创禅刹，其岁月不明，唯当为其晚年。从梁普通至唐元和，大约二百八十余年，禅匠多住律寺，未有独立之禅寺，至怀海始别构禅宇。其法不建佛殿，唯立法堂。其意表佛祖亲嘱受，当代为尊。盖当时禅家以僧宝为本位，不以佛宝为本位者。以具眼之师为化主，使名长老而居方丈，参学者皆住僧堂。折中大小乘之戒律设规制，使进退适宜。然而海之清规今不传，无由知其详细。现存之《敕修清规》撰于元代，非海所作。只宋景德元年学士杨亿删定《传灯录》时，其撰序，仿佛原书之真相者，唯有此耳。故不厌其烦，揭其全文。

第七节 《古清规序》

《古清规序》云：

　　翰林学士、朝散大夫、行左司谏、知制诰同修国史判史馆事、上柱国南阳郡开国侯食邑一千一百户赐紫金鱼袋　杨亿述

　　百丈大智禅师，以禅宗肇自少室，至曹溪以来，多居律寺。虽列别院，然于说法住持，未合规度，故常尔介怀。乃曰："佛祖之道，欲诞布化元，冀来际不泯者，岂当与诸部《阿笈摩》教，为随行耶？"或曰："《瑜伽论》《璎珞经》起大乘戒律，胡不依随哉？"师曰："吾所宗非局大小乘，非异大小乘，当博约折中，设于制范，务其宜也。"于是创意，别立禅居。凡具道眼者，有可尊之德，号曰长老，如西域道高腊长，号阿阇黎等之谓也。即为教化主，即处于方丈，同净名之室，非私寝之室也。不立余殿，先树法堂者，表佛祖亲嘱受，当代为尊也。所裒学众，无多少，无高下，尽入僧堂。依夏次安排，设长连床，施椸架，挂搭道具。卧必斜枕床唇，右胁吉祥睡者，以其坐禅既久，略偃息而已，具四威仪也。除入室请益，任学者勤怠，或上或下，不拘常准，其合院大众，朝参夕聚。长者上堂，升座主事，徒众雁立侧聆，宾主问酬，激扬宗风要者，示依法而住也。斋粥随宜，二时均遍者，务于节俭，表法食双运也。行普请法，上下均力也。置十务寮舍，每用首领一人，管多人营事，令各司其局也。或有假号窃形，混于清众，别致喧挠之事，即当维那检举，抽下本位挂搭，摈令出院者，贵安清众也。或彼有所犯，集众公议行责，即以挂

杖杖之，遣逐从偏门而出者，示耻辱也。详此一条，制有四益。一，不污清众，生恭信故。二，不毁僧形，循佛制故。三，不扰公门，省狱讼故。四，不泄于外，护宗纲故。四来同居，圣凡孰辨，且如来应世，尚有六群之党，况今像末，岂得全无？但见一僧有过，便雷例讥诮，殊不知轻众坏法，其损甚大。今禅门若稍无妨害者，宜依百丈丛林规式，量事区分。且立法防奸，不为贤士，然宁可有格无犯，不可有犯无教。惟大智禅师，护法之益，其大矣哉！禅门独行，自此老始。清规大要，遍示后学，令不忘本也。其诸轨度，集详备焉。亿幸叨睿旨，删定《传灯》，成书图进，因为序引。时景德改元岁次甲辰良月吉日书。

第八节 现存之《清规》与《古清规》

由此序便知禅门实语，从怀海起者有长老、方丈、挂搭、普请、入室、请益、长连床等也。寮舍之首领十人，分业以司事，唯维那之外，未明记其职名。

《清规》之撰，始于梁之法云。其书逸而不传。怀海重修特彰其名。海去世一百九十一年，宋景德元年（1004）杨亿作序行世。后人传写，任意增减，生诸本之不同。景德元年至宋崇宁二年（1103）凡一百年宗颐删定，由此一百七十二年南宋咸淳十年（1274）惟勉再校勘为上下二卷。咸淳十年后三十八年，元至大四年（1311）弌咸参考诸方成《修补类聚》十卷。元文宗帝建大龙翔集庆寺于金陵，使十方僧居之，行《百丈清规》。而当时清规差误不同。顺宗帝诏大智寿圣禅寺德煇仍使改辑。煇奉旨取崇宁、咸淳、至大三本芟繁补缺，折中制为一书。大龙翔集庆寺大䜣等校订之为九章,章首附以小序叙大意,改为二卷行世。此元至元二年（1336）而现存之《敕修百丈清规》也。见《续藏经》第一辑第二编第十六套第三册。

第九节 《敕修清规》之内容

检《敕修清规》之内容,多后人添糅,苦于悉知百丈古意之所在。如圣节、国忌、佛诞生会、佛成道、涅槃会、达磨忌、上堂、入室、请益、普请、知事、头首等所关规范肇自怀海。清规所用诵经以《楞严咒》《大悲咒》《十佛名》为最。

第十节 《楞严咒》与《大悲咒》

据《开元释教录》卷九并《宋高僧传》卷二,中天竺沙门般剌密谛于唐神龙元年在广州制止寺出《大佛顶如来密因修证了义诸菩萨万行首楞严经》一部十卷。乌苌国沙门弥伽释迦译语,正义大夫房融笔受,循州罗浮山南栖寺沙门怀迪证文,现存《大藏经》第十二套第四册。又据《开元释教录》卷八并《宋高僧传》卷二,西印度沙门伽梵达磨,出《千手千眼观世音菩萨广大圆满无碍大悲心陀罗尼经》一卷,不记其年代,赞宁以为在永徽、显庆之间,智昇亦以为唐译,开元中其本见在,然则此等二经无疑怀海之时已行于世。

第十一节 密教之影响

秘密教尚流行于印度,然特见其流行,其在陈隋以后。隋后东来沙门皆通咒术，所译出多属密部。唐玄宗帝开元七年金刚智东来，翌年智至京盛弘密教，一行、不空等师事之，以祈祷博朝野之归响。开元二十五年，不空返印度，遍历五天竺得密藏经论五百余卷。天宝五载还京，现神异而化王侯，传译亦甚尽力。祈祷佛教此时乃风靡一代矣。

真言密教浸入禅门，盖以此时代为始。怀海清规中是否采用祈祷未可知，《敕修清规》中却有祈祷一节，形成祈晴、祈雨、祈雪、遣蝗、日蚀、月蚀各一节，如是与祖门之宗旨不相容，恰如醍醐之中混以粪土。

第十二节 《楞严咒》之内容

《首楞严神咒》其名虽美，要不外多神的祈祷，其所敬礼有佛，有菩萨，有辟支佛，有罗汉，有三十三天，有持咒成就仙人，有梵天，有帝释，有大自在天，有其眷属，有地祇众，有大黑天神，有鬼神众，有阿弥陀佛，有药师如来，有八万四千众神，有日月天子，有二十八宿，有罗刹，有千臂大神，有千头大神。在翻译此神咒时，只有如展开百鬼夜行之图之感而已。大悲心陀罗尼，又为观音崇拜之坠落者，与吾禅道有何交涉？

第十三节 野狐话之伪作

怀海有野狐之话，称百丈野狐之话。海《语录》云：

师每日上堂，常有一老人听法，随众散去。一日不去，师乃问:"立者何人?"老人云:"某甲于过去迦叶佛时,曾住此山,有学人问大修行底人,还落因果也无?对云,不落因果,坠在野狐身。今请和尚代一转语。"师云:"汝但问。"老人便问:"大修行底人还落因果也无?"师云:"不昧因果。"老人于言下大悟,告辞师云:"某甲已免野狐身,住在山后,乞依亡僧烧送。"师令维那白槌告众,斋后普请送亡僧。大众不能详。师领众至山后岩下,以杖挑出一死狐,乃依法火葬。至晚参,师举前因缘次,黄檗便问:"古人错对一转语,落在野狐身,今日转转不错是如何?"师云:"近前来,向汝道。"黄檗近前,打师一掌。师拍手笑云:"将谓胡须赤,更有赤须胡。"(《续藏经》,第一辑,第二编,第二十四套,第五册,410页右)

是话,非史实,一个公案而已。

第十四节 因果问题与野狐话

当时悟道之人受业障与否是难问之一。不受则谓拨无因果,受则谓悟道之功空,所以成为难问。百丈便托野狐作此公案。怀海之同学大珠慧海《语录》云:

> 人问:"一心修道,过去业障得消灭否?"师曰:"不见性人,未得消灭,若见性人,如日照霜雪。又见性人犹如积草等须弥山,只用一星之火。业障如草,智慧似火。"(《续藏经》,第一辑,第二编,第十五套,第五册,430页左)

依此说见性之人不受业障，不见性者受业障。与大珠同门之无业亦云：

> 临终之时，一毫凡圣情量，不尽纤尘，思念未忘，随念受生，轻重五阴，向驴胎马腹里托质，泥犁镬汤里煮炸一遍了。从前记持忆想见解智慧都卢一时失却，依前再为蝼蚁，从头又作蚊虻，虽是善因而遭恶果。（《大藏经》，第三十套，第十册，1012页左）

依此说由于临终一念之迷情而轮回六道。无业又云：

> 大丈夫儿如今直下休歇去，顿息万缘，越生死流，迥出常格，灵光独照，物累不拘，巍巍堂堂三界独步。（同上）

此见性之人直越生死，免宿业之说也。永嘉玄觉《证道歌》云：

> 了则业障本来空，未了还须偿宿债。

既如前记。

　　然则见性之人，顿消除业障，不见性之人，因业累而坠生死，此当时之定说也。"众罪如草露，慧日能消除"，遵据古训因无论，所谓大修行的人即见性之人，落因果否与受宿业否之意，百丈假野狐之话，为此检验学者。不落不昧之问答唯百丈与老人知之，一山大众悉不知，及百丈语大众始知，大众早已凭于野狐矣。

第十五节　野狐话非史实

有不通事理者以此公案为史实。夫毗婆尸佛等七佛之说出于《长阿含》，翻同经者谁不看破其伪作？依《三千佛名经》，七佛中前三佛过去庄严劫之佛也，现在宇宙未成时，其前有空劫，空劫之前有宇宙，谓之过去庄严劫。七佛中后三佛出世于现在贤劫，现在贤劫者现宇宙也。现在劫有成、住、坏、空，其住劫中亦有二十增减，二十增减中第九，人寿从八万岁减至六万岁时，拘留孙佛出世；从六万岁减至四万岁时，拘那含牟尼佛出世；从四万岁减至二万岁时，迦叶佛出世；从二万岁减至百岁时，释迦佛出世。此传说若真，则迦叶佛之出世，当释迦佛前一百九十九万年，人寿乃百岁一减也。

第十六节　迦叶佛时无人类
何况中国之禅宗

征之现代地质学研究，分土地之年代为始原代、古生代、中生代、近世代。近世代有第三纪、第四纪。第三纪有始新世、中新世、最新世。第四纪有洪积期、冲积期。冲积期从洪积期地层发掘人骨可勿论，最新世从中新世地层而有如石器之发见。虽然于始新世地层尚未能认有人类生存之痕迹，换言之人类之初发生于中新世。由天文学及地质学推时，第三纪和第四纪之间有冰原时代，大约属于二十一万年之过去。由是观之，人类之初发生大约当二十五万年之过去，在其以前地球上无人类，况于一百九十九万年之过去耶？迦叶佛出世之时，尚未有人类之痕迹，如何而得有百丈山不落因果之问答耶？

第十章　南泉与西堂之玄化

百丈怀海之同学有南泉普愿、西堂智藏，与百丈共称鼎立于马祖门下之三大士，皆驰盛名于唐贞元（785—804）、元和（804—820）之间。普愿、智藏机变纵横，虽得道一之风，今所传法语，斩钉截铁，止救一时学者之病，而不见系统的思想。道一学徒，至于劣机小根之辈，只以竹头接木之语，泛滥于禅海已耳。

第一节　马祖门下之三大士

《百丈怀海传》云：

师（怀海）与西堂智藏、南泉普愿同号入室时三大士为角立焉。一夕三士随侍马祖玩月次，祖曰："正恁么时如何？"西堂云："正好供养。"师云："正好修行。"南泉拂袖便去。祖云："经入藏，禅归海，唯有普愿独超物外。"（《大藏经》，第三十套，第九册，848页右）

三大士面目如是。

第二节　南泉普愿

普愿姓王，郑州新郑人，肃宗帝至德二年龄十岁，投大隈山大慧禅师受业，代宗帝大历十二年，以三十之龄诣嵩山会善寺暠律师受具足戒，学律，游方精究《楞伽》《华严》《中论》《百论》等。后人道一之室，忘筌得大自在。然韬光晦迹，不多说法。德宗帝贞元十一年（795）住池州之南泉山，不下山者三十年。文宗帝太和元年，宣城廉使陆亘，迎请下山，申弟子之礼，由是学徒四集，不下数百人。太和八年（834）寂，寿八十七。

第三节　南泉与黄檗

普愿自称王老师，从其俗姓也。居南泉山故，后世通称南泉。普愿一日捧钵上堂，黄檗居第一座，见愿不起。愿问曰："长者什么年中行道？"黄檗云："空王佛时。"愿曰："犹是王老师孙下去。"普愿曾与归宗、麻谷同去参南阳慧忠。愿先于路上画一圆相云："道得即去。"归宗便于圆相中坐，麻谷为女人拜。愿云："恁么即不去也。"归宗云："是什么心行？"愿乃相唤回不参慧忠。南泉语话大率皆此类。其广语见《景德传灯录》卷八、卷二十八及《古尊宿语录》卷十二。

第四节　不是心、不是佛、不是物

普愿为门人所力说者不是心、不是佛、不是物之三句。三句者道一之提言，以箴即心即佛之病为旨。即心即佛岂得认见闻觉知作佛者耶？认见闻觉知作佛者，是较以燕石为珠者尤愚。普愿为救此愚迷曰：

> 江西老宿云，不是心、不是佛、不是物。先祖虽说即心即佛，是一时间语，空拳黄叶止啼之说。如今多有人，唤心作佛，唤智为道，见闻觉知皆是道。若如是会者，何如演若达多迷头认影。设使认得，亦不是汝本来头。（《续藏经》，第一辑，第二编，第二十三套，第二册，148页右）

第五节　绝对之大道

普愿以道为无形绝对，超越三界，不为三世所摄，而神用无碍者，故云：

> 大道无形，真理无对。所以不属见闻觉知。……冥会真理，非见闻觉知，故云息心达本源，故号如如佛。……心如工伎儿，意如和伎者。故云心智俱不是道。见闻觉知皆属因缘而有，皆是照物而有，不可常照，所以心智俱不是道。……如空劫时，无佛名，无众生名，与么时正是道。（同上书，147页左—148页右）

更形容之曰：

> 大道无形，真理无对。等空不动，非生死流。三界不摄，非古来今。（同上书，149页左）

道破冥契,此绝对之大道乃为禅者大事。

> 佛出世来,只教会道,不为别事。祖祖相传,直至江西老宿,亦只教人会个道。佛法先到此土,五百年达磨西来此土,恐尔滞着三乘五性名相,所以说法度汝诸人迷情。且五祖下五百人,只卢行者一人不会佛法,不识文字,他家只会道。(同上)

赞六祖冥契大道,并斥他家之涉于知解。

普愿使大道如置于空漠无用之地,近老庄之虚玄,其意在救一时之弊。

第六节 西堂之智藏

智藏姓廖,虔化人,八岁出家,风骨非凡。后参道一于龚公山得心要。缙绅大官请教者多。宪宗帝元和九年(814)卒,春秋八十。一日道一使智藏诣长安,奉书慧忠。忠问:"汝师说什么法?"藏从东过西而立。忠曰:"只这个更别有?"藏却过东边而立。忠曰:"这个是马师底仁者作么生。"藏曰:"早个呈似和尚了。"藏机用大略此类。居虔州西堂,故以西堂为世知。

第七节 无业叹宗弊

道一之高弟无业云:

> 如今天下解禅解道如河沙数,说佛说心有百千万亿,……如

斯之类尚不能自识业果，妄言自利利他，自谓上流并先德，但言触目无非佛事，举足皆是道场，原其所习，不如一个五戒十善凡夫。(《大藏经》，第三十套，第十册，1012页右一左)

业之言虽过于夸张，可知当时禅匠有龙蛇相混，大言壮语，实德不足者。加之，为学者解粘去缚所施之片言只辞，虽有寸铁杀人之妙，其流弊为竹头接木之语，问者答者二俱成其为不真面目者欤！

第八节　竹头接木之语

有老宿见日影透窗，问师（百丈山惟政）曰："为复窗就日，日就窗？"师曰："长老房内有客归去好。"（一）

僧问："如何是正修行路？"师（澧州茗溪道行）云："涅槃后有。"僧曰："如何是涅槃后有？"师曰："不洗面。"僧云："学人不会。"师云："无面得洗。"（二）

僧问："如何是三宝？"师（潭州三角山总印）曰："禾、麦、豆。"曰："学人不会。"师曰："大众欣然奉持。"（三）

"如何是言不言？"师（同上）云："汝口在什么处？"僧云："无口。"师云："将什么吃饭？"（四）

师（蒲州麻谷山宝彻）与丹霞游山次，见水中鱼以手指之。丹霞云："天然天然。"师至来日，又问丹霞："昨日意作么生？"丹霞乃放身作卧势。师曰："苍天。"（五）

师（池州南泉山普愿）见僧斫木。师乃击木三下，僧放下斧子归僧堂。师归法堂良久，却入僧堂，见前僧在衣钵下坐。师云："赚杀人。"僧问："师归方丈将何指南？"师云："昨夜三更失却

牛，天明失却火。"（六）

僧问："如何是佛法大意？"师（温州佛㠗）云："贼也，贼也。"僧问："如何是异类？"师敲碗云："花奴花奴吃饭来。"（七）

以上皆是道一直弟之问酬，虽在其人有甚深之意义，而贻不质直说法之讥。后世禅者之问答，坠入诡辩与戏论之发端，实在于此。

第九节　奇言畸行之流行

奇言畸行，权也，正言正行，常也。在纯禅时代，宗师正言正行，质直说法，入禅机之代乃出奇言畸行之徒。

师（五台山隐峰）将示灭，先问众云："诸方迁化，坐去卧去，吾尝见之，还有立化也无？"众云："有也。"师云："还有倒立者否？"众云："未尝见。"师乃倒立而化。（一）

师（杭州道林）见秦望山有长松，枝叶繁茂，盘屈如盖，遂栖止其上，故时人谓之鸟窠禅师。（二）

师（丹霞山天然）再谒马祖，未参礼便入僧堂内骑圣僧颈而坐，时大众惊愕，遽报马师。马躬入堂视之曰："我子天然。"师即下地礼拜曰："谢师赐法号。"因名天然。……后于慧林寺遇天大寒，师取木佛焚之，人或讥之，师曰："吾烧取舍利。"人曰："木头何有？"师曰："若尔者，何责我乎。"（三）

奇言畸行、超然物外不失亦禅之一特色。然而超然物外不必即脱线之谓，至于尚不能践人道常轨之俦，安得超然物外哉！

第十一章 佛光如满与
章敬怀晖之见解

大珠、百丈以外，马祖高弟，其思想非无可窥者。如满对顺宗帝说明佛为何物，谓清净法身，湛然常住，未曾生灭。怀晖为宪宗帝所重，其言云：自性是大解脱门。宝积云：心境双亡，心心无知，全心即佛，全佛即人，人佛无异。甄叔云：群灵一源，假名为佛。无业云：心性如金刚，坚不可破，一切诸法如影，常了一切空，是诸佛用心处。

第一节 佛光如满与顺宗帝

如满之传未详。住洛阳佛光寺。唐顺宗（在位一年，805年）以偈问：

"佛从何方来，灭向何方去？既言常住世，佛今在何处？"师答曰："佛从无为来，灭向无为去。法身等虚空，常在无心处。有念归无念，有住归无住。来为众生来，去为众生去。清净真如海，湛然体常住。智者善思惟，更勿生疑虑。"帝又问："佛向王宫生，灭向双林灭。住世四十九，又言无法说。山河及大海，天地及日月。时至皆归尽，谁言不生灭。疑情犹若斯，智者善分别。"师答曰:"佛体本无为,迷情妄分别。法身等虚空,未曾有生灭。有缘佛出生,无缘佛入灭。处处化众生,犹如水中月。非常亦非断,非生亦非灭。生亦未曾生,灭亦未曾灭。了见无心处,自然无法说。"(《大藏经》,第三十套,第九册,847页右一左)

满混同历史的佛与法身之佛,说明故不彻底。未能脱佛真法身,犹如虚空,应物现形如水中月之旧形。

第二节 章敬怀晖

怀恽《宋传》作怀晖,姓谢,泉州同安人。德宗帝贞元初,参道一得心印。元和三年(808)宪宗帝诏使住章敬寺毗卢舍那院,尔后学徒麇集,朝野名士日参叩。元和十年(815)灭度,春秋六十。依《隆兴编年通论》卷二所载《权德舆碑》。《宋高僧传》《传灯录》有异说不取。以居章敬寺以章敬知名。

第三节 章敬之见处

上堂示徒曰:

至理忘言,时人不悉,强习他事以为功能,不知自性元非尘境,是个微妙大解脱门。所有鉴觉不染不碍,如是光明未曾休废。曩劫至今,固无变易,犹如日轮,远近斯照。虽及众色不与一切和合,灵烛妙明,非假锻炼为不了,故取于物象。但如捏

目安起空华,徒自疲劳,枉经劫数。若能返照无第二人,举措施为,不亏实相。(《大藏经》,第三十套,第九册,850页)

自性灵明,永劫不染、不昧、无变易,万象者眼华妄念之所生,此怀晖之见处也。《权碑》云:

> 或问心要,答曰:"心本清净而无境者也。非遣境以会心,非去垢以取净,神神独立,不与物俱。"

第四节　盘山宝积之见处

宝积之传未明。

> 上堂示众曰:"心若无事,万象不生,意绝玄机,纤尘何立,道本无体,因道而立名,道本无名,因名而得号。若言即心即佛,今时未入玄微;若言非心非佛,犹是指踪之极。则向上一路,千圣不传,学者劳形如猿捉影。夫大道无中,复谁先后,长空绝际何用称量。空既如斯,道复何说。夫心月孤圆,光吞万象,光非照境,境亦非存,光境俱亡,复是何物?禅德譬如掷剑挥空,莫论及之不及。斯乃空轮无迹,剑刃无亏。若能如是心心无知,全心即佛,全佛即人,人佛无异始为道矣。"(同上书,851页右)

宝积以空与无心为与道相应,未能出空门之窠臼。然其语句多为禅家所用,可称多幸。积住幽州盘山,故有盘山之号。

第五节　杨岐甄叔之名言

甄叔不知何许人，参道一发得玄机，宴坐袁州杨岐山四十有余年，元和十五年殁。

> 上堂示众曰："群灵一源，假名为佛。体竭形消而不灭，金流扑散而常存，性海无风，金波自涌，心灵绝兆，万象齐昭，体斯理者不言而遍历沙界，不用而功益玄化，如何背觉反合尘劳于阴界中妄自囚执。（一或作本，金或作惊，灵或作虚，执或作系。）

以上从《景德传灯录》卷八抄出。《宋高僧传》卷十更有十一字：

> 于是形同水月流浪人天哉。

以佛为一切群灵之大源，永劫之实在，虽为大乘实理，而尚未有如甄叔之明了道破之者，予以之为马祖门下思想之白眉。甄叔同学杭州盐官镇国海昌院齐安临终垂示云：

> 法身圆寂，示有去来，千圣同源，万灵归一。吾今沤散，胡假兴衰，自无劳神，须存正念。若遵此命，真报吾恩，倘固违言，非吾之子。

虽同一思想，却不如甄叔言之了然。

第六节 无 业

无业姓杜,商州上洛人,九岁依开元寺志本受学大乘经。十二剃染游讲肆,二十于襄州出律师具戒,通《四分律疏》,兼讲演《涅槃经》。后闻马祖之宗鼎盛,涌瞻礼之,祖睹其状貌,身长逾六尺,屹如大山,其声似洪钟,乃笑言:"巍巍佛堂,其中无佛。"业拜跪言:"至如三乘文学,粗穷其旨,尝闻禅门即心即佛,实未能了。"祖言:"只未了底心即是别物,更无不了时,是迷若了即是悟,迷即众生,悟即是佛。道不离众生,岂别更有佛,亦犹手作拳,拳全手也。"业言下开悟。向祖言:"本谓佛道长远勤苦,旷劫方始得成,今日始知法身实相本自具足,一切万法从心所生,但有名字无有实者。"祖言:"如是如是,一切法性不生不灭,一切诸法本自空寂。经曰诸法从本来,常自寂灭相云云。"既承心印,拜曹溪之祖塔,遍寻名山胜迹,自洛抵雍,憩于西明寺。大众欲举充两街之大德,业叹曰:"亲近国王大臣,非予志也。"于是至上党,节度使李抱真器重业,旦夕瞻礼,业厌之,往县上抱腹山,又入清凉山金阁寺阅《大藏经》八载,由是南下至西河,刺史董叔屡请居开元寺,住山二十年,汾州缁素,悉向化焉。凡致问者,多答莫妄想。宪宗帝下诏召之不起。穆宗帝即位之年,命两街僧录灵准赍敕旨迎请。业曰:"贫道何德累烦圣主,行即行矣。"道途有殊,于是剃发澡浴,至中夜而化,时长庆二年(821),龄六十二。

第七节 无业之思想

业临终垂示云:

汝等见闻觉知之性与太虚同寿不生不灭,一切境界本自空寂,无一法可得,迷者不了即为境惑,一为境惑,流转不穷。汝等当知心性本自有之,非因造作,犹如金刚不可破坏。一切诸法如影如响无有实者。故经云:唯有一事实,余二则非真,常了一切空,无一物当情,是诸佛同用心处,汝等勤而行之。(《宋高僧传》,卷十一,5页左)

无业以心性为不生不灭,即得以万象为生灭,于心性与万象之为一体两用则未言及。按业《广语》临终之时云:"一念迷则随念受生,入驴胎马腹,为蝼蚁,作蚊虻。"可以卜业之见地。《广语》收入《景德传灯录》卷二十八。

第八节　唤侍者作二虎

马祖门人潭州《华林善觉传》云:

　　一日观察使裴休访之,问曰:"师还有侍者否?"师曰:"有一两个。"裴曰:"在什么处?"师乃唤大空、小空,时二虎自庵后而出,裴睹之惊悸。

唤侍者作二虎,从此始。

第九节　狗子佛性之话

又长安兴禅寺《惟宽传》云:

问:"狗子还有佛性否?"师曰:"有。"僧曰:"和尚还有否?"师曰:"我无。"僧曰:"一切众生皆有佛性,和尚因何独无?"师曰:"我非一切众生。"僧曰:"既非众生,是佛否?"师曰:"不是佛。"僧曰:"究竟是何物?"师曰:"亦不是物。"僧曰:"可见可思否?"师曰:"思之不及,议之不得,故云不可思议。"

此吾门有狗子佛性之话之始也。

第十节　四宾主之话

又《潭州龙山传》云:

洞山问:"如何是宾中主?"师曰:"长年不出户。"洞山曰:"如何是主中宾?"师曰:"青天覆白云。"洞山曰:"宾主相去几何?"师曰:"长江水上波。"洞山曰:"宾主相见有何言说?"师曰:"清风拂白月。"

此当为后所喧传宾主之话之初出。

第十二章　庞蕴之参禅与白居易之念佛

　　当时有一白衣，超尘脱俗，历访禅门诸老而有久参之誉，庞居士之名，喧于丛林，一挨一拶，发扬玄机。以空寂为室，无念为座，不着为衣。达磨东来以后，白衣居士中第一人也。与庞并世者有白居易，学而不精，行业不纯，入念佛门去。

第一节　庞居士

　　庞蕴字道玄，衡州衡阳县人，本以儒为业。天资超脱，不拘于物。唐德宗帝贞元初，谒石头希迁问云："不与万法为侣者是甚么人？"迁以手掩其口。豁然有省。后复往江西参问道一："不与万法为侣者是什么人？"一云："待汝一口吸尽西江水即向汝道。"蕴言下大悟。由是历访药山惟俨、丹霞天然等诸老，入游戏三昧。宪宗帝元和中，游襄州随处而居。有女名灵照，卖竹漉篱以办衣食。蕴将卒，谓灵照曰："视日早晚及午以报。"照遽报："日已中矣，而有蚀也。"蕴出户观。照即登父座合掌坐亡。蕴笑曰："我女锋捷矣。"于是更延七日。州牧于頔来问疾。蕴曰："但愿空诸所有，慎勿实诸所无，好住世间，皆如影响。"言讫枕頔之膝而化，不知其年月。

第二节　庞居士之思想

于顿辑《庞蕴语录》流布于世,收于《续藏经》第一辑第二编第二十五套第一册者是也。就蕴诗偈察其思想,以空寂无相为宗。

楞伽宝山高,四面无行路。惟有达道人,乘空到彼处。罗汉若悟空,掷锡腾空去。缘觉若悟空,醒见三生事。菩萨若悟空,十方同一处。诸佛若悟空,妙理空中住。空理真法身,法身即常住。佛身只这是,迷人自不悟。一切若不空,苦危从何度。

诚可谓彻底空见。又同一打铁云:

无有报庞大,空空无处坐。家内空空空,空空无有货。日在空里行,日没空里卧。空坐空吟诗,诗空空相和。莫怪纯用空,空是诸佛座。世人不别宝,空即是实货。若嫌无有空,自是诸佛过。

三界皆空也。何喜何忧?荣辱利害一念不足起。欲与空相应,则不如无念。故云:

无贪胜布施,无痴胜坐禅,无嗔胜持戒,无念胜求缘。尽见凡夫事,夜来安乐眠。寒时向火坐,火本实无烟。不忌黑暗女,不求功德天。任运生方便,皆同般若船。若能如是学,功德实无边。

更说无念之要云：

> 无念清凉寺，蕴空真五台。对境心无垢，当情心死灰。妙理于中现，优昙空里开。无求真法眼，离相见如来。若能如是学，不动出三灾。

第三节　庞居士之逸荡

庞蕴之见地，既如是。逃避人生，远于世累乃自然之势。以是，蕴不治产，不履人道之常轨，自歌云：

> 有男不肯婚，有女不肯嫁。父子自团栾，共说无生话。

又厌人间之常礼云：

> 相逢唯说道，更莫叙寒温。了知世相假，俗礼也徒烦。

然则蕴父子赤贫者，理之所当然。

> 自身赤裸裸，体上无衣被。更莫忧盗贼，逍遥安乐睡。

又说知足之乐云：

> 世人重珍宝，我则不如然。名闻即知足，富贵心不缘。唯乐箪瓢饮，无求澡镜铨。饥食西山稻，渴饮本源泉。寒披无相服，

热来松下眠。知身无究竟,任运了残年。

蕴亦逸民哉!

第四节　白乐天

白居易字乐天,为一代诗宗。《旧唐书·居易传》云:

> 居易儒学之外,尤通释典。常以忘怀处顺为事,都不以迁谪介意。在浔城,立隐舍于庐山遗爱寺。尝与人书言之曰:"予去年秋始游庐山,到东西二林间香炉峰下,见云木泉石胜绝第一,爱不能舍,因立草堂。前有乔松十数株,修竹千余竿。青萝为墙,援白石桥道,流水周于舍下,飞泉落于檐间,红榴白莲罗生池砌。"居易与凑满朗晦四禅师,追永远宗雷之迹,为人外之交。(《旧唐书》,卷百六十六,14页右)

第五节　白居易之参禅

师事道一之门人如满闻心要。居易自云:

> 予年六十有八,始患风痹之疾。体瘵首眩,左足不支。盖老病相乘,有时而至耳。余栖心释梵,追迹老庄,因疾观身,果有所得。何则,外形骸而内忘忧患,先禅观而后顺医治。旬月以还,厥疾少闲。(同上书,21页左—22页右)

可以此卜其平生。同书又云：

> 会昌中，请罢太子少傅，以刑部尚书致仕。与香山僧如满，结香火社。每肩舆往来，白衣鸠杖，自称香山居士。大中元年卒，时年七十六。（同上书，22页右）

浙东观察使元稹为《居易集》，其序云：

> 无子，以其侄孙嗣，遗命不归下邽，可葬于香山如满师塔之侧，家人从命而葬焉。（同上书，23页右）

加之，如满之同学惟宽，以宪宗帝元和四年至阙下时，就之问法。元和十五年为杭州刺史时，参鸟巢。然而不彻底，以杂学毕。

第六节　白居易之念佛

《佛祖统纪》卷二十九云：

> 白居易号香山居士，官太子太傅，初劝一百四十八人，结上生会，行念慈氏名，坐想慈氏容，愿当来世，必生兜率。晚岁风痹，遂专志西方，祈生安养。画西方变相一轴，为之愿曰："极乐世界清净土，无诸恶道及众苦。愿如我身病苦者，同生无量寿佛所。"（《续藏经》，第一辑，第二编乙，第四套，第二册，157页右）

初愿兜率往生，后转祈西方往生。浮萍之心事，昭昭可见。《诸上善人咏》云：

　　白居易……暮年侍妾尽遣，居于香山，命工画西方净土帧，日对修念佛三昧，发愿往生。尝有偈曰："余年七十二，不复事吟哦。看经费眼力，作福畏奔波。何以度心眼？一声阿弥陀。行也阿弥陀，坐也阿弥陀。纵饶忙似钻，不废阿弥陀。日暮而道远，吾生已蹉跎。旦暮清净心，但念阿弥陀。达人应笑我，多却阿弥陀。达人作么生，不达又如何？普劝法界众，同念阿弥陀。"（《续藏经》，第一辑，第二编乙，第八套，第一册，57页左—58页右）

第七节　二居士之相违

如居易云"达人应笑我"，庞蕴却念佛。歌云：

　　世间最上事，唯有修道强。若悟无生理，三界自消亡。蕴空妙德现，无念是清凉。此即弥陀土，何处觅西方。

安住则云：

　　一念心清净，处处莲花开。一华一净土，一土一如来。

二大居士之相违如是。

第十三章 药山惟俨与
丹霞天然之禅风

石头希迁之于湖南犹如马祖道一之于江西，各为一方之宗主，学者参玄之中心点。故有江西主大寂，湖南主石头，往来憧憧不见二大士为无知矣之语。然而希迁之门，乏雄伟之材，惟俨、天然其最著名者。惟俨是隐逸之士，门风孤峻，格调高雅。天然奇言畸行，出人意表，入其门，不能易上其堂。国子博士李翱，游于惟俨之门，撰《复性书》。外儒内禅，后世陆王之学，实渊源于此。

第一节 药山惟俨及其法系之异说

惟俨姓韩，绛州人。《宋高僧传》卷十七作姓寒，《会元》卷五云："朗州刺史李翱问师何姓……院主曰：'恁么则姓韩也。'"年十七依潮州西山之慧照出家。代宗帝大历八年，就衡岳之希操具戒。《宋传》作希澡。唐伸碑作希琛，乌焉不知孰是。依《宋传》及《传灯录》卷十四，惟俨参石头希迁得法，然《隆兴编年通论》卷二十四及《佛祖通载》卷二十二载儒士《唐伸之碑》，此为惟俨灭后八年，因门人之请所录，其中谓：

> 寂（道一）以大乘法闻，四方学徒至于指心传要，众所不能达者，师（惟俨）必默识悬解，不违如愚。居寂之室，垂二十年。寂曰："汝之所得，可谓浃于心术，布于四体。"（《续藏经》，第一辑，第二编乙，第三套，第四册，330页右）

如斯《唐伸碑》，以惟俨为道一之嗣，毫未言及参希迁事。《联灯会要》以后诸录，说俨出入道一、希迁二家。同书卷十九云：

> 直造石头，问："三乘十二分教，某甲粗知。尝闻南方直指人心，见性成佛，实未明了。伏望和尚，慈悲指示。"头云："恁么也不得，不恁么也不得，恁么不恁么总不得，汝作么生？"师伫思。头云："子因缘不在此，江西马大师处去，必为子说。"师造江西，复理前问。马大师云："我有时教伊扬眉瞬目，有时不教伊扬眉瞬目，有时教伊扬眉瞬目者是，有时教伊扬眉瞬目者不是。"山（惟俨）于言下顿悟。
>
> 马大师一日问师："子近日见处如何？"师云："皮肤脱落尽，惟有真实在。"马云："子已所得，可谓协于心体，布于四肢。既然如是，宜将三条篾，束取肚皮，随处住山去。"……师即礼辞，复返石头。师坐次，石头问师："作甚么？"师云："一物不为。"头云："恁么则闲坐也。"师云："若闲坐，则为也。"头云："汝道不为，又不为个甚么。"师云："千圣亦不识。"头以偈赞云："从来共住不知名，任运相将只么行。自古上贤犹不识，造次凡流岂可明。"（《续藏经》，第一辑，第二编乙，第九套，第四册，369页左—370页右）

第十三章 药山惟俨与丹霞天然之禅风

《五灯会元》卷五亦从之。《宋传》与《传灯》单云参石头，《唐伸碑》单云学马祖，而《联灯》则合此二者。

第二节 关于法系所生异说之事由

方此时禅家尚未分裂五派，无青原、南岳之争，天下学徒往来马祖、石头之二甘露门毫不足怪。丹霞天然、五泄山灵默、庞蕴、五台山隐峰等皆学于二家有所得。惟俨之出入二家又何怪哉！于是乎证之以《宋传》《传灯》则以惟俨为石头之子，证之《唐伸碑》则得为马祖之嗣，《联灯》之说，可谓近于史实。

第三节 药山之末后

准《唐伸碑》则惟俨饱参之后，游罗浮、清凉诸山，以德宗帝贞元之初（785）住庵于澧州药山，栖迟殆三十年，学徒聚其门，此所以以药山知名于世。文宗帝太和二年（827）告其徒云："乘邮而行，及暮而息，未有久行而不息者，吾至所诣矣，吾将有息矣。灵源自清，混之者相，能灭诸相，是无有色。穷本绝外，汝其悉之。"语毕而化，龄八十四。《景德传灯录》卷十四作太和八年，《宋高僧传》卷十七记太和二年寂，春秋七十六。

第四节 药山之门风

惟俨之家风孤峻，若不可攀。出言玄微，格调之高雅罕得其比。

> 僧问:"如何是道中至宝?"师云:"莫谄曲。"云:"不谄曲时如何?"师云:"倾国莫换。"
>
> 师坐次,僧问:"兀兀地思量个甚么?"师云:"思量个不思量底。"云:"不思量底又如何思量?"师云:"非思量。"

此昆山之片玉耳,惜哉! 语录之流布于世者,皆俨思想之断片,不能得其全系。

第五节　药山不许人看经

惟俨博涉圣教,住山之后,看《法华》《华严》《涅槃》,昼夜如一,此《唐伸碑》所传。《传灯录》等诸记皆云:

> 师看经,有僧问:"和尚寻常不许人看经,为什么却自看?"师云:"我只图遮眼。"云:"某甲学和尚得也无?"师云:"若是汝牛皮也须看透。"

又垂示云:

> 有一般底,只向纸背上,记持言语,多被经论惑,我不曾看经论策子。

以看读经论为障道之因缘,药山以前未有所闻。广学博闻之弊在于算沙,在大小两乘悉为自家药笼中物的人,多闻何妨? 药山之婆心,开教禅相克之端,此亦时势之变也。

第六节　李翱之参禅

《旧唐书·李翱传》云：

> 元和十五年六月，授考功员外郎，并兼史职。翱与李景俭友善，初景俭拜谏议大夫，举翱自代。至是景俭贬黜，七月出翱为朗州刺史。(《旧唐书》，卷百六十，10页右）

李翱赴任朗州，以闲诣药山。惟俨执经卷不顾。侍者曰："太守在此。"翱性急，乃曰："见面不似闻名。"俨曰："太守何贵耳贱目？"翱谢问曰："何谓道耶？"俨以手指上下曰："会么？"翱曰："不会。"俨曰："云在青天水在瓶。"翱欣然，呈作偈：

> 练得身形似鹤形，千株松下两函经。我来问道无余说，云在青天水在瓶。(《宋高僧传》，卷十七，15页右）

李翱以贞元中问法于西堂智藏，又参因缘于鹅湖之大义，载《景德传灯录》卷七，可知其有参玄之素养。

第七节　李翱之《复性书》

翱《复性书》三篇，大旨从禅得来，谓：

> 人之所以为圣人者，性也。……百姓者岂其无性耶？百姓之

性与圣人之性弗差也。

此禅所谓众生诸佛同一真性之说也。其论性云：

> 诚者圣人之性也，寂然不动，广大清明，照乎天地，感而遂通天下之故，行止语默，无不处极也。

是禅所谓心性本净、不生不灭、寂而照遍十方界之说也。区别性与情云：

> 人之所以惑其性者，情也。喜、怒、哀、惧、爱、恶、欲七者情之所为也。情既昏，性斯匿矣，非性之过也。

是禅所谓心性为烦恼之所昧之说也。说心法之传授云：

> 昔者圣人以传于颜子，颜子得之，拳拳不失。……子思仲尼之孙，得祖之道，述《中庸》四十九篇以传于孟轲。

是仿禅所谓释迦传法迦叶，迦叶传之阿难，祖祖相承二十八代至菩提达磨之说。说复性之法云：

> 或问曰："人之昏也久矣，将复其性者，必有渐也，敢问其方？"曰："弗虑弗思，情则不生，情既不生，乃为正思。正思者，无思无虑也。"

是禅所谓无念为宗，无念者正念也之说。说动静双亡云：

> 有静必动，有动必静，动静不息，是乃情也……动静皆离，寂然不动，是至诚也。

是禅所谓止动归止，止更弥动，唯滞两边，宁知一种……一心不生万法无咎之说也。说情之本无云：

> 情者性之邪也，知其为邪本无，其心寂然。

是禅所谓烦恼妄情本来空之说也。说致知格物云：

> 敢问致知在格物，何谓也？曰："物者万物也，格者来至也，物至之时，其心昭昭然，辨焉而不应于物者，是致知也，是知之至也。"

是禅所谓随境而心不转，心不染污之说也。说万物一体云：

> 天地之间，万物生焉，人之与万物一也。

是禅所谓万有齐观复归自然，又依正不二之说也。

第八节 《复性书》之要旨皆出于禅

《复性书》三篇，枢要之旨从禅得来。其不合于旧说不俟论。故辩解云：

> 问曰："昔之解《中庸》者，与生之言皆不同，何也？"曰：

"彼以事解，我以心通者也。"

又谓：

> 吾自六岁读书，但为辞句之学，志于道者四年矣。与人言之未尝有是我者也。南观涛江入于越，而吴兴陆参存焉，与之言。陆参曰："子之言尼父之心也。东方有圣人焉，不出乎此也，西方有圣人焉，亦不出乎此也。"

读至此，谁不想起陆象山之语？陆王之学其骨子既成于《复性书》，其全文见《隆兴编年通论》卷二十四及《佛祖通载》卷二十二。(《续藏经》，第一辑，第二编乙，第三套，第四册，330页左—332页右)

第九节 丹霞天然

惟俨之同学丹霞天然不明为何许人，初见马祖，祖指其参石头希迁，既至服襕役三年。石头一日告众曰："来日刬佛殿前草。"至来日大众各以锹钁刬草，天然独以盆水净头，坐希迁之前，迁见笑之，便剃发。迁又为说戒，然掩耳而出。后再往江西谒马祖，尚未参礼入僧堂骑坐圣僧之颈，大众惊愕报马祖，马祖躬入堂视之，曰："我子天然。"师即下地礼拜曰："谢师赐法号。"因名天然。依《宋高僧传》卷十一天然是石头之所名。由是游方居天台华顶峰三年。

第十节　丹霞焚木佛

元和中于洛阳香山与自在为莫逆之友,后于慧林寺遇大寒焚木佛御之,人有讥之。天然曰:"吾烧取舍利。"其人曰:"木头何有?"然曰:"若尔者,何责我乎?"或访慧忠于南阳,或访庞蕴于襄州,不遑宁处。宪宗帝元和三年,一朝横卧天津桥上,遇留守郑氏之出。呵之不去,徐仰见曰:"无事僧也。"郑氏异之,厚供施,由是洛下人归信者多。元和十五年(820)入南阳丹霞山住庵,穆宗帝长庆四年(824)寂,春秋八十六。

第十一节　《玩珠吟》

天然尝作《玩味吟》二首:

　　般若灵珠妙难测,法性海中亲认得。隐显常游五蕴中,内外光明大神力。此珠非大亦非小,昼夜光明皆悉照。觅时无物又无踪,起坐相随常了了。黄帝曾游于赤水,争听争求都不遂。罔象无心却得珠,能见能闻是虚伪。吾师权指喻摩尼,采人无数溺春池。争拈瓦砾将为宝,智者安然而得之。森罗万象光中现,体用如如转非转。万机消遣寸心中,一切时中巧方便。烧六贼,烁众魔,能摧我山竭爱河。龙女灵山亲献佛,贫儿衣下几蹉跎。亦名性,亦名心,非性非心超古今。全体明时明不得,权时题作弄珠吟。

　　识得衣中宝,无明醉自醒。百骸虽溃散,一物镇长灵。知境浑非体，神珠不定形。悟则三身佛，迷疑万卷经。在心心可测，历耳耳难听。罔象先天地，玄泉出杳冥。本刚非锻炼，元净莫澄渟。盘泊轮朝日，玲珑映晓星。瑞光流不灭，真气触还生。鉴昭崆峒寂，罗笼法界明。挫凡功不灭，超圣果非盈。龙女心亲献，阎王口自呈。护鹅人却活，黄雀意犹轻。解语非关舌，能言不是声。绝边弥汗漫，无际等空平。演教非为说，闻名勿认名。两边俱莫立，中道不须行。见月休观指，还家罢问程。识心心则佛，何佛更堪成。（《大藏经》，第三十套，第十册，1028页左）

旨趣不出常途之外，可知其思想与当时何人无大差。所云"百骸虽溃散，一物镇长灵"，即南阳慧忠所斥为身灭心常之见，古今因于此说者不知其数，岂独天然哉！

第十四章　五家法系之争论

石头希迁不但出药山惟俨，兼出天皇道悟。道悟之资有龙潭崇信。崇信之门出德山宣鉴，宣鉴之下有雪峰义存。从义存出云门、法眼二宗。此《宋高僧传》等之旧说也。然有否认此说者，谓道悟有二人，一天皇道悟嗣石头之希迁，一天王道悟，嗣江西之道一。道一门人天王道悟出崇信，崇信出宣鉴乃至云门、法眼。前说使云门、法眼二宗属于石头法系，后说则以配马祖法脉。马祖以南岳怀让为师，石头以青原山行思为师既已言及，然则上述之论争乃青原、南岳二家之争夺而本于宗派的偏见，以公正之史眼视之，则后说之为伪妄明也。

第一节　天皇道悟传

《宋高僧传》卷十云：

唐荆州天皇寺道悟，姓张氏，婺州东阳人也。年十四……往明州大德剃落。年二十五依杭州竹林寺大德具戒。……振策投径山国一禅师，悟礼足始毕，密受宗要，于语言处识衣中珠，身心豁然，真妄皆遣，断诸疑滞，无畏自在，直见佛性，中无缁磷，服勤五载，随亦印可俾其法雨润诸丛林。悟蓄力……遁于余姚大梅山,是时大历十一年也。……建中初诣钟陵马大师,二年秋谒石头上士,……始卜于澧阳,次居于漂口,终栖于当阳柴紫山。……荆州雄藩也,都人士女动亿万计。……崇业(寺)上首以状于连帅而邀之,不违愿力,聿来赴请屬及于虚落锡及于都城。……有天皇寺者据郡之左……号为名蓝,因于人火,荡为煨烬。僧坊主灵鉴族而谋之,以为满人攸居必能福我,夫荷担大事,蔑弃小瑕,乃中宵默往,肩舆而至。……毕安其处江陵尹右仆射裴公……投诚归命……自是禅宗之盛无如此者。元和丁亥岁,……以夏四月晦奄然入灭,春秋六十,僧腊三十五……比丘慧真、文贲禅子幽闲,皆入室得悟之者也。……太常协律符载著文颂德焉,世号天皇门风也。

第二节 龙潭崇信传

又唐澧州龙潭禅院释崇信,未详氏族。信在俗为渚宫胡饼师之子,弱龄宛异,神府宽然。昔天皇寺悟禅师隐耀藏光,人莫我测,信家居寺巷……因劝出家,便求摄受曰:"尔昔崇福善,今信吾言,故名之也。"由是躬于井臼,供亿服勤,乃问悟云:"未蒙指示心要。"悟公云:"时时相示。"信餐禀斯言,如游子之还家,若贫人之得宝。直从荆渚乃诣澧阳龙潭栖止,因李翱尚书激扬时乃出世,后德山鉴师出其门,宗风大盛矣。(《宋高僧传》,卷十,11页—15页)

《景德传灯录》卷十四所记全同,《天圣广灯录》《传法正宗记》《建中靖国续灯录》并从之。

第三节　争论发端于金山之昙颖

然自《宋高僧传》刊行大约六十年，有润州金山之达观昙颖，集录五家宗派出新说，谓道悟有二人，一天皇寺道悟，二天王寺道悟，天皇承希迁，天王承道一，便举唐丘玄素所撰碑文为证。

第四节　石门慧洪之说

于是石门慧洪阅之，其著《林间录》卷上论云：

荆州天皇寺道悟禅师，如《传灯录》所载，则曰道悟得法于石头，所居寺曰天皇。婺州东阳人，姓张氏，年十四出家，依明州大德披剃，年二十五杭州竹林寺受具，首谒径山国一禅师，服勤五年。大历中，抵钟陵，谒马大师，经二夏乃造石头。元和丁亥四月示寂，寿六十，腊三十五。及观达观禅师所集五家宗派，则曰道悟嗣马祖，引唐丘玄素所撰碑文几千言。其略曰："师号道悟，渚宫人，姓崔氏，即子玉后胤也。年十五，于长沙寺礼昙翥律师出家，二十三诣嵩山律德，得尸罗，谒石头，扣寂二年，无所契悟，乃入长安，亲忠国师。三十四与侍者应真，南还谒马大师，大悟于言下，祝曰：'他日莫离旧处。'故复还渚宫。元和十三年戊戌岁四月初示疾，十三日归寂，寿八十二，腊六十三。"考其传正如两人。然玄素所载，曰有传法一人，崇信住澧州龙潭。南岳让禅师碑，唐闻人归登撰，列法孙数人于后，有道悟名。圭峰答裴相国宗趣状，列马祖之嗣六人，首曰江陵道悟，其

下注曰:"兼禀径山,妄以云门、临济二宗竞者,可发一笑。"(《续藏经》,第一辑,第二编乙,第二十一套,第四册296页左)

此议系为问题之初也。其后《联灯会要》《嘉善普灯录》《五灯会元》三书出世,皆不称天王道悟,单录天皇道悟一人而已。

第五节　业海清之论

然以元至正四年越州开元寺之业海清及再刻《会元》采用昙颖之说,其第七卷《天皇道悟》章,附细注论之云:

道悟同时有二人,一住荆南城西天王寺,嗣马祖;一住荆南城东天皇寺,嗣石头,其下出龙潭信者,乃马祖下天王道悟,非石头下天皇道悟也。何以明之?案唐正议大夫户部侍郎、平章事荆南节度使丘玄素所撰《天王道悟禅师碑》云:"道悟,渚官人,姓崔氏,子玉之后胤也。年十五依长沙寺昙翥律师出家,二十三诣嵩山受戒,三十参石头,频沐指示,曾未投机。次谒忠国师,三十四与国师侍者应真,南还谒马祖。祖曰:'识取自心,本来是佛,不属渐次,不假修持,体自如如,万德圆满。'师于言下大悟。祖嘱曰:'汝若住持,莫离旧处。'师蒙旨已,便返荆门,去郭不远,结草为庐,后因节使顾问左右,申其端绪。节使亲临访道,见其路险,车马难通,极目荒榛,曾未修削,睹兹发怒,令人擒师抛于水中,旌斾才归,乃见遍衙火发,内外烘焰,莫可近之,唯闻空中声曰:'我是天王神,我是天王神。'节使回心设拜,烟焰都息,宛然如初,遂往江边,见师在水,都不湿衣。节使重伸忏悔，迎请在衙供养，于府西造寺，额号天王。师常云快活快活，及临终时，叫苦苦。又云：'阎罗王来取我也。'院主问曰：'和尚当时被节度使抛向水中，神色不动，如今何得恁么地？'师举枕子云：'汝道当时是，如今是？'院主无对，便入灭。当元和三年戊子十月十三日也。年八十二，坐六十三夏，嗣法一人曰崇信，即龙潭也。"

次举天皇道悟之碑，其内容与《宋高僧传》同，故省略。清更论云：

> 权德舆撰《马祖塔铭》，载弟子慧海、智藏等十一人，道悟其一也。又吕夏卿、张无尽著书，皆称道悟嗣马祖，宗门反以为误，然佛国白《续灯录》叙雪窦显为大寂九世孙，《祖源通要录》中收为马祖之嗣。(《续藏经》，第一辑，第二编乙，第十一套，第二册，114页左细注）

第六节　觉梦堂之论

次于《人天眼目》中录觉梦堂重较五家宗派序，其中举天王、天皇二人略传论云：

> 丞相张无尽居士及吕夏卿二君子，每会议宗门中事，尝曰：石头得药山，山得曹洞一宗，教理行果，言说宛转。且天王道悟下出个周金刚，呵风骂雨，虽佛祖不敢婴其锋。恐自天皇，或有差误，寂音尊者亦尝疑之，云道悟似有二人。无尽后于达观颖处，得符载所撰《天皇道悟塔记》，又讨得丘玄素所作《天王道

悟塔记》,赍以遍示诸方,曰:"吾尝疑德山、洞山同出石头下,因甚垂手处,死活不同。今以丘符二记证之,朗然明白,方知吾择法验人之不谬耳。"(《续藏经》,第一辑,第二编,第十八套,第五册,443—444页)

第七节 通容之论

复次明之通容于《五灯严统目录》卷上,略抄吕夏卿所撰《雪窦重显碑》文云:

> 宋尚书员外郎吕夏卿撰《雪窦明觉大师塔铭》,足二千余言。今节略内数言云。禅师讳重显,字隐之,大寂九世之孙,智门之法嗣也。据此明序,雪窦系马祖九世之孙,则云门一宗,的出自南岳派下。(同上书,第二编乙,第十二套,第一册,5页)

天王、天皇二人说,如以上所录。明之道忞作《禅灯世谱》,当图诸家师资相承时,以天王道悟列马祖之下。

第八节 余集生之说

然有立于反对以上诸论之说者,明林弘衍编《雪峰义存语录》其卷头附《余集生书》,其全文如下:

> 余集生居士答黄元公居士书
> 裕曾见《禅灯世谱》一书,不许龙潭嗣天皇,要硬差他嗣天

王。又苦无所谓天王也，因于马祖下添一天王，教龙潭儿孙之为德山雪峰者，领了他家。云门、法眼两宗，辞了石头一路，改上马祖家坟。此等妖怪事，公然行之而不疑。竟亦别无考信，不过以《五灯会元》天皇下小注所引两伪碑为据耳。冤哉！裕拟一驳正而未暇及，适法兄有辨见示，细读一过，庆快平生。殆两宗之灵，实式凭之，以借手名笔，奋此诛魔之萧斧，作彼僧史之董狐。语云，功不在禹下，正谓斯乎！即所据《雪峰语录》，自谓从先德山石头以来，传此秘密法门。又钦山问德山之天皇，亦怎么道，龙潭亦怎么道，此二老皆青原五世孙，岂遂不能远纪其祖，而一则系德山于石头，一则属龙潭于天皇，亦可见自家骨肉，自叙其家谱，此非区区陌路人之口碑所可遥夺，而旁挠明甚矣。又《古尊宿语录》载《鼓山玄要广集序》，自少室之华开六叶，曹溪之胤布诸方，爰自石头，号纯金铺，盖以格高调古，言险理幽，厥后子孙，行步阔狭，毫厘弗差，则有先兴圣国师法嗣雪峰，乃石头五叶也。又书《广集》后云，鼓山晏得法于雪峰存，盖石头第六世云。据此不又一石头家谱乎？他如明教嵩为云门四代孙，去石头十世矣，虽世系稍远，然誉之者谓宋之高僧北斗以南一人而已。著有《传法正宗记》，力辟付法藏传之谬，就中证据明文，一出大经大论。仁宗览至为道不为名，为法不为身，嘉叹不已。故一时韩欧诸巨公皆翕然归之，而以此正宗，即以此定祖。迄今按其图记，嗣石头者，不曰荆州天皇道悟乎？嗣天皇者，不曰澧州龙潭崇信乎？以彼渊博大智，方将于五百年前为达磨辨诬，何得于其十世祖不能自认，而必烦后代小学替他指迷，挽使驴鞍边觅阿爷下颔，可谓多见其不知量矣。所尤可怪笑者，是古人引作注脚，犹存阙疑之义，今则偏信伪碑，擅改龙藏，何其敢于僭诞无等一至此。裕抱不平,偶触于雄辩,不觉拔刀相助尔。尔所谓为道不为名,为法不为身,亦自我辈今日事,无容旁委也。裕此日在横山,耳目不远,不知法兄近状何似,且有嗣音相闻不殚。(《续藏经》,第一辑,第二编,第二十四套,第五册,472页右)

此处所云黄端伯书,尚无由检,其破天王论为无疑。

第九节　余集生之论据

余集生之论据第以《雪峰义存禅师语录》为证。同书卷下,雪峰、玄沙二师以唐昭宗帝光化元年(898)应闽忠懿王之请入内说佛心宗,语中有云:

大王山僧自从先德山石头已来,传此秘密法门,愿入龙华会上相见。(《续藏经》,第一辑,第二编,第二十四套,第五册,480页左)

次钦山问德山云云为第二论证。此《景德传灯录》卷第十七《钦山文邃传》有云:

钦山文邃禅师,福州人也。少依杭州大慈山寰中禅师,受业时岩头雪峰在。众睹师吐论,知是法器,相率游方。二士缘契德山,各承印记,师虽屡激扬而终然凝滞。一日问德山曰:"天皇也恁么道,龙潭也凭么道,未审德山作么生道?"德山曰:"汝试举天皇、龙潭道底来。"师方欲进语,德山以柱杖打异入

涅槃堂。师曰:"是即是,打我太杀。"(《大藏经》,第三十套,第十册,922页右)

次《古尊宿录》云云,收入宋赜藏主《古尊宿录》卷三十七,指鼓山先兴圣国师和尚《玄要广集》。国师名神晏,雪峰义存之子闽忠懿王所师事,《玄要广集》其语录也。其序以五代宋太祖乾德三年绍文所撰。中有云:

先兴圣国师、法嗣雪峰,乃石头五叶也。(《续藏经》,第一辑,第二编,第二十三套,第四册,322页左)

次书《广集》后云云指鼓山士珪于南宋高宗帝绍兴八年所记云:

鼓山国师和尚,名神晏,大梁人,姓李氏,卫州白鹿山受业,得法于雪峰存和尚,寿七十七,腊五十八,石头第六世,五代晋天福中示寂。(同上书,323页右)

第十节　元贤之《龙潭考》

明之《元贤晚录》中有《龙潭考》一篇:

宋《景德传灯录》止载天皇悟嗣石头,而不知同时有二道悟。一嗣马祖,住荆州城西天王寺;一嗣石头,住荆州城东天皇寺。历考唐归登撰《南岳让碑》,圭峰《答裴相国宗趣状》,权德舆撰《马祖塔铭》,皆可据。及后达观颖所引丘玄素符载二塔铭,载之尤详，此无可疑者。但丘铭中以龙潭信嗣天王悟，此则不能无疑焉。余尝考《雪峰语录》，峰对闽王，自称得先德山石头之道，又鼓山晏国师《语录》序中亦称，晏为石头五叶孙，此二书在五代之际，去龙潭不远，岂应遽忘其所自哉。据此，则知龙潭所嗣者天皇悟，非天王悟，其证一也。又龙潭信家，居荆州城东天皇巷，以卖饼为业，日以十饼馈天皇和尚，皇每食毕，尝留一饼曰："吾惠汝以荫子孙。"信一日自念曰："饼是我持去，何以返遗我，其别有旨耶？"遂造而问焉。皇曰："是汝持来，复汝何咎。"信闻之，颇晓玄旨，因投出家。皇曰："汝昔崇福善，今信吾言，可名崇信。"由是服勤左右。据此则知龙潭信所嗣者天皇悟，非天王悟，其证二也。又信一日问天皇曰："某自到来，不蒙指示心要。"皇曰："自汝到来，吾未尝不指示汝心要。"信曰："何处指示？"皇曰："汝擎茶来，吾为汝接；汝行食来，吾为汝受；汝和南时，吾为汝低头，何处不指示汝心要。"师低头良久。皇曰："见则直下便见，拟思即差。"师当下开解，复问："如何保任？"皇曰："任性逍遥，随缘放旷，但尽凡心，别无圣解。"又一日问："从上相传，底事如何？"皇曰："不是明汝来处不得。"信曰："这个眼目，几人具得？"皇曰："浅草易于长芦。"据此则知龙潭信所嗣者天皇悟，非天王悟，其证三也。今此三段所证，昭彰如是，而丘玄素《塔铭》中以龙潭嗣天王，何得独异。察知，明是后人，妄将崇信改入《天王塔铭》中，以为争端耳。不然，必将前所证三段之文，一笔抹去，而后可以成其说也。又张无尽尝谓，云门机锋似临济，宜为马祖之后，此则齐东野人之语也。古来同禀一师，而机锋各别者多矣。岂必尽同，如云门、法眼，同出雪峰，若云门当归马祖，则法眼又当归石头耶？如丹霞投子机锋不亚临济，杏山与三圣皆失机于石室，则丹霞投子石室，又当改入马祖下矣。又如南泉父子，皆马祖之嗣也，而不用棒喝，沩山父子皆百丈之嗣也，而不事孤峻，又当改入石头下耶？且予尝考《雪峰全录》，其禅备众格，波澜阔大，故其语有时似临济，有时似曹洞，其徒如玄沙长庆、保福鼓山、安国镜清等皆然。即云门虽机用孤峻，而实语不十成，机不触犯。且历参曹山、疏山、九峰、乾峰，其语具在。如三种病、二种光等语，则全本乾峰，此尤其显然者也。岂可谓其同于临济，当嗣马祖下也。无知之徒，固难与辩，高明之士，可考而知，故作是以告天下智者，幸详察焉。(《续藏经》，第一辑，第二编，第三十套，第三册，296—297页右)

第十一节　净符之《法门锄宄》

最后清之净符专为议此问题所著《法门锄宄》，系公刊于清世祖帝康熙八年（1669）。其言云：

> 南泉下有昙照禅师一人。与赵州长沙茱萸子湖诸老为同门昆季，住荆州白马，道出常情，事迹可爱。尝云快活快活，及临终乃叫苦苦，有院主致问推枕一篇机语，备载皇藏《传灯》诸录，而地藏恩、宝峰照、圆照本皆有颂，现刻《颂古联珠集》中，此天下古今所共睹者。今人特杀好奇，向虚空里架楼阁，不循其实，乃于马祖下幻出个天王悟来，将昙照机语，栽为天王悟事，乃首尾不漏一言，不差一字，此异事也。噫，世岂有两人同一州、同一机语复同一事迹，岂理也哉！乃又有翻刻《传灯》者，

竟将白马昙照削之南泉下，去了一嫡嗣，使白马一代龙象，寥寥无所闻。马祖下添入一伪嗣，使一百三十七同门嘿嘿无所识，其何所为而然欤，吾不得而知之也。试以询诸明眼。（同上书，第二编乙，第二十套，第四册，342页左）

此一段文断丘玄素之碑为伪作之第一证。

第十二节　第二证

又云：

《僧宝传》第四卷玄沙章末云石头之宗，至是遂中兴之。夫玄沙与云门为昆季同嗣雪峰存，存嗣德山鉴，鉴嗣龙潭信，信嗣天皇悟，悟嗣石头迁。觉范云石头之宗至是中兴，岂泛泛无据而然者。（同上书，342页左）

此一段斥慧洪言之矛盾者。

《景德传灯录》载马祖之嗣一百三十八人，内七十五人见录，六十三人无机语，语句不录，与《传法正宗记》所记同，初未见有所谓天王悟者。……夫集《传灯》者为道原，法眼二世孙，著《正宗》者为明教，云门四世孙，总龙潭七世孙也。其嫡子亲孙所自定之家谱不信，外此可信乎？（同上书，342—343页右）

此一段说《传灯》《正宗》之所以可信。

第十三节 第三证

又云：

> 澧州龙潭崇信禅师渚宫人，家卖饼为业，少而英异，初悟和尚为灵鉴潜请，居天皇寺，人莫之测。师居于寺巷，常日以十饼馈之云云，此《灯录》《会元》诸书所载如此。夫为灵鉴潜请者乃城东天皇道悟也，非假捏城西之道悟明矣。居于寺巷者乃城东天皇寺巷也，今荆南城东有天皇巷，非可泯灭，而城西之巷既无所谓天皇之名，则龙潭非天王之嗣明矣。……若丘《碑》所云，节使亲临迎衙供养者，则四事丰饶，贵显求见且不得，而铺家儿乃敢以十饼见渎耶？（同上书，343页右）

此一段证龙潭之嗣天皇道悟并否定天王道悟之存在。

第十四节 第四证

又云：

> 夫达观颖为谷隐聪嗣，寂于宋仁宗嘉祐四年己亥除夕。张无尽卒于宋徽宗宣和三年辛丑十一月，以辛丑上溯己亥，相去六十三载。使无尽寿年七十，当颖示寂之年仅七岁，即寿八十亦不过十六七岁，此正读书习举业时，孜孜于文章功名且未暇，而有暇于佛学乎？……按《无尽传》云，年十九应举入京，……后访同列得《维摩经》读之，始能信向佛乘，时年已二十有余

> 矣。……且无尽留心宗乘在晚年事。按传哲宗元祐六年辛未为江西漕见兜率悦于托钵话，疑甚，夜半触翻溺器，乃得彻悟，年当五十矣。……又其家住渚宫，渚宫在荆州，而城之东西天皇、天王既有碑碣，则道悟之一人、两人朝夕在无尽眉睫间，固可了了。然毫发不昧，又何必致疑道悟似有两人，又何必托辞曰后于达观处讨得丘符二碑始自信择法验人之不谬。且达观居金山去渚宫三千余里，岂有眼前碑碣反不去看考，乃区区远从数千里外人讨得？（同上书，343页左）

此一段为张无尽得《天王道悟碑》之反证。

第十五节　大宁之说

附《法门锄宄》之后，大宁序云：

> 考之史鉴编年，唐宰相年表与荆州郡乘，则丘玄素既为乌有，而碑文之伪，白日青天，可无疑矣。（同上书，344页左）

此《丘玄素碑》为伪作之一证也。

> 夫荆州城南固有天王土地堂，居民凡于事神具乡贯，则莫不曰城南天王土地堂祠下云云。若天王寺则从未闻也，……况城西天王者，以唐宋郡乘考之并未有也。而有之者但曰城东天皇寺，称荆南首刹，重兴为道悟禅师，乃龙潭信馈饼得法之地。《湖广全省志》第七十四卷载之甚详，与龙藏《传灯》诸书所记

无异。(同上)

此亦可为丘玄素之碑为伪作之一证。

第十六节　天王说之论据

列举上来二派之说既毕,试批判之,先言所见天王说之论据。

第一,《南岳碑》中有法孙之道悟之名。

第二,圭峰宗密之《宗趣状》、马祖之嗣中有道悟。

第三,马祖《塔铭》门人中有道悟。

第四,雪窦《塔铭》中有马祖下九世孙语。

第五,张无尽以《丘玄素碑》证明天王说。

第六,达观昙颖于五家宗派中引用《丘玄素碑》。

第十七节　嗣法不明之事情

抑石头马祖时代,尚未有确定师弟之嗣书的授受,若有之则二十八祖并传承的法系自必一目了然。至晚唐犹无嗣书,以是宗密著《圆觉大疏钞》二十八祖之列名与后世所传有别。惟六祖慧能以后废传衣,故以师资之证契为传法之证而已。而其证契,若学徒只参一师时,师承自易分明,参二师而得力,则传承之不明将不可免,决定之者只存于参徒之主观耳。加之当马祖、石头之时,天下之学徒竞见二师,多一人而为二师之参徒者,于是乎后之立传者不得不惑于取舍。如药山惟俨参二师而均有得力,故《唐伸碑》以嗣马祖,《宋传》等以为石头之嗣。

第十八节　天皇道悟参三师

天皇道悟亦然。悟最初谒径山之道钦有省，后游马祖石头之门，然而后之立传者难于决定三师之何属。南岳之碑、马祖之《塔铭》等有道悟之名者，以道悟为马祖参徒为人所知，不能以此为天皇道悟以外更有天王道悟之证。

宗密《中华传心地禅门师资承袭图》为答裴休之问者，现存《续藏经》第一辑第二编第十五套第五册，其中记有马祖门人江陵悟细注兼禀径山。江陵为荆州江陵府天皇寺之所在，悟是道悟，不别云天王道悟，禀径者天皇道悟，非天王道悟。《丘玄素碑》不云天王道悟之参径山可知。南岳之碑、马祖《塔铭》所载道悟，亦足察知为天皇道悟。

第十九节　天王论之唯一证据

天王论之唯一证据，《丘玄素碑》也。始为《丘玄素碑》引证者，达观昙颖之王家宗派也。换言之，即为禅门五派分裂开始以排他的宗派心论议之时。且在中国往往有伪作于自说有利之证文者，佛教徒亦不出此恶例，制作几多之伪经。然则达观昙颖之人格如何有调查之必要，颖果为如何人物耶？

第二十节　达观昙颖之人物

《续灯录》卷四云：

第十四章　五家法系之争论

　　润州金山达观禅师，讳昙颖，钱唐人也，姓丘氏。于龙兴寺投师出家受具，通贯竺书，博涉儒典，复参知识，体究真乘。后依慈照禅师法席，密契宗旨。三十余年，五迁大刹，道誉益崇，缁素忻仰。丞相王文康公曙、夏文庄公竦、节度使李公端懿端愿，咸扣玄关，敬以师礼。时录其语，目曰《登门集》。嘉祐五年正月旦日，升堂辞众，复归丈室，跏坐而灭。(《续藏经》，第一辑，第二编乙，第九套，第一册，42页左)

此只示现于表面之事实而已，尚不足以卜颖之心术。

第二十一节　昙颖之妄议

《人天眼目》卷五云：

　　僧自聪问达观颖和尚，曰："诸经论家多言西天自迦叶至师子尊者，祖师相传，至此断绝，其实如何？"答曰："吁如此说者，生灭心也。不知为法惜人，萤斗杲日，雀填沧海，枉劳形耳。且二十四祖师子尊者度婆舍斯多兼出达磨，其缘具在唐会稽沙门灵彻序、金陵沙门法炬所编《宝林传》，并据前魏天竺三藏支强梁楼《续法记》，具明师子尊者遇难以前传衣传法之事。从大迦叶为首，直下血脉第二十五祖婆舍斯多，二十六祖不如密多，二十七祖般若多罗付菩提达磨，即唐土初祖也。原支强梁楼三藏来震旦，抵洛阳白马寺时，即前魏帝道乡公景元二年辛巳岁也。师子入灭方二年矣，以是显知经论，诸师诬罔后昆。吁哉奈何？"(《续藏经》，第一辑，第二编，第十八套，第五册，442页左)

昙颖所谓前魏天竺三藏支强梁楼者,《高僧传》《出三藏记集》《历代三宝纪》等所载译家不见其名,其后历代经录中无支强梁楼译之经,只隋费长房于《历代三宝纪》卷五有支强梁楼译《法华三昧经》而已。颖与契嵩同时,而其说毫不异于契嵩《传法正宗论》。据《正宗论》,支强梁楼译出为书曰《续法传》,会拓跋焘毁教,支强之书遂逸,然则颖所谓《续法记》者,周武毁教之时,既逸而不传,颖又如何知其书中具明师子尊者传衣付法之事耶?据《正宗论》,支强梁楼于罽宾国闻师子尊者于遇害前遇达磨比丘而付法,此不过举口碑而已。《正宗论》又云支强译出众经及诸祖付授事迹,而历代经录无一部支强梁楼之译,支强梁楼之外亦无一人类似之姓名。《景德传灯录》西来年表后云二十八祖之付法出于梁宝唱之《续法记》。然而《续法记》之作,不载于宝唱之著书目录,《宝唱传》仅有《续法轮论》之题号而已。假令《续法轮论》亦阙而不传,则昙颖恰如实见支强之书公言不惮,其独断可恕,其厚颜无耻奈何?

第二十二节　昙颖之盲说

其次昙颖断言以支强东来为前魏景元二年辛巳,方师子入灭已后二年。《正宗论》云支强遂以前魏陈留王曹奂之世至于洛阳初馆白马寺,此亦不过臆说。古来不传支强梁楼之名,安有其本传,所云曹奂之世既为无证之臆说,何况断定为景元二年?颖以景元二年为师子灭后二年,此基于《景德传灯录》卷二师子入灭当魏齐王二十年己卯。《传灯》纪年颇杜撰,魏齐王即邵陵王厉公芳,其在位从正始元年庚申至嘉平五年癸酉不过十四年,己卯相当于高贵乡甘露四年,以师子入灭为甘露四年,一无史籍之确证,出于道原臆断。颖合道原杜撰之纪年与契嵩泛尔之叙说,妄断支强渡来方师子入灭后二年,颖为贯彻自家主张所筑空中楼阁如是。

第二十三节　昙颖之厚颜无耻

又云:

问曰:"《传法偈》无翻译,暨《付法藏传》中无此偈,以致诸家多说无据,愿垂至诲。"答曰:"噫,子孙支分是非蜂起,不能根究耳。只如达磨未入此土,已会唐言,何以知之?初见梁武时,对问其事即可知矣。后又二祖考大师十年侍奉,以至立雪断臂,志求祖乘,至勤诚矣。后达磨告曰:'吾有一袈裟付汝为信,世必有疑者,云吾西天之人,子此土之子,得法实难信,汝当以吾言证之。'又云:'自释迦圣师至般若多罗,以及于吾,皆传衣表法,传法留偈。吾今付汝偈曰:吾本来兹土,传法救迷情。一花开五叶,结果自然成。'因引从上诸祖偈一一授之,内传法印,以契证心,外付袈裟,以定宗旨。以此则知达磨付二祖诀矣,此乃单传口授,何暇翻译哉!"(同上书,443页右)

既已道破七佛以来所传付法之偈为不可能事,如昙颖云达磨西来之先已解唐言,亦太甚不稽。达磨在西天日,未遇一中国人,其与梁武问答,亦当有译语者之介,不必要直接对问。二祖可大师奉侍达磨十年,此亦妄谈。《传灯》谓达磨以梁普通八年丁未来中国,以后魏孝明帝太和十九年丙辰入灭,从丁未至丙辰计十年,颖似准此说,而《传灯》之纪年全然谬妄,契嵩既尽指摘,又云达磨付法之际引一一诸祖之偈授之，昙颖有何神力得目睹达磨付法之状耶？古今诸录未曾有如是独断，颖之为铜头铁面，如何公言人物可知矣。

第二十四节　昙颖之无识

又云：

> 问曰："天台尊者一心三观法门，与祖师意如何？"答曰："子若不问，吾难以言也。吾尝见教中云：吾有正法眼藏，付嘱大迦叶。"（同上书，443页右）

大小乘经中无"正法眼藏"成语，唯散见禅家之诸录耳。而颖称教中有之，当为佛教经卷以外之教，颖何不知惭愧之太甚耶？

第二十五节　昙颖之宗派的偏见

又云：

> 问曰："自达磨至此土，因何诸祖师言教与西天诸祖洎六祖以上不同。牛头一宗，北秀荷泽、南岳让、青原思言句渐异，见解差殊，各党师门，互毁盛至，如何得息诤去？"答曰："怪哉此问！且祖师来此土，如一树子就地下种，因缘和合而生芽也。种即达磨并二祖也。枝叶即道副总持道育之徒也。洎二祖为种，三祖为芽，乃至六祖为种，南岳让为芽也，其牛头、神秀、荷泽等，皆枝叶耳。"（同上书，443页左）

看！颖以南岳为芽，排其他为枝叶。由颖观之，南岳根本也、嫡子也，他皆枝叶也、庶出也，此非党其师门而谓何？至正旁之论全无意义。由青原下观，青原为正系，南岳为旁系；由南岳下观，南岳为正系，青原为旁系，正旁果有何意义哉！要之，昙颖之人格为贯自家之主张如何伪证均可提出。又颖有宗派的偏见而作五家宗派，引用《丘玄素碑》，以云门、法眼二宗，从青原下分离而属之于南岳下。

第二十六节 丘玄素之存否不明

事情如是，则丘玄素之碑文，将不可遽信。第一，丘玄素何人耶？称为唐正议大夫、户部侍郎、荆南节度使，按《新唐书·百官志》，正议大夫是正四品下，户部侍郎是户部尚书次官，同为正四品下，可称显官。节度使是地方驻在武官，其任务重大，历代帝纪多记其任免、死亡等。丘玄素任如是大官且带重任者，而新旧《唐书》列传中逸其名，且不见于元和以后帝王本纪所记节度使中。由于丘玄素人物之存否不明，其碑亦可疑。

第二十七节 无天王寺其物

第二，《丘玄素碑》虽明记荆南城西天王寺，唐宋郡乘中不载其名，荆州城南唯有天王土地堂，而城南非城西，此大宁调查之结果也。

第二十八节 丘玄素之碑伪作也

第三，丘玄素之碑乃南泉普愿门人《昙照传》所改作者。《景德

《传灯录》卷十云：

> 荆南白马昙照禅师常云快活快活，及临终时叫苦苦。又云："阎罗王来取我也。"院主问曰："和尚当时被节度使抛向水中，神色不动，如今何得恁么地？"师举枕子，云："汝道当时是，如今是？"院主无对。(《大藏经》，第三十套，第九册，868页右)

《丘碑》云：

> 师常云快活快活，及临终时叫苦苦，又云："阎罗王来取我也。"院主问云："和尚当时被节度使抛向水中，神色不动，如今何得恁么地？"师举枕子，云："汝道当时是，如今是？"院主无对，便入灭。(上揭《五灯会元》细注)

《传灯》出世后，有达观颖始引《丘玄素碑》唱有天王道悟，道悟与昙照共住荆南，共为节度使抛向水中，共常云快活快活，共临死叫苦苦，共云为阎罗王所取，共被院主问着，共云当时是如今是而入灭，如是云云谁不发一笑耶？将《昙照传》一字一句不改而用之，作者之厚颜无耻，使人惊绝。

第二十九节　龙潭之传与天王无关

即使《丘玄素碑》无可疑之余地，天王道悟之传与其法嗣龙潭崇信之传不相连络奈何？《崇信传》所谓天皇不能谓为天王之误，何则？即观普济所著《五灯会元》卷七所传崇信，初悟为灵鉴潜请居天皇寺，云受灵鉴之请来天皇寺废址者天皇道悟也，崇信参见此道悟而了大事，非谓有他之天王道悟而参之非乎？据崇信之传，信与天皇道悟云者无何等关系。唯《丘玄素碑》之末尾，有"嗣法一人，曰崇信龙潭也"十字而已。然而论者徒止喋喋于天王，而不顾师资传记之不一致连络，作为史论所不可取，天王说之证凭，其薄弱如此。

第三十节　天皇说之佐证

然则反对论之证据如何？

第一，《雪峰语录》自明言传石头之道法。

第二，《钦山传》举天皇龙潭为德山之祖。

第三，《神晏语录序》记晏为石头五世。

第四，契嵩列天皇道悟于石头下。

第五，《龙潭传》明记嗣天皇道悟。

第六，《丘玄素碑》为南泉门人，《昙照传》所改作者。

第七，宋慧洪之言前后矛盾。

第八，张无尽讨得《丘玄素碑》为伪妄事。

第九，荆南城西天王寺其存在不明。

第三十一节　《余集生论》尚欠妥当

就以上九条证据下公正批判。第一，余集生断言丘符二碑共为伪作尚欠妥当，符载之碑无何等可疑，符载之名见《新唐书》卷六十《艺文志》，其碑亦与诸传一致，岂可与《丘碑》同日而论哉！

第三十二节 雪峰之言可信

雪峰对忠懿王明言其师承,恰如宗密对裴休相国叙其师承,自然之势也。而雪峰之言明明白白云其道法传自石头、德山,一点不容拟议。雪峰嗣德山,德山嗣龙潭,龙潭嗣天皇道悟,道悟嗣石头,雪峰一言证成之而有余,然而雪峰之言与《丘碑》矛盾不相容,至是《丘碑》之误可断言。

第三十三节 王谷之说

《五灯严统目录》卷上录孝廉王谷《宗门正名录》考证禅灯世谱宗派说,其中云:

> 愚谓雪峰嗣德山,而及于石头者,盖雪峰三登投子,九上洞山,于洞山之法,亦曾染指。而洞山之祖为石头,因而及之。见得传此法门不止于本宗本师耳。一时泛论之见,原非叙述法脉,何得即认为石头之裔耶?且取信当从其众者,又何可以石头二字,而扫抹诸家之文献耶?(《续藏经》,第一辑,第二编乙,第十二套,第一册,6页左)

王谷之论以雪峰之言不叙法脉,只泛尔言德山、石头而已。雪峰之言述其师承殆不可否定,何则?山僧自从先德山、石头已来传此秘密法门。雪峰之为此言,乃对闽王而述所信自己法门之由来,为何泛然举他家之宗师耶?王谷之诡辩狐尾露见。又难以石头二字而扫抹诸家之文献。天王说《丘玄素碑》以外，无一确实之佐证。如南岳《马祖碑》，与宗密《宗趣状》同，不过以天皇道悟为马祖之参徒，不足以为天皇以外有天王之证。《丘玄素碑》中，可为真证据唯末尾之嗣法云云十字而已。王谷逆用论法，何得以嗣法云云十字而扫抹《宋传》《传灯》《正宗》《续灯》《联灯》之文耶？况于《雪峰语录》有如可以粉碎《丘碑》之确证耶？

第三十四节　第二之论据

第二论据即《钦山传》非有力的验证。钦山问德山云："天皇也恁么道，龙潭也恁么道，未审德山怎作么生？"此非欲示德山之法系而发言，单只暗示德山与天皇龙潭有亲密之关系，然其与《雪山语录》相符合之一点，不失为一个旁证。

第三十五节　第三之论据

第三论据是雪峰之嗣神晏，《语录》序中明记以晏为石头五叶之孙。此序成于五代宋，《传灯录》《宋高僧传》等尚未成，有证明雪峰法系出自石头之价值。立言之动机是神晏示师承原由以取信于后世，非可与达观颖以宗派心引证《丘碑》者同日而论。

第三十六节　第四之论据

第四论据是契嵩著《正宗论》并《正宗记》，订正《宝林传》《传灯录》之误谬，在明禅之系统中，以天皇道悟为石头之嗣。此契嵩止于认《传灯》之《天皇道悟传》为无差误，而非有加于破天王说之新证据。

第三十七节　第五之论据

第五论据是指摘《龙潭崇信传》与《天王道悟传》之缺乏连络，如《天王》《龙潭》俨存师资相承之事实，则《天王》《龙潭》二传非有一致连络不可。然而《龙潭传》，无一语言及天王道悟，此全无连络也。且《龙潭》明记其嗣天皇道悟，此全阙一致者，元贤《龙潭考》之骨子在此。

第三十八节　第六之论据

第六论据，丘玄素之《碑》断为伪作其明证也。《丘碑》本于《昙照传》附加以与《天皇道悟传》相类似之事项。天皇寺道悟，天王寺道悟；荆南城东，荆南城西；天皇十四出家，天王十五出家；天皇三十三参马祖，天王三十四参马祖；天皇元和二年寂，天王元和三年寂。

第三十九节　第七、第八之论据

第七论据是慧洪《僧宝传》中，以玄沙为石头下之中兴，然洪于《林间录》如疑天皇、天王有二人，故其说矛盾，难信，为证不足。

第八论据有二效用，达观颖住金山，距道悟住处江陵府三千里，所云颖得道悟之碑事实上可疑。又张住江陵，《天皇碑》在目睫之间，然而云从三千里外之颖得之，实不可信。

第四十节　关于张无尽之伪证

且无尽卒于宋徽宗帝宣和四年,龄七十七,详见《普灯录》卷二十三。然昙颖入灭时(宋仁宗帝嘉祐四年昙颖寂)正十四岁小童,何得评诸方之宗师耶?

第九论据是唐宋之郡乘中,无荆南城西天王寺,只有城东天皇寺,是得间接为《丘碑》伪作之证。

第四十一节　结　论

要之,天皇道悟是一个假托之人物,其碑记为达观昙颖或同时人之伪作。颖唱此妄说六百有余年,是非纷然不知所究极。《法门锄宄》一出,从根本打破伪妄,净符之功大也。斯妄人而为妄论所以亘六百有余年之久者,由于称禅匠辈,我见为先,多以凌人谩他为大机大用者。且如《传灯》一任之蠹鱼而不阅之罪也。从宋至清为禅师者几百千人,而无一人依《传灯》考证《丘碑》之伪谬,使净符当其任,可叹哉!据大宁《法门锄宄序》,有僧水鉴者于荆州城南御路口,买孔蔚然文学宅基,构庵上古天王寺之额,诬惑众愚,妄愚奸谲,一何至是耶?吾国虎关亦《丘碑》《唐碑》云云,无眼子之言,与史实何涉哉!

第十五章　圭峰宗密之禅

与药山惟俨同时有圭峰宗密，宗密之禅出自荷泽神会。密博涉经论，深探华严一乘之秘賾。以是唱导禅教之一致，不但以禅旨判释佛教，且尽说明万有。其思想有系统、有组织，理路井然，盖于有统一的头脑之点，为达磨以后第一人。其言谓一切众生有本觉之其心，此为众生迷悟之源泉，又万有之根本也。此心本来清净，而无漏之智性本自具足。此心即佛也。百千三昧、无量妙义皆从此出。

第一节　圭峰宗密

宗密姓何，果州西充人，幼修儒学，长而听习经论，二十五出家。《圆觉经大疏钞》卷一之下宗密自云：

> 即七岁乃至十六七为儒学，十八九、二十一二之间素服庄居，听习经论，二十三又却全功专于儒学。乃至二十五岁，过禅门，方出家矣。(《续藏经》，第一辑，第十四套，第三册，222页右)

乃知宗密出家为唐德宗帝贞元十九年二十五岁。《宋高僧传》卷六、《景德传灯录》卷十三等云元和二年出家者，误也。密受业之师为遂州大云寺道圆。《圆觉经大疏钞》卷一之下云：

> 遂州在涪江南西岸。宗密家贯果州，因遂州有义学院大阐儒宗，遂投诣进业。经二年后，和尚（道圆）从西川游化至此州，遂得相遇，问法契心，如针芥相投也。（同上书，222页左）

第二节　宗密关于法系之异说

道圆师弟之法系如下：

六祖慧能——荷泽神会——磁州智如——益州南印——遂州道圆——圭峰宗密。

以上据宗密为裴休所记《禅门师资承袭图》。在《景德传灯录》卷十三，磁州智如作磁州法如。又益州南印为荷泽之直弟，荆南惟忠（亦名南印）为法如之嗣，均不载其传。宗密为沙弥时，一日感得《圆觉经》，密自叙云：

> 宗密为沙弥时，于彼州，因赴斋请，到府吏任灌家。行经之次，把著此《圆觉》之卷，读之两三纸，已来不觉身心喜跃，无可比喻，自此耽玩，乃至如今。（同上书，223页右）

第三节　宗密之教学研究

由是游方，检讨《圆觉经》诸疏，又闻其讲说数年，未满所怀，仍寻研华严法界观门，更涉江山，以元和五年抵襄州，于恢觉寺遇灵峰。峰清凉澄观之门人，时寝疾，授宗密以《华严》之疏，乃夙夜精研，豁然开悟，禅教二者无不通怀。讲演一遍，听众数十人。翌元和六年往东都且留永穆寺，徒众来集再请讲述。同年九月七日讲毕，听徒有泰恭者欣遇妙法，至断臂以表其恳诚。密直使小师玄珪智辉致书澄观，陈师资之礼，后入都事观，请益数年。还住鄠县终南山智炬寺，遍阅《大藏经》三年，长庆元年正月退居终南山草堂寺，未几复入圭峰兰若。文宗帝太和二年征入内，赐紫衣为大德。开成五年（840）寂，道俗全身奉圭峰而荼毗，寿六十有二。以圭峰之名为世名。《宋高僧传》等记会昌元年入灭，今据裴休撰《传法碑》。

第四节　宗密之人物

裴休《传法碑》见《隆兴编年通论》卷二十五。同书同卷云：

> 太和末，宰相李训、郑注谋诛宦官，不克事败，训走终南山，依密禅师。其徒惧祸不内，密独保庇之，事急，训奔凤翔，为罗卒所获，宦官仇仕良以密匿训，追至将杀之。密怡然曰："与训游久，吾法遇难即救，死固其分也。"仕良壮其不挠而释之。（《续藏经》，第一辑，第二编乙，第三套，第四册，337页右）

《新唐书》卷一百七十九《李训传》详载之，可知宗密之为人。

第五节　宗密之著述

依裴休之《传法碑》及《宋高僧传》卷六，宗密所著书有《圆觉》《华严》《涅槃》《金刚》《起信》《唯识》《盂兰盆》《法界观》《行愿经》

等经疏、礼忏修证、图传、纂略及《禅门诸诠集》等。就中《原人论》《注华严法界观门》《佛说盂兰盆经疏》在《大藏经》第三十四套十册。《华严经行愿品疏科》《华严行愿品疏钞》在《续藏经》第一辑第七套第五册。《圆觉经大疏》在同第十四套第二册。《圆觉经大疏释义疏》在同第三、四、五册及第十五套第一册。《圆觉经略疏科》《圆觉经略疏》《圆觉经略疏之钞》在同册及第二、三册。《金刚经疏论纂要》在同第三十八套第四册。《起信论疏注》在同第七十一套第五册。《圆觉经大疏钞科》在同第八十七套第四册。《华严心要法门注》《禅源诸诠集都序》《注华严法界观科文》在同第一辑第二编第八套第四册。《中华传心地禅门师资承袭图》在同第十五套第五册。《圆觉经道场修证仪》收入同乙第一套第四册。

第六节　宗密思想与澄观之影响

宗密思想是将荷泽之禅与澄观之教打成一团者。荷泽之禅前节既详之。澄观者天纵多能，从三论、律、天台教观、华严法门等，以至经、传、子、史、梵书、四围、五明、咒术无不博综。澄观之于禅，谒牛头山之法融，参径山之道钦，又见洛阳之无名。《景德传灯录》卷十三举五台山无名为荷泽神会之嗣，举五台山清凉寺澄观为五台山无名之嗣。宗密《禅门师资承袭图》亦于神会之嗣中举浮查无名，无名之嗣中记华严疏主。华严疏主勿论是指澄观，可知澄观乃接牛头、荷泽之禅，以是观心要处，与禅家其旨一揆也。

第七节　澄观之心要法门

唐顺宗帝（在位一年，805年）在东宫时，使苏明俊至清凉寺问法，观为述《心要》云：

> 至道本乎其心，心法本于无住，无住心体，灵知不昧。性相寂默（默一作然）包含德用，该摄内外，能广能深，非有非空，不生不灭，求之而不得，弃之而不离，迷现量则惑苦纷然，悟真性则空明廓彻。虽即心即佛，惟证者方知。然有证有知则慧日沉没于有地，若无照无悟则昏云掩蔽于空门。但一念不生则前后际断，照体独立，物我皆如，直造心源，无知无得，不取不舍，无对无修，然迷悟更依，真妄相待。若求真去妄，犹避影劳形（避一作弃），若体妄即真，似处阴影灭。若无心忘照则万虑都捐。若任运寂知则众行圆起（圆一作爱），放旷任其去住，静鉴见其源流（见一作觉），语默不先玄微，动静岂离法界（岂一作不），言止则双亡知寂，论观则双照寂知，语证不可示人，说理非证不了，是以悟寂无寂，真知无知，以知寂不二之心，契空有双融之中道，无住无着，莫摄莫收，是非两亡，能所双绝，斯绝亦绝（寂），般若现前。般若非心外新生，智性乃本来具足，然本寂不能自见（见一作现），实由般若之功。般若之与智性翻覆相成，本智之与始终（终一作修），两体双绝，证入则妙觉圆明，悟本则因果交彻，心心作佛，无一心而非佛心，处处证真（证真一作成道），无一尘而非佛国，真妄物我举一全收，心佛众生炳（炳一作浑）然齐致，迷则人随于法，法法万差而人不同，悟则

第十五章　圭峰宗密之禅

法随于人，人人一致（致一作智）而融万境。言穷虑绝，何果何因，体本寂寥，孰同孰异？唯忘怀虚明，消息冲融，其犹透水月华，虚而可见，无心鉴象照而常空矣。（《续藏经》，第一辑，第二编，第八套，第四册，303—304页）

澄观之《心要》法门有宗密之注，上记其本文耳。《景德传灯录》卷三十、《联灯会要》卷三十等所载与此少异，由是观之，澄观亦一个禅师，与算沙之法师有云泥之别。

第八节　宗密之真心

宗密以真心为万法之大本。其言云：初唯一真灵性耳，凡夫迷睡而隐覆之，故真妄和合成阿赖耶识，此识有觉、不觉二义，依不觉故生念，妄执自他心境之差别。于是乎作业受生，从心境共生一念不觉之妄动。远离不觉则本觉现前，一真灵性而已。宗密《原人论》所说不出此外。

此真心亦称总该万有心。《华严经普贤行愿品疏钞》卷二云：

> 一心为体，总该万有，即是一心者，直指真界之体也。然此心非佛非生，非真非妄，虽非一切而为一切根本。（《续藏经》，第一辑，第七套，第五册，422页右）

第九节　真心者万法之源也

《禅源诸诠集都序》卷一又云：

此真性,非唯是禅门之源,亦是万法之源,故名法性,亦是众生迷悟之源,故名如来、藏识(出《楞伽经》)。亦是诸佛万德之源,故名佛性。亦是菩萨万行之源,故名心地(《梵网经心地法门品》云:是诸佛之本源,是菩萨道之根本,是大众诸佛子之根本)。(《续藏经》,第一辑,第二编,第八套,第四册,306页左)

如此真心为一切有形无形之大原,则非虑知觉察之心,《起信论》所云心体离念,离心缘相者是也。《圆觉经大疏钞》卷五之上云:

然唯心之言,浅深有异。若法相宗,言唯心者,心但是有,为心识缘虑,积集了辨,别境为相,即是此上来云:一切唯识是也。若法性宗,云唯心者,直是真如之心,无为无相,离诸缘虑分别,亦唯一心。故《起信论》云:心真如者,即是一法界大总相体云云,乃至离言说名字相,虽心缘相,毕竟平等,无有变易,不可破坏,唯是一心,故名真如。(《续藏经》,第一辑,第十四套,第三册,212页)

第十节 真心者无念也

然则真心者无念,无念之心、无想之心是真心也。虽然非如木石之无心,同书亦云:

寂而能知也。寂者即是决定之体,坚固常定,不喧动、不变易之义,非空无之义。……知者谓体自知觉,昭昭不昧。……

> 故清凉大师云灵知不昧，性相寂然。……此《经》云：圆觉普照（知也），寂灭无二（寂也）。《璎珞经》说，等觉照寂，妙觉寂照。《金光明经》《摄大乘论》说，佛果无别色声功德，唯如如（寂也）及如如智（知也）独存。荷泽云："即体而用自知，即知而体自寂，名说虽差，体用一致。实谓用而常寂，寂而常用，知之一字，众妙之门，恒沙佛法，因此成立。"（同上书，213页右）

由此说则真心无念、灵昭不昧，恰如宝镜之无心而照万象。故心而非心，何况境耶？有而非有，况空无耶？离有无、亡心境故曰绝对心。

第十一节　真心者绝对心也

同书亦云：

> 此心非有无二边，故非外。二边既遣，中道亦亡，故非中。非中非边，是绝对灵心也。（同上书，210页右）

绝对灵心即是佛法身也，故明言：

> 真心体即是法身。（同上书，219页左）

此灵心在一切众生心中，犹如水之存于万物中，故同书引《华严经》云：

> 又据《华严出现品》，有大海潜流四天下地，喻佛智遍入众

生身心。文云：佛子譬如大海，其水潜流四天下地及八十亿诸小州中。有穿凿者，无不得水。而彼大海，不作分别我出于水。佛智海水，亦复如是，流出入一切众生心中。若诸众生，观察境界，修习法门，则得智慧清净明了，而如来智平等无二，无有分别，但随众生心行异故，所得智慧，各各不同。（同上书，卷一之下，229页左）

宗密之说真心，大约如是。

第十二节　五种之禅

密明确区别达磨门下之禅与他门之禅。《禅源诸诠集都序》卷一云：

带异计欣上厌下而修者，是外道禅。正信因果，亦以欣厌而修者，是凡夫禅。悟我空偏真之理而修者是小乘禅。悟我法二空所显真理而修者，是大乘禅。（上四类皆有四色四空之异也。）若顿悟自心本来清净，元无烦恼，无漏智性本自具足，此心即佛，毕竟无异，依此而修者，是最上乘禅，亦名如来清净禅，亦名一行三昧，亦名真如三昧，此是一切三昧根本。若念念修习，自然渐得百千三昧，达磨门下辗转相传者是此禅也。达磨未到，古来诸家所解，皆是前四禅八定，诸高僧修之，皆得功用。南岳天台令依三谛之理，修三止三观，教义虽最圆妙，然其趣入门户次第，亦只是前之诸禅行相。惟达磨所传者，顿同佛体，迥异诸门。（《续藏经》，第一辑，第二编，第八套，第四册，306页左）

达磨门下之禅，顿悟真心，直同佛体，而成解脱安乐，此正佛教之大目的也，此外更有何佛法哉!

第十三节　禅教之和会与禅之三宗

然当宗密之时，禅教相反目，修心者以经论为别宗，从讲说者以禅门为别法，惑之太甚也。密忧之为和会禅教，判释云禅有三宗，教亦有三种：

一、息妄修心宗；二、泯绝无寄宗；三、直显真性宗。

一、密意依性说相教；二、密意破相显性教；三、显示真心即性教。

一、息妄修心宗云者，众生虽有佛性，为无始妄想所覆，故见性不了了，轮回生死，故须远离愦闹，静坐闲处，注心一境，止息妄念。妄尘尽则佛性之宝鉴明矣。北渐诸师、牛头、天台等之方便门是也。

二、泯绝无寄宗云者，一切诸法本来空寂，生死涅槃如昨梦。无法可修，无佛可作，如此了达则本来无事，心无所寄，方免颠倒，始名解脱。石头、牛头、径山诸师皆示此理。

三、直显真性宗云者，说一切诸法皆是真性，此有二：(1)一切言语动作，善、恶、苦、乐等即是佛性，本来是佛，天真自然，无道可修，无恶可断，任运自在，方名解脱；(2)妄念本寂，尘境本空，空寂之心灵知不昧，是即真性也。寂知、知寂无念是宗，此二者皆会相归性，故同为一宗，荷泽等之禅是也。

第十四节　教之三宗

次教门三种云者:

一、密意依性说相教。此中自有三类:一人天因果教,说生于人间天上之善恶因果;二断惑灭苦乐教,由于三界生死从惑作业,故说断惑而永出三界;三将识破境教,说阿赖耶识是一切诸法根本,识之外部都无实法,三界唯识,无我无法,依此唯识观,断诸障以证菩提。上三类中,第三与禅之息妄修心宗合。何则息我法二执妄念,修唯识之心也。达磨以壁观教人,说外止诸缘,内心无喘,心如墙壁,可以入道。又四祖道信数十年中,胁不至席,息妄修心之行,岂可毁哉!

二、密意破相显性教。在唯识教,以外境为空,内识为有,且心不孤起,境不自生,心境相依而始似有,若境既空,则空亦空。一切诸法皆是虚妄,无可执,无可着,是为道行。此教与禅之泯绝无寄宗同。

三、显示真心即性教。一切众生有真心,本来清净常住不灭。《华严经出现品》云佛子无一众生而不具有如来智慧,但以妄想执着而不证得。此教同禅之直显真性宗。以禅之三宗对教之三种无一不合,而教不出三种之外,禅亦不出三宗之外,教禅之一致大约如斯。以上《禅源诸诠集都序》卷二之大意。

第十五节　空宗与性宗

宗密更言及空宗、性宗之差别云:空宗名诸法之本源为性,性宗目之为心，如《胜鬘经》之自性清净心、《起信论》之一心、《楞伽经》之坚实心是也。性宗所说本性，不但空寂，而乃自然常知。次空宗以诸法无性为性，性宗以灵明不空之体为性。

次空宗以分别为知、无分别为智，智深知浅。性宗以能证圣理之妙慧为智，以该于理智、通于凡圣之灵性为知，知通智局。

以空宗以有我为妄、无我为真。性宗以无我为妄、有我为真。

次空宗多用遮诠，云非有非空、不生不灭等。性宗用遮诠、表诠二者，云灵鉴、光明、昭昭、惺惺等。今时学人闻遮诠之言而深思，闻表诠之言而谓浅者，误也，非心非佛岂得较即心即佛深哉！

第十六节　宗密之结论

宗密结论云：

> 三教三宗是一味法，故须先约三种佛教，证三宗禅心，然后双忘心佛俱寂。俱寂，即念念皆佛，无一念而非佛心。双忘，即句句皆禅，无一句而非禅教。如此则自然闻泯绝无寄之说，知是破我执情。闻息妄修心之言，知是断我习气。执情破而真性显，即泯绝是显性之宗。习气尽而佛道成，即修心是成佛之行。顿渐空有，既无所乖，荷泽、江西、秀、能岂不相契。若能如是通达则为他人说，无非妙方，闻他人说，无非妙药，药之与病，只在执之与通。故先德云：执则字字疮疣，通则文文妙药，通者，了三宗不相违也。（《续藏经》，第一辑，第二编，第八套，第四册，315页右）

又宗密以不立文字、熟语为达磨之真说。《圆觉经大疏钞》卷三之下云：

> 以心传心者，是达磨大师之言也。因可和尚谘问："此法有何教典？"大师答云："我法以心传心，不立文字。"（《续藏经》，第一辑，第十四套，第三册，275页左）

此可疑，上代祖师未谓此事，宗密时代之传说必也。

第十七节　坐禅法

宗密有坐禅法之著，收入《圆觉经修证仪》卷十七、十八。在台宗，隋智颛既有禅波罗蜜次第法门、大小止观之作，禅门尚未作坐禅仪，宗密之坐禅法为其嚆矢。密所说多效天台，别无创见。坐禅法分八门，今举其大旨：

第一，总标。行者有慧无定，如风中之灯，如何证真理？有定无慧，如有足无目，有定无慧则愚而狂。论云：见画跏趺坐，魔鬼尚惊怖，何况入道之人，不端身倾动哉！

第二，调和。此有五：一调节饮食，二调节睡眠，三调身，四调息，五调心。

一、调节饮食。饮食不过多过少，避秽浊毒害之物，经云：身安道隆，饮食知节量，常乐在闲处，心静乐精进，是名诸佛教。

二、调节睡眠。睡眠是无明惑障之所覆，调伏之则神情清白，可使心栖圣境。

三、调身。至绳床安坐，宽正衣带，左脚置右陛上，此半跏坐也。

更右脚安左脚上，此全跏坐也。次左掌置右手上，安之左脚上，次挺动其身七八反，正身端直，肩骨相对，鼻与脐对。次开口放出胸中秽气一乃至三四。次闭口唇齿相拄，舌向上腭。次闭眼使阻断外光。要之不缓不急，当知是调身之相也。

四、调息。息之出入有声者风也，出入之息结滞而不通者喘也。出入之息不细者气也。当知风喘气者不调之相。无声、不滞、不粗，出入绵绵，如存如亡，资神安稳，情抱悦豫，此调息之相也。

五、调心。心昏沉时，系念鼻端而调治。心浮散时，系念脐轮而调治。不昏不浮，是调心之相也。欲出定时开口放气，微微动身，安详而起。

第三，近方便。前之调和乃习禅之资，息妄之术，远方便也。近方便有五：一欲，得一切智慧清净法门之志愿也。二精进，昼夜专精也。三念，念世间者欺诳也，禅慧者尊贵也。四巧慧，分别世间与禅慧之得失贵贱。五一心，念慧分明，心如金刚。

第四，辨魔。坐中有天像、菩萨像之现，有如来相好具足而说陀罗尼；有发宿命知，知过去之事；有得他心智；有得自然香美之饮食，皆是魔事也。

第五，治病。病有二种，一曰大增损病，二从五脏生病。治之之法有多种。有师云安心病处时病自除。有师云心止于脐下一寸丹田则病治。有师云常心止于足下则病治。有师云观诸法虚无，不取病相则病除。如《杂阿含》治禅病秘七十二法中广说。

第六，正修。此修止观也。止有二，事止、理止是也。事止者心系脐间、鼻端等使不散乱。理止者观诸法无自性而妄念止，又观三界唯心闭外驰之心，或观诸法本源为寂然无为而妄念止息。观亦有二，事观、理观是也。事观者如以不净观治淫欲，以慈心观治嗔恚。理观者如《璎珞经》说，一从假入空观，二从空出假观，三中道正观。

第七，善根发。有二种：一外善根发相，所谓布施、持戒、孝顺父母等；二内善根发相，所谓诸禅法门、善根开发也。诸禅法门者数息、不净、慈心、念佛、因缘等三昧也。

第八，证相。行者修止观时，一切诸法由心而生，求心不可得，毕竟空也。了知上无佛果可求，下无众生可度，是谓从假入空观。若住此观则坠声闻乘。心性虽空对缘而出生一切诸法，既有诸法，有见闻觉知，有众生根性差别不同，故了知当以无量方便化度之，是谓从空入假观。于止观中智慧之力多虽见佛性不明了。以上二观，方便观非正观。心性非空非假，全空而假，圆假而空，此中道正观也。既于自心中见中道，于一切诸法亦尔。正观者见佛性了了，自然流入萨婆若海。

第十八节 《盂兰盆经疏》与施饿鬼之实行

宗密作《盂兰盆经疏》，说释氏之孝以对儒士之孝。然其动机，出于早岁丧亲之哀。同疏序说云：

> 宗密罪衅早年丧亲，每履雪霜之悲，永怀风树之恨。窃以终身坟垄，卒世蒸尝，虽展孝思不资神道，遂搜索圣贤之教，虔求追荐之方。得此法门实是妙行，年年僧自恣日四事供养三尊，宗密依之修崇，已历多载。（《大藏经》，第三十四套，第十册，933页左）

可见宗密自多年实行盂兰盆会后制其疏也。西晋竺法护译出此经，至梁武帝大同四年，幸同泰寺设盂兰盆斋事，见《佛祖统纪》卷三十八。此中国盂兰盆斋之权舆也，在禅门以宗密为始，本疏中比较儒释论孝之异同最详。

第十九节　裴休之参禅

继承宗密思想而有泻瓶之誉者河南裴休。休仕宣宗帝为相国，休《传》云：

> 家世奉佛，休尤深于释典。太原、凤翔近名山，多僧寺，视事之隙，游践山林，与义学僧讲求佛理。中年后不食荤血，常斋戒屏嗜欲，香炉贝典不离，斋中歌赞以为法乐。（《旧唐书》，卷一七七）

可以知休如何醉心佛教。裴休虽参扣诸方宗师，最亲受提携者宗密也。宗密著书无一无休序。如《注华严法界观门序》中所道破：

> 法界者，一切众生身心之本体也。从本已来，灵明廓彻，广大虚寂，唯一真之境而已。无有形貌而森罗大千，无有边际而含容万有，昭昭于心目之间而相不可睹，晃晃于色尘之内而理不可分，非彻法之慧目，离念之明智，不能见自心如之灵通也。（《大藏经》，第三十四套，第十册，888页右）

举宗密之宗旨而丝毫无差。

第二十节　黄檗与裴休

会昌二年休为钟陵刺史,一日入龙兴寺,时有黄檗希运,混劳侣而洒扫殿堂,休观壁画乃问主事僧:"是何图相？"曰:"高僧真仪。"休曰:"真仪可观,高僧在什么处？"僧无对。休曰:"此间有禅人否？"曰:"近有一僧投寺执役,颇似禅者。"曰:"速请来。"于是遽寻希运。休睹之欣然曰:"休适有一问,诸德吝辞,今请上人代酬一语。"运曰:"请相公垂问。"休即举前问。运高声曰:"相公。"休应诺。运曰:"在什么处？"休当下如得髻珠。曰:"吾师真善知识也。"因延请运住黄檗山参问玄旨。及大中二年休镇宛陵,请运住开元寺。

第二十一节　《劝发菩提心文》

一日裴休在洪州大安寺,问诸大德曰:"罗睺罗以何为第一？"曰:"以密行为第一。"休不肯,乃问:"此间有何禅客？"时龙牙居遁在后园种菜,遂请来问:"罗睺罗以何为第一？"遁曰:"不知。"休便拜曰:"破衣裹真珠。"休具一只眼大率如是。休之《劝发菩提心文》,为道俗之龟鉴,收入《续藏经》第一辑第二编第八套第四册。

第十六章　沩山与仰山之宗风

唐武宗（在位六年，841—846年）虽以会昌五年（845）排毁佛教，及宣宗（在位十三年，847—859年）即位再复兴佛教，俊杰之士多辈出禅林。如百丈怀海之门人沩山灵祐其一人也。祐承百丈之法门，以无事为宗，示其徒谓：道人之心若无恶觉情见则如秋水之澄渟，清净无为，唤他作道人，亦名无事之人。若单刀直入，凡圣情尽则本来如如佛也。灵祐之嗣有慧寂，其思想虽无异，而别出一只手，画圆相，以便对扬，为师资水乳一家之风，称之沩仰宗，禅门五派之一也。

第一节　武宗帝之毁佛与宣宗帝之复兴

唐武宗迷信道教，排毁佛法，其言谓惩千古之蠹源，成百王之典法，驱游惰不业之徒，废丹臒无用之室。称废寺院四万，使僧尼还俗二十六万余人。及宣宗即位一时兴隆废残之佛法。《宋高僧传》盐官齐安之条云：

> 知宣宗皇帝隐曜缁行，将来法会，预诫知事曰："当有异人至此。"……明日行脚僧数人参礼安（齐安），默识，帝遂令维那高位安置。……语帝曰："时至矣，无滞泥蟠。"嘱以佛法后事而去。

帝本宪宗第四子，穆宗异母弟也，武宗惮忌之，沉之于宫厕，宦者仇公武潜施拯护，使髡发为僧，纵之而逸，周游天下，险阻备尝。……武帝崩，左神策军中尉杨公迎而立之。(《宋高僧传》，卷十一)

齐安属唐帝系中人，知宣宗，宣宗亦知齐安。帝之在盐官，黄檗希运一日礼佛，帝问云："不着佛求，不着法求，不着众求，用礼何为？"檗云："不着佛求，不着法求，不着众求，礼拜如是。"帝云："用礼何为？"檗便打。帝云："大粗生。"檗又打。

第二节　宣宗帝之游方

宣宗尝到百丈山题诗云：

> 大雄真迹枕危峦，梵宇层楼峻万间。日月每从肩上遇（遇疑过），山河长左（左疑在）掌中观。仙花不间三春秀，灵境无时六月寒。更有上方人罕到，朝钟暮磬碧云端。

宣宗初在香岩智闲会下晦迹，一日与闲看瀑布，闲云：

> 穿云透石不辞劳，地远方知出处高。

闲沉吟此两句，钓出帝之语脉，帝云：

> 溪涧岂能留得住，终归大海作波涛。

以寓其志望之远大。即位之后，有悼齐安之示寂诗：

像季何教祸所钟，释门光彩丧骊龙。香阶懒踏初生草，抵掌悲看旧日容。玉柄永离三教座，金鸣长镇万年从。知师下界因缘尽，应上诸天第几重。

宣宗再兴佛教，当时禅林俊杰尤多，如沩山之灵祐其一也。

第三节　沩山之灵祐

灵祐姓赵，福州长谿人，十五依同郡建善寺法常剃染，于杭州龙兴寺受具，学大小乘经律。二十三游江西见百丈山怀海而入室，居参徒之首。一日司马头陀从湖南来语百丈曰："寻得一山名大沩，是一千五百人善知识所居之处。"百丈曰："吾众中莫有人住得否？"司马曰："待往观之。"时华林之觉为第一座，百丈使侍者请至问曰："此人如何？"司马请謦欬一声，行数步。司马曰："不可。"百丈又唤灵祐，祐时为典座，司马一见乃曰："此正是沩山主人也。"其夜，百丈嘱祐曰："吾化缘在此，沩山胜境，汝当居之，嗣续吾宗，广度后学。"华林问之曰："某甲忝居上首，典座何得住持？"百丈曰："若能对众下得一语出格当与住持。"即指净瓶问曰："不得唤作净瓶，汝唤作甚么？"华林曰："不可唤作木㮮也。"百丈乃问祐。祐踢倒净瓶便出去。百丈笑曰："第一座输却山子也。"

如是以宪宗帝元和之末入潭州大沩山。山峰峭绝，无人烟。食橡栗、伍猿猱累五七载，山下住民知之，建梵宇，号同庆寺，参徒至五百人。裴休访祐谈玄旨，由是沩山之名高天下。宣宗大中七年

（853）迁化，寿八十三。《隆兴编年通论》卷二十六所载《郑愚碑》作大中八年。

第四节　沩山之无为无事

灵祐上堂语云：

夫道人之心，质直无伪，无背无面，无诈妄心。行一切时中，视听寻常，更无委曲，亦不闭眼塞耳。但情不附物，即从上诸圣，只说浊边过患。若无如许多恶觉、情见、想习之事，譬如秋水澄渟，清净无为，澹泞无碍，唤他作道人，亦名无事之人。

又云：

以要言之，则实际理地，不受一尘，万行门中，不舍一法。若也单刀直入趣入，则凡圣情尽，体露真常，理事不二，即如如佛。（《续藏经》，第一辑，第二编，第二十四套，第五册，426页右）

此同于百丈所云心性无染、本自圆成，若离妄缘即如如佛。盖妄念一息则一切众生不动菩提之座，尚何修何证？无为无事，是道人之活计也。

第五节　沩仰之响应

灵祐一日睡，慧寂问讯。祐便回面向壁，寂曰："和尚何得如此？"

祐起曰:"我适来得一梦,你试为我原看。"寂取一盆水与祐洗面。少顷,智闲亦来问讯。祐曰:"我适来得一梦,寂子为我原了,汝更与我原看。"闲乃点一碗茶来。祐曰:"二子见解过于鹙子。"

道人之活计如是,既无为无事则高者高平,低者低平,诸位各各住自位而无碍故。

慧寂一日问曰:"百千万境一时来作么生?"祐曰:"青不是黄,长不是短,诸法各住自位非干我事。"寂乃作礼。

灵祐根本思想与百丈所见不异,作为沩仰门风与他有异者,宾主对扬之手段而已。而其手段多出自慧寂。

第六节　仰山慧寂

慧寂姓叶,韶州怀化人,十五欲出家,父母不许。十七再请,犹豫未决,便断左之无名指及小指誓求正法,父母知其志不可夺,允之。十八游方,初至吉州谒耽源山真应。真应嗣南阳慧忠,侍应左右数年,有所得。次上沩山见灵祐,侍巾瓶十四五载,传受心印,住王莽山。僖宗帝乾符六年,迁袁州大仰山张化门,故以仰山之名为世知,迁韶州东平山而卒,春秋七十七。《隆兴编年通论》卷二十八等作唐昭宗大顺二年(891)寂,《释氏稽古录》卷三作后梁贞明二年丙子,依后说沩山示寂之时,仰山年十五岁,殆不可信。

第七节　仰山之思想识见

慧寂思想亦与其师灵祐不异。其上堂语云:

> 我今分明向汝说圣边事,且莫将心凑泊,但向自己性海如实而修,不要三明六通。何以故?此是圣末边事,如今且要识心达本,但得其本,莫愁其末。他时后日自具在去,若不得本,纵饶将情学他亦不得。汝岂不见沩山和尚云:"凡圣情尽,体露真常,事理不二即如如佛。"(《大藏经》,第三十套,第九册,874页右)

慧寂之思想无何等特色,其识见可称高迈,如以三明六通为琐末边事,与后世礼拜三明六通之罗汉者有霄壤之别。

第八节　仰山小释迦

《慧寂语录》云:

> 有梵师从空而至。师曰:"近离甚处?"云:"西天。"师云:"几时离彼?"云:"今早。"师云:"何太迟生?"云:"游山玩水。"师曰:"神通游戏则不无,阇黎佛法,须还老僧始得。"云:"特来东土礼文殊,却遇小释迦。"遂出梵书贝多叶与师,作礼乘空而去。自此号小释迦。(《续藏经》,第一辑,第二编,第二十四套,第五册,434页左)

慧寂示其徒以了心愿，如罗汉小果是彼所常排弃，于是乎好事者传如上之神异耳。文殊于印度崇拜已久，罗汉何须特来中国？且文殊称七佛之师，安能对释迦说优劣耶？又罗汉有何必要，赍贝叶供礼拜之具？传者之愚劣可笑已耳，此决非所以发扬慧寂之德者。

第九节　沩仰之家风与符号之利用

沩仰之门风所与他异者，在符号之利用。《灵祐语录》云：

> 师（灵祐）见仰山来，遂以五指搭地画一画，仰山以手于项下画一画，复拈自己耳，抖擞三五下，师休去。（《续藏经》，第一辑，第二编，第二十四套，第五册，428页左）

《慧寂语录》云：

> 沩山一日见师来，即以两手相交过，各拨三下，却竖一指。师亦以两手相交过，各拨三下，却向胸前。仰一手覆一手，以目瞻视，沩山休去。（同上书，432页右）

此终只以符号商量者，上代未曾有。这般伎俩灵祐得之百丈之门。祐在百丈门下吹枝柴、撼门扇，后对石霜拈米粒，对仰山交两手，指水牯牛，对资国指月，对刘铁磨作卧势可知。同书又云：

> 师因泥壁次，李军容来，具公裳，直至师背后，端笏而立。师回首见，便侧泥盘，作接泥势。李便转笏，作进泥势。师便抛

下泥盘,同归方丈。(同上书,429页左)

第十节　圆相之应用

祐于以上符号之外,更用圆相,同书云:

> 师一日呈起如意,复画此〇◎相云:"有人道得,便得此如意。道道。"时有僧云:"此如意,本不是和尚底。"师云:"得而无用。"又有僧云:"设与某甲,亦无处。"(同上书,430页右)

圆相是从南阳慧忠始,前既言之。慧忠于圆相中书日字示一僧,然不多用。《祐语录》云:

> 师因僧问,如何是祖师西来意?师竖起拂子。后僧遇王常侍。侍问:"沩山近日有何言句?"僧举前话。常侍云:"彼中兄弟,如何商量?"僧云:"借色明心,附物显理。"常侍云:"不是这个道理,上座快回去好。某甲敢寄一书到和尚。"僧得书遂回持上,师拆开,见画一圆相,内写个日字。师云:"谁知千里外有个知音。"仰山侍次,乃云:"虽然如此,也只是个俗汉。"师云:"子又作么生?"仰山却画一圆相,于中书日字,以脚抹却。师乃大笑。(同上书,428页右)

第十一节　圆相之传授

此圆相，慧忠以后，被诸方所用。忠之侍者，真应以此授慧寂云。《寂语录》云：

> 耽源（真应）谓师云："国师（慧忠）当时传得六代祖师圆相，共九十七个，授与老僧，乃云：吾灭后三十年，南方有一沙弥到来，大兴此教，次第传受，无令断绝。我今付汝，汝当奉持。"遂将其本过与师，师接得一览，便将火烧却。耽源一日问："前来诸相，甚宜秘惜。"师云："当时看了，便烧却也。"耽源云："吾此法门，无人能会，唯先师及诸祖师，诸大圣人方可委悉，子何得焚之？"师云："慧寂一览，已知其意，但用得，不可执本也。"耽源云："然，虽如此，于子即得，后人信之不及。"师云："和尚若要，重录不难。"即重集一本呈上，更无遗失。耽源曰："然。"（同上书，430页左）

第十二节　圆相之滥用

准此说则达磨以后六代祖师，各各传圆相，合有九十七个，六祖慧能付之慧忠，慧忠付之真应，真应付之慧寂。然而从上祖师，未闻用圆相，至慧忠始用之，盖出其创意。然亦不多用之。慧寂一代特多利用圆相，故后人作此传说。圆慈于五家参详要路门袭用此妄说，是缺一只眼。《慧寂语录》所出圆相有〇，有⛤，有㊣，有㊉，有㊂，有㊛，可以知寂平生如何利用〇，沩山之家风所与他异，全在于此。

第十三节 《人天眼目》之妄议

《人天眼目》卷三沩仰宗条,举明州五峰良和圆相之六名谓暗机、义海、字海、意语、默论,圆相是也。暗机之说明云⊕相乃纵意,⊛相乃夺意,⊝相乃肯意,○相乃许他人相见意云云。又题五冠了悟和尚与仰山立玄问玄答,☺此举函索盖相,亦名半月待圆相。若将此相问之更添半月对之,问者举函索盖,答者以盖覆函,以现日月之相也。⊙名抱玉求鉴相,若将此相来问即于其中书某字答之,问者觅良鉴,答者识玉便下手也。⊖此名钩入索续相,若将此相问,但于厶侧添亻字答之,乃问者钩入,答者索续,乃云续成宝器相也。⊛此名已成宝器相,若将此相来问,但于内书土字答之,⊕此名玄印玄旨相,独脱超前众相云云。沩仰之宗风若如是,则三岁儿童亦可暗记此形式,为法门之栋梁。《人天眼目》薰莸同室,阅者要择法眼。

第十四节 如来禅祖师禅

古人说沩仰之门风者,列举沩仰公案之外,不能下手。《灵祐语录》云:

> 香岩又成颂云:"去年贫未是贫,今年贫始是贫,去年贫犹有(一作无)卓锥之地,今年贫锥也无。"仰山云:"如来禅许师弟会,祖师禅未梦见在。"香岩复有颂云:"我有一机,瞬目视伊,若人不会,别唤沙弥。"仰山乃报师(祐)云:"且喜闲师弟会祖师禅也。"

此如来禅、祖师禅并用之权舆。然而仰山之语本是为与夺而已。非以如来禅为浅，祖师禅为深，后世执言句者，徒鼓其两片皮耳。且当时老匠黄檗希运云：

> 夫学道者，先须并却杂学诸缘，决定不求，决定不着。闻甚深法，恰似清风届耳，瞥然而过，更不追寻，是为甚深入如来禅，离生禅想。(《续藏经》，第一辑，第二编，第二十三套，第二册，96页右)

如来禅如无可取，黄檗何为有此语哉！

第十七章　黄檗希运之禅

宣宗潜龙之日，一度触其毒手之黄檗希运见地高拔时辈，大机大用，最似马祖道一。至其思想超迈，能磨曹溪之垒。裴休称之曰大禅师，真雄伟之材也。希运以无求无着为心要，以禅理究尽大乘精粹。其要云：诸佛众生，唯是一心，此心绝对，犹如虚空，六度万行，河沙功德，本自圆具。此心即佛，更无别佛，何更求佛哉？学道之人，若欲成佛，唯莫求莫着，无求则心不生，无着则心不灭，不生不灭即是佛也。临济一宗，盖渊源于希运。

第一节　黄檗希运

希运闽人，初投洪州高安县黄檗山出家。身长七尺，额间隆起如圆珠，倜傥不羁，天纵之禅者也。据《古尊宿录》卷二并《联灯会要》卷七，运初到洛京邂逅一妪，妪奖运使往南昌参马祖道一。至南昌则道一已逝，乃瞻礼祖塔，遇百丈怀海庐于塔傍，仍参之。据《宋高僧传》卷二十、《景德传灯录》卷九，从妪言从京还，上洪州百丈山见怀海。

第二节　三日耳聋之话

怀海一日示云：

我再参马大师侍立次,大师顾绳床角拂子。我问即此用,离此用。大师云:"汝他后开两片皮,将何为人?"我取拂子竖起。大师云:"即此用,离此用。"我挂拂子旧处,被大师震威一喝,我直得三日耳聋。

希运闻是语不觉吐舌。怀海云:

　　"子已后莫承嗣马大师去否?"运云:"不然。今日因师举,得见马祖大机大用。且不识马祖,若嗣马祖已后丧我儿孙。"海云:"见与师齐减师半德,子甚有超师之作。"

怀海一日问:"甚么来?"运云:"大雄山下采菌子来。"海云:"还见大虫么?"运作大虫之声。海拈斧作斫势。运与海一掌,海吟吟而笑。即归上堂,云:"大雄山下有一大虫,汝等诸人也须好看,百丈老汉今日亲遭一口。"希运之用处大率如是。

第三节　黄檗与裴休

　　武宗帝会昌二年,裴休镇钟陵,迎希运憩龙兴寺,旦夕问道。又宣宗帝大中二年,及廉宛陵再迎请运安置于开元寺,朝夕参扣。休退而自录其语,佩为心印,《传法心要》是也。一日赋诗赠运:

　　自从大士传心印,额有圆珠七尺身。挂锡十年栖蜀水,浮杯今日渡漳滨。一千龙象随高步,万里香华结胜因。拟欲师事为弟子,不知将法付何人。

希运云：

> 心如大海无边际，口吐红莲养病身。自有一双无事手，不曾只揖等闲人。

可以想见其风骨。在洪州黄檗山鹫峰张门户，所以以黄檗为世知。《宋传》《传灯》共云以宣宗帝大中年中示化，《隆兴编年通论》卷二十六、《释氏通鉴》卷十一等，皆作大中四年。

第四节 关于黄檗法系之误记

希运为百丈之嗣，古今无异论，然而裴休《传心法要序》中云：

> 有大禅师，法讳希运，住洪州高安县黄檗山鹫峰下，乃曹溪六祖之嫡孙，西堂百丈之法侄。（《续藏经》，第一辑，第二编，第二十四套，第五册，412页右）

曹溪六祖之嫡孙，得解为六祖正系之意，然云西堂百丈之法侄如何？希运者百丈之子、西堂智藏之法侄也。裴休无一日不参诸方之禅匠，希运特彼所崇信，岂不知其师承哉！想唐代师资之传法非如今日，一存于学人之主观。因此见希运领得马祖之机用，百丈之子已后莫承嗣马大师去否。一存于主观，故后世极易发生异说。当道原编《景德传灯》，多以独断定师资之祖师，如观圭峰宗密之法系，宗密所自叙与《传灯》不合，此非其确证乎？

第五节　关于黄檗之谥号之误记

据《碧岩录种电抄》卷三之本，宣宗即位后，赐希运以粗行沙门之号。裴休时在朝，奏改断际禅师。准《旧唐书·裴休传》，彼为相在宣宗之朝，从大中五年至同十年之间而已。希运以大中四年逝，休奏属运灭后，"断际"必其谥号。《宋高僧传》卷二十及其他诸录，皆记谥号，足以信凭。且宣宗与禅门有深缘，何以粗行沙门之恶名附与当时禅匠耶？《五家正宗赞》卷一举宣宗与黄檗问答：

> 及宗即位乃封为粗行沙门，裴相国谏之曰："三掌为陛下断三际，易为断际。"

所记值喷饭矣。

第六节　黄檗与罗汉之传说

《宋高僧传》卷二十云希运未参百丈之日。

> 入天台偶逢一僧偕行，言笑自若。运（希运）偷窥之，其目时闪烁烂然射人，相比而行，截路巨溪泛泛涌溢，如是捐笠倚杖而立。其僧督运渡去，乃强激发之曰："师要渡自渡。"言讫，其僧褰衣蹑波，若履平陆，曾无沾湿，已到他岸矣。回顾招手曰："渡来。"运戟手呵曰："咄，自了汉！早知必斫汝胫。"其僧叹曰："真大乘法器。"云云。

后之诸录，多载此传说，《仰山传》亦揭同笔法之传说，好事家之闲葛藤也。

第七节　一心即佛之提唱

裴休序《传心法要》云："其言简，其理直，其道峻，其行孤。"评得妙！希运之言简，禅本简；希运之理直，禅本直。直故含至理，简故为至言。《传心法要》云：

> 诸佛与一切众生，唯是一心，更无别法。此心无始已来，不曾生，不曾灭，不青不黄，无形无相。……超过一切限量名言，踪迹对待，当体便是，动念即乖，犹如虚空，无有边际，不可测度。唯此一心即是佛，佛与众生更无别异。但是众相着相外求，求之转失，使佛觅佛，将心捉心，穷劫尽形终不可得。不知息念忘虑，佛自现前，此心即是佛，佛即是众生。为众生时，此心不灭，为诸佛时，此心不添，乃至六度万行，河沙功德，本自具足，不假修添，遇缘即施，缘息即寂。若不决定信此是佛，而着相修行，以求功用，皆是妄想，与道相乖。此心即是佛，更无别佛，……无始已来，无着相佛，修六度万行，欲求成佛，即是次第，无始已来，无次第佛。但悟一心，更无少法可得，此即真佛。……若观佛作清净光明解脱之相，观众生作垢浊、暗昧、生死之相，作此解者，历河沙劫，终不得菩提。（同上书，412页右—左）

第八节 心体圆明与清净遍照

又云：

> 如今学道人，不悟此心体，便于心上生心，向外求佛。
> 着相修行，皆是恶法，非菩提道，供养十方诸佛，不如供养一个无心道人。（同上书，412页左）

千古铁案，得道不痛快哉！此心者非言见闻觉知之心。

> 此本源清净心，常自圆明遍照，世人不悟，只认见闻觉知为心，为见闻觉知所覆，所以不睹精明本体。但直下无心，本体自现，如大日轮升于虚空，遍照十方，更无障碍。（同上书，413页右）

然则如何证此心耶？

> 不如当下无心，决定知一切法，本无所有，亦无所得。无依无住，无能无所，不动妄念，便证菩提。（同上）

然则成佛者无别事矣。

> 念念无相，念念无为，即是佛。学道人，若欲得成佛，一切佛法总不用学。唯学无求无着，无求即心不生，无着即心不灭，

不生不灭即是佛。(同上)

希运教旨,大要不过如是。然此心法即一切佛法也。如何大乘之教,岂出此外。

第九节　菩萨者一心之异名

文殊当理,普贤当行。理者真空无碍之理,行者离相无尽之行。观世当大慈,势至当大智,维摩者净名也,净者性也,名者相也,性相不异,故号净名。诸大菩萨所表者,人皆有之,不离一心。(同上书,412页左)

诸佛诸菩萨,岂实人哉,一心之异号耳。又云:

恒河沙者,佛说是沙,诸佛菩萨、释梵诸天步履而过,沙亦不喜;牛羊虫蚁,践蹈而行,沙亦不怒;珍宝馨香,沙亦不贪;粪尿臭秽,沙亦不恶。此心即无心之心,离一切相,众生诸佛,更无差别,但能无心,便是究竟。(同上)

又云:

纵使三祇精进修行,历诸地位,及一念证时,祇证元来自佛,向上更不添得一物。却观历劫功用,总是梦中妄为,故如来云:我于阿耨菩提,实无所得。(同上)

又云：

> 如力士迷额内珠，向外求觅，周行十方，终不能得。智者指之，当时自见本珠如故。故学道人迷自本心，不认为佛，遂向外求觅，起功用行，依次第证，历劫勤求，永不成道，不如当下无心……便证菩提。（同上书，413页右）

第十节 经文之禅的解释

经之所谓十八界空者，非空洞无物，一切之相无也。

> 十八界既空，一切皆空，唯有本心，荡然清净。

经之所谓法身如虚空者，谓：

> 此灵觉性，无始已来，与虚空同寿。

经之所谓三学者：

> 为有贪嗔痴，即立戒定慧。本无烦恼，焉有菩提，故祖师云："佛说一切法，为除一切心。我无一切心，何用一切法。"

经之谓唯有一乘法者，唯有一真心也。

> 达磨大师到中国，唯说一心，唯传一法，以佛传佛，不说余

佛，以法传法，不说余法。法即不可说之法，佛即不可取之佛，乃是本源清净心也。唯此一事实，余二则非真。

经之说三乘者一心之浮沉也。

一心计生死，即落魔道。一念起诸见，即落外道。见有生趣其灭，即落声闻道。不见有生，唯见有灭，即落缘觉道。法本不生，今亦不灭，不起二见，不厌不忻，一切诸法，唯是一心，然后乃为佛乘也。

第十一节　经论之真意

经云化城，云宝所者：

二乘及十地等觉、妙觉，皆是权立接引之教，并为化城。言宝所者，乃真心本佛、自性之宝……宝所不可指，指即有方所，非真实所也。故云在近而已。

如是一切大乘之教，以禅理消释之。彻底彻顶，不容一点拟议。其思想之统一，寸丝不紊，可见希运之力量。说明净名之病卧于一床云：

净名曰：唯置一床，寝疾而卧，心不起也。如人卧疾，攀缘都息，妄想歇灭，即是菩提。

说明无边身菩萨不见如来顶相云：

不落佛边，不落众生边，不落有边，不落无边，不落凡边，不落圣边，即是无边身，无边身菩萨即是如来，不应更见。

向一切经论言外会宗处，正是黄檗之为黄檗处。

第十二节 临终之用心

为裴休说临终之用心最是紧切。

凡人临终时，但观五蕴皆空，四大无我，真心无相，不去不来。生时性亦不来，死时性亦不去，湛然圆寂，心境一如，但能如是直下顿了，不为三世所拘系便是出世人也。切不得有分毫趣向。若见善相，诸佛来迎，及种种现前，亦无心随去。若见恶相，种种现前，亦无心怖畏。但自忘心，同于法界，便得自在，此即是要节也。

达磨禅之安心在此。与后世宗师，念佛欣往生者全别。

第十三节 黄檗之大眼目

当时如希运有大见识者少，故公言。

马大师下有八十四人，坐道场得马师正眼者止两三人，庐山和尚是其一人。

又示众：

> 汝等诸人，尽是噇酒糟汉，恁么行脚，何处有今日，还知大唐国里无禅师么？

如此喝去者，非借事说法，黄檗眼中全无禅师也。又就牛头法融评云：

> 且如四祖下牛头融大师，横说竖说犹未知向上关棙子，有此眼脑，方辨得邪正宗党。

非单以抑扬示学人，盖冲击牛头禅之坠空去痛处。

第十四节　宝志之禅化

希运所说中不但引用诸经，且引达磨理入，三祖《信心铭》《永嘉证道歌》，宝志之语等，而毫无拣别。圭峰宗密之《圆觉经大疏》中，亦见引用宝志为权证，此唐代禅者以宝志为权证之始。六祖慧能、马祖道一等语录中，未见引用宝志。

第十五节　看话禅始于黄檗说之伪妄

四家语录所收《传心法要》，现存《续藏经》第一辑第二编第二十四套第五册，与以同书流布于世之《传心法要》比较有多少异同，就中后者所载之最后示众，前者全缺，恐为后人妄添。何则，当该示众语中有五百六十一字。

> 师一日上堂开示大众云：预前若打不彻，腊月三十夜到来管取你热乱。……若是个丈夫汉，看个公案。僧问赵州："狗子还有狗子也无？"州云："无。"但去二六时中，看个无字，昼参夜参，行住坐卧，着衣吃饭处，屙屎放尿处，心心相顾，猛着精彩，守个无字。日久月深，打成一片，忽然心华顿发，悟佛祖之机，便不被天下老和尚舌头瞒，便会开大口云云。（曹洞大学林藏版冠注《传心法要》，35页右—36页左）

此为看话禅之纯乎纯者。然而希运以宣宗帝大中四年（850）入寂既已言之。又赵州从谂以昭宗帝乾宁四年（897）阅世百二十而化。谂扬化于赵州城东观音院，接众时相当其龄八十，即先乾宁四年之四十年，宣宗帝大中十一年（857）希运迁化之后八年。果然则如从谂狗子佛性之话，希运在世之时无喧传于世之理。同书实全，有例言云：

> 一、卷末上堂示众一篇，五百六十一字，旧本阙之，今据明藏补。

即知其为明代以后之蛇足。云栖袾宏于其所著《禅关策进》亦作黄檗之语揭之，何无眼目之甚也。

第十八章　大慈山寰中、沩山大安与古灵神赞

百丈怀海轮下，不但出沩山灵祐、黄檗希运二哲，大慈山寰中、大安、神赞等亦为一方之宗主。宣宗以希运顺世之翌年，诏问禅要于弘辩，辩，马祖道一之嫡孙，即章敬怀恽之子也。辩言云：佛是西天之语，唐言觉。人有智慧照觉，此佛心也。心者佛之别名，虽有百千异号，体唯其一，非天而现天，非人而为人，故号灵觉之性。如陛下日应万机，即是陛下之佛心也。

第一节　大慈山寰中

寰中姓卢，河东蒲坂人，天资超凡，顶骨圆峻，其声如钟。夙通经史，二十五中甲科，遭母忧，投北京之童子寺出尘，未周二年，广涉经论。嵩岳登戒后，见百丈怀海领玄旨，退往南岳常乐寺，结茅山顶，后至杭州浙江之北，入大慈山。檀信来此构巨刹，四方参徒，传唱其名曰大慈。遭武宗帝毁教，混俗居戴氏别墅。大中六年应太守刘氏之请再盛禅林。懿宗帝咸通三年（862）化，享年八十三。

第二节　大慈山寰中之名言

赵州从谂问寰中："般若以何为体？"中云："般若以何为体？"谂大笑出。明日见谂扫地问："般若以何为体？"谂置帚拊掌大笑，可以见中之作用。

一日示众云："说得一丈不如行取一尺，说得一尺不如行取一寸。"四方喧传此语。

第三节　沩山之大安

大安福州人，姓陈，幼剃染，游洪州，路遇一老父曰："子往南昌必将得所。"乃参百丈之海得心印。又往临川谒石巩山慧藏。藏，马祖之嗣也，其提唱必持弓弩以拟学人。大安礼拜未起云看箭。安对答自若。藏投弩云："几年射始中半人也。"后上大沩山助灵祐之化。懿宗帝咸通十四年诏赐延圣大师。僖宗帝中和三年（883）九十一岁坐化。

第四节　《十牛图》之滥觞

大安之见怀海问曰："学人欲求识佛，何者即是？"海曰："似骑牛觅牛。"安曰："识后如何？"海曰："如人骑牛至家。"安曰："未审始终如何保任。"海曰："如牧牛人执杖视之，不令犯人苗稼。"

上堂云：

安在沩山三十年来吃沩山饭，屙沩山屎，不学沩山禅，只看一头水牯牛。若落路入草便牵出，若犯人苗稼即鞭挞，调伏即久可怜生受人言语，如今变作露地白牛，常在面前，终日露迥迥地趁亦不去也。(《大藏经》，第三十套，第九册，863页，右一左)

牧牛虽本佛说，应用于禅门者百丈沩山也，此应为梁山廓庵《十牛图》之本据。

第五节　古灵神赞与钻故纸之典据

神赞，福州人，受业于同州大中寺，游方诣百丈会下受旨，还侍受业之师。一日澡浴次，使神赞去垢，赞抚师之背云："好所佛殿而佛不圣。"又一日其师看经，有蜂投窗纸求出，赞睹之云："世界如许广阔不肯出，钻他故纸驴年出得。"其师置经问云："汝行脚遇何人，吾前后见汝发言异常。"赞云："某甲蒙百丈和尚指个歇处，今欲报慈恩耳。"于是告众使赞说法，仍举百丈门风云：

灵光独耀，迥脱根尘。体露真常，不拘文字。心性无染，本自圆成。但离妄缘，即如如佛。

此为钻故纸之典据，又示对当时看经之思想。后住古灵，故以古灵为世知。

第六节　弘辩与宣宗帝

弘辩是马祖高弟怀恽之嗣，住京兆大荐福寺。大中五年诏入内，宣宗帝问禅要，中云：

> 五祖弘忍大师在蕲州东山开法时，有二弟子，一名慧能，受衣法居岭南为六祖。一名神秀，在北扬化，其后神秀门人普寂，立本师为第六祖，而自称七祖，其所得法虽一，而开导发悟有顿渐之异。故曰南顿北渐，非禅宗本有南北之号也。……帝曰："何为佛心？"对曰："佛者西天之语，唐言觉，谓人有智慧觉照为佛心。心者佛之别名，有百千异号，体唯其一，本无形状，非青、黄、赤、白、男、女等相，在天非天，在人非人，而现天现人，能男能女，非始非终，无生无灭，故故号灵觉之性如陛下日应万机，即是陛下佛心。假使千佛共传而不念别有所得也。"帝曰："如今有人念佛如何？"对曰："如来出世为天人师，善知识随根器而说法，为上根者开最上乘顿悟至理。中下者未能顿晓，是以佛为韦提希权开十六观门，令念佛生于极乐。故经云：是心是佛，是心作佛，心外无佛，佛外无心。"……帝曰："禅师既会祖意，还礼佛转经否？"对曰："沙门释子礼佛转经，盖是住持常法，有四报焉。然依佛戒，修身参寻知识，渐修梵行，履践如来所行之迹。"

以上足知弘辩佛心观并礼佛之意义。可惜乎不如黄檗之彻底奈何？弘辩云昔如来以正法眼藏付大迦叶，可证当时尚未有正法眼藏之成句。

第十九章 德山宣鉴之玄风

与弘辩同时有德山宣鉴。呵风骂雨,以菩萨为担屎汉,唤佛为老胡屎橛。其接人必以棒。鉴《心要》云:若一念不生,则永脱生死,要行即行,欲坐即坐,更有何事?着衣吃饭,屙屎送尿,更无生死可怖,无涅槃可得,无菩提可证。只是寻常,一个无事之人,若心无事,事无心,则虚而灵,空而妙也。

第一节 德山宣鉴

宣鉴姓周,剑南人,早岁出家,纳戒后精究律藏,涉猎经籍,尤通《金刚般若》,故号周金刚。尝对同学有一毛吞海,海性无亏,纤芥投锋,锋利不动之语,可以知其造诣。后闻南方禅宗之盛,以为成佛作祖非容易事,南方魔子敢云直指人心,见性成佛,吾心不平,岂可滞此哉!乃出蜀携长安青龙寺道氤所著《金刚经疏》,中路遇卖饼婆子,鉴谓婆云:"买饼点心。"婆云:"上座担者何文字?"鉴云:"青龙抄。"婆云:"讲何经?"鉴云:"《金刚经》。"婆云:"婆有一问,上座若道得即舍饼充点心。"鉴云:"便请。"婆云:"经中道过去心不可得,现在心不可得,未来心不可得。上座鼎鼎是点那个?"鉴不能对。

这话始出《联灯会要》卷二十,《宋传》《传灯》未说及。宣鉴直诣澧州龙潭见崇信,崇信是天皇道悟之嗣,道悟是石头希迁之嗣,前节既论之。宣鉴问:"响龙潭,及乎到来,潭又不见,龙又不见。"潭云:"子亲到龙潭。"鉴礼而退。

第二节 德山之悟道与焚经

一夕侍立龙潭次,潭云:"夜深,子何不下去。"鉴即揭帘而出,见外面黑,却回云:"外面黑。"潭点纸灯与鉴。鉴拟接,潭便吹灭,鉴于此大悟,便作礼。潭云:"子见个甚么道理?"鉴云:"某甲从今日去,不疑天下老和尚舌头。"次日龙潭升堂云:"可中有个汉,牙如剑树,口似血盆,一棒打不回头,他时异日向孤峰顶上吾道去在。"鉴取《金刚经疏》于法堂前,将一炬火提起云:"穷诸玄辩,若一毫置于太虚,竭世枢机,似一滴投于巨壑。"烧疏抄又不省。

第三节 德山与沩山

宣鉴一日到沩山,于法堂从西过东、从东过西顾视方丈,沩山不顾。鉴云:"无也,无也。"便出去。至门首乃云:"也不得草草。"遂具威仪再入见。才跨门便提起坐具唤云:"和尚。"沩山拟取拂子,鉴便喝,拂袖而出。至晚沩山问首座:"今日新到在甚么处?"座云:"当时背却诸堂,着草鞋出去了也。"山云:"还识此人否?"云:"不识。"山云:"此子已后向孤峰顶上盘结草庵,呵佛骂祖去在。"

宣鉴侍龙潭三十余年,遇武宗帝废教,避难独浮山之石室。至宣宗帝之代复法仪。以懿宗帝咸通初,武陵太守薛廷望,请居德山精舍,由是德山之名闻四海,成一大禅苑。懿宗帝咸通六年(865)寂,寿八十六。

第四节　德山接人之手段

上堂曰："问即有过，不问又乖。"僧出礼拜，鉴便打。僧曰："某甲始礼拜，为什么便打？"鉴曰："待汝开口，堪作什么。"一见僧之来乃闭门，其僧敲门，鉴曰："阿谁。"曰："师子儿。"鉴乃开门，僧礼拜。师便骑项曰："这畜生什么处去来。"宣鉴之接人大率此类。

第五节　德山以无事为宗

示众云："于己无事，则勿妄求，妄求而得，亦非得也。汝但无事于心，无心于事，则虚而灵，空（一作寂）而妙。若毫（毛）端许，言之本末者，皆为自欺。何故？毫厘系念，三途业因，瞥尔情生，万劫羁锁。圣名凡号，尽是虚声，殊相劣形，皆为幻色。汝欲求之，得无累乎？及其厌之，又成大患，终而（一作为）无益。"（《续藏经》，第一辑，第二编乙，第九套，第四册，378页左）

无心无事，此宣鉴所反复力说也。

劝你不如休歇去，无事去。你瞥起一念，便成魔家眷属，破戒俗人。（同上书，379页右）

诸子莫向别处求觅，乃至达磨小碧眼胡僧到此来，也只是教你无事去，教你莫造作。着衣吃饭，屙屎送尿，更无生死可怖，亦无涅槃可得，无菩提可证，只是寻常，一个无事人。（同上书，同页左）

第六节　龙潭德山师资一揆

此宣鉴从龙潭所得之法门也。《龙潭传》云：

> 一日问曰："某自到来，不蒙指示心要。"悟（天皇道悟）曰："自汝到来，吾未尝不指示汝心要。"师曰："何处指示？"悟曰："汝擎茶来吾为汝接，汝行食来吾为汝受，汝和南时吾便低首，何处不指示心要。"师低头良久。悟曰："见则直下便见，拟思即差。"师当下开解。乃复问："如何保住？"悟曰："任性逍遥，随缘放旷，但尽凡心，无别圣解。"（《大藏经》，第三十套，第九册，898—899页右）

龙潭之从天皇所得如是，而与德山之道处正相符合。

第七节　德山之广语

宣鉴之广语见《联灯会要》卷二十。抄出其中一二语，可示鉴之特色。鉴骂诸方之宗匠云：

> 你诸方老秃奴，教你修行作佛，傍家行脚，成得几个佛也。你若无可学，又走作甚么。若有学者，你将取学得底来，呈似老僧看，一句不相当，须吃痛棒。
> 我见你诸人，到处发心，向老秃奴会下学佛法，荷负不惜身命，皆被钉却诸子眼睛，断诸子命根。三二百个淫女相似。道我

王化建立法幢，为后人开眼目，自救得么。仁者如此说修行，岂不闻道。老胡经三大阿僧祇劫修行，即今何在？八十年后死去，与你何别？诸子莫狂。(《续藏经》，第一辑，第二编乙，第九套，第四册，379页右)

　　第一莫拱手作禅师，觅个出头处，巧作言语，魔魅后生，欲得人唤作长老，自己分上都无交涉。……无知老秃奴，便即与卜道，教你礼祖师鬼、佛鬼、菩提涅槃鬼，是小淫女子不会。便问如何是祖师西来意。这老秃奴，便打绳床，作境致，竖起拂子云：好晴好雨，好灯笼。巧述言辞，强生节目，言有玄路，鸟道展手，若取如是说，如将宝器，贮于不净，如将人粪，作旃檀香。仁者，彼既丈夫，我亦尔，怯弱于谁？竟日就他诸方老秃奴口嘴，接涕唾吃了，无惭无愧，苦哉苦哉！狂却子去。(同上书，379页左—380页右)

好灯笼云云指沩山、仰山，玄路鸟道云云指洞山、曹山。

　　瞎秃奴，群羊僧！颠却他人，入地狱。(同上书，10页左)

所以如此骂诸方宗师者，学者以传言送语为事，呵遍参诸师也。

第八节　斥经论之执相

又欲除缚于经论为言句所转之病言：

　　仁者莫取次看策子，寻句义，觅胜负，一递一口，何时休

歇？老汉相劝，不是恶事，切须自带眼目，辨取清浊。是佛语，是魔语，莫受人惑。（同上）

这里佛也无，祖也无。达磨是老臊胡，十地菩萨是担屎汉。等妙二觉，是破戒凡夫。菩提涅槃，是系驴橛。十二分教，是鬼神簿，拭疮疣纸。四果三贤，初心十地，是守古冢鬼，自救得也无。佛是老胡屎橛。（同上书，379页左）

仁者莫求佛，佛是大杀人贼，赚多少人，入淫魔坑。莫求文殊、普贤，是田库奴。何惜许一个堂堂大丈夫儿，吃他毒药了。（同上书，380页右）

似此极言皆是出于欲透脱一切缚着之婆心。故云：

到处向老秃奴口里，爱他涕唾吃，便道我是入三昧，修蕴积行，长养圣胎，愿成佛果，如斯等辈，德山老汉见，似毒箭入心。（同上书，379页左）

第九节 无事休歇与一切放下

然则而得解脱自在耶？云：

仁者，莫用身心，无可得。只要一切时中，莫用他声色，应是从前行履处，一时放却，顿脱羁锁，永离盖缠，一念不生，即前后际断，无思无念，无一法可当情。（同上书，380页右）

诸子！老汉此间，无一法与你诸子，作解会，自己亦不会禅。老汉亦不是善知识,百无所解,只是个屙屎送尿,乞食乞衣,更有甚么事。德山老汉劝你,不如无事去,早休歇去。(同上书,379页左)

第二十章 临济义玄之宗旨

与德山宣鉴同时,其思想亦极相类者,临济义玄也。义玄嗣黄檗希运,宣鉴嗣龙潭崇信,前者南岳下,后者青原下,而二者之门风酷相似。义玄如宣鉴,力说无事休歇,于一念心中认大光明。其要云:一念心上清净光,是即法身佛,一念心上无分别光,是即报身佛,一念心上无差别光,是即化身佛。人人与祖佛无别,何有欠少?若能如是见得是一生无事之人,此义玄法门之骨子也。三玄三要、四料简等,有许多闲名,后世认此等葛藤为义玄宗风,可发一噱耳。玄之门徒称临济宗,为五派第一,中国禅宗中之最大者。

第一节 临济义玄与三顿棒之因缘

义玄姓邢,曹州南华人,幼入缁门,参学专精,不厌勤苦,投黄檗希运而行业纯一,经三载。时睦州龙兴寺陈尊宿为第一座,问义玄云:"上座曾参问也无?"玄云:"不曾参问。"座云:"汝何不去问堂头如何是佛法的大意。"玄便去问,声未绝,希运便打。玄下来,第一座云:"问语作么生?"玄云:"某甲声未绝,和尚便打,某甲不会。"座云:"但更去问。"玄又去问,希运又打。如是三致问三被打。玄白第一座云:"幸蒙慈悲三度发问,三度吃棒,自恨障缘不领深旨,今且辞去。"座云:"汝若去,须是辞和尚了去。"第一座先到希运处云:"问话底后生甚是如法,若来辞和尚时方便接伊,已后为一株大树与天下人作阴凉去在。"玄便上去辞,希运云:"不得往别处去,汝向高安滩头大愚处去。"大愚是马祖道一之嫡孙也。玄到大愚,愚问:"从什么处来?"玄云:"黄檗处来。"愚云:"黄檗有何言句?"玄云:"某甲三度问佛法的大意,三度吃棒,不知某甲有过无过?"愚云:"黄檗恁么老婆,为汝得彻困,更来者里问有过无过。"玄言下大悟,云:"黄檗佛法无多子。"大愚挡住云:"者尿床鬼子,适来道有过无过,如今却道黄檗佛法无多子,你见什么道理,速道速道。"玄于大愚肋下筑三筑,愚拓开云:"你师黄檗非干吾事。"

　　义玄从大愚回,希运见便问:"者汉来来去去有什么了期?"玄云:"只为老婆心切,便了人事侍立。"运问:"什么处来?"玄云:"昨日奉和尚慈悲,今参大愚去来。"运云:"大愚有何言句?"玄举前话。运云:"大愚老汉饶舌,待来痛与一顿。"玄问:"说甚待来?即今便打。"后随便掌。运云:"者风颠汉来这里挦虎须。"玄便喝。运云:"侍者、引者、风颠汉参堂去。"

第二节　悟后之临济与正法眼藏之熟语

　　义玄领黄檗机轮,有意气冲天之观。一日辞黄檗去。希运云:"甚么处去?"玄云:"不是河南便是河北。"运便打。玄捉住棒云:"这老汉莫盲伽瞎棒。"运呵呵大笑,唤侍者将先师禅版、拂子来,玄乃唤侍者将火来。运云:"子但将去,已后坐却天下人舌头。"后还乡党,开化门于镇州临济禅院,仍以临济为世知。懿宗帝咸通七年(866)入灭。先上堂云:"吾灭后不得灭却吾正法眼藏。"时门人慧然出云:"争敢灭却和尚正法眼藏。"玄云："已后有人问你，向他道什么？"慧然便喝。玄云："谁知吾正法眼藏向这瞎驴边灭却。"打遗偈坐逝。《联灯会要》以后诸录作咸通八年，"正法眼藏"之成语见禅史者以此始。

第三节　临济之宗风

义玄如德山宣鉴炽然活用禅机，棒喝并行而有龙骧虎奔之体。天圣《广灯录》卷十云：

> 师问："僧什么处来？"僧便喝，师便揖坐。僧拟议，师便打。
>
> 师见僧来便竖起拂子，僧礼拜，师便打。又见僧来亦竖起拂子，僧不顾，师亦打。
>
> 上堂有僧出礼拜，师便喝。僧云："老和尚莫探头好。"师云："你道落在什么处？"僧便喝。
>
> 又僧问："如何是佛法大意。"师便喝，僧礼拜，师云："你道好喝也无。"僧云："草贼大败。"师云："过在什么处？"僧云："再犯不容。"师便喝。

棒雨喝雷，喧传如义玄者上古未曾有。

第四节　德山临济二家第一之相似点

看玄语录，极与德山宣鉴之语相类。第一相似于力说无事休歇。宣鉴云：

劝你不如休歇去，无事去。尔瞥起一念，便是魔家眷属。

义玄云：

你若能歇得念念驰求心，便与祖佛不别……约山僧见处与释迦不同，今日多般用处，缺少什么？一道神光，未曾间歇。若能如是见得，只是一生无事人。

宣鉴云：

老胡吐出许多方便涕唾，教你无事去，莫向外求。

义玄云：

道流！你只有一个父母，更求何物？你自返照看，古人云：演若达多失却头，求心歇处即无事。

宣鉴之语见《联灯会要》卷二十。义玄语从《古尊宿录》卷四抄出，以下亦然。

第五节　第二之相似点

第二扫经教之执语，殆相同一。宣鉴云：

达磨是老臊胡，十地菩萨是担屎汉，等妙二觉是破戒凡夫，菩提涅槃是系驴橛，十二分教是鬼神簿，拭疮疣纸。

义玄云：

十地满心犹如客作儿，等妙二觉担伽锁汉，罗汉辟支，犹如厕秽，菩提涅槃如系驴橛。

又云：

三乘十二分教皆是拭不净故纸。

第六节　第三之相似点

第三评释迦佛之语亦同。宣鉴云：

老胡经三大阿僧祇劫修行，即今何在？八十年后死去，与你何别？

义玄云：

有一般秃比丘，向学人道，佛是究竟，于三大阿僧祇劫，修行果德，方始成道。道流！你若道佛是究竟，缘什么八十年后，向拘尸罗城双林树间侧卧而死去。佛今何在？明知与我生死不别。

第七节　第四之相似点

第四评诸方之宗师语亦同。宣鉴云：

便问如何是祖师西来意。这老秃奴，便打绳床作境致，竖起拂子云："好晴、好雨、好灯笼。"巧述言辞，强生节目。

义玄云：

有一般不识好恶恶秃奴，即指东划西，好晴好雨，好灯笼露柱。你看眉毛有几茎，这个具机缘，学人不会，便即心狂。如是之流，总是野狐精魅魍魉。

好雨、好灯笼云云，骂沩山、仰山之家风。《仰山慧寂禅师语录》云：

一日雨下，天性上座谓师云："好雨。"师云："好在甚么处？"天性无语。师云："某甲却道得。"天性云："好在甚么处？"师指雨，天性又无语。师云："何得大智而默。"（《续藏经》，第一辑，第二编，第二十四套，第五册，432页左）

《沩山灵祐禅师语录》云：

仰山问："如何是祖师西来意？"师指灯笼云："大好灯笼。"仰山云："莫只这便是么？"师云："这个是甚么？"仰山云："大好

灯笼。"师云:"果然不见。"(同上书,426页左)

指东划西亦暗指沩仰之家风。《沩山灵祐禅师语录》云:

> 师因见仰山来,遂以五指搭地画一画,仰山以手于项上画一画。

沩仰多如是作略,义玄欲扫学人之执,加此恶骂可知。胜峰大彻于《临济录讲义》中云:

> 指东划西有错误,义恶也,好晴好雨之事有好义,好灯笼露柱指无用之事,好义。(同上书,165页)

所记盖不知典据之误也。

第八节 第五之相似点

第五用同一之语说无禅道可学。宣鉴云:

> 仁者莫走,蹈你脚板阔去,别无禅道可学。

义玄云:

> 往诸方,觅什么物,蹈你脚板阔,无佛可求。

第九节　第六之相似点

就神通变现等殆有同一之语。宣鉴云：

汝道神通是圣，诸天龙神，五通神仙，外道修罗，亦有神通，应可是佛耶？

义玄云：

你道佛有六通，是不可思议。一切诸天、神仙、阿修罗、大力鬼，亦有神通，应是佛否？

宣鉴又云：

孤峰独宿，一食卯斋，长座不卧，六时礼念，疑他生死……若入定凝神，静虑得者，尼乾子等诸外道师，亦入得八万劫大定，莫是佛否？

义玄云：

孤峰独宿，一食卯斋，长坐不卧，六时行道，皆是造业底人。

第十节　德山临济之接触

宣鉴与义玄同时，同行棒喝，同骂诸方宗师，同以无事为宗，如

其用语亦殆相类,即粗言恶语冲口而出。义玄与宣鉴曾亲相往来与否,史传于此不明。《义玄传》中有下之记事:

> 师侍立德山次。山云:"今日困。"师云:"这老汉!寱语作什么。"山便打。师掀倒绳床,山便休。(《续藏经》,第一辑,第二编,第二十三套,第二册,108页左)
>
> 师闻第二代德山垂示云:"道得也三十棒,道不得也三十棒。"师令乐普去问:"道得为什么也三十棒,待伊打汝,接住棒送一送,看他作么生。"普到彼如教而问。德山便打,普接住送一送,德山便归方丈。普回举似师。师云:"我从来疑着这汉,虽然如是,汝还见德山么?"普拟议,师便打。(同上书,107页右)

以上二人之有接触可知。

第十一节 临济之四喝

义玄放喝频频,临济之喝,德山之棒,世人并称之久矣。门人亦效之胡喝乱喝,鸦鸣蝉噪。

> 两堂首座相见,同时下喝。僧问师:"还有宾主也无?"师云:"宾主历然。"师云:"大众要会临济宾主句。"问取堂中二首座,便下座。(同上书,100页右)

依玄自所公言,则虽齐喝,而用处不同。

师问僧："有时一喝如金刚王宝剑，有时一喝如踞地金毛师子，有时一喝如探竿影草，有时一喝不作一喝用。汝作么生会？"僧拟议，师便喝。（同上书，107—108页右）

一喝中有死有活，有擒有纵。何止宝剑与师子而已哉！百喝百用，始足见玄之手腕。

第十二节　临济之根本思想

玄之根本思想是从希运得来。

　　你要与祖佛不别，但莫外求。你一念心上清净光，是你屋里法身佛；你一念心上无分别光，是你屋里报身佛；你一念心上无差别光，是你屋里化身佛。（同上书，100页左）

然则一心者何物？

　　心法无形，通贯十方，在眼曰见，在耳曰闻，在鼻嗅香，在口谈论，在手执捉，在足运奔。本是一精明，分为六和合，一心既无，随处解脱。（同上书，101页右）

佛既住心内，况菩萨乎？

　　你目前用处，始终不异，处处不疑，此个是活文殊。你一念心无差别光，处处总是真普贤。你一念心自能解缚，随处解脱。

此是观音三昧法，互为主伴，出则一时出，一即三，三即一。（同上书，109页右）

是如所见黄檗之语中，师资之语如从一口出。

第十三节　临济之六通

玄说六通，出人意表。

> 夫如佛六通者不然。入色界不被色惑，入声界不被声惑，入香界不被香惑，入味界不被味惑，入触界不被触惑，入法界不被法惑。（同上书，103页左）

此实佛祖之神通妙用也。又云：

> 迥然独脱，不与物拘，乾坤倒覆，我更不疑。十方诸佛现前，无一念心喜。三途地狱顿现，无一念心怖。缘何如此，我见诸法空相，变即有，不变即无，三界唯心，万法唯识。所以梦幻空花何劳把捉？（同上）

这与黄檗所说临终之用心相同。

第十四节　五无间业

玄说五无间业云：

> 杀父害母、出佛身血、破和合僧、焚烧经像等，此是五无间业。……无明是父，你一念心求起灭处不得，如响应空，随处无事，名为杀父。……贪爱为母……你向清净法界中，无一念心生解，便处处黑暗，是出佛身血。……你一念心，正达烦恼结，使如空无所依，是破和合僧。……见因缘空、心空、法空，一念决定断，迥然无事，便是焚烧经像云云。（同上书，105—106页右）

所见亦见于洞山《语录》，当时宗师之常套语。其本据见《楞伽经》，前既言之矣。

第十五节　临济之闲家具

义玄有三玄、三要、四料简等之葛藤。此等皆接学人门庭之施设耳。想从马祖道一、石头希迁时代，竹头接木之语，泛滥天下，师学共有弄无义味语以为高之弊。于是乎龙蛇难别，玉石不分，为一方之宗匠者，要具秦镜的活眼，看破来机之邪正。尤其义玄门风，战机胜于他家，三玄、三要、四料简等，可云皆玄临战阵之干戈。

第十六节　宾主之意义

玄《语录》云：

> 参学之人大须仔细，如主客相见，便有言论往来，或应物现形，或全体作用，或把机权喜怒，或现半身，或乘师子，或乘象王，如有真正学人便喝，先拈出一个胶盆子。善知识不辨是境，

便上他境上，作模作样。学人便喝，前人不肯放，此是膏肓之病，不堪医。唤作客看主。或是善知识，不拈出物，随学人问处即夺，学人被夺，抵死不放，此主看客。或有学人，应一个清净境，出善知识前，善知识辨得是境，把得抛向坑里。学人言，大好善知识，即云咄哉不识好恶，学人便礼拜，此唤作主看主。或有学人披枷带锁、出善知识前，前知识更与安一重枷锁，学人欢喜，彼此不辨，呼为客看客。山僧如是所举，皆是辨魔拣异，知其邪正。(《续藏经》，第一辑，第二编，第二十三套，第二册，104页右一左）

在此所谓主客有二意。主是宗师，客是学人，此其一。次主是具眼人，客是瞎汉，此其二。主客相见者，师学相见也。或应物等是临机应变之喻。次举四例。第一学人具眼，宗师瞎汉，此客看主，即学人看破宗师。第二学人瞎汉，宗师具眼，此主看客，即宗师看破学人。第三学人具眼，宗师具眼，此主看主，即具眼者之相见。第四学人瞎汉，宗师瞎眼，此客看客，即瞎眼之相见也，此称四宾主。

第十七节 《人天眼目》之误

《人天眼目》卷二之"临济门庭"条云：

四宾主者，师家有鼻孔，名主中主。学人有鼻孔，名宾中主。师家无鼻孔，名主中宾。学人无鼻孔，名宾中宾。(同上书，第十八套，第五册，426页右）

所释乃似是而非者。与义玄《语录》之本文相违。宾中主、主中宾等插入中字，其非太甚。此有将马祖之嗣，从龙山至洞山相传之四宾主与相混合之虞。宋慧洪于《临济宗旨》中举龙山之四宾主可称蛇足。

第十八节　师学之应酬

玄又云：

> 主客相见了，便有一句子语，辨前头善知识，被学人拈出个机权语路，向善知识口角头撺过看。你识不识，你若识得是境，把得便抛向坑子里，学人便即寻常，然后便索善知识语，依前夺之。学人云：上智哉是大善知识，即云你大不识好恶。如善知识把出个境块子，向学人面前弄，前人辨得了，不作主，不受境惑，善知识便现半身，学人便喝。善知识又入一切差别语路中摆扑。学人云：不识好恶老秃奴。善知识叹曰：真正道流。如诸方善知识不辨邪正。学人来问菩提、涅槃、三身境智，瞎老师便与他解说，被他学人骂着，便把棒打他，言无礼度，自是你善知识无眼，不得嗔他。（同上书，103页左）

此中举三例。第一学人具眼呈机境于宗师面前，是境与识夺却之，此其一。次有明眼宗师于学人面前弄机境，学人是境与识喝破之，此其二。学人具眼问菩提等，宗师滥说，此其三。要之曰宾主不出于如下之外：

明眼宗师　对瞎眼学人　对明眼学人　瞎眼宗师　对明眼学人　对瞎眼学人

第十九节　四料简

义玄又说接学人之法云：

> 如诸方学人来，山僧此间作三种根器断。如中下根器来，我便夺其境，而不除其法。或中上根器来，我便境法俱夺。如上上根器来，我便境法人俱不夺。如有出格见解人来，山僧此间便全体作用不历根器。（同上书，104页左）

此略说四料简者。

> 示众云：有时夺人不夺境，有时夺境不夺人，有时人境俱夺，有时人境俱不夺。（同上书，100页左）

此所云四料简。

> 有僧问："如何是夺人不夺境？"师云："煦日发生铺地锦，婴孩垂发白如丝。"僧云："如何是夺境不夺人？"师云："王令已行天下遍，将军塞外绝烟尘。"僧云："如何是人境两俱夺？"师云："并汾绝信独处一方。"僧云："如何是人境俱不夺？"师云："王登宝殿，野老讴歌。"（同上）

比较审检以上诸文，所谓四料简之人与境的意义，极缺明晰，而最初文中有境、法、人三者，后文只举人境二者，若强为穿凿则失古人之真意，如《人天眼目》卷二以私意解之，断不可凭。

第二十节　四照用

更有可与此相比较之语句：

> 示众云："我有时先照后用，有时先用后照，有时照用同时，或时照用不同时，先照后用有人在，先用后照有法在。照用同时，驱耕夫之牛，夺饥人之食，敲骨取髓，痛下针锥。照用不同时，有问有答，立宾立主，合水和泥，应机接物。若是过量人，向未举已前撩起便行，犹较些子。（同上书，109页右）

此称四照用。四照用、四料简皆以应机之方法为分类者，犹不中于过量出格之人。

第二十一节　三玄和三要

> 上堂，僧问："如何是第一句？"师云："三要印开朱点窄，未容拟议主宾分。""如何是第二句？"师云："妙解岂容无著问，沤和争负截流机。"问："如何是第三句？"师云："看取棚头弄傀儡，抽牵都借里头人。"师又云："一句语须具三玄门，一玄门须具三要，有权有用，汝等诸人，作么生会下座。"（同上书，100页左）

此所谓三玄、三要也。三玄未举其名目，三要亦尔。强立节目得为句中玄、意中玄、体中玄。此三出自玄沙，临济岂借后学之法门说禅哉！慧洪《临济宗旨》详之。三句亦无其名目。

  自达磨大师从西土来，只是觅个不受人惑底人，后遇二祖，一言便了，始知从前虚用功夫。山僧今日见处与祖佛不别。若第一句中得，与祖佛为师。若第二句中得，与人天为师。若第三句中得，自救不了（同上书，105页左）

云云而已，此是玄门庭施设，本无确定之意义，死活在其人，何须揣摩为？

  玄亦于《语录》中引用宝志语，佛是生死大兆云是也。志之《大乘赞》等诸偈，秘藏于禅匠之囊中可证。

第二十一章　洞山良价之家风

洞山良价，亦出此时。价行业纯密，见解高深，彻底彻顶，拆微阐幽，不行棒而一句能问杀人，不放喝而一言能破众魔之胆。其所宗，体用宛转，事理双明，森罗万象，见古佛之家风，坐卧经行，蹈绝对之玄路。如进修之工夫列五位，趣入之法门论正偏，亦出于价之婆心。潜行密用，如愚如鲁而以主中之主为其要诀。曹洞之宗乘，于是乎成。

第一节　洞山良价

药山惟俨有数子，潭州道吾山圆智及同州云岩山昙晟，其最著名者。圆智颇有力量，对答之语虽多，难伺一系之思想。昙晟投百丈怀海，侍巾瓶二十年，海入灭后，参药山有省。晟之下出洞山良价。良价姓俞，会稽人，早岁从师诵《般若心经》，至无眼、耳、鼻、舌、身、意之文，忽以手扪面问："某甲有眼、耳、鼻、舌等，何故经言无？"其师异之，使参五泄山之灵默。默马祖道一之资也。价在五泄山未久，灵默迁化，时年十二。良价《语录》云：

师示众曰："五泄先师，一日沐浴，焚香端坐告众曰：'法身圆寂，示有去来，千圣同源，万灵一归，吾今沤散，胡假兴衰，

无白劳神,须存正念。若遵此命,真报吾恩,倘固违言,非吾之子。'"(《续藏经》,第二十四套,第五册,455页左)

如斯遇默之迁化,至二十一于嵩山具戒。由是游方,谒南泉普愿,值马祖道一之讳辰,普愿问众:"来日设马祖斋,未审马祖还来否?"众皆不对。良价出云:"待有伴即来。"愿云:"此子虽后生,甚堪雕琢。"价云:"和尚莫压良为贱。"

第二节 无情说法之话

次参大沩山灵祐。问曰:"顷闻南阳忠国师有无情说法话,某甲未究其微。"祐云:"阇梨莫记得么?"价云:"记得。"祐曰:"子试举一遍看。"价遂举。僧问:"如何是古佛心?"国师云:"墙壁瓦砾是。"僧云:"墙壁瓦砾岂不是无情?"国师曰:"是。"僧云:"还解说法否?"国师曰:"常说、炽然说、无间歇乃至。"僧云:"无情说法据何典教?"国师曰:"灼然言不该典,非君子之所谈。汝岂不见《华严经》云:刹说众生说三世一切说。"价举了。祐云:"我这里亦有,只是罕遇其人。"价云:"某甲未明,乞师指示。"祐竖起拂子曰:"会么?"价云:"不会。请和尚说。"祐曰:"父母所生口,终不为子说。"价云:"还有与师同时慕道者否?"祐曰:"此去,澧陵攸县,石室相连,有云岩道人,若能拨草瞻风,必为子之所重。"云云。

第三节 《联灯会要》之误记

《联灯会要》卷二十叙良价参慧忠闻无情说法之话,此大非也。

价,咸通十年寿六十三而寂,着自悟明之所自认,而慧忠之圆寂,乃大历十年即咸通十年前九十五年。

第四节 洞山之大悟

良价径造云岩山便问:"无情说法甚么人得闻?"昙晟曰:"无情得闻。"价曰:"和尚闻否?"晟曰:"我若闻,汝即不闻吾说法也。"价曰:"某甲为甚么不闻?"晟竖起拂子曰:"还闻么?"价曰:"不闻。"晟曰:"我说法汝尚不闻,岂况无情说法乎?"价曰:"无情说法该何典教?"晟曰:"岂不见《弥陀经》云水鸟、树林皆念佛念法。"价于此省,述偈云:

也太奇,也太奇,无情说法不思议。若将耳听终难会,眼处闻声方可知。

良价辞去云岩山,犹疑着不停。后因过一水睹水中之影大悟,有偈曰:

切忌从他觅,迢迢与我疏。我今独自往,处处得逢渠。渠今正是我,我今不是渠。应须与么会,方始契如如。(同上书,449页左—450右)

第五节 洞山之出世演化

至宣宗帝大中末,乃于新丰山接学徒,后移筠州洞山盛化,故以洞山之名为世知。懿宗帝咸通十年(869)剃发披衣,奄然而逝。门弟悲号太甚,价急开眼云:"夫出家之人,心不依物,是真修行,劳生息死于悲何有?"乃召主事使辨愚痴斋。众犹恋哀不已,延至七日,方备食,价斋讫戒喧动,沐浴端坐而永眠,寿六十三。

第六节　洞山之行持

《语录》有二,一语风圆信所编,他玄契所集,共收《续藏经》第一辑第二编第二十四套第五册。后者载价《辞老母书》并其回书。为知价行业之好史料。

《辞北堂书》云:

> 伏闻诸佛出世,皆从父母而受身,万汇兴生,尽假天地而覆载,故非父母而不生,无天地而不长,尽沾养育之恩,俱受覆载之德。嗟夫一切含识,万象形仪,皆属无常,未离生灭。虽则乳哺情至,养育恩深,若把世略供资,终难报答,作血食侍养,安得久长。故《孝经》云:虽日用三牲之养,犹不孝也。相牵沉没,永入轮回,欲报罔极深恩,莫若出家功德,截生死之爱河,越烦恼之苦海,报千生之父母,答万劫之慈亲。三有四恩无不报矣。故经云,一子出家,九族生天。良价舍今世之身命,誓不还家,将永劫之根尘,顿明般若。伏惟父母心开喜舍,意莫攀缘。学净饭之国王,效摩耶之圣后,他时异日,佛会相逢,此日今时,且相离别。良非遽违甘旨,盖时不待人。故云:此身不向今生度,更向何时度此身。伏冀尊怀,莫相寄忆。

颂二首:

未了心源度数春，翻嗟浮世谩逡巡。几人得道空门里，独我淹留在世尘。谨具尺书辞眷爱，愿明大法报慈亲。不须洒泪频相忆，譬似当初无我身。（其一）

岩下白云常作伴，峰前碧障以为邻。免干世上名与利，永别人间爱与憎。祖意直教言下晓，玄微须透句中真。合门亲戚要相见，直待当来证果因。（其二）

《后寄北堂书》：

良价自离甘旨，杖锡南游，星霜已换于十秋，歧路俄经于万里。伏惟娘子收心慕道，摄意归空，休怀离别之情，莫作倚门之望。家中家事，但且随时，转有转多，日增烦恼。阿兄勤行孝顺，须求水里之鱼；小弟竭力奉承，亦泣霜中之笋。夫人居世上，修己行孝，以合天心。僧有空门，慕道参禅而报慈恩，今则千山万水，杳隔二途，一纸八行，聊伸寸志。

颂：

不求名利不求儒，愿乐空门舍俗徒。烦恼尽时愁火灭，恩情断处爱河枯。六根戒定香风引，一念无生慧力扶。为报北堂休怅望，譬如死了譬如无。

《附娘回书》（附一作阿）云：

吾与汝夙有因缘，始结母子恩爱情分。自从怀孕祷神佛，愿生男儿，胞胎月满，性命丝悬，得遂愿心，如宝珠惜。粪秽不嫌于臭恶，乳哺不倦于辛勤。稍自成人，遂令习学。或暂逾时不归，便作倚门之望。来书坚要出家，父亡母老，兄薄弟寒，吾何依赖？子有抛娘之意，娘无舍子之心。一自汝住他方，日夜常洒悲泪。苦哉苦哉！今既誓不还乡，即得从汝志。不敢望汝如王祥卧冰、丁兰刻木。但如目莲尊者，度我下脱沉沦，上登佛果。如其不然，幽谴有在，切宜体悉。

价励精参玄之状，并慈母浓厚爱情，如见目前。著者读《洞山录》至此，每无不觉泫然泪下。价有自诫之偈云：

不求名利不求荣，只么随缘度此生。三寸气消谁是主，百年身后谩虚名。衣裳破后重重补，粮食无时旋旋营。一个幻躯能几日，为他闲事长无明。（同上书，458页）

第七节　洞山之《宝镜三昧》

语价根本思想者，有《宝镜三昧》《玄中铭》《新丰吟》，异音同调，何取何舍？价《语录》云：

师（良价）遂嘱曰："吾在云岩先师处，亲印《宝镜三昧》，事穷的要，今付于汝。（曹山本寂）《续藏经》，第一辑，第二编，第二十四套，第五册，455页左）

乃知价法门存于《宝镜三昧》中，《宝镜三昧》文虽长，归于偏正回互一句，然则偏正者何耶？价语云：

> 有一物，上拄天，下拄地，黑似漆，常在动用中，动用中收不得。（同上书，440页左）

有拄天地万象底一物，绝对中正，此谓之正。黑如漆，无名相，无形影，情识之所不及。然而常在动用中，既有动用则偏，此谓之偏。又虽偏，全偏是正。正中有偏，偏中有正，正偏宛转，而正偏之名绝。譬如一含万，万从一成，如谓一乎？含万故非一，谓万乎？万数皆从一成，故非万。犹如临宝镜，形影相睹，当人即是影像，影像即是当人，谓当人乎有影像奈何？谓影像乎不离当人奈何？形影宛转，俱是发自宝镜之妙，是所以名《宝镜三昧》。

第八节　洞山之《玄中铭》

《玄中铭》亦大要同此。

> 《玄中铭》并序
>
> 窃以绝韵之音，假玄唱以明宗，入理深谈，以无功而会旨。混然体用，宛转偏圆，亦犹投刃挥斤，轮扁得手，虚玄不犯，回互傍参。寄鸟道而寥空，以玄路而该括。虽空体寂然，不乖群动。于有句中无句，妙在体前；以无语中有语，回途更妙。是以用而不动，寂而不凝，清风偃草而不摇，皓月普天而非照。苍梧不栖于丹凤，澄潭岂坠于红轮，独而不孤，无根永固，双明齐韵，事理俱融，是以高歌雪曲，和者

还稀，布鼓临轩，何人鸣击，不达旨妙，难措幽微。倘或用而无功，寂而虚照，事理双明，体用无滞，玄中之旨，其有斯焉。

大阳门下，日日三秋，明月堂前，时时九夏。森罗万象，古佛家风，碧落青霄，道人活计。灵苗瑞草，野父愁芸，露地白牛，牧人懒放。龙吟枯骨，异响难闻，木马嘶时，何人道听。夜明帘外，古镜徒耀，空王殿中，千光那照。澄源湛水，尚棹孤舟，古佛道场，犹乘车子。无影树下，永劫深凉，触目荒林，论年放旷。举足下足，鸟道无殊，坐卧经行，莫非玄路。向道莫去，归来背父，夜半正明，天晓不露。先行不到，末后甚过，没底船子，无漏坚固。碧潭水月，隐隐难沉，青山白云，无根却住。峰峦秀异，鹤不停机，灵木迢然，凤无依倚。徒敲布鼓，谁是知音，空击成声，何人抚掌。胡笳曲子，不随五音，韵出青霄，任君吹唱。（同上书，457页左）

正偏宛转说本于石头希迁于《参同契》所用灵源支派、明暗、事理之语。其后相传从石头而药山，从药山而云岩，从云岩而洞山。洞山巧于修辞，为《玄中铭》《新丰曲》等。于是乎至为天下所传唱。

第九节　洞山之四宾主

又云：

良价游方时，与密师伯经由次，见溪流菜叶。师曰："深山无人，因何有菜，随流莫有道人居否？"乃共议，拨草溪行五七里间，忽见羸形异貌人，乃龙山（亦云隐山）和尚是也。放下行李问讯。山曰："此山无路，阇梨从何处来？"师曰："无路且置，和尚从何而入？"山曰："我不从云水来。"师曰："和尚住此山多少时耶？"山曰："春秋不涉。"师曰："和尚先住，此山先住？"山曰："不知。"师曰："为甚么不知？"山曰："我不从人天来。"师曰："和尚得何道理，便住此山？"山曰："我见两个泥牛斗入海，直至于今绝消息。"师始具威仪礼拜，便问："如何是主中宾？"山曰："青山覆白云。"师曰："如何是主中主？"山曰："长年不出户。"师曰："主宾相去几何？"山曰："长江水上波。"师曰："宾主相见有何言说？"山曰："清风拂明月。"师辞退。（同上书，450页左）

龙山，马祖道一之嗣，爱所谓宾主与偏正之义无异。故与临济之四宾主全别。

僧问："如何是青山白云父？"师曰："不森森者是。"云："如何是白云青山儿？"师曰："不辨东西者是。"云："如何是白云终日倚？"师曰："去离不得。"云："如何是青山总不知？"师曰："不顾视者是。"及颂曰："青山白云父，白云青山儿。白云终日倚，青山总不知。"（同上书，454页右）

青山是体，白云是用；青山是正，白云是偏；青山是主，白云是宾。以上对龙山时，其意自了然。因此，洞山思想之一部分得从龙山来。以正偏立五位，见《宝镜三昧》之譬喻中，至"曹山本寂"条当详述之。

第十节　洞山之功勋五位

正偏五位之外有功勋五位者，此谓第一向、第二奉、第三功、第四共功、第五功功。

僧问："如何是向？"师曰："吃饭时作么生。"又曰："得力须忘饱，休粮更不饥。"云："如何是奉？"师曰："背时作么生？"又曰："只知朱紫贵，孤负本来人。"云："如何是功？师曰："放下钁头时作么生。"又曰："撒手端然坐，白云幽处闲。"云："如何是共功？"师曰："不得色。"又曰："素粉难沉迹，长安不久居。"云："如何是功功？"师曰："不共。"又曰："混然无讳处，此外更何求。"（同上书，452页右）

第十一节　功勋五位之颂

功勋五位为分别进修之阶梯者。《人天眼目》卷三云：

洞山功勋五位并颂

向、奉、功、共功、功功。

僧问师："如何是向？"师云："吃饭时作么生？"又云："得力须忘饱，休粮更不饥。"

大慧云："向时作么生？向谓趣向此事。"答："吃饭时作么生？谓此事不可吃饭时无功勋而有间断也。"

圣主繇（繇一作由）来法帝尧，御人以礼曲龙腰。有时闹市头边过,到处文明贺圣朝。

"如何是奉?"师云:"背时作么生?"又云:"只知朱紫贵,辜负本来人。"

大慧云:"奉乃承奉之奉,如人奉事长上,先致敬而后承奉。向乃功勋之所立,才向即有承事之意,故答背时作么生,谓此事无间断,奉时既尔,而背时亦然。言背即奉之义,盖奉背皆功勋也。"

净洗浓妆为阿谁,子规声里劝人归。百花落尽啼无尽,更向乱山(山一作峰)深处啼。

"如何是功?"师云:"放下锄头时作么生?"又云:"撒手端然坐,白云深处闲。"

大慧云:"功即用也。答放下锄头时作么生?把锄头言用,放下锄头是无用,师之意谓用与无用皆功勋也。"

枯木花开劫外春,倒骑玉象趁麒麟。而今高隐千峰外,月皎风清好日辰。

"如何是共功?"师云:"不得色。"又云:"素粉难沉迹,长安不久居。"

大慧云:"共功谓法与境敌。答不得色,乃法与境不得成一色。正用时是显无用底,无用即用也,若作一色是十成死语。洞山宗旨语忌十成,故曰不得色,乃活语也。"

众生诸佛不相侵,山自高兮水自深。万别千差明底事,鹧鸪啼处百花新。

"如何是功功?"师云:"不共。"又云:"混然无讳处,此外更何求。"

大慧云:"功功谓法与境皆空,谓无功用大解脱,答不共,乃无法可共，不共之义全归功勋边，如法界事事无碍是也。你面前无我，我面前无你，所以夹山道此间无老僧，目前无阇梨是也。如此之说皆趣向奉承，于日用四威仪内，成就世出世间，无不周旋，谓之功勋五位也。"

头角才生已不堪，拟心求佛好羞惭。迢迢空劫无人识，肯向南询五十三。

大慧颂就功勋五位，乃云："你道它古人意果如是乎？若只如此有甚奇特，只是口传心授底葛藤，既不如是，且道古人意作么生。"

第十二节 三渗漏

良价以三渗漏，验来学之根据。《人天眼目》卷三，举价语云：

末法时代人多乾慧，若要辨验向上人之真伪，有三种渗漏，直须具眼。

一见渗漏。机不离位，坠在毒海，妙在转位也。

明安云：谓见滞在所知，若不转位即在一色，所言渗漏者，只是可中未尽善，须辨来踪，始得相续玄机妙用。

二情渗漏。智常向背见处偏枯。

明安云：谓情境不同，滞在取舍，前后偏枯，鉴觉不全，是识浪流转途中边岸事（一作途中未分边岸事），直须句句中离二边、不滞情境。

三语渗漏。体妙失宗，机昧始终。独智流转，不出此三种。

明安云：体妙失宗者，滞在语路，句失宗旨。机昧始终者，谓当机暗昧，只在语中，宗旨不圆，句句中须是有语中无语，无语中有语，始得妙旨密圆也。

第十三节 三　路

次价接人之法有三，《语录》云：

> 我有三路接人：鸟道、玄路、展手。（《续藏经》，第二编，第二十四套，第五册，453页右）

鸟道者无踪迹，谓如鸟之行空，空无迹。参学之人平生受用亦尔。玄路者主中之主，玄中之玄，向上一路也。参学之人要蹈此路。展手者展两手迎来学，使直入甘露门。

洞山之门风，大约如是。

第二十二章　长沙景岑与赵州从谂

与洞上良价、临济义玄等骈驰禅界者为长沙景岑、赵州从谂，共出南泉普愿之门。岑之见地，斩然拔群，其言云："河沙诸佛体是一，妙用无量，有文殊，有普贤，有观音。佛体虽是一，即众生之色身，佛面何殊我面哉！尽十方世界全在自己光明里。"谂言云："此事如明珠在掌，胡来胡现，汉来汉现，把老僧一枝草作丈六金身用，把丈六金身作一枝草用。佛即是烦恼，烦恼即是佛。"

第一节　长沙之景岑

《宋高僧传》卷十二恒通条中举景岑之名，而无本传。《景德传灯录》卷十二详录岑语，而缺其传，唯云：

> 湖南长沙景岑，号招贤大师，初住鹿苑为第一世，其后居无定所，但徇缘接物，随请说法，故时众谓长沙和尚。(《大藏经》，第三十套，第九册，866页右）

后诸录皆仿此记事，故无由知其行业。《传灯》《联灯》《会元》三书皆不记岑殁。依《隆兴佛教编年通论》卷二十七并《释氏通鉴》十一，以懿宗皇帝咸通九年（868）殁。

第二节　长沙之彻底的思想

景岑有彻底的思想，说法质直，不如他之宗匠，故用竹头接木之语。从岑言，则佛是诸法之本体，菩萨即其妙用。故云：

> 僧问："如何是文殊？"师云："墙壁瓦砾是。"又问："如何是观音？"师云："音声语言是。"又问："如何是普贤？"师云："众生心是。"又问："如何是佛？"师云："众生色身是。"僧云："河沙诸佛体皆同，何故有种种名字？"师云："从眼根返源名为文殊，耳根返源名为观音。从心返源名为普贤。文殊是佛妙观察智，观音是佛无缘大慈，普贤是佛无为妙行，三圣是佛之妙用，佛是三圣之真体。用则有河沙假名，体则总名一薄伽梵。"（同上书，866页左）

大乘经中之菩萨，皆以佛之妙用拟人者，无一实人。昧者不知以为史实，于是诸经皆化为怪谈去，如景岑可谓能读经者。

第三节　长沙之佛身观

佛既即众生之色身，众生之色身即发佛之大光明，此所以岑谓：

> 尽十方世界是自己光明，尽十方世界在自己光明里，尽十方世界无一人不是自己。（同上书，866页右）

虽然如此，不可以己身为佛之全体，认妄识为佛心。故云：

> 学道之人不识真，只为从来认识神。无始劫来生死本，痴人唤作本来身。

如无切实之辨见，则坠入破大乘之鬼窟了。

第四节　长沙之佛性

岑说佛性，亦简而得要。

> 佛性堂堂显现，住性有情难见。若悟众生无我，我面何殊佛面。(《续藏经》，第二编乙，第十一套，第一册，68页左)

> 问："蚯蚓斩为两段，两头俱动，未审佛性在阿那头？"师云："动与不动，是何境界？"曰："言不于典，非智者云所谈，只如和尚言，动与不动，是何境界，出自何经？"师云："灼然言不于典，非智者所谈。大德岂不见《首楞严经》云：当知十方无边不动虚空，并其动摇地、水、火、风，均名六大，性真圆融，皆如来藏，本无生灭。"师示偈曰：

> 最甚深！最甚深！法界人身便是心，迷者迷心为众色，悟时刹境是真心，身界二尘无实相，分明达此号知音。(《续藏经》，第一辑，第二编乙，第十一套，第一册，68页右)

佛性非动非不动，而动静俱非佛性。佛性非心非身，而身心刹境，皆是佛性。

第五节　长沙之禅教双举

岑禅教双举，循达磨纯禅之古风也。

> 华严座主问："虚空为是定有，为是定无？"师曰："言有亦得，言无亦得。虚空有时，但有假有，虚空无时，但无假无。"曰："如和尚所说，有何教文？"师曰："大德岂不闻《首楞严》云：十方虚空，生汝心内，犹如片云，点太清里。岂不是虚空生时，但生假名。又云：汝等一人发真归源，十方虚空，悉皆消殒，岂不是虚空灭时，但灭假名。老僧所以道有是假有，无是假无。"
> 又问："经云如净琉璃中内现真金像，此意如何？"师曰："以净琉璃为法界体，以真金像为无漏智。体能生智，智能达体。故云如净琉璃中内现真金像。"（同上书，69页右）

岑语录中欲证成其说，引用《首楞严经》二次，以此可证当时同经渐被用于禅者之间。

第六节　长沙之岑大虫与百尺竿头进一步之语

岑偈云：

> 百尺竿头不动人，虽然得入未为真。百尺竿头须进步，十方世界是全身。（同上书，67页左）

此百尺竿头进一步警句之起源也。

岑虽说法质直，而机用不劣于他宗将。

> 师与仰山玩月次。山曰："人人尽有这个，只是用不得。"师曰："恰是倩汝用。"山曰："你作么生用？"师劈胸与一踏。山曰："囫直下似个大虫。"自此诸方称为岑大虫。（同上书，68页左）

于是乎有长沙岑大虫之名。

第七节　长沙之生死观

慧洪《林间录》卷上云：

> 长沙岑禅师因僧亡，以手摩之曰："大众此僧却真实为诸人，提纲商量会么？"乃有偈曰："目前无一法，当处亦无人。荡荡金刚体，非妄亦非真。"又曰："不识金刚体，却唤作缘生。十方真寂灭，谁在复谁行？"（《续藏经》，第一辑，第二编乙，第二十一套，第四册，294页右）

唐代禅家之生死观，实如是与后世念佛欣求往者全别也。

第八节　赵州从谂

从谂是曹州郝乡人，《宋高僧传》卷十一作青州临淄人，曹州、青州皆属今山东省，未知孰是。《古尊宿语录》卷十三载谂详传，据

《宋传》，从谂幼而孤介，投青州龙兴寺剪落，据《景德传灯录》卷十并《古尊宿语录》卷十三，谂为沙弥时，随本师参见池州南泉之普愿，愿适在方丈内偃息，见谂问云："近离什么处？"谂云："瑞像院。"愿云："还见瑞像么？"谂云："瑞像即不见，即见卧如来。"愿起问："你有主沙弥，无主沙弥？"对云："有主沙弥。"愿云："那个是你主？"谂云："孟春犹寒，伏惟和尚尊体起居万福。"愿乃唤维那云："此沙弥别处安排。"自幼有出格之分如是。普愿器重，许入室。一日问："如何是道？"愿曰："平常心是道。"谂曰："还可趣向否？"愿云："拟向即乖。"谂曰："不拟时如何知是道？"愿曰："道不属知不知，知是妄觉，不知是无记，若是真达不疑之道，犹如太虚，廓然荡豁，岂可强是非耶。"谂言下得旨，乃往嵩岳琉璃坛纳戒后，闻受业师在曹州住护国院，还乡省觐。郝氏亲属忻怿无已，来日往观。谂闻云："俗尘爱网无有了期，已辞出家，不愿再见。"即夜结束而迈。

第九节　赵州之大志鸿望

遍历诸方，尝自谓云："七岁童儿胜我者，我即问伊，百岁老翁不及我者，我即教他。"可以见其远大之志。至龄八十，方住赵州城东观音院，住持枯淡，效古人之风。绳床一脚折，以烧断薪用绳系之。住院四十年，未尝赍一封书，不告檀越。

第十节　王镕之参禅

《景德传灯录》卷十云：

一日真定帅王公携诸子入院。师坐而问曰："大王会么？"王云："不会。"师云："自小持斋身已老，见人无力下绳床。"王公尤加礼重。翌日令客将传语，师下禅床受之。少间侍者问："和尚见大王来不下禅床，今日军将来为什么却下禅床？"师云："非汝所知。第一等人来禅床接。中等人来下禅床接。末等人来三门外接。"师寄拂子与王公曰："若问何处得来，便道老僧平生用不尽者。"……唐昭宗帝乾宁四年（897）十一月二日右胁而寂，寿一百二十。（《大藏经》，第三十套，第九册，870页右）

《宋高僧传》卷十一亦记真定之帅王氏皈依从谂。此事为属谂晚年乎？赵州地有真定路，王氏当即王镕，镕以僖宗帝中和二年（882）十岁继其父祖之业为唐藩镇。镕传见《五代史》卷三十九、《弘简录》卷六十五、《旧唐书》卷一百四十二等，据《旧五代史》卷五十四云：

王镕宴安既久，惑于左道，专求长生之要，常聚辎（辎疑缁）黄合炼仙丹，或讲说佛经，亲受符箓，西山多佛寺。

彼之淫于佛老可知矣。

第十一节 《古尊宿语录》之记事

《古尊宿语录》卷十三云：

厥后因河北燕王领兵收镇府，既到界上，有观气象者奏曰："赵州有圣人所居，战必不胜。"燕赵二王因展筵会，俱息交锋。

乃问:"赵之金地,上士何人?"或曰:"有讲《华严经》大师,节行孤邈,若岁大旱,咸命往台山祈祷,大师未回,甘泽如泻。"乃曰:"恐未尽善。"或云:"此去一百二十里,有赵州观音院,有禅师年腊高邈(邈疑迈),道眼明白。"佥曰:"此可应兆乎?"二王移驾观焉。既届院内,师乃端坐不起。燕王问曰:"人王尊耶?法王尊耶?"师云:"若在人王,人王中尊;若在法王,法王中尊。"燕王唯然矣。师良久,中间问:"阿那个是镇府大王?"赵王应诺弟子。师云:"老僧滥在山河,不及趋面。"须臾左右请师为大王说法。师云:"大王左右多,争教老僧说法?"乃约令左右退,师身畔,时有沙弥文远,高声云:"启大王,不是者个左右。"大王乃问:"是什么左右?"对曰:"大王尊讳多,和尚所以不敢说法。"燕王乃云:"请禅师去讳说法。"师云:"故知大王曩劫眷属,俱是冤家。我佛世尊,一称名号,罪灭福生,大王先祖,才有人触着名字,便生嗔怒。"师慈悲非倦,说法多时,二王稽首赞叹,珍敬无尽。来日将回,燕王下先锋使,闻师不起,凌晨入院,责师慢亢君侯。师闻之,乃出迎接。先锋乃问曰:"昨日见二王来不起,今日见某甲来,因何起接?"师云:"待都衙得似大王,老僧亦不起接。"先锋聆师此语,再三拜而去。寻后赵王发使取师供养,既届城门,阖城威仪迎之入内。师才下宝辇,王乃设拜,请师上殿,正位而坐。师良久,以手斫额云:"阶下立者,是何官长?"左右云:"是诸院尊宿,并大师大德。"师云:"他各是一方化主,若在阶下,老僧亦起。"王乃命上殿。是日斋筵将罢,僧官排定,从上至下,一人一问。一人问佛法,师既望见,乃问:"作什么?"云:"问佛法。"师云:"这里已坐却老僧,那里问什么法?"二尊不并化。王乃令止。其时国后与王俱在左右侍立,国后云:"请禅师为大王摩顶授记。师以手摩大王顶云："愿大王与老僧齐年。"是时迎师权在近院驻泊，获时选地建造禅宫。师闻之，令人谓王曰："若动着一茎草，老僧却归赵州。"其时窦行军愿舍果园一所，直一万五千贯，号为真际禅院，亦云窦家园也。师入院后，海众云臻。是时赵王礼奉，燕王从幽州奏到命服镇府，具威仪迎接，师坚让不受，左右舁箱至师面前云："大王为禅师佛法故，坚请师着此衣。"师云："老僧为佛法故，所以不着此衣。"左右云："且看大王面。"师云："又干俗官什么事？"乃躬自取衣挂身上，礼贺再三，师惟知应诺而已。师住赵州二年，……戊子岁十一月十日端坐而终。(《续藏经》，第一辑，第二编，第二十三套，第二册，153页右—左)

第十二节 《古尊宿语录》之记事可疑

已上记事颇可疑，称河北燕王不谓其名。《释氏稽古略》卷三记：

> 真定帅王镕称赵王，庐王节度使刘仁恭称燕王，二王争相重敬。

以刘仁恭为燕王。刘仁恭传见《旧唐书》卷二百十二。仁恭因后唐太祖李克用之奉请为检校司空卢龙军节度使，在昭宗乾宁二年，其冒燕王之名必须是此时已后。何则？在乾宁以前，李匡威据燕之地，从乾宁二年至四年，仁恭与王镕讲和是二氏传所不记，若以燕王为李匡威，与王镕共访从谂不可说不可能。《弘简录》卷六十六记李匡威为王镕所迎，与李抱贞俱馆于梅子园。

抱贞少游燕赵，每徘徊常山，爱之不能去，以匡威失国无聊，时与登城西大悲浮屠，顾览山川，泫然而泣。

大悲浮屠，应即言观音院。是时燕王匡威，与王镕均在赵州，二王得列驾访从谂。虽然如此，匡威以此时被杀，故与从幽州赠衣之记事不合。又从谂之化非为戊子之岁，戊子为后唐明宗天成三年（928）后王镕之死（天祐十八年，921年）七年。与从谂寄王拂子之记事矛盾，当以乾宁四年为正。

第十三节　赵州私淑三祖

据《古尊宿语录》卷十三所载语录，从谂有深私淑三祖之《信心铭》处，师学问对之间，引用《铭》最多。

师示众云："佛之一字，吾不喜闻。"问："和尚还为人也无。"师云："为人。"学云："如何为人？"师云："不识玄旨，徒劳念静。"（《续藏经》，第一辑，第二编，第廿三套，第二册，157页右）

问："承古有言，虚明自照，如何是自照？"师云："不称他照。"学云："照不着处如何？"师云："你话坠也。"（同上书，158页左）

问："毫厘有差时如何？"师云："天地悬隔。"云："毫厘无差时如何？"师云："天地悬隔。"（同上书，159页右）

师示众云："才有是非，纷然失心，还有答话分也无？"有僧出，将沙弥打一掌，便出去，师便归方丈。（同上书，162页右）

问："归根得旨随照失宗时如何？"师云："老僧不答者话。"

云:"请和尚答话。"师云:"合与么。"(同上)

问:"至道无难,唯嫌拣择,才有言语是拣择,和尚如何示人?"师云:"何不尽引古人语?"学云:"某甲只道得到这里。"师云:"只这至道无难,唯嫌拣择。"(同上书,156页左)

师示众云:"至道无难,唯嫌拣择,才有言语是拣择,是明白,老僧却不在明白里,是你还护惜也无?"(同上书,156页右)

师上堂示众云:"金佛不度炉,木佛不度火,泥佛不度水,真佛内里坐。菩提涅槃真如佛性,尽是贴体衣服,亦名烦恼,不问即无烦恼。实际理他什么处着,一心不生,万法无咎,但究理而坐二三十年,若不会,截取老僧头去。梦幻空华,徒劳把捉,心若不异,万法亦如。"(同上书,160页右)

第十四节 不二之大道

从谂之玄言布天下,赵州之门风人所信伏。谂法道无多子,不二之大道即是。

问:"如何是佛,如何是众生?"师云:"众生即是佛,佛即是众生。"(同上书,155页左)

上堂云:"此事如明珠在掌,胡来胡现,汉来汉现,老僧把一枝草,作文六金身用,把丈六金身,作一枝草用,佛即是烦恼,烦恼即是佛。"(同上)

问:"如何是佛真法身?"师云:"更嫌什么?"(同上书,154页右)

问:"佛在日,一切众生归依佛,佛灭度后,一切众生归依

什么处？"师云："未有众生。"学云："现前次。"师云："更觅什么佛？"（同上书，155页右）

问："如何是赵州？"师云："东门、西门、南门、北门。"

问："如何是定？"师云："不定。"学云："为什么不定？"师云："活物活物。"（同上书，156页右）

师示众云："大道只在目前，要且难睹。"（同上书，左）

问："如何是法身？"师云："应身。"（同上书，157页左）

问："三身中，那个是本来身？"师云："阙一不可。"（同上书，158页左）

师示众云："未有世界，早有此性，世界坏时，此性不坏。"僧问："如何是此性？"师云："五蕴、四大。"云："此犹是坏，如何是此性？"师云："四大、五蕴。"（同上书，164页右）

僧问："如何是佛？"师云："殿里底。"僧云："殿里者岂不是泥龛塑像？"师云："是。"僧云："如何是佛？"师云："殿里底。"（《大藏经》，第三十套，第九册，869页右—左）

西来祖道，唯此不二之真诀而已，从谂之唱和亦不出此外。

第十五节　赵州无滋味之语

因此谂为对机之方便，为去缚解粘，多说无义之语，后世传此等语为赵州第一义，惑之太甚也。所谓无义之语者何？

问："万法归一，一归何所？"师云："我在青州作一领布衫，重七斤。"（《续藏经》，第一辑，第二编，第二十三套，第二册，

159页左）

问:"狗子还有佛性也无?"师云:"无。"（同上书，157页左）

问:"如何是祖师西来意?"师云:"庭前柏树子。"学云:"和尚莫将境示人。"师云:"我不将境示人。"云:"如何是祖师西来意?"师云:"庭前柏树子。"（同上书，159页右）

此等语皆是铁昆仑，学人不能下嘴。义解思量之所不及，蓦地为学人截断葛藤之利斧而已。后世看话之禅者，拈弄无字猥逞忆测，当学人高声叫"无"时，以为得造一则公案，其愚不可及也。

第十六节 赵州吃茶去之因缘

师问二新到上座:"曾到此间否?"云:"不曾到。"师云:"吃茶去。"又问:"那一人曾到此间否?"云:"曾到。"师云:"吃茶去。"院主问:"和尚不曾到，教伊吃茶去，即且置，曾到，为什么教伊吃茶去?"师云:"院主。"院主应诺，师云:"吃茶去。"（同上书，164页左）

此赵州吃茶去之因缘。

谂有三句：

上堂示众云:"若是第一句，与祖佛为师。第二句，与人天为师。第三句，自救不了。"有僧问:"如何是第一句?"师云:"与祖佛为师。"师又云:"大好从头起。"学人再问，师云:"又却人天去也。"（同上书，157页右—左）

谂之语录收入《景德传灯录》卷二十八、《古尊宿语录》卷十三、《联灯会要》卷六、《五灯会元》卷四。赵州有十二时歌难称佳作，厌烦不抄出。

第十七节　赵州之真赞

《释氏通鉴》卷十一载赵王赞谂之真，颂云：

> 碧潭之月，清镜中头。我师我化，天下赵州。

赵王哭师颂二首云：

> 师离淲水动王侯，心印光潜塵尾收。碧落雾霾松岭月，沧溪浪覆济人舟。一灯乍灭波旬喜，双眼重昏道侣愁。纵是了然云外客，每瞻瓶几泪还流。

其二

> 佛日西倾祖师臒，珠沉丹沼月沉辉。影敷丈室炉烟惨，风送禅床松韵微。只履乍来留化迹，五天何处又逢归。解空弟子绝悲喜，犹自潸然对雪帏。（《续藏经》，第一辑，第二编乙，第四套，第五册，495页左）

第二十三章　子湖利踪、陈尊宿、石霜庆诸等

从谂之同门有利踪，以子湖之狗为世知。当时唐鼎渐轻，僖宗蒙尘。……方此时，黄檗希运之门人陈尊宿，以机锋峻险鸣，石霜之庆诸，声名远驰，夹山之善会亦崛起一方。虽然如此，多舍大道走小径，或徒隐晦以衒玄谈，或蕴苴其动作以装超迈，或佯狂狷介以弄奇。后世禅弊，多见起自唐末，看话禅，亦胚胎于此间。

第一节　子湖利踪

利踪之行实未见其详。据《景德传灯录》卷十及《古尊宿语录》卷十二。踪是澶州人，姓周，投幽州开元寺受业，具戒后入南泉普愿之室得法，抵衢州马蹄山构草堂宴居。唐文宗帝开成二年（837）有邑人翁迁贵者，喜舍子湖山创禅院，懿宗帝咸通二年（861）赐敕额名安国禅院，住山四十五年，僖宗帝广明中（880）入寂，春秋八十有一。

第二节　子湖之狗

利踪下榜其门前云："子湖一只狗，上取人头，中取人心，下取人

足，往来好看。"临济义玄轮下有二僧，闻之寻访，果见其榜，遂入门以手揭帘，欲起而未起，踪喝云："看脚下狗。"僧近前礼拜便问："承师有言子湖一只狗，上取人头，中取人心，下取人足，如何是子湖狗。"踪云："嗥嗥。"僧无语，便归方丈。世谓子湖之狗者是。

第三节　神力子湖之因缘

子湖山下有一陶家，为无子，夫妻每日焚香发愿求一男子。利踪一日就其家乞竹。先问："汝夫妻每日起心发愿，拟作个什事？"答云："切缘家内无子，愿求一男。"踪云："就汝乞一种物还得否？"云："和尚要甚物，但乞指挥。"踪云："不要别物，欲乞一担竹，与汝一个男子。"其家忻喜云："此是小事，一任斫去。"踪斫大竹近一千竿。陶公云："和尚只讨一担，何斫许多？"踪云："只此一担尚未足在。"遂取大竹之长者，捻破数竿，相接为一束将归。其夜陶家感梦得男，因此称为神力子湖。

第四节　子湖之法门

利踪之法道无他异。

示众云："天上人间，轮回六道，乃至蠢动含灵，未曾于此一分真如中，有些子相违处，还信么！还领受得么？大凡行脚也须具大信根，作个丈夫始得。何处得与么？难信他古人只见道个即心是佛，即心是法，便承信去，随处茅茨石室长养圣胎，只待道果成熟。汝今何不教他行取。仁者可煞分明，并无参杂，治生产

业与实相不相违背。"（《续藏经》，第一辑，第二编，第二十三套，第二册，151 页左）

第五节 信行一致之唱导

利踪揭出信之一字，此先人所欲言，而未道及。禅门之领悟是一个信受，古人言下信受即心即佛而彻底不疑，所谓大悟也。踪云"须具大信根，作个丈夫始得"，此为千古不磨之金言。又唱导信行之一致者，踪也。

> 僧问："如何是千圣不传底事？"师云："阿谁向你说？"进云："与么则信受奉行去也。"师云："信得及者即行之，信不及恰莫强为。不是口头说信便信得去。如人谈食，终不得饱。纵然口头说饱，争奈肚肉饥何？仁者直须饱去，莫谩悠悠。"（同上）

踪之法道，明明白白如是，至其机用，亦不让当时之宗匠。

> 刘铁磨领众至。师云："见说刘铁磨，莫便是否。"磨云："什处得者个消息。"师云："左转右转。"磨云："莫颠倒。"被师打出。
>
> 师半夜巡堂，叫有贼，大众皆惊动。师于僧堂前见一僧拦胸把住，叫云："捉得也，唤维那来。"僧云："不是某甲。"师云："是即是，你自不肯承当。"
>
> 胜光因在子湖钁地次，胜光钁断一条蚯蚓。问云："某甲今日钁断一条蚯蚓，两头俱动，未审性命在那头？"师提起钁头向蚯蚓，左头打一下，右头打一下，中心空处打一下，掷却钁头便

归。(同上书,152页右)

可以知踪为人之榜样。当时蚯蚓之话行于丛林。景岑有此问答,以性命为佛性,沩山灵祐之嗣法端亦有同一之话。

第六节　唐室之衰微

此时唐室陵夷。乾符五年,黄巢自号冲天大将军,陷福建,翌年来襄阳。广明元年(880)十一月攻略洛阳,十二月冲潼关。僖宗帝蒙尘,黄巢入长安即皇帝位,国号大齐。尔后,兵戈无宁日,岩头全豁为贼所杀。

第七节　岩头之全豁

全豁是泉州人,姓柯,少而挺秀,器度宏远,以青原之谊为师落发。后入长安于西明寺受具,于保寿寺研讨经律,更造武陵,参德山宣鉴。与雪峰义存、钦山文邃为友,为德山所器重。一日入方丈之门,侧身问:"是凡是圣?"德山喝,全豁乃礼拜。有人举似洞山。山云:"若不是豁上座大难承当。"豁闻云:"洞山老人不识好恶错下名言,我当时一手抬一手搦。"

一日与雪峰义存、钦山文邃聚话,义存蓦指一碗水,文邃云:"水清月现。"义存云:"水清月不见。"豁乃踢却水碗去。尔后文邃师洞山,存豁二人师德山。

全豁一日同义存辞德山,山问:"什么处去?"豁云:"暂辞和尚下山去。"德山云:"子他后作么生?"豁云:"不忘。"山云:"子凭何有此说？"云："岂不闻智慧过师，方传师教，其或智慧齐等，他后恐减师半德。"山云："如是如是，当善护持。"二人礼拜而退。

第八节 岩头之住山

全豁筑室于洞庭之卧龙山宴居，徒侣云集。又居唐年山，山中石岩巉崒，所以有岩头之名。

全豁问："一僧什么处来？"曰："西京来。"豁云："黄巢过后还收得剑否？"曰："收得。"豁乃引颈作势受刃，僧曰："师头落也。"豁大笑。

时四海多事，众皆避逃，豁唯晏如。……挥刀迫之亦毫无惧色，遂遇害。神色自若，发一叫而逝。时僖宗帝光启三年（887），寿六十。

第九节 岩头之素养与《涅槃经》之活用

豁于经教有素养，于《涅槃经》别具一只眼。

一日上堂谓诸徒曰："吾尝究《涅槃经》七八年，睹三两段文，似衲僧说话。"（《大藏经》，第三十套，第九册，910页右）

禅岂有离却经教哉！祖师西来，教禅并传。偏于教时其弊也迂，偏于禅时其也弊狂，可不戒哉！豁云：

吾教意如伊字三点，第一向东方下一点，点开诸菩萨眼。第二向西方下一点,点诸菩萨命根。第三向上方下一点,点诸菩萨顶。此是第一段义。

又云:

吾教意如摩醯首罗,擘开面门,竖亚一只眼,此是第二段义。

又云:

吾教意犹如涂毒鼓,击一声,远近闻者皆丧,是第三段义。

是皆《涅槃经》之应用。全豁之机用与洞山宗风不合,此豁所以不嗣洞山。

问曰:"和尚岂不是三十年在洞山而不肯洞山。"师曰:"是。"又曰:"和尚岂不是法嗣德山,又不肯德山?"师曰:"是。"曰:"不肯德山即不问,只如洞山有何所阙?"师良久曰:"洞山好个佛,只是无光。"(同上)

第十节　睦州陈尊宿有陈蒲鞋之称

陈尊宿,睦州人,姓陈,《景德传灯录》卷十二、《联灯会要》卷八不记其本名。据《五灯会元》卷四、《释氏通鉴》卷十一等讳道明,江南陈氏之后也。投本州开元寺落发,游方而于黄檗希运轮下领玄旨,众请住观音院。学侣云集超百,居数十载弃众,归寓开元寺房中,

织蒲鞋养其母,故有陈蒲鞋之号。《五灯会元》卷四云:

> 巢冠入境,师标大草屦于城门。巢欲弃之,竭力不能举,叹曰:"睦州有大圣人。"舍城而去,遂免扰攘。

盖当为托蒲鞋而假作之妄传也。

第十一节 陈尊宿之语句

陈之接人语句峻险,多脱常轨。《景德传灯录》卷十二云:

> 时有学人叩激,随问遽答,语词峻险,既非循辙,故浅机之人往往嗤之。唯玄学性敏者钦伏。由是诸方归慕,谓之陈尊宿。(《大藏经》,第三十套,第九册,882页右)

可云适评。举二例如下:

> 问:"以字不成八字,是何章句?"师弹指一下,云:"会么。"云:"不会。"师云:"上来表赞,无限胜因,虾蟆跳上梵天,蚯蚓走过东海。"(同上)
>
> 僧问:"如何是向上一路。"师云:"要道有甚么难。"云:"请和尚道。"师云:"初三十一,中九下七。"(《续藏经》,第一辑,第二编乙,第九套,第三册,286页左)

第十二节　陈尊宿之活机

陈机用最锐利，对扬宛然，如赵州从谂。

师问僧："近离甚处？"僧便喝。师云："老僧被你一喝。"僧又喝，师云："三喝四喝后作么生？"僧无语，师便打，云："这掠虚汉。"（同上书，右）

师有时唤僧云："大德。"僧回首，师云："担板汉。"（同上）

第十三节　现成公案

陈语录中见现成公案之语，当为此语之初出。

师见僧来云："见成公案，放汝三十棒。"（《大藏经》，第三十套，第九册，881页左）

《景德传灯录》卷十二、《联灯会要》卷八、《五灯会元》卷五，均未记陈入灭年月。《释氏通鉴》卷十一、《释氏稽古略》卷三，有僖宗帝乾符四年（877）卒，春秋九十八。

第十四节　石霜庆诸

庆诸姓陈，庐陵新淦玉笥乡人。十三礼洪井西山之绍銮为师，二十三上嵩山纳戒，初学律，不悦之。参大沩山灵祐，为米头。一日在米寮内筛米。祐云："施主物莫抛撒。"诸云："不抛撒。"祐于地上拾一粒云："汝道不抛撒，这个什么处得来？"诸无对。祐又云："莫欺这一粒子，百千粒从此一粒生。"诸云："百千粒从此一粒生，未审这一粒从什么处生？"祐呵呵大笑归方丈，至晚上堂云："大众米里有虫。"

后届潭州道吾山见圆智，问云："如何是触目菩提？"圆智唤沙弥，沙弥应诺。智云："添净瓶水着。"智却问诸："汝适来问什么？"诸乃举前问，智便起去。诸于此有省。智云："我疾作将去世，心中有物久而为患谁可除之？"诸云："心物俱非，除之益患。"智云："贤哉。"

尔后，避世入长沙浏阳之陶家坊，混俗而朝游夕处，人无识之者。因洞山价遣僧寻访，始锥锋出囊。乃住潭州石霜山。时圆智躬至石霜山，诸执侍之全师礼，圆智入寂，良价亦新顺世，四方学侣，多集诸门。

第十五节　石霜之枯木案

住山二十年，堂中老宿长坐不卧，屹如杭木，天下号之石霜之枯木众。僖宗帝闻诸之道誉，遣使赐紫衣，诸坚辞不受。光启四年即文德中（878）化，春秋八十又二。《释氏稽古略》卷三作光启三年非也。

一日有僧云："洞山参次示众云：'兄弟秋初夏末，或东去，或西去，直须向万里无寸草处去始得。'又云：'只如万里无寸草处去且作么生去。'"诸闻云："出门便是草。"僧举示洞山。山云："大唐国内能有几人。"可以此卜诸之造诣。

第十六节　夹山善会

善会，广州岘亭人，姓廖，九岁投潭州龙牙山出家，受戒之后往江陵，研究三学，遂参禅会而有所得。初住澧州京口，一夕策杖诣道吾山圆智，适遇上堂。僧问："如何是法身？"善会云："法身无相。"云："如何是法眼？"善会云："法眼无瑕。"会又云："目前无法意在，目前不是目前法，非耳目所到。"圆智乃笑。会疑问智："何笑？"智云："和尚一等出世未有师，可往浙中华亭县参船子和尚去。"会云："访得获否？"智云："彼师上无片瓦遮头，下无卓锥之地。"善会遂易服，直诣华亭。船子德诚问："座主住甚寺？"会云："寺即不住，住即不似。"诚云："不似似个什么？"会云："目前无相似。"诚云："何处学得来？"云："非耳目所到。"诚笑云："一句合头语，万劫系驴橛。垂丝千尺，意在深潭，离钩三寸，速道速道。"会拟开口，诚以篙撞在水中，会便大悟。

第十七节　《联灯》记事之疑议

《联灯会要》卷二十一云：

师豁然大悟，乃点头三下。诚云："竿头丝线从君弄，不犯清波意自殊。"师遂问："抛纶掷钓，师意如何？"诚云："丝悬渌水浮，定有无之意。"师云："语带玄而无路，舌头谈而不谈。"诚云："钓尽江波，金鳞始遇。"师乃掩耳。诚云："如是如是。"即嘱师云："向去直须藏身处没踪迹，没踪迹处莫藏身。吾二十年在药山，只明斯事，汝今既得，他后不得住城隍聚落，但向深山里钁头边觅取一个半个接续，无令断绝。"师即辞行，频频回顾。诚唤云："阇梨。"师回首，诚竖起桡子云："汝将谓别有耶。"乃覆舡入水而逝。(《续藏经》，第一辑，第二编乙，第九套，第五册，386页右)

《五灯会元》卷五亦从之，而此记事，《传灯》不载，其出于悟明之构想耶？

尔后善会，遁世忘机，长养圣胎，然而学徒云集，乃以懿宗帝咸通十一年（870）出世。住澧州夹山。会在夹山辟玄机二十年，僖宗帝中和元年（881）召主事云："吾与众僧语道，累岁佛法深旨各应自知，吾今幻质时尽即去，汝等善保护，如吾在日，勿得雷同世人辄生惆怅。"言讫而逝，寿七十七。

第十八节　夹山之语句

又云：

上堂示众云："夫有祖以来，时人错会相承至今，以佛祖句为人师范，如此却成狂人无智人去。他只指示汝，无法本是道，道无一法，无佛可成，无道可得，无法可舍，故云：目前无法，意在目前，他非是目前法。若向佛祖边学，此人未有眼目，皆属所依之法，不得自在本，只为生死茫茫，识性无自由分，千里万里求善知识，须有正眼，永脱虚谬之见，定取目前生死，为复实有，为复实无。若有人定得，许汝出头。上根之人言下明道，中下根器,波波浪走。何不向生死中定当取,何处更疑佛疑祖,替汝生死,有智人笑汝。偈曰:劳持生死法,谁向佛边求。目前迷正理,拨火觅浮沤。"(《大藏经》,第三十套,第九册,907—908页右)

示众云:"不知天晓,悟不由师,龙门跃鳞,不随渔人之手。但意不寄私缘,舌不亲玄旨,正好智音,此名俱生话。若向玄旨疑去,赚杀阇梨。困鱼止泺,钝鸟栖芦,云水非阇梨,阇梨非云水,老僧于云水而得自在,阇梨又作么生?"(《续藏经》,第一辑,第二编乙,第九套,第五册,386页右)

善会语多此类也。

第十九节　夹山之格言、杀人刀与活人剑

又云:

僧问:"从上立祖师教意,和尚此间为什么言无?"师曰:"三年不食饭,目前无饥人。"曰:"既无饥人,某甲为什么不悟?"师曰:"只为悟,迷却阇梨。"师说颂曰:"明明无悟法,悟法却迷人。长舒两脚睡,无伪亦无真。"(《大藏经》,第三十套,第九册,908页右)

此千古之格言。

善会尝评石霜、岩头二家:

石霜虽有杀人刀,且无活人剑。岩头亦有杀人刀,亦有活人剑。(《续藏经》,第一辑,第二编乙,第九套,第五册,387页右)

此当为杀人刀、活人剑之初出。

问:"如何是夹山境?"师曰:"猿抱子归青嶂里,鸟衔华落碧岩前。"

此所以有碧岩之语。

第二十节　慈云之楚南

陈尊宿之同门有楚南。南是闽人,姓张,髫龄投开元寺之昙蔼出家,执巾侍瓶颇谨愿。及冠岁,谒五台山登戒,就赵郡学相部律,往上都听《净名经》,后参黄檗希运得玄要。值武宗帝废毁释教,窜深山溪间。宣宗帝复兴佛教,际裴休至宛陵,请黄檗出山,楚南亦随侍留姑苏之报恩寺。南禅行专精,足不逾阈者二十余载。僖宗帝乾符四年(877),苏州太守周慎嗣请住宝林院,未几复请居支硎山。至乾符五年,昌化县令徐正元与紫溪成将饶京招南住杭州千顷山之慈云院,唱黄檗之玄风。其言云:

设使解得三世佛教,如瓶注水,及得百千三昧,不如一念,修无漏道,免被人天因果系绊。

又云:

> 微有念生，便具五阴，三界轮回生死，皆从汝一念生。

楚南常俨然在定，或逾月，或浃旬。僖宗帝光启三年（887），杭州刺史钱镠请下山，《景德传灯录》卷十二、《宋高僧传》卷十七皆云：

> 昭宗闻其道化，就赐紫衣云云。

此时昭宗尚未即位，其误记明也。《释氏稽古略》卷三改昭宗为僖宗，此或为事实。

南僖宗帝文德元年卒，春秋七十，所著《般若经品偈颂》一卷、《破邪论》一卷行于世。

第二十一节　无著文喜

与楚南同时有杭州文喜。喜，嘉禾御儿人姓朱，七岁从本邑常乐寺之清国出家，住越州开元寺，学《法华经》，受天台教。文宗帝开成二年（837）于赵郡受戒，习四分律，值会昌废教，变服韬晦。及宣宗帝大中，再受度于盐官之齐峰寺，《宋高僧传》卷十二作齐丰寺。

后谒性空于大慈山。空云："子何不遍参乎？"懿宗帝咸通三年（862）至洪州之观音院，见仰山慧寂，言下领得心要。

第二十二节　《五灯会元》之误谬

《五灯会元》卷九云：

第二十三章 子湖利踪、陈尊宿、石霜庆诸等

师直往五台山华严寺,至金刚窟礼谒,遇一老翁牵牛而行,邀师入寺。翁呼均提,有童子应声出迎,翁纵牛引师升堂,堂宇皆耀金色。翁踞床指绣墩命坐。翁曰:"近自何来?"师曰:"南方。"翁曰:"南方佛法如何住持?"师曰:"末法比丘,少奉戒律。"翁曰:"多少众?"师曰:"或三百,或五百。"师却问:"此间佛法,如何住持?"翁曰:"龙蛇混杂,凡圣同居。"师曰:"多少众?"翁曰:"前三三后三三。"翁呼童子致茶并进酥酪。师纳其味,心意豁然。翁拈起玻璃盏问曰:"南方还有这个否?"师曰:"无。"翁曰:"寻常将甚么吃茶?"师无对。师睹日色稍晚,遂问翁:"拟投一宿得否?"翁曰:"汝有执心在,不得宿。"师曰:"某甲无执心。"翁曰:"汝曾受戒否?"师曰:"受戒久矣。"翁曰:"汝若无执心,何用受戒?"师辞退。翁令童子相送。师问童子:"前三三后三三是多少?"童召大德,师应诺。童曰:"是多少?"师复问曰:"此为何处?"童曰:"此金刚窟般若寺也。"师凄然,悟彼翁者即文殊也,不可再见。即稽首童子,愿乞一言为别。童说偈曰:"面上无嗔供养具,口里无嗔吐妙香。心里无嗔是珍宝,无垢无染是真常。"言讫,均提与寺俱隐,但见五色云中,文殊乘金毛狮子往来,忽有白云自东方来,覆之不见。时有沧州菩提寺僧修政等,至尚闻山石震吼之声。师因驻锡五台。(《续藏经》,第一辑,第二编乙,第十一套,第二册,166页右)

如上传说,《景德传灯录》卷十二、《宋高僧传》卷十二并所不载。如《联灯会要》,仰山之嗣中不录文喜之名,至《五灯会元》卷九始插入此传说,其为误传,如后所详论。

第二十三节 《会元》之蛇足

《会元》又云：

> 咸通三年至洪州观音参仰山，顿了心契，令充典座。文殊尝现于粥镬上，师以搅粥篦打，曰："文殊自文殊，文喜自文喜。"殊乃说偈曰："苦瓠连根苦，甜瓜彻蒂甜。修行三大劫，却被老僧嫌。"

此亦迷人之蛇足，一笔抹杀可也。《宋高僧传》卷十二云：

> 一日有异貌僧就求斋食。喜减已食馈之。仰山预知，故问曰："此果位僧求食，汝供给周旋否？"答曰："辍己分回施。"曰："汝大得利益。"（《宋高僧传》，卷十二22页右）

此旧传，藏几分之神秘而已。

懿宗帝咸通七年之浙右，止千顷山而筑室居十年，又住杭州龙泉院凡十一年。僖宗帝乾符六年，避黄巢之入寇，住湖州之余不亭。刺史杜孺休请居仁王院。僖宗帝光启三年（887），吴越王钱镠为杭州刺史，仍请住慈光院。昭宗帝大顺元年（890）钱奏王朝赐紫衣，乾宁四年再上表赐无著之号，昭宗帝光化二年（899）入灭，春秋八十。

第二十四节 唐末之禅弊

当此时唐室凌夷，日赴衰运，反之禅门日极炽盛，大德高僧踵接而出。然而禅病亦渐来露其兆朕。所谓禅病者,不外舍大道而入小径之弊。佛祖之大道简易平明,利人钝者等安住其中,男女老幼均乐得妙味。而唐末之禅者,去简就繁,舍易取难,去平就险,弃明执晦,故见其语句隐晦,其动作奇怪。南泉《普愿传》云:

> 陆大夫与师见人双陆,拈起骰子云:"恁么不恁么,只恁么,信彩去时如何?"师拈起骰子云:"臭骨头十八。"

以如上语句和达磨与慧可之问答比较,禅风所生之如何大变可知。镇州《万岁传》云:

> 僧问:"大众云集,合谭何事?"师云:"序品第一。"

襄州关南之《道常传》云:

> 师每见僧来参礼,多以柱杖打趁。或云迟一刻,或云打动关南鼓,而时辈鲜有唱和。

韶州灵树之《如敏传》云:

> 问:"如何是和尚家风?"师云:"千年田,八百主。"曰:"如何是千年田,八百主?"师曰:"郎当屋舍没人修。"

如是逸常轨。为以走玄为妙,出单直平明之大道而入迂曲暗险之小径,可叹哉。

第二十五节　施设机关

加之，师学问对之间，有设机关之风。邓州香岩之《智闲传》云：

一日谓众曰："如人在千尺悬崖，口衔树枝，脚无所蹋，手无所攀。忽有人问如何是西来意？若开口答即丧身失命，若不答又违他所问，当恁么且作么生？"

宣州《陆亘传》云：

陆亘大夫初问南泉曰："古人瓶中养一鹅渐大，出瓶不得。如今不得毁瓶，不得损鹅。和尚作么生出得？"

此平地起波澜，行路设陷阱者。

第二十六节　坐脱立亡与奇言畸行

且当时禅者不守佛子之常道，有弄畸行者。五台山之《隐峰传》云：

将示灭，先问众曰："诸方迁化，坐去卧去，吾尝见之，还有立化也无？"众云："有也。"师云："还有倒立者否？"众云："未尝见有。"师乃倒立而化。

大圣释尊北首面西，下右胁横卧，从容入灭，是大圣所以为大圣。后世禅家不仿大圣之道，坐脱立亡，以为于生死得自由！不知其非，哀哉！

忻州之《打地传》云：

> 打地和尚自江西领旨，自晦其名。凡学者致问，惟以棒打地而示之。时谓之打地和尚。一日被僧藏却棒，然后问师，但张其口。

杭州鸟窠《道林传》云：

> 后见秦望山，见长松枝叶繁茂，盘屈如盖，遂栖止其上，故时人谓之鸟窠禅师。

湖南之《祇林传》云：

> 祇林和尚每叱文殊普贤皆为精魅，手持木剑自谓降魔。有僧参礼，便云魔来也，魔来也，以剑乱挥，潜入方丈。如是十二年后置剑。

襄州关南之《道吾传》云：

> 凡上堂示徒，戴莲花笠，披襕执简，击鼓吹笛，口称鲁三郎。有时日打动关南鼓，唱起德山歌。僧问："如何是祖师西来意？"师以简揖云："诺。"师有时执木剑横在肩上作舞。

镇州之《普化传》云:

> 普化和尚……佯狂出言无度……或城市或冢间振一铎,云:"明头来也明头打,暗头来也暗头打。"……或将铎就入耳边振之,或拊其背,有回顾者即展手云:"乞我一钱。"非时遇食亦吃。尝暮入临济院吃生菜饭。临济曰:"这汉大似一头驴。"师便作驴鸣。

洪州武宁县新兴之《严阳尊者传》云:

> 师常有一蛇一虎随从左右,手中与食。

仰山慧寂门人,晋州霍山《景通传》云:

> 师化缘将毕,先备薪于郊野,遍辞檀信。食讫,行至薪所,谓弟子曰:"日午当来报。"至日午,师自执烛登积薪上,以笠置顶后作圆光相,手执拄杖,作降魔杵势,立终于红焰中。

此禅家入火定之嚆矢也。

临济义玄门人,灌谿《志闲传》云:

> 师乾宁二年乙卯五月二十九日问侍者曰:"坐死者谁?"曰:"僧伽。""立死者谁?"曰:"僧会。"乃行六七步,垂手而逝。

弄畸、现异如斯,与佛祖纯密之行持悬隔千万里。后世唤风狂子之放浪世外者，作禅者之发端。

第二十七节　看话禅之萌芽

当时诸山长老，接三百、五百之学徒，其对扬之语句亦多，从举先人语句，参叩其意者自然之势也。前所列举，如赵州从谂会下之问答，举三祖僧璨之语参叩，其一例也。

福州灵云之《志勤传》云：

> 雪峰问云："古人道前三三后三三，意旨如何？"师曰："水中鱼，山上鸟。"峰曰："意旨作么生？"师曰："高可射兮深可钓。"

前三三后三三之语，见文喜与翁之问答。雪峰与文喜为同时人，若文喜时始有此语，则雪峰不得以此为古人语。盖宋人用此语以假作问答者耶？

斯以古语为一个而参叩之，唐末既已有，其为后世看话禅之滥觞，亦有何疑。

第二十四章　云居道膺、曹山本寂之门风与唐之诸居士

唐末掉尾之禅匠中，有洞山价之门人云居道膺、曹山本寂二大宗师。膺能得价道法之大体。其言谓：一法是本心，万法是本性，一法诸法宗，万法一法通，惟心惟汝性，不说异与同。寂亦阐明价之宗旨，解说五位无余蕴。谓：正位即空界，本来无物。偏位即色界，有万象形。正中偏是背理就事，偏中正是舍事入理，兼带是冥应众缘而不坠诸有，非染非净，非正非偏，故曰虚玄之大道，无着之正宗。推此一位最妙最玄。使洞上宗旨明于世者本寂也，使洞上宗旨坠于死型者，亦本寂也。

唐代居士中，白居易、裴休、李翱之外唯推陆亘、崔群等，禅之入民心可谓浅矣。至于丰干、寒山、拾得之类是风狂子放浪世外者，与正传宗师有天渊之别，不可一律而论。

第一节　云居道膺

道膺是幽州玉田人，姓王，早岁出俗，二十五于范阳之延寿寺受具。初习小乘律仪，叹云："大丈夫岂可桎梏律仪耶？"直诣翠微山，参学三载，时有从豫章来者盛称扬洞山良价之法席，膺遂登洞山。价问："阇梨名什么？"膺云："道膺。"价云："向上更道。"膺云："向上道

不名道膺。"价云:"与吾在云岩时祇对无异也。"

一日价问:"吾闻思大和尚生倭国作王虚实。"膺云:"若是思,大佛亦不作,况乎国王。"见地之高迈如是。

第二节 云居之力量

又一日价问:"什么处去来?"膺云:"蹋山来。"价云:"阿那个山堪住?"云:"阿那个山不堪住?"价云:"恁么即国内总被阇梨占却也?"云:"不然。"价云:"恁么即子得个入路?"云:"无路。"价云:"若无路,争得与老僧相见?"云:"若有路,即与和尚隔生去也。"价云:"此子已后千人万人把不住。"又价问:"大阐提杀父害母、出佛身血、破和合僧,如是种种孝养何在?"膺云:"始得孝养。"道机既熟,为洞山门下之领袖。初住三峰庵,其化未广,后住洪州云居山,四众竞臻。

第三节 锺传并成汭之归向

《宋高僧传》云:

> 唐之季锺氏据有洪州,倾委信诚,每一延请入州,则预洁甘子堂以礼之,乃表昭宗,赐紫袈裟一副并师号焉,都不留意,所化之徒,寒暑相交,不下一千余众……如荆南帅成汭遣赍檀施,动盈巨万。(《宋高僧传》卷十二,13页左)

可以知檀信之归崇甚笃。兹所谓锺氏者,锺传也。传以僖宗帝中和二年，逐江西观察使高茂卿，自有洪州。僖宗帝擢传为南平王。《新唐书》卷一百九十锺传之《传》云：

> 传少射猎，醉遇虎与斗，虎搏其肩，而传亦持虎不置，会人斩虎然后免。既贵悔之。戒诸子曰："士处世尚智与谋，勿效吾暴虎也。"乃画搏虎状以示子孙。凡出军攻战，必祷佛祠，积饵饼，为犀象，高数寻。

荆南节度使成汭传，见《唐书》卷一百十五并《弘简录》卷四十五。汭，昭宗帝时拜荆南节度使，少为僧，故与佛乘有因缘。

道膺以昭宗帝天复二年（902）顺世，其行年未知。

第四节 《五灯会元》之蛇足

《五灯会元》卷十三云：

> 师后结庵于三峰，经旬不赴堂。山（洞山）问："子近日何不赴斋？"师曰："每日有天神送食。"山曰："我将谓汝是个人，犹作这个见解在。汝晚间来。"师晚至。山召膺庵主，师应诺。山曰："不思善、不思恶是什么？"师曰："庵寂然宴坐。"天神自此竟寻不见，如是三日乃绝。

这亦不见于《宋高僧传》卷十二、《景德传灯录》卷十七等古记之传说，其普济之蛇足乎！

第五节　云居之宗乘

道膺之宗乘，超脱无依，如虚空之不留纤尘。圭峰所谓泯绝无寄是也，故云：

> 示众云："了无所有，得无所图，言无所恃，行无所依，心无所托，即得无过。在众如无众，无众如在众，岂不是无娆。其德超于万类，脱一切羁锁。千人万人得尚道，不当自己。古人云：体取那边事，却来这边行履。那边有甚么事？这边又作么生行履？所以道，有也莫将来，无也莫将来，见在底是谁家事。"（《续藏经》，第一辑，第二编乙，第九套，第五册，399页右）

道得分明，衲僧家用心固当如是。

第六节　云居之行履

膺之行履极高迈，故云：

> 示众云："汝等直饶，学得佛法边事，早是错用心了也。不见古人道，讲得天花落地，顽石点头，尚不干自己事，自余是甚么闲。拟将有限身心，向无限中用，有甚么交涉？如将方木逗圆孔，多少誵讹。若无恁么事，饶汝攒花簇锦，亦无用处。未离情识在，须向这里及尽，方得无过，方有出身路。若有一毫发去不尽，即被尘累，岂况更多？差之毫厘，过犯山岳。不见古人道，

> 学处不玄，尽是流俗。闺阁中物舍不得，俱为渗漏，并尽一切事，始得无过。头头上了，物物上通，只唤作了事人，终不唤作尊贵，将知尊知一路自别。"（同上）

是所谓立于高高峰顶，行于深深海底者。

膺所宗是一法即万法，万法即一心，一心即一切性也，故云：

> 僧问："如何是一法？"师云："如何是万法？"云："未审如何领会？"师云："一法是你本心，万法是你本性。且道，心与性是一是二？"僧作礼。师示以颂云："一法诸法宗，万法一法通。惟心惟汝性，不说异兼同。"（同上书，400页右）

第七节　曹山本寂

本寂是泉州莆田人，姓黄。其邑儒学甚盛，号小稷下。寂少入斯道，道性天发。年十九，投福州福唐县灵石山出家，二十五登戒。寻参洞山良价。价问："阇梨名什么？"寂云："本寂。"价云："向上更道？"寂云："不道。"价云："为什么不道？"寂云："不名本寂。"价深器重，许入室。寂处众如愚，发言如讷，盘桓数岁，辞洞山，价问："什么处去？"云："不变异处去。"价云："不变异处岂有去耶？"云："去亦不变异。"遂辞洞山去，放浪江湖，初受众之请，于抚州吉水山开法，改山号曹山，学侣满室，后居荷玉山，法席大盛，振洞上之玄风。南平王钟传闻寂道声，尽礼招致不出。大梅山法常书偈附使赠之云：

> 摧残枯木倚寒林，几度逢春不变心。樵客见之犹不顾，郢人

何得苦追寻。

其好隐栖如是。禅余执笔注寒山诗。文辞遒丽，流行宇内。昭宗帝天复元年（901）化，春秋六十二。

第八节 曹山与正偏五位

本寂详说洞上五位之旨诀，振作曹洞之门风。初石头希迁著《参同契》，以灵源支派、明暗、理事、回互不回互等语，揭宗乘之大纲。石头之法三传至洞山良价，著《宝镜三昧》，其中云：重离六爻，偏正回互，叠而为三，变尽成五，此正偏五位。又云：木人方歌，石女起舞，臣奉于君，子顺于父，不顺非孝，不奉非辅，此正偏回互之譬喻。又云：潜行密用，如愚如鲁，但能相续，名主中主，此兼到。夫五位有三，谓功勋五位，正偏五位，对宾五位是也。功勋五位者，前节洞山良价之条既叙了。正偏五位者，正中偏、偏中正、正中来、偏中至、兼中到也。所谓正者，中正之义，体也、理也、空也、实在也。偏者，偏倚之义，相也、事也、有也、现象也。故本寂云：正位即空界，本来无物。偏位即色界，有万象形。正位可以喻君，偏位可以譬臣，因此正位为阳，则偏位阴也。正犹如水，偏如波，正者暗而偏者明也。此本寂所以以黑白现正偏。

第九节 五位之图

如今出私意作图如下：

● 正位，空界无物，万有之本体，真空之妙理。暗，水、金，喻阳。

〇偏位，色界万象，万有之相，妙有之事相。明，波、器，喻阴。

◉正中偏。全正而偏，即体而相，理事相融，喻全水而波，即金而为金器。

◐偏中正。全偏而正，即相而体，事理相融，喻全波而水，即金器而为金。

〇正中来。正穷而通偏，体正为体时，相自现。究理时，事在其中，喻阳之极所，阴兆于此。

⊙偏中至。偏穷而通正，相正为相时，体自见。究事时，理在其中，喻阴之极所，阳兆于此。

●兼中到。正偏回互而非正非偏，体相回互而非体非相，理事交加而非理非事，水波泯融而非水非波，喻唯是一大海。

第十节　曹山正偏之说明

本寂云正中偏者背理就事，偏中正者舍事入理。依据此说，则如正中偏者唯事，偏中正者唯理。然而《解释洞山五位显诀》中，说明正中偏云：

> 正位却偏、就偏辨得是圆两意。（《曹洞二师录》卷下，72页右）

即若正为表，则偏者里也，虽一个之正而圆，正偏之两意，是正中偏也。同书说明偏中正云：

> 偏位虽偏，亦圆两意。（同上）

即若偏为表则正者，里也。虽一个之偏而圆，偏正之两意，是偏中正也。以上二位可喻如明暗之相依，昼夜之不相离。

同书解正中来云：

> 或有正位中来者，是无语中有语。（同上）

此谓正位之正中，有偏藏焉，犹如严寒之极所，一阳来复。

又解偏中至云：

> 或有偏位中来者，是有语中无语。（同上书，731页右）

此谓偏位之正中，有正藏焉，犹盛夏之极所，金气始生。

又解兼中到云：

> 或有相兼带来者，这里不说有语无语。（同上书，74页左）

此非正非偏，而正偏回互，非体非相，而体相泯合之谓。

本寂云："兼带者，冥应众缘而不坠诸有，非染非净，非正非偏，故曰虚玄之大道，无着之真宗。从上先德，推此一位为最妙最玄，当详审辨明之。已上五位归入兼带之一位。一而五，五而一，正其妙用也。"洞上修证之要谛在此。

第十一节　五位之应用

本寂云：

> 君为正位，臣为偏位。臣向君是偏中正，君视臣是正中偏。

君臣道合是兼带语。

进云:"如何是君?"师曰:"妙德尊寰宇,高明朗太虚。"云:"如何是臣?"师曰:"灵机弘圣道,真智利群生。"云:"如何是臣向君?"师曰:"不坠诸异趣,凝情望圣容。"云:"如何是君视臣?"师曰:"妙容虽不动,光烛本无偏。"云:"如何是君臣道合?"师曰:"混然无内外,和融上下平。"

师又曰:"以君臣偏正言者,不欲犯中故,臣称君不敢斥言是也。此吾法宗要。"(同上书,52—53页右)

正偏五位,以之应用于人事则为修身、齐家、治国、平天下之道,以之说明自然界则可阐宇宙之幽秘。

第十二节 将先哲之语句配当五位

本寂以五位判先哲之语,据《解释洞山五位显诀》举其例:

正中来。药山云:"我有一句子未曾向人说。"道吾云:"相随来。"
偏中至。盘山云:"光境共忘复是何物?"
兼中到。宗智上座,临云岩迁化时,向人道:"云岩不知有我,悔当时不向伊说。"虽然如是,且不违于药山蔡子。

第十三节 五位与五卦

从梁至唐,禅者之语句极多,不必即入五位之范畴,强判之则不免牵强之弊。

《五位旨诀》中以五位配五卦：

正中来者大过也（☱），全身独露万法根源，无咎无誉。
偏中至者中孚也（☲），随物不碍，木舟中虚，虚通自在。
正中偏者巽也（☴），虚空破片，处处圆通，根尘寂尔。
偏中正者兑也（☱），水月镜像，本无生灭，岂有踪迹。
兼中到者重离也（☲），正不必虚，偏不必实，无背无向。

（同上书，80页右）

第十四节　三种坠

本寂有三种坠之说，谓沙门坠、尊贵坠、随类坠是也。坠者，古人云此有落居自在之义。因此，三坠可云即三大自在。

沙门坠是沙门转身之妙。寂云：

南泉病时，有人问："和尚百年后向甚么处去？"泉曰："我向山下檀越家作一头水牯牛去。""某甲拟随和尚去还得么？"泉曰："若随我含一茎草来。"拣曰："这个是沙门转身语。"又云："披毛戴角是沙门坠。"又云："披毛戴角沙门坠者，不执沙门边事及诸圣报位也。"

尊贵坠者，寂云：

法身法性是尊贵边事，亦须转却，是尊贵坠。只如露地白牛是法身极则，亦须转却，免他坐一色无辨处。又云：不受食尊贵坠者。食者是本分事，知有不取故曰尊贵坠。

随类坠者，寂云：

只今于一切声色物物上转身去，不坠阶级，唤作随类坠。又云：不断声色，随类坠者为初心知有自己本分事，回光之时摈出声、色、香、味、触、法，得宁谧则成功勋，后却不执六尘，坠而不昧，任之无碍。

要之水牯牛沙门坠者，入驴胎马腹应化自在之作用。不受食尊贵坠者，凡情尽，圣解亦忘，而不坐着法身边。不断声色随类坠者，谓不厌声色之境，触类皆真。

第十五节　四异类

次有四异类之说：

第一往来异类。凡夫之往来轮回于三界、六道者，即十界之异类也。

第二菩萨同异类。菩萨为教化众生，不舍生死，转生十界者是也。

第三沙门异类。前之得水牯牛沙门坠者是也。

第四宗门中异类。前之五位中得兼带之妙者是也。

第十六节 三燃灯

又有三燃灯之说，燃灯前、燃灯后、正燃灯是也。寂云：

> 然灯前有二种，一未知有同类血之乳。二者知有犹如意未萌时得本物，此名燃灯前。一种知有往来言语声色是非，亦不属正照用，亦不得记同类血乳，是漏失边事，此名燃灯后。直是三际，事尽表里，忘得无间断，此始得名正燃灯，乃云得记。（同上书，90页右）

说明之语，极晦涩，其意不明，不要强为诠要。洞上之宗，至曹山多出节目，所以画眉于混沌者，后世被囚于正偏之死型，忘大道之本体者盖从此生。

第十七节 唐代之诸居士其一崔群

唐代之禅虽非不盛，而未至为民间之信仰，陶冶一般之人心。当时名士入禅者少，关于裴休、李翱既有所论，其他有径山法钦门下之崔群。

崔群，字敦诗，清河武城人，举进士，宪宗帝元和初，召为翰林学士。天资刚直，以谠言正论闻。尝谒径山法钦，问："弟子欲出家得否？"钦云："出家大丈夫之事，非将相之所能为。"后出为湖南观察使，赴任访东寺之如会，会参径山法钦，为马祖道一之嗣。《景德传灯录》卷七云：

崔相公入寺见乌雀于佛头上放粪，乃问师曰："乌雀还有佛性也无？"师云："有。"崔云："为什么向佛头上放粪？"师云："是。伊为什么不向鹞子头上放？"

《居士分灯录》卷上云：

便访如会禅师，问曰："师以何得？"会曰："以见性得。"时会方病眼。群曰："既云见性，其奈眼何？"会曰："见性非眼，眼病何害。"群稽首谢。

及穆宗帝即位，被其宠任，以吏部尚书荆南节度使卒，寿六十一。群传见《旧唐书》卷一百五十九、《新唐书》卷一百六十五、《弘简录》卷二十二等。

第十八节　南泉门下之陆亘

南泉普愿门人有陆亘，字景山，吴郡人。宪宗帝元和中为户部郎中秘书少监太常少卿。历为兖蔡等郡刺史，后移为宣歙观察使，加御史大夫。文宗帝太和八年卒。亘传见《旧唐书》卷一百六十二。《居士分灯录》卷上云：

一日问泉（南泉）曰："弟子家内瓶中养一鹅，鹅渐长大，出瓶不得。如今不得毁瓶，不得损鹅，和尚作何方出得？"泉召曰："大夫。"亘应诺。泉曰："出也。"亘从此开解。

一日谓泉曰："弟子亦薄会佛法。"泉便问："大夫十二时中作么生?"亘曰:"寸丝不挂。"泉曰:"犹是阶下汉,不见道。有道君王不纳有智之臣。"

一日问泉:"弟子家中有一片石,有时坐,有时卧,欲镌作佛得否?"泉曰:"得。"亘曰:"莫不得否?"泉曰:"不得。"

一日谓泉曰:"肇法师也甚奇怪,道万物与我同根,天地与我一体。"泉指庭前牡丹花曰:"大夫,时人见此一株花,如梦相似。"亘罔测。

亘辞归宣城治所。泉问:"大夫去彼,以何治民?"亘曰:"以智慧治民。"泉曰:"恁么即彼处生灵尽遭涂炭去也。"

泉入宣州,亘出迎接,指城门曰:"人人尽唤作瓮门,未审和尚唤作什么门?"泉曰:"老僧若道,恐辱大夫风化。"亘曰:"忽然贼来时作么生?"泉曰:"王老师罪过。"

又问:"大悲菩萨用许多手眼作什么?"泉曰:"只如国家又用大夫作什么?"

泉迁化,亘闻丧,入寺下祭,却呵呵大笑。院主曰:"先师与大夫有师资之义,何不哭?"亘曰:"道得即哭。"院主无语。亘大哭曰:"苍天苍天,先师去世久矣。"(《续藏经》,第一辑,第二编乙,第二十套,第五册,437—438页右)

池州有甘贽参南泉,称甘贽行者,其语句并详《五灯会元》卷四、《居士分灯录》卷上等。

第十九节 药山门下之于頔

药山惟俨门下有于頔,字允元。德宗帝贞元十四年拜为山南东道节度使，累迁检校尚书左仆射同中书门下平章事，封燕国公。至宪宗帝时，拜为户部尚书，但不得意而卒。頔传见《新唐书》卷一百七十二、《旧唐书》卷一百五十六、《弘简录》卷二十一等。頔谒马祖之门人唐州紫玉山道通。《景德传灯录》卷六云：

> 于頔相公问："如何是黑风吹其船舫，漂坠罗刹鬼国？"师（道通）云："于頔客作汉，问恁么事怎么？"于公失色。师乃指云："这个便是漂坠罗刹鬼国。"于公又问："如何是佛？"师唤于頔，頔应诺。师云："更莫别求。"

《居士分灯录》卷上云：

> 药山惟俨闻通答頔问佛话，乃曰："噫，可惜于家汉，生埋向紫玉山中。"頔闻即谒俨。俨曰："闻相公在紫玉山中大作佛事，是否？"曰："不敢，承闻和尚有语相救，今日特来。"俨曰："有疑但问。"頔曰："如何是佛？"俨召于頔，頔应诺。俨曰："是什么？"頔于此有省。
>
> 后得庞蕴篇，深加慕异，乃伺便就谒，如宿善友，往来无间。（《续藏经》，第二编乙，第二十套，第五册，439页左）

第二十节 沩山门下之王敬初

沩山灵祐门下有王敬初，《居士分灯录》卷上云：

> 常侍王敬初，初见睦州道明（陈尊宿）……后得法于沩山

灵祐。

尝问一僧:"一切众生还有佛性也无?"曰:"有。"初指壁上画狗子,曰:"这个还有也无?"僧无对。初自代曰:"看咬着汝。"

尝与临济到僧堂,问:"这一堂僧还看经么?"济曰:"不看经。"曰:"还习禅么?"济曰:"不习禅。"曰:"既不看经,又不习禅,毕竟作个甚么?"济曰:"总教伊成佛作祖去。"初曰:"金屑虽贵,落眼成翳。"济曰:"我将谓是个俗汉。"

有僧从沩山来。初问:"山头老汉有何言句?"曰:"人问如何是西来意,和尚竖起拂子。"初曰:"山中如何领解?"曰:"山中商量即色明心,附物显理。"初曰:"会便会,着甚死急,汝速去,我有书与老师。"僧驰回,拆见画一圆相,于中书个日字。山呵呵大笑曰:"谁知五千里外,有个知音。"仰山曰:"也只未在。"曰:"子又作么生?"仰于地上,作一圆相,书个日字,以脚抹之而去。(同上书,439页左—440页右)

第二十一节　睦州门下之陈操

睦州陈尊宿门下有陈操。《居士分灯录》卷上云:

陈操尚书参睦州悟旨。……一日云门到,相看便问:"儒书中即不问三乘十二分教自有座主,作么生是衲僧家行脚事?"门曰:"尚书曾问几人?"操曰:"即今问上座。"门曰:"即今且置作么生是教意。"操曰:"黄卷赤轴。"问曰:"这个是文字语言,作么生是教意。"操曰:"口欲谈而辞丧,心欲缘而虑亡。"门曰:"口欲谈而辞丧,为对有言;心欲缘而虑亡,为对妄想,作么生是教意?"

操无语。门曰:"见说尚书看《法华经》是否?"操曰:"是。"门曰:"经中道一切治生产业皆与实相不相违背。且道非非想天,即今有几人退位。"操又无语。门曰:"尚书且莫草草,师僧抛却三经五论来入丛林,十年二十年尚自不奈何,尚书又争得会。"操礼拜曰:"某甲罪过。"

一日操问睦州和尚:"看甚么经?"曰:"《金刚经》。"操曰:"六朝翻译,此当第几?"州举起经曰:"一切有为法,如梦幻泡影。"

操问洞山价:"二十五位菩萨中,为甚不见妙觉?"价曰:"尚书亲见妙觉。"

太原孚上座归维扬,操留在宅供养。一日谓操曰:"来日讲一遍(一作编)《大涅槃经》,报答尚书。"操致斋毕,孚遂升座,良久挥尺一下曰:"如是我闻。"乃召尚书,操应诺。孚曰:"一时佛在。"便脱去。(同上书,440页右—左)

第二十二节　仰山门下之陆希声

仰山慧寂门下有陆希声。《居士分灯录》卷上云:

陆希声相公欲谒仰山慧寂,先作此〇圆相封呈。山开封,即于相下面书曰:"不思而知,落第二头,思而知之,落第三首。"遂封回。声见即入山,山乃门迎,声才入门,便问:"三门俱开,从何门入?"山曰:"从信门入。"声至法堂,又问:"不出魔界,便入佛界时如何?"山以拂子倒点三下,声便设礼。又问:"和尚还持戒否?"曰:"不持戒。"曰:"还坐禅否?"曰:"不坐禅。"声良

久。山曰:"会么?"曰:"不会。"山曰:"听老僧一颂:

滔滔不持戒,兀兀不坐禅。酽茶三两碗,意在镢头边。"

山却问声:"承闻相公看经得悟,是否?"曰:"弟子因看《涅槃经》有云不断烦恼而入涅槃,得个安乐处。"山竖起拂子曰:"只如这个作么生入?"曰:"入之一字也不消得。"山曰:"入之一字不为相公。"声便起去。(同上书,440页左)

第二十三节　石霜门下之张拙

石霜庆诸门人下有张拙。《居士分灯录》卷上云:

张拙秀才参智藏,问曰:"山河大地是有是无?三世诸佛是有是无?"藏曰:"有。"拙曰:"错。"藏曰:"先辈曾参见什么人来?"拙曰:"参径山和尚来。某甲凡有所问话,径山皆言无。"藏曰:"先辈有甚眷属?"拙曰:"有一山妻,两个痴顽。"又问:"径山有甚眷属?"拙曰:"径山古佛和尚,莫谤渠好。"藏曰:"待先辈得似径山时一切言无。"拙俯首而已。

时石霜庆诸置枯木堂,齐己、贯休、泰布衲等以诗笔为佛事,惟泰布衲悟心入祖师图。拙与三僧道话曰:"三师中何不选一人为长老,意少石霜不善诗笔。"泰曰:"先辈失言也。堂头和尚、肉身菩萨,会下一千五百人,如我辈者七百余人,……胜我辈者七百余人。"拙愧服,同上拜见。霜问:"先辈何姓?"曰:"姓张名拙。"霜曰:"觅巧了不可得,拙自何来?"拙有省,乃献诗曰:

光明寂照遍河沙,凡圣含灵共我家。一念不生全体现,六根才动被云遮。断除烦恼重增病,趣向真如亦是邪。随顺众缘无罣

碍，涅槃生死是空华。(《续藏经》，第一辑，第二编乙，第二十套，第五册，437页右—441页右)

第二十四节　无住门下之杜鸿渐

北宗神秀之嗣有普寂，普寂之嗣有无相，无相之嗣有益州保唐寺之无住，无住门下有杜鸿渐。渐字之巽，肃宗帝时，授为兵部郎中，迁河西节度使，又镇荆南。同帝乾元二年为尚书右丞，拜为吏部侍郎，又加光禄大夫封卫国公。代宗帝广德二年为兵部侍郎，同年永泰元年，西蜀大乱，为山南西道副元帅、剑南两川节度副大使，往镇抚之。代宗帝大历四年以疾卒，年六十一。杜鸿渐之传，详见《弘简录》卷十八、《新唐书》一百二十六、《旧唐书》卷一百八等。

《佛法金汤编》卷八云：

鸿渐初抚巴蜀，至益州，遣使诣白崖（山）请无住禅师入城问法：“弟子闻金和尚说无忆、无念、莫妄三句法门，未审是一是三？”无住曰：“无忆名戒，无念名定，莫妄名慧。然一心不生则具戒定慧，非一非三也。”时闻鸦鸣，公问师："闻否？"师曰："闻与不闻，非关闻性，有声之时，是声尘自生，无声之时，是声尘自灭，而此闻性，不随声生，不随声灭。悟此闻性，即免声尘流转，乃至色、香、味、触亦复如是。"公与僚属，喜跃称善。

又问："何谓识心见性？"师曰："一切人随念流浪，盖谓不识真心，不见本性。真心者，念生不顺生，念灭亦不依寂，不定不乱，平常自在，触目皆如，无非见性也。"鸿渐由是栖心禅悦。……临终沐浴，命朝服加僧伽黎，剃须发，别众而逝。（同上

书，第二编乙，第二十一套，第五册，452页右）

杜鸿渐与无住之问对，详于《景德传灯录》卷四无住之章。

第二十五节　帝王之参禅

是等诸士是入禅之深者。至其浅者有宪宗帝之诏信州鹅湖大义入麟德殿说法。《佛法金汤编》卷七云：

> 宪宗帝……诏信州鹅湖大义禅师，入麟德殿，设斋召诸大德论道。帝临听论议。有法师问："何谓四谛？"义曰："圣上一帝，三谛何在？"又问："如何是禅？"义以指点空。法师无对。帝曰："法师讲无穷经论，只这一点尚不奈何。"帝问义曰："何物是佛性？"义曰："不离陛下所问。"帝默契，由是益重禅宗。（同上书，447页右）

肃宗、代宗两帝以六祖慧能门人、南阳之慧忠为师。《佛法金汤编》卷七云：

> 肃宗帝上元元年，敕中使往韶州曹溪迎六祖衣钵，入内瞻礼。二年，诏南阳慧忠禅师赴京，诏曰："朕闻调御上乘，久安中土，大雄付嘱，实在朕躬。良缘斯在，勿以为劳，杖锡而来，京师非远，斋心已久，速副朕怀。"师赴京，安置千福寺，待以师礼。帝问师："在曹溪得何法？"忠曰："陛下还见空中一片云否？"帝曰："见。"忠曰："钉钉着，悬挂着。"帝一日斋沐，致十问于

师,师答之称旨,由是凝心玄理。(同上书,446页左)

《景德传灯录》卷五详帝与慧忠问答之语。就代宗帝同书云:

> 涅槃时至乃辞代宗,代宗曰:"师灭度后弟子将何所记?"师曰:"告檀越造取一所无缝塔。"曰:"就师请取塔样。"师良久曰:"会么?"曰:"不会。"师曰:"贫道去后有侍者应真知此事。"大历十年十二月九日右胁长往。……代宗后诏应真入内,举问前话,真良久曰:"圣上会么?"曰:"不会。"真述偈云:
>
> 湘之南、潭之北,中有黄金充一国,无影树下合同船,琉璃殿上无知识。(《大藏经》,第三十套,第九册,843页左)

宣宗帝装僧形,有盐官齐安之会。《碧岩集》卷二本云:

> 帝遂潜遁在香严闲和尚会下,后剃度为沙弥……后到盐官会中。……黄檗在彼做首座。檗一日礼佛次,大中(宣宗)见而问曰:"不着佛求,不着法求,不着众求,礼拜当何所求?"檗曰:"不着佛求,不着法求,不着众求,常礼如是。"大中云:"用礼何为?"檗便掌,大中云:"太粗生。"檗云:"这里什么所在,说粗说细。"檗又掌。(《碧岩集种电抄》,卷二,10—11页右)

此事《宋高僧传》并《景德传灯录》所不载。齐安俗姓李,属唐之帝系,宣宗之遁,投其会下不足怪也。帝与弘辨之问答,既如前录。

第二十六节　显官之参禅

显官之与禅有因缘者如下。房琯仕于玄宗、肃宗二朝，有宰辅之功，问法于北宗神秀之高弟义福。《宋高僧传》卷九云：

> 福（义福）兵部侍郎张均、太尉房琯、礼部侍郎韦陟常所信重，是日皆预造焉。福乃升堂为门人演说，且曰："吾没日昃，当为此诀别耳。"久之张谓房曰："某夙岁饵金丹，未尝临丧。"言讫，张遂潜去。福忽谓房曰："与张公游有年矣。张公将有非常之咎，名节皆亏，向来若终此法会，足以免祸，惜哉！"乃提房手曰："必为中兴名臣，其勉之。"言讫而终。后张均陷贼庭也，受其伪官，而房翼戴两朝，毕立大节，皆终福之言矣。（《宋高僧传》，卷九，1页右一左）

次张说，玄宗帝开元中为中书令，封燕国公，通释典，著《般若心经序》。说尝诣曹溪拜六祖之塔。《佛法金汤编》卷八云：

> 至曹溪礼六祖，有诗曰："大师捐世去，空留法身在。愿寄无碍香，随心到南海。"（《本传》并《高僧传》）

复次，同书就宋璟云：

> 宋璟，邢州南和人，耿介有大节，……开元中与张说同拜相，封广平公，谥文正。为广州节度，日入曹溪礼六祖塔，誓曰：

"弟子愿毕世外护大法，祈一祥瑞表信。"言讫，微香袭人，甘雨倾注，璟诉跃赋诗而去。(《本传》并《通论》)

又李华，字遐叔，赵州人，玄宗帝天宝中为监察御史，从荆溪湛然学止观，又受禅于径山法钦。华撰润州鹤林寺玄素禅师之《碑》文云：

> 弟子尝闻道于径山，犹乐正子春之于夫子也。

齐澣是定州义丰人。玄宗帝开元末为河南采访使。《佛法金汤编》卷八云：

> 澣……尝问道于鹤林素公，执弟子礼。

鹤林寺玄素是牛头山第五世智威之嗣，径山法钦之师。

次穆宗帝时李渤被召为考功员外郎，进谏议大夫，为江州刺史。《景德传灯录》卷七云：

> 江州刺史李渤问师（庐山归宗寺智常）曰："教中所言须弥纳芥子，渤即不疑，芥子纳须弥，莫是妄谭否？"师曰："人传使君读万卷书籍，还是否？"李曰："然。"师曰："摩顶至踵如椰子大，万卷书向何处着？"李俯首而已。李异日又问云："大藏教明个什么边事？"师举拳示之云："还会么？"李曰："不会。"师曰："这个措大，拳头也不识。"李曰："请师指示。"师曰："遇人即途中授与，不遇即世谛流布。"

又裴度是河南闻喜人，文宗帝时为河东节度使，拜中书令，封晋国公。《佛法金汤编》卷九云：

> 度尝与三十余人问道于国一钦禅师，行门人礼。（《续藏经》，第一辑，第二编乙，第二十一套，第五册，457页左）

是等数辈之外，唐代未闻名流之入禅，禅之染于民心可谓浅矣。

第二十七节　道原《传灯》之缺点

道原之编《景德传灯录》，以宝志、傅翕、泗州之僧伽，万回法云、天台之丰干、天台之寒山、天台之拾得等，为禅门达者，揭其二十七卷传之，以与南岳天台同伍。道原无择法眼，混龙蛇为一，惜哉！就宝志与傅翕，既论之，又无可言者。检丰干等事迹，全非禅门之人。普济亦于《五灯会元》举彼等之传为应化贤圣，因而后人至于误认寒、拾之徒为禅者，不胜叹矣。曹山本寂注寒山诗，当为混淆之发端。

第二十八节　丰干之疯狂

据《宋高僧传》卷十九及《闾丘胤三隐诗集序》，丰干（或封干）居天台山国清寺，剪发齐眉，身拥布裘，身量七尺余。有人借问，则以"随时"二字对之，无他语。独乐春谷。尝乘虎入松门，众僧惊惧。干口唱道歌，为时众崇重。以叡宗帝先天中，行化京兆，非恒人之常调，虽蹑万回之后，而疯狂之相却过之。

第二十九节 寒山与寒山诗

寒山隐于天台唐兴县之西七十里,常居寒岩幽窟之中。时来国清寺,于厨房与拾得会谈,负去众僧之残食菜滓,或徐行廊下,或叫噪凌人,或望空漫骂。寺僧不耐,以杖逐之,则翻身鼓掌,呵呵而退。布襦零落,面貌枯瘁,以桦皮为冠,曳大木屐。其语句有归佛理者。后僧道翘,寻寒山之遗物,于林间缀叶所书词颂,并村墅人家屋壁所录得二百余首,编为一集。曹山本寂注解之,谓《对寒山子诗》。

第三十节 拾得与其诗

拾得者,弃儿也。丰干、山行到赤城之道侧,闻儿啼,寻见数岁之童,如牧牛竖。干携归,付国清寺典座。后沙门灵熠摄受之使知食堂香灯,一日见其登座与像对盘而餐,复呼憍陈如,曰小果之声闻,傍若无人,执箸大笑。灵熠乃罢其堂任,使于厨内涤器。以筒盛食滓,寒山来则负去。又有护伽蓝神之庙,每日下食为乌鸟所啄狼藉,拾得以杖扑土偶三二下,骂曰:"汝食不能护,安护伽蓝哉!"又于寺庄牧牛,歌咏呼天,当布萨之时,驱牛至堂前,倚门抚掌大笑曰:"悠悠者聚头。"首座咄曰:"疯人何喧碍说戒耶?"拾得曰:"我不放牛,此群牛多是此寺僧也。"乃呼亡僧之法号,牛各各应声而过,举众错愕,思菩萨之垂迹。道翘之纂录寒山诗,于寺之土地神庙壁,得拾得之偈附之于寒山诗。

第三十一节　寒山与拾得为应化之说无其理由

至认寒山、拾得为应化者始于闾丘胤。赞宁云：

> 按封干先天中游遨京室，知闾丘、寒山、拾得俱睿宗朝人也。奈何宣师《高僧传》中闾丘武臣也是唐初人。《闾丘序》记三人不言年代，使人闷焉。（《宋高僧传》，卷十九，15页右）

天台山国清寺《三隐集》记中，言闾丘贞观中为台州刺史，因遇丰干。《三隐诗集序》，据闾丘胤所自言，则胤出牧丹丘，临途苦日头疾，医治无效，遇丰干。干云："某从天台来谒使君，闾丘告之以患。"干曰："何虑哉！"便索净器，吮水喷之，须臾觉快，乃语胤曰："台州有海岛岚毒，到日必须保护。"胤问曰："未审彼地有何贤者堪为师？"干曰："见之不识，识之不见，若欲见之不得取相。寒山者文殊，遁迹国清；拾得者普贤，状如贫子。在国清寺库院走使厨中。"言讫而去。胤就任台州，诣国清寺问曰："此寺曾有丰干禅师者否？"曰："有。"曰："其院何在，寒山、拾得复是何人？"时僧道翘对曰："丰干旧院即在经藏后，即今无人住得，唯有虎豹来此哮吼耳。寒、拾二人现在僧厨执役？"闾丘乃入干之房，唯见虎迹纵横。又问："丰干在此有何行业？"曰："惟攻舂米，供僧之粥食，夜则唱歌讽诵不辍。"闾丘入厨见寒、拾，值其烧柴围炉大笑。闾丘进而礼拜二人，二人连声叱咤胤，自相把手呵呵大笑曰："丰干饶舌，弥陀不识，礼我何为？"僧徒奔集，惊讶曰："尊官何故拜二贫士？"时二人携手走出，乃令逐之，急走而去，即归寒岩。胤乃归郡，遂置净衣二对、香药等，持送供养。二人更不返寺，使乃送上寒岩，见寒山子，子高声喝曰："贼贼。"退入岩穴曰："报汝诸人各各努力。"入穴而去，其穴自合，莫可追之，仍令僧道翘等寻寒、拾往日行状，得诗偈三百余首。间丘胤乃为赞曰：

> 菩萨遁迹，示同贫士。独居寒山，自乐其志。貌悴形枯，布裘敝止。出言成章，谛实至理。凡人不测，谓风狂子。时来天台，入国清寺。徐步长廊，呵呵抚指。或走或立，喃喃独语。所食厨中，残饭菜滓。吟偈悲哀，僧俗咄捶。都不动摇，时人自耻。作用自在，凡愚难值。即出一言，顿祛尘累。是故国清，图写仪轨。永劫供养，长为弟子。昔居寒山，时来兹地。稽首文殊，寒山之子。南无普贤，拾得定是。聊申赞叹，愿超生死。

如此间丘胤以寒、拾为文殊、普贤之垂迹，而不知大乘菩萨，非如寒、拾之厌世晦迹，栖迟岩穴者。如寒、拾之行履与大乘菩萨之本愿相违，唯彼等是背世嫌俗，疯狂狷介，以自乐之徒，与正传之宗师，以人天之指导者自任者迥雪全异，何得谓之禅门之达者哉！

传说赵州从谂、沩山灵祐与天台山寒山子切磋，但真伪难辨。

第三十二节　寒山诗所现之思想

检《三隐诗集》之内容，寒山悦老庄之说，兼信佛乘，又于禅有所触。有梁宝志、傅翕之风，而无如傅翕之热烈的信念。以天地为棺椁，以人生为桎梏，无为清净，复归天真，好乐自然，是所谓隐君子者。

第三十三节 寒山之阅历

寒山一度志于功名,学文练武,南船北马,未得遂其志,乃隐退寒山,送其残生。故云:

一为书剑客,三遇圣明君。东守文不赏,西征武不勋。学文兼学武,学武兼学文。今日既老矣,余生不足论。(寒山诗,第七首)

寒山晦迹岩穴,自以为守伯夷、叔齐之节,持许由、巢父之操。故云:

饿着首阳山,生廉死亦乐。(同上书,第八首)
已甘休万事,采蕨度残年。(同上书,第七十七首)
道有巢许操,耻为尧舜臣。(同上书,第二百六十首)

彼在寒山,追怀往时云:

出生三十年,尝游千万里。……炼药空求仙,读书兼咏史。今日归寒山,枕流兼洗耳。(同上书,第二百八十二首)

居寒山约三十余年,故云:

一向寒山坐,淹留三十年。昨日访亲友,大半入黄泉。……今朝对孤影,不觉泪双悬。(同上书,第四十八首)

自以孤影寂寥，叙贫子平生之穷状云：

寒山有裸虫，身白而头黑。（同上书，第百五十二首）

我今有一襦，非罗复非绮。……夏天将作衫，冬天将作被。冬夏递互用，长年只这是。（同上书，第八十一首）

岚拂纱巾湿，露沾蓑草衣。足蹑游方履，手执古藤杖。（同上书，第百三首）

第三十四节　寒山嗜黄老

始好黄老之说，耽读其书。

山果猕猴摘，池鱼白鹭衔。仙书一两卷，树下读喃喃。（同上书，第十八首）

欲得安身处，寒山可长保。微风吹幽松，近听声愈好。下有斑白人，喃喃读黄老。十年归不得，忘却来时道。（同上书，第二十首）

骨肉消散尽，魂魄几凋零。遮莫咬铁口，无因读《老》经。（同上书，第四十七首）

始读史学经，老而入黄老。

徒劳说三史，汨自看五经。汨老检黄籍，依前住白丁。（同上书，第七十九首）

第二十四章 云居道膺、曹山本寂之门风与唐之诸居士

因此寒山赋老庄之意云：

> 庄子说送终，天地为棺椁。（同上书，第八首）
>
> 鹦鹉宅西国，虞罗捕得归。美人朝夕弄，出入在庭帏。赐以金笼贮，扃哉损羽衣。不如鸿与鹄，飘飖入云飞。（同上书，第十二首）

此为庄周乐自然之意，譬喻亦全同。又论物之用不用与《庄子》《淮南子》之说同。

> 夫物有所用，用之各有宜。用之若失所，一阙复一亏。圆凿而方枘，悲哉空尔为。骅骝将捕鼠，不及跛猫儿。（同上书，第四十四首）

彼赋混沌之譬喻云：

> 快哉混沌身，不饭复不尿。遭得谁钻凿，因兹立九窍。（同上书，第七十首）

此断智弃巧之说，合老庄之本旨。

> 寒山有裸虫，身白而头黑。手把两卷书，一道将一德。（同上书，第百五十二首）

此所云似指《道德经》。

第三十五节　寒山信佛教

彼信佛教说无常，厌生死，弃名利。其说无常云：

四时无止息，年去又年来。万物有代谢，九天无朽摧。东明又西暗，花落复花开。唯有黄泉客，冥冥去不回。（同上书，第十七首）

玉带暂时华，金钗非久饰。张翁与郑婆，一去无消息。（同上书，第五十二首）

白发会应生，红颜岂长保。（同上书，第四十六首）

嫌杀生啖肉云：

喷喷买鱼肉，担归喂妻子。何须杀他命，将来活汝已。此非天堂缘，纯是地狱滓。徐六语破堆，始知没道理。（同上书，第九十二首）

怜生物云：

垂柳暗如烟，蜚花飘似霰。夫居离妇州，妇住思夫县。各在天一涯，何时得相见。寄语明月楼，莫贮双蜚燕。（同上书，第五十一首）

厌轮回生死云：

可恐轮回苦,往复似翻尘。(同上书,第百九十四首)

可恐三界轮,念念未曾息。才始似出头,又却遭沉溺。假使非非想,盖缘多福力。争似识真源,一得即永得。(同上书,百九十五首)

第三十六节　寒山之厌世主义

寒山比富贵功名如土芥,以人生之义务为烦累,以隐逸为高。

吾家好隐沦,居处绝嚣尘。(同上书,第四首)

重岩我卜居,鸟道绝人迹。庭际何所有,白云抱幽石。……寄语钟鼎家,虚名定无益。(同上书,第二首)

琴书须自随,禄位用何为。……常念鹪鹩鸟,安身在一枝。(同上书,第五首)

室中虽暧暧,心里绝喧嚣。梦去游金阙,魂归度石桥。抛除闹我者,历历树间瓢。(同上书,第四十三首)

超然物我之彼,歌而自得:

吾心似秋月,碧潭清皎洁。无物堪比伦,教我如何说。(同上书,第五十首)

心境双闲之所,正彼安身之地。

碧涧泉水清,寒山月华白。默知神自明,观空境逾寂。(同

上书，第八十首）

　　粤自居寒山，曾经几万载。任运遁林泉，栖迟观自在。……细草作卧褥，青天为被盖。快活枕石头，天地任变改。（同上书，第百六十首）

第三十七节　寒山之自适

叙山居自适之意是：

　　自羡山间乐，逍遥无倚记。逐日养残躯，闲思无所作。时披古佛书，往来登右阁。下窥千尺崖，上有云旁礴。寒月冷飕飕，身似孤飞鹤。（同上书，第百四十一首）

宛然有羽化登仙之怀。然而寒山是不信炼丹不老之术者。

　　昨到云霞观，忽见仙尊士。星冠月帔横……余问神仙术，云道若为比。谓言灵无上，妙药必神秘。守死待鹤来，皆道乘鱼去。余乃返穷之，推寻勿道理。但看箭射空，须臾还坠地。饶你得仙人，恰似守尸鬼。心月自精明，万象何能比。欲知仙丹术，身内元神是。莫学黄巾公，握愚自守拟。（同上书，第二百二十八首）

　　常闻汉武帝，爱及秦始皇。俱好神仙术，延年竟不长。金台既摧折，沙丘遂灭亡。茂陵与骊岳，今日草茫茫。（同上书，第二百五十三首）

第三十八节 寒山乐自然与无为

寒山之所乐,唯自然与无为而已。

千山万水间,中有一闲士。白日游青山,夜归岩下睡。倏尔过春秋,寂然无尘累。快哉何所依,静如秋江水。(同上书,第二百六十三首)

一住寒林万事休,更无杂念挂心头。闲于石室题诗句,任运还同不系舟。(同上书,七言第五首)

其得意可想。解脱一切尘累之寒山,犹不能忘世事,愤于小人之用世。

极目兮长望,白云四茫茫。鸱鸦饱腥臊,鸾凤饥彷徨。骏马放石碛,蹇驴能至堂。天高不可问,鹩鹡在沧浪。(同上书,第五十八首)

寒山见生死虽不彻底,却脱凡庸之域。

欲识生死譬,且将冰水比。水结即成冰,冰消返成水。已死必应生,出生还复死。冰水不相伤,生死还双灵。(同上书,第九十七首)

第三十九节　寒山与禅

寒山之修心，在不伤其天真，此一点与禅接触。

　　可贵天然物，独一无伴侣。觅他不可见，出入无门户。促之在方寸，延之一切处。你若不信受，相逢不相遇。（同上书，第百五十七首）

　　世有多事人，广学诸知见。不识本真性，与道转县远。若能明实相，岂用陈虚愿。一念了自心，开佛之知见。（同上书，第百六十四首）

　　报汝修道者，进求虚劳神。人有精灵物，无字复无文。呼时历历听，隐处不居存。叮咛善保护，勿令有点痕。（同上书，第百七十五首）

　　水清澄澄莹，彻底自然见。心中无一事，万境不能转。心既不妄起，永劫无改变。若能如是知，是知无背面。（同上书，第百九十二首）

　　说食终不饱，说衣不免寒。饱吃须是饭，着衣方免寒。不解审思量，只道求佛难。回心即是佛，莫向外头看。（同上书，第百九十三首）

　　寄语诸仁者，复以何为怀。达道见自性，自性即如来。天真元具足，修证转差回。弃本却逐末，只守一场呆。（同上书，第二百十九首）

以上数首与禅家之语相伯仲，是寒山诗所以成为禅家囊中之物。

第四十节　丰干与拾得之诗

丰干偈仅存五首:

本来无一物,亦无尘可拂。若能了达此,不用坐兀兀。

只提示六祖慧能之偈之一半,亦可卜知彼之力量。

拾得偈存五十九首,与寒山之境界无异。其中寓禅旨者如下:

君不见三界之中纷扰扰,只为无明不了绝。一念不生心澄然,无去无来不生灭。(同上书,第二十首)

无去无来本湛然,不居内外及中间。一颗水晶绝瑕翳,光明透满出人天。(同上书,第二十八首)

各有天真佛,号之为宝玉。珠光日夜照,玄妙卒难量。(同上书,第三十三首)

第四十一节　布　袋

与寒山之徒同类者为布袋,彼之性行亦逸常道。其师承固然不明,而其语往往类禅。据道原所记:

布袋者,明州奉化县人,其氏族不详,自称其名契此。形裁腲脮,蹙额皤腹,居处无定,常以杖荷一布囊,凡供身之具,尽贮其中。时入聚落乞醯醢鱼葅,食其少分投残余于囊中,时人号曰长汀子布袋师。尝卧雪中,雪不沾身,就人乞钱,示吉凶必应。有一僧行在契此前,乃拊背一下,僧回头,此曰:"我乞一文钱。"曰:"得道即与汝一文。"此乃放下布袋叉手而立。

白鹿问:"如何是布袋?"契此便放下布袋。又问:"如何是布袋下事?"此负之去。保福问:"如何是佛法大意?"此放下布袋叉手立。保福曰:"为只如此为,更有向上事?"此负之去。

契此一日在街衢立,有僧问:"和尚在这里作什么?"此曰:"等个人。"曰:"来也,来也"此曰:"汝非是这个人。"曰:"如何是这个人?"此曰:"乞我一文钱。"

《宋高僧传》卷二十一所载《契此传》不载此等问答,殆后人之假作乎?

五代梁之贞明二年(916)契此将灭,端坐盘石上,说偈曰:

弥勒真弥勒,分身千百亿。时时示时人,时人自不识。

安然而化。其后池州人见契此负布袋而行,于是四众竞图其像。《传灯》《会元》皆以契此入灭为贞明三年丙子,然而丙子为贞明二年,三年乃与丁丑相当。

第四十二节　布袋之偈

据《景德传灯录》卷二十七、《五灯会元》卷二,抄出称契此歌者,真伪难辨。

只个心心心是佛,十方世界最灵物。纵横妙用可怜生,一切不如心真实。腾腾自在无所为,闲闲究竟出家儿。若睹目前真大道,不见纤毫也大奇。

《会元》有偈如下:

我有一布袋,虚空无罣碍。展开遍十方,入时观自在。

吾有三宝堂,里空无色相。不高亦不低,无遮亦无障。学者体不如,来者难得样。智慧解安排,千中无一匠。四门四果生,十方尽供养。

吾有一躯佛,世人皆不识。不塑亦不装,不雕亦不刻。无一滴灰泥,无一点彩色。人画画不成,贼偷偷不得。体相本自然,清净非拂拭。虽然是一躯,分身千百亿。(《续藏经》,第二编乙,第十一套,第一册,41页右)

第二十五章　雪峰义存与玄沙师备之法门

唐昭宗帝以天祐元年（904）为朱全忠所弑，哀帝立，仅四年而社稷委于全忠。全忠受唐之禅即皇帝位，改国号曰梁，是即为五代乱离之端。当此时虽诸宗皆衰颓，禅门毫不呈衰兆，如德山宣鉴之高弟雪峰义存，义存之神足玄沙师备受闽王王审知之崇信，芳誉远闻。其教旨云《大藏经》中千般万般经论，唯为一心，一心之本性即天真佛，百千诸佛妙门，百千三昧门，百千智慧门，百千解脱门，一切神通妙用，总在方寸而周遍法界。师备之言谓凡与圣一一解脱，一一如然，牛是牛，马是马，驴是驴，无一法不是者，如是焕赫，如是分明，内外湛然皎皎地，人人与么得安乐，得清虚，得自在，威光显现非情量之所能知，非知惠即能通彻。

第一节　五代时天台宗之衰微

天祐元年朱全忠弑昭宗帝，立哀帝，此所谓昭宣帝。天祐四年昭宣帝禅位于全忠，唐于是灭。朱全忠便即皇帝位，改国号曰梁，即所谓后梁太祖，天祐四年改元为开平元年。

天台、华严、法相、律、三论、真言等诸宗，勃兴于李唐，硕学多教网繁，虽真呈一代之盛观，遭遇五代兵乱，佛日沉于桑榆，详言之则，天台智颛亘陈隋两朝博帝王之归向，大成一宗法门。颛入寂于隋文帝开皇十七年（597），颛所著多成于高弟灌顶之笔。三大五小部，殆无不系顶所记。顶以唐太宗帝贞观六年（632）顺世。从灌顶经智威、慧威、玄朗三代至湛然。然述三大部疏，炽唱天台教观，唐德宗帝建中二年（781）入灭。然灭后到宋，天台之教网，殆如土委地矣。

第二节　华严宗之隆污

华严圆宗自隋末至唐初，杜顺创唱之。唐太宗崇信顺，赐号帝心。顺以同帝贞观十四年（640）圆寂。杜顺有门人智俨，敷演顺说，有所述作，传弟子法藏。藏于万岁通天元年，受则天武后之命于太原寺开示华严宗旨，赐号贤首。长安元年再奉则天之命，于佛授记寺讲《华严经》，即日召对于长生殿解说圆妙义门。藏以睿宗帝先天元年（712）卒，大成华严之教旨者，藏也。

法藏灭后，华严之法灯微微，至澄观再发光明。观究律、学三论、攻天台、习禅、达华严，经传、史、子、悉昙、四韦、五明、秘咒、仪轨等，无一不研核。般若三藏之来译《四十华严》也，因德宗帝诏列译场，造疏献之。宪宗帝元和四年，加号清凉国师，为僧统主教门之事。以文宗帝开成三年（838）寂。或云宪宗帝元和中入寂。澄观有上足宗密，禅教兼学，大振宗教。密之后，华严亦不振。密传既如上叙。

第三节　法相宗之变迁

唯识法相宗是唐玄奘所传，奘以太宗帝贞观三年渡天竺，于王舍城那烂陀寺从戒贤论师受学瑜伽唯识,以贞观十九年归乡。所将来经论六百五十七部,太宗帝诏于弘福寺宣译。贞观二十二年赐御制《大唐三藏圣教序》。受太宗高宗二代之尊信,从贞观十九年至麟德元年凡二十年间,译出大小乘经律论,合七十五部、一千三百三十五卷。高宗帝麟德元年(664)寂。

玄奘之高弟窥基,从奘禀瑜伽唯识之教旨,著论百部,得百本论师之名。基以高宗帝永淳元年(682)迁化。大成法相之教义者实基也。基之后有淄州大云寺之慧沼,承基发挥唯识之旨,斥诸师之异解,挑了义之明灯。次有朴阳报城寺智周,周禀沼开阐秘要,然及唐末,法灯又不明矣。

第四节　律宗之变迁

律宗、南山律之祖道宣所著二百余卷,为一代之鸿德,唐高宗帝乾封二年(667)入灭。相部律之祖法砺,亦阐明《四分》之玄要,以贞观九年(635)寂。东塔律之祖怀素从法砺受学,别成一家,其迁化在高宗帝永淳以后。代宗帝大历十三年,就旧疏兴学者诤论,敕令大德十四人集安国寺,以如净、圆照、慧彻等唱《首金定律疏》。德宗帝建中元年业成进《新金定疏》,由是敕许二疏并行,详《宋高僧传》卷十五《圆照传》。

第五节　三论宗之兴废

三论宗虽出于姚秦罗什,达其极盛是隋末唐初,越州嘉祥寺吉藏之时。藏本安息国人,与其父道谅共就兴皇寺法朗听三论之幽旨,受隋炀帝之归向，及唐高祖帝一统天下，乃命加为十大德之一。著书甚多，道声振一时，以高祖帝武德六年（623）寂。

第六节　真言宗之趋势

真言秘密宗起自善无畏、金刚智、不空等。无畏，中印度人，于那烂陀寺遇达摩掬多，受瑜伽三秘之教，唐玄宗帝开元四年，始赍梵筴来长安，奉诏译出《虚空藏求闻持法》《大毗卢遮那成佛神变加持经》《苏悉地揭罗经》等，此所谓胎藏部之传。无畏以开元二十三年（735）顺世。金刚智，南印度摩赖耶国人，玄宗帝开元八年，与其门人不空同入洛阳，同十一年出《金刚顶瑜伽中略出念诵法》等，此所谓金刚部之传。智以开元二十年（732）圆寂。不空本北天竺婆罗门，随侍其师金刚智渡来，智没后，奉遗旨游狮子国及五天竺广求密藏及经论五百余部，以玄宗帝天宝五年还京，为帝灌顶，赐号智藏国师。肃宗帝乾元中，入内建道场护摩法，为帝灌顶。代宗帝永泰元年加号大广智三藏。不空以大历九年（774）入灭。其后密教势力次第陵夷。

第七节　基督教之布教

唐代不但佛教各宗之盛隆，基督教亦振其势力。据《燕京开教略》载：

耶稣死后，其徒多默入印度从事开教，教化梅里亚布尔、戈罗蒙代尔、般多辣三国，博朝野崇信，后为残贼沙门所杀。以公元1548年梅里亚布尔城所发掘多默之墓碑证之。《中国考略》云耶稣之徒多默、非理伯、巴尔多禄茂等，传道于印度、亚尔默尼亚、若尔日亚诸国，其宗徒渐次东来，大约亦传道中国。江西省吉安府庐陵县发掘有铁十字，镌三国时代吴之年号，即公元二百三十年，明洪武中所发现也。明万历二十三年于福建省南安县城发掘石十字，其十字与印度梅里亚布尔城之多默墓上之十字同形。殆公元第四世纪或第五世纪之作欤？同省泉州府近仁丰门，于东山寺旁又发现石十字。寺唐初所建，即公元第六世纪。泉州府水绿寺旁又发现石十字，寺西纪第七世纪所建，十字亦同时之物。

第八节　景教碑

次从西安府所掘获有景教碑。碑文计一千七百八十字。其中云：当唐太宗贞观九年（639）有宣教师阿罗本者从大秦来，帝使房玄龄迎之入内，下谕旨令布教，建会堂一所，安置阿罗本等二十一人。及高宗帝优礼阿罗本，封镇国大主教，令各城建景教会堂。郭子仪等深皈依景教，多建景寺。则天皇武后厌忌景教，焚毁教堂。玄宗帝时有新来宣教师佶和者，受帝优待，肃宗帝至德二年，命建景寺五所。碑末有云：

　　列帝崇尚景教，宠赉甚深，恐其久而淹没，故立丰碑，以垂不朽，时德宗建中二年。

此公元781年也，可以推知当时景教流行之一般。

第九节 雪峰义存

雪峰义存从唐末亘梁初宣扬大法。义存，泉州南安县人，姓曾，讳勉，以唐穆宗帝长庆二年诞生。其家世世笃奉佛，清雅谨愿。九岁请于父母出家不许。十二岁从父游莆田之玉涧寺，见庆玄律师遽拜曰："我师也。"遂留为童侍。十七岁落发，改法讳为义存。二十四岁谒福州芙蓉山之灵训，训马祖道一之嗣，一见器重义存，使侍左右，存亦深服其德。游北方、吴、楚、梁、宋、燕、秦，二十八岁于幽州宝刹寺纳戒。尔后云游萍寄，参诸方禅匠。与岩头全豁同投大慈山寰中之会，与寰中之上足钦山文邃为友，至江南，三登投子，九至洞山，其励精可想。

第十节 三到投子与九至洞山

尝在洞山作饭头，一日淘米次，良价问："先去沙，先去米？"义存云："沙米一时去。"价云："大众吃个甚么？"存遂覆却盆子。价云："子因缘不在此。"唐懿宗帝咸通二年，龄四十参问德山宣鉴："从上宗乘中事学人还有分也无？"鉴打一棒云："道什么？"此时豁然有省。四十四岁与岩头全豁同辞德山，至澧州鳌山镇，为雪所阻，豁睡眠而已，存独危坐。豁叱之云："存兄存兄何不睡去，恰似三家村里相似。"存点胸云："某甲这里未稳在。"豁云："据你见处，一一通（通，疑道）来。"存便举见洞山、德山等因缘。豁皆排之，遂言下大悟云："师兄今日始是鳌山成道。"翌年与岩头、钦山欲同参临济义玄，中路闻其迁化。岩头往龙山，钦山止澧阳，义存还闽，道由建安，结庵居之。

第十一节　雪峰之住山

　　咸通九年四十七岁追念先师芙蓉山灵训肄业之地，还宴坐石室。存之同学有行实者，存求住山之地。福州府西二百里有山，峭拔万仞，灵湫邃壑，奇姿异景，不可殚状，真为闽越之神秀。咸通十一年，义存、行实偕上山，穿云蹑藓，陟险攀幽，上峰顶，周览形势，谓名雪峰，或谓樵者得象骨山巅，名曰象骨峰，二名并用。山之东有信士名方训、谢效、陈佐，竞施财，着手造营精舍。僖宗帝乾符二年，存年五十四，观察使韦处滨舍钱三百缗充建造之资，创立至兹六载，结构大备。僧智朗诣长安乞额，赐应天雪峰寺。

第十二节　僖宗帝之崇信

　　僖宗帝中和元年（881），义存年六十，众至盈千五百。翌年廉帅李景舍钱一十万缗，司空颍川陈氏钱三百缗、观察使韦处滨钱二十万缗庄严伽蓝。是岁，内官有自闽回京，奏上存之道德。僖宗帝诏福州所司具状存之道行。闽有陈延效者，疏奏其行实。乃赐真觉大师之号并紫袈裟。《景德传灯录》卷十六、《隆兴编年通论》卷二十八、《佛祖通载》卷二十五、《五灯会元》卷七等作懿宗帝所赐，误也。当懿宗时雪峰寺尚未落成。昭宗帝龙纪元年陈洋造塔，自撰塔铭。同年帝大顺二年再游吴越，翌年至国清寺、游化育王等。昭宗帝乾宁元年复归闽，止于陈洋塔所。嗣法门人阐扬大法者五十六人。翌二年领众南游。泉州太傅王延彬创东弥勒资寿等院请驻锡，大加礼敬。

第十三节 王审知之归崇

闽王王审知慕存之道化,为设像铸钟,创法堂、回廊、方丈等,优施充其众。尝馆千众于府之东西甲第,随喜聆存之法论。王审知又请义存与其高弟师备入内说佛心印。王闻二师开示大发信心。依《雪峰义存禅师语录》卷下,二师之入内二回,而其年时不明。准雪峰真觉大师年谱则最初入内是僖宗帝光化元年,同年似再见入内。《释氏资鉴》卷八记天复三年二师入内说法,后梁之开平元年再入内。《释氏通鉴》卷十作天祐三年二师入内,翌开平元年再入内。《释氏稽古略》卷三唯记天祐三年入内。王审知之传见《五代史》卷六十八。僖宗帝光化元年,存年七十七,闽王舍钱四十万创立大殿宇千百余间。先是山南陈洋之信士蓝文卿崇信存,以所居东池之侧古桎树创庵请存驻锡,复以桎洋庄筑精舍,请存居之。次舍居宅为巨刹。闽王具奏之僖宗帝,封蓝文卿为威武节度使明护侯王。光化三年,存年七十有九,有旨赐改寺号为应天广福寺。翌天复元年立寺门制规,专从芙蓉山灵训之家风。后梁太祖开平元年年八十六,自图塔样呈闽王,王遣使往江西瑞迹山披材石,为塔及建真堂三间,又造龛子。开平二年(908)年八十七示疾。五月二日以手札百余宗别闽王,朝游蓝田,暮归澡浴,右胁顺寂,寿八十七。住山三十九年,法席之盛卓冠天下。

第十四节 雪峰之法道

义存之法道在《雪峰义存禅师语录》卷下对闽王说法中。达磨嫡传之宗旨,如指于掌云:

大王问二禅师（雪峰义存、玄沙师备）："诸佛并达磨所传秘密心印，乞师的实为说。且祖佛已来究竟修何因果，乃得成佛？"师云："须是见性，方得成佛。"王云："何为见性？"师云："见自本性。"王云："有形状否？"师云："见自本性，无物可见，此是难信之法，百千诸佛同得。"王云："争得否？"师云："若称扬此事，尽大地说不能尽。若达磨亲传只是一言，便转凡成圣，不是小小之事。悟即刹那间，不悟尘沙劫。大王、《大藏经》中一切经论千般万般只为一心，祖祖相传一心。"（《续藏经》，第一辑，第二编，第二十四套，第五册，479页左）

此与六祖《坛经》中慧能所说见性之说一毫无异。

第十五节　雪峰玄沙与达磨禅

又云：

又问二师："朕今造寺修福，布施度僧，诸恶莫作，众善奉行，如此去还得成佛否？"师云："不得成佛，但是有作之心，皆是轮回。"大王云："得何果报？"师云："得生天报，得福寿报。"王云："究竟如何？"师云："福尽即堕。"（同上）

此说与达磨对梁武之问答全一。又云：

二师向大王言："即心是佛，见性是佛。"王云："将何为道，作何修行？"师云："经中道一切业障海，皆众妄想生，若欲忏悔者，端坐念实相。愿大王识取实相，自然成佛。"大王起礼二师，言相救生死事。大师曰："且为大王说真如名于后。一名佛性，二名真如，三名玄旨，四名清净法身界，五名灵台，六名真魂，七名赤子，八名大圆镜智，九名空宗，十名第一义，十一名白净识，此是一心之名目也。三世诸佛十二部经并在，大王本性自具足，亦不用求，切须自救。"（同上）

第十六节　雪峰玄沙与从上之祖师

又云：

二师唤云：大王志心听取佛法，开示悟入此门。此门无形无相，幻化空身是大王法身。知见了，亦总是大王本源，自性天真佛也，遍虚空界……（同上书，480页右）

此与六祖慧能高弟玄觉之语无别。

又曰："大王起初观心时，无心可观，向无功用道。初观心时，随颠倒想，起从幻化，起如此想，从妄想起如空中风，无依止处。如是法相不生不灭，我心自空，即悟真实法相也。此法无坏，观无心法，不住法中，诸佛解脱寂灭相、寂静相，如是知者速得成佛，灭无量罪。大王即今既知，即今是佛，此是百千诸佛沙门，百千三昧门，百千智慧门，百千解脱门，一切神通妙用门，尽在方寸，周遍法界。俱在大王心，本来自在，无有三界可出，无有菩提可成，大道虚旷。大王今既已知本性，一时放下，

> 并不得起别生丝发许也。……此名无功之功，功不虚弃，知此法门，亦名无念之念，此是亘古亘今祖师玄旨。（同上）

此亦与四祖道信之说符合。又云：

> 大王又问玄沙和尚："此一真心，本无生灭，一切俱无去无来。今此一身从何而有？"师曰："从父母妄缘而生，便即传命此一念本来识性，亘今亘古，本源真性，自遍周法界，为妄想故，有一点识性，为念受千般苦，身有轮回也。古人云，佛者觉也。大王既知觉了，不落恶趣，但请大王频省妄念，归真合道。"（同上书，480页左）

玄沙似尚不能说尽从真心而起妄念之原因。盖闽王之见地，太甚低劣，所以不能直示真妄不二之端的。

第十七节　玄沙之生死观

寒山诗以生死喻水冰事，既言之矣。《义存语录》亦见同调之说。

> 师见玄沙，乃举神楚阇梨问："我亡僧迁化向什么处去？我向伊道，如冰归水。"沙云："是即是，某甲不与么道。"师云："汝作么生？"沙云："如水归水。"（同上书，481页右）

玄沙之生死观如是。可知其向闽王所说，其第二义也。

第十八节 雪峰之语句

义存对闽王说法极质直,然而接学人,与诸方之宗将对扬系时却不尽然。尝云:

三世诸佛是草里汉,十经五论是系驴橛,八十卷《华严经》是草荐头,搏饭食言语。十二分教是虾蟆口里事。还知么?所以道如今千百人中若有一人大肯与我做驴驮物供养他,有什么罪过。(同上书,474页右)

如上说话,与德山、临济等之常套语无择。其言险、其理幽是当时通习,义存亦其中之人也。

垂语云:"尽大地是沙门大只眼。汝等诸人向什么处屙。"(同上书,475页左,然查页475未见此文)

师有时伸手向僧面前握拳云:"尽乾坤若凡若圣,若男若女,若僧若俗,山河大地都总在者一握里。"(同上书,479页右)

示众云:"尽大地撮来如粟粒米大,抛向面前,漆桶不会打鼓,普请看。"(同上书,484页右)

示众云:"南山有一条鳖鼻蛇,汝等诸人切须好看。"(《续藏经》,第一辑,第二编乙,第九套,第五册,392页右)

示众云:"临河渴死人无数,饭箩边受饿人如恒河沙,非但一个半个兄弟。若也,根劫迟回,却须勤着精彩,莫只这边经冬,那边过夏,收拾些子涕唾,便当平生事了。但拟抄取记取,尽是

识学依通,这般底,我唤作虾蟆衣下客,亦唤作黑牛卧死水,汝还会么。"(同上书,393页右)

第十九节　雪峰之接化

存之接人极老熟,超宗逸格之人亦不能奈何伊。

　　三圣问师:"透网金鳞以何为食?"师云:"待你透出网来即向汝道。"圣云:"一千五百人善知识话头也不识。"师云:"老僧住持事烦。"

　　师与岩头、钦山三人坐次。洞山点茶来,钦山开眼,洞山云:"什么处去来?"钦山云:"入定来。"洞山云:"定本无门,从何而入?"师云:"与者个嗑睡汉吃茶。"

此等语话,脍炙人口。

第二十节　玄沙师备

　　师备,闽县江南人,姓谢,少憨点,酷好垂钓,往往泛小艇于南台江而自娱。一日忽发出尘之志,弃艇上芙蓉山,以灵训为师出家。时唐懿宗帝咸通元年,龄甫三十。以咸通五年春辞师,诣豫章开元寺,就道玄受具戒。其年秋,回故里,或茔游古洞,或宴坐巅峰,不惮风霜雾事,凌星月苦修,灵训乃密加训勖。咸通七年,同学义存自外回来一见许与,号备头陀。咸通十一年,义存住雪峰山,师备选芙蓉东洋之洞,独栖其中,唯究玄微。同十三年上雪峰山戮力构造禅院。

第二十一节　达磨不来东土与二祖不往西天

义存一日问师备:"何不遍参去?"备云:"达磨不来东土,二祖不往西天。"存深器重之,此为禅家名言传唱诸方。因至闽清县界,住普应山,次迁止福州玄沙院。道誉外闻,玄学多集。唐昭宗帝光化元年,闽帅王审知,请备下府住安国院。审知待以师礼,舍一万钱构筑殿堂。学徒常不减七百有余。王氏表奏备之道业,从昭宗帝赐紫衣及宗一大师之号。应机接物,凡三十春秋,以后梁太祖开平二年(908)入灭,寿七十四。

第二十二节　三白纸之因缘

师备一日遣僧送书上雪峰,峰开缄见之,则唯三幅白纸而已,乃问僧:"会么?"僧曰:"不会。"峰曰:"不见道,君子千里同风。"其僧回,举似师备。备曰:"这老和尚,蹉过也不知。"此三白纸之因缘,传唱于诸方。

师备《语录》,现存者二。第一明末之士林弘衍所辑,有明熹宗帝天启六年序,收入《续藏经》第一辑第二编第三十一套第三册。第二日本下总国大中寺室中所藏,元禄中独庵玄光上梓之。据玄光后序,宋版印本不损益一字付剞劂。上、中、下三卷,师备门人智严于唐昭宗帝光化三年所集,有宋神宗帝元丰三年孙觉序,此玄光所以谓宋版也。虽然智严光化三年所辑录,仅上、中二卷之大部分,中卷末有后梁太祖开平元年之记事,断非唐录,中卷末尾附元铁木儿泰定二年募缘，乃知为元人再刻行世，其后集下卷加之者，但不知其为何人，收入《续藏经》第一辑第二编第三十一套第二册。

第二十三节　玄沙之说法

师备之法道与义存同其辙，而其说明更加的确。《玄沙师备禅师广录》卷上云：

> 上堂云："如是家风，亘古亘今，更无一法不是者。如是焕赫，如是分明，如是湛然皎皎地，因什么被人问着便道我不知，须得待他问始得。若与么语话，你平生父母养你时，因什么不问父母。才生下时，为复见你自身，便说是男儿。为当借问他人，分别然后始知你是男儿。上座若与么一一问人，何时得自由自在。你今会么？上座是上座具足，父是父具足，母是母具足，兄弟姊妹一一具足，一一如是，法法如然，乃至一切诸法，一时了却。"（《续藏经》，第一辑，第二编，第三十一套，第二册，180页左）

又云：

> 上堂云："诸上座，广大自在，闻知见觉，智通圆净，长燃无尽之灯，廓周法界，无者不有，凡之与圣，一一解脱，一一如然。诸人得与么安乐，得与么清虚，得与么自在，得与么畅望，威光显现，非情量之所能知，非智惠即能通彻。溶溶浩浩，莹古腾今，彻于三界四生九类，万别千差，牛是牛，马是马，驴是驴，羊是羊，诸仁者缁素分明，辨其是非始得，莫只与么虚头过却时

光。"（同上书，181页右）

以上之说文虽长，却不外四祖道信所谓一切处解脱。

第二十四节　玄沙之力量

备之《语录》中下一段最有力。云：

> 上堂云："佛道闲旷，无有程途。无门，解脱之门；无意，道人之意。不在三际，故不可升沉，建立乖真，非属造化。动则起生死之本，静则醉昏沉之乡，动静双泯，即落空亡，动静双收，颟顸佛性，必须对尘对境，如枯木寒灰，临时应用，不失其宜。镜照诸像，不乱光辉，鸟飞空中，不杂空色。所以十方无影像，三界绝行踪，不堕往来机，不住中边际。钟中无鼓响，鼓中无钟声，钟鼓不相交，句句无前后。如壮士展臂，不借人工，师子游行，岂求伴侣。九霄绝翳，何在穿通，一段光明，未曾昏昧。若到者里，体寂寂，常的的，日赫焰，无边表。圆觉空中不动摇，吞烁乾坤迥然照。
>
> "夫佛出世者，元无出入，名相无体，道本如如，法尔天真，不同修证。只要虚闲，不昧作用，不涉尘泥，个中纤毫道不尽，即为魔王眷属。句前句后，是学人难处。所以一句当天，八万门永绝生死。直饶得似秋潭月影，静夜钟声，随扣击而无亏，触波澜而不散，犹是生死岸头事。道人行履处，如火销冰，终不却成冰，箭既离弦，无返回势。所以牢笼不肯住，呼唤不回头，古圣不安排，至今无处所。若到者里，步步登玄，不属邪正，识不能

识，知不能知，动便失宗，觉即迷旨，二乘胆战，十地魂惊，语路处绝，心行处灭。直得释迦掩室于摩竭，净名杜口于毗耶，须菩提唱无说而显道，释梵绝听而雨花。若与么见前，更疑何事。没栖泊处，离去来今，限约不得，心思路绝，不因庄严，本来真净，动用语笑，随处明了，更无缺少。……此理本来平坦，何用铲除，动转扬眉，是真解脱道。不强为意度，建立乖真，若到者里，纤毫不受，措意则差，便是千圣出头来，也安一字不得。"（同上书，190页右—左）

第二十五节　玄沙说自性最巧妙

师备极口显现自性，与其譬喻之巧妙，共为禅录中之白眉。

汝今欲得出他五蕴身田主宰，但识取汝秘密金刚体。古人向汝道圆成正遍遍周沙界，我今少分为汝智者可以譬喻得解。汝还见南阎浮提日么？世间人所作兴营养身活命种种心行作业，莫非皆承日光成立。只如日体还有许多般心行么？还有不周遍处么？欲识金刚体，亦须如是看。只如今山河大地、十方国土、色空明暗及汝身心，莫非尽承汝圆成威光所现，直是天人群生类所作业，次受生果报有情无情，莫非承汝威光，乃至诸佛成道，接物利生，莫非尽承汝威光，只如金刚体，还有凡夫诸佛么？汝既有如是奇特当阳出身处，何不发明取，因何却随他向五蕴身田中鬼趣里作活计，直下自谩去。(《续藏经》，第一辑，第二编，第三十一套，第三册，206页右)

第二十六节　玄沙之三句

师备有纲宗三句,《玄沙师备语录》卷中如下说：

> 师疾大法难举,罕遇上根,学者依语生解,随照失宗,乃示纲宗三句曰：
>
> 第一句且自承当,现成具足,尽十方世界,更无他故。只是仁者更教谁见谁闻,都来是汝心王所为全成不动智,只欠自承当,唤作开方便门,使汝信有一分真常流注亘古亘今,未有不是,未有不非者。然此句只成平等法。何以故？但是以言遣言,以理逐理,平等性相接物利生耳。且于宗旨犹是明前不明后,号为一味平实分证法身之量,未有出格之句,死在句下,未有自由分。若知出格量,不被心魔所使,入到手中,便转换落落地言通大道不堕平怀之见,是谓第一句纲宗也。
>
> 第二句回因就果,不着平常一如之理,方便唤作转位投机生杀自在,纵夺随宜。出生入死,广利一切,迥脱色欲爱见之境,方便唤作,顿超三界之佛性。此名二理双明,二义齐照,不被二边之所动,妙用现前,是谓第二句纲宗也。
>
> 第三句知有大智性相之本,通其过量之见,明阴洞阳,廓周法界一真体性。大用现前,应化无方,全用全不用,全生全不生,方便唤作慈定之门,是谓第三句纲宗也。(同上书,208页右)

以上所说乃省略《玄沙师备禅师广录》卷上而示其要点者,准此说则第一句为教家所谓十信之初住,尚未完证真如平等之理,属于分证法身之分齐。第二句为教家所谓十住以上之位,二理双明,二义齐照而广利群生。第三句教家所谓妙觉之位,海印三昧一时现前,群生一念之中具足十华藏世界海会,法身之大士是也。比如第一句是铁轮,第二句是铜银轮,第三句是金轮。

第二十七节　三句之颂

《广录》有三句之颂。

颂第一句

心法甚分明,人人自信生。万法全体是,一理证我平。

颂第二句杀活机

一句二理更,妙用得纵横。转得机锋后,广利于群生。

颂第三句回悲智见慈定

大道虚空绝纤尘,重重世界性海身。十方三世无别佛,万般神用只我真。

颂第一句

一句自性生,见事无不平。虚空全体是,十方佛弟兄。

颂第二句

悲智显真常,二句你我彰。法法得自在,机锋印青黄。

颂第三句

你我祖翁智悲宗,慈定因果自然同。华藏世界尘刹海,重重显现无别容。

颂第一句

第二十五章 雪峰义存与玄沙师备之法门

行立本来平,自己本无生。法法皆如是,一句也相更。

颂第二句转换

二理二义收,应用得自在。夺下生机后,放光心色幽。

颂第三句慈定

十重万行周,海印皆自由。古今全生灭,毛端一时收。

颂第一句

一理本常行,道你一分更。信志依智用,死句两平平。

颂第二转换句

换句耀古今,生机最幽深。人我皆无着,同道尽知音。

颂第三句慈定

隐显放毫光,纤尘应真常。万般同刹佛,海会实堂堂。

一句颂

是足现身是本身,心心色色只我真。法法无生本不灭,流注一如镇目前。

二句颂

二句铜银得自在,轮中颠倒未尝休。夺得平等真常性,大用现前实是幽。

三句颂

应用重重华藏界,十方三世性海在。明明法界绝纤尘,大智圆明印心海。(《续藏经》,第一辑,第二编,第三十一套,第二册,184页左—186页右)

玄沙三句,与教家之阶级全别,衲僧日用之三句也。第一句平等之理。第二句差别之事,第三句具足圆成底。第一句死句,第二句活句,第三句可谓妙句。

第二十八节　三机佛性

次师备有三机佛性之说，《广录》卷上云：

问："如何是应机说法底佛性？"

师云："机锋相应，你我自知，更有什么。"

颂曰：

应机无不通，言行尽相从。见闻无差别，机锋无别容。

问："如何是随机说法底佛性？"

师云："有什么事，但请道将来。"学云："某求作佛。"师云："你是何处人？"云："若与么更无别也。"师云："我也未信你在。"

颂曰：

随机识性宗，万法尽皆同。本体不动佛，只欠自承当。

问："如何是观机说法底佛性？"

师云："你是行脚僧，不可唤作俗人。"

颂曰：

观机知深浅，我你只目前。法法无生相，应用只如然。

问："如何是逗机说法底佛性？"

师云："若要但道。"云："请师的旨。"师云："得也未。"

颂曰：

逗得机锋应真常，本体显现要开张。恒然自在无生灭，应用尽皆放毫光。

问："出格外句，请师道。"

师云："你外婆姓什么？"云："还是出格之句也无？"师云：

"句也道不知,你不可不识外婆。"云:"还受保任也无?"

颂曰:

格外之句甚分明,三轮等备显无生。重重华藏性相海,尘尘刹刹印相更。(同上书,184页右—左)

据上记则非三机佛性而成五机,三与五不可强分别。三句、三机最后必归华藏海,可见华严与禅之调和。

师备亦说无情说法,如南阳慧忠、洞山良价。《广录》卷下:

上堂闻燕子叫云:"深谈实相,善说法要。"便下座。(同上书,194页左)

所云者是。

第二十九节　达磨之偈

又《广录》卷中云:

(达磨大师)……只道吾本来兹土,传法救迷情,一花开五叶,结果自然成。(同上书,189页右)

当时《宝林传》《圣胄集》等禅史,流布此传说者耶?唐代初期,尚未见此等语。

第三十节 肇法师之偈

又《广录》卷下：

>因举肇法师颂："四大元无主，五阴本来空。将头临白刃，一似斩东风。"师云："大小肇法师，临迁化去犹寐语在。"（同上书，195页右）

《景德传灯录》卷二十七：

>僧肇法师遭秦主难，临就刑说偈曰："四大元无主，五阴本来空。将头临白刃，犹似斩春风。"玄沙云："大小肇法师，临死犹寱语。"

由记观之道原似因《玄沙广录》而为此说。罗什之高弟僧肇是秦主之所归崇，其受刑如何无人传。《高僧传》《续高僧传》二书中，僧肇之外，别未见有肇者，为讹传可知。

第三十一节 曹溪竖拂子

《语录》卷上：

>且如道吾有正法眼藏付嘱大迦叶，我道犹如话月。曹溪竖拂子，还如指月。(《续藏经》，第一辑，第二编，第三十一套，第三

册，207页左）

临济有正法眼藏之语，玄沙亦如是说。可知当时此传说已成之。曹溪六祖无竖拂子事，当为青原之误。

第三十二节　三种病人

师备欲救时弊，提唱三种病人之话。唯所云时弊，乃胡说乱道、拂拳棒喝之类。故《语录》卷中云：

> 师垂语云："诸方老宿，尽道接物利生，只如三种病人，汝作么生。接患盲者，拈槌竖拂，他又不见。患聋者，语言三昧，他又不闻。患哑者，教伊说，又说不得。若接不得，佛法无灵验。"（同上书，208页右）

此非单设机关以挫破人之舌头，指摘诸方老宿接物之通弊，为剥其假面也。

第二十六章　投子大同、大随法真、三圣慧然与兴化存奖

与雪峰义存等同时老宿有投子山之大同，其辞句简捷，其意趣玄险，酷似赵州从谂。虽平实之言词，不传于后世，其为振作石头希迁之宗乘可知。大同目谓古佛之大随法真是沩山嫡孙，有大眼目，其言云：三千世界收在一微尘中，四大海水归一滴。若求自己只在一毫毛中，一毫毛中见得森罗万象，总成经卷。临济义玄之门有三圣慧然、兴化存奖等巨匠，然继承宗风活机纵横，惜哉！其质实之说佚而不传，然不以思想胜固不待论。

第一节　投子大同与罗汉供养之嚆矢

大同，舒州怀宁人，姓刘，依洛下保唐寺之满出家。练习小乘安般之法，后阅《华严》，有所发明。上终南山参翠微无学，无学是石头希迁之子、丹霞天然之嗣也。一日无学在法堂内行，大同进前问云："西来密旨和尚如何示人？"无学驻步少时。大同云："乞师垂示。"无学云："要第二杓恶水作么？"大同礼谢。无学一日供养罗汉，有僧问："丹霞烧木佛，和尚为什么供养罗汉？"学云："烧也不烧着，供养亦一任供养。"又问："供养罗汉，罗汉还来也无？"学云："汝每日还吃饭么？"此为祖师门下供养罗汉之嚆矢。大同由是下终南山，周游四方

归舒州,隐于桐城县之投子山,结茆宴居,邂逅赵州从谂示逸格之机用,道声闻于遐迩,学侣云集,成一大禅刹,寂住院是也。舒州太守、司空尹建峰请开堂。《古尊宿语录》卷三十六云:

> 舒州太守尹建峰送茶碗子与师云:"者个是某甲自将来底茶碗子。"师接得了,召太守,建峰应诺。师云:"吃茶。"(《续藏经》,第一辑,第二编,第二十三套,第四册,313页左)

住投子山三十余载,智辩雷发,剧谈瀑泻,问答语要,盛行于丛林。唐僖宗帝中和中,黄巢之贼,蹂躏京畿,悖乱四出,狂徒持刃上山,问大同云:"住此何为?"同乃以佛法教谕彼等,贼魁闻而膜拜,脱其衣服施舍而去。后梁末帝乾化四年(914)入寂,寿九十六。

第二节　投子斩钉截铁之句

同语要载《古尊宿语录》卷三十六,皆是斩钉截铁之句,无平实说话。然如所云:

> 问:"枯木里还有龙吟也无?"师云:"我道你髑髅里有师子吼。"(同上书,311页右)
>
> 问:"金鸡未鸣时如何?"师云:"无者音响。"学云:"鸣后如何?"师云:"各自知时。"(同上)
>
> 问:"如何是一色?"师云:"不似银盘里盛白玉。"(同上书,313页右)
>
> 问:"和尚自住此山,有何境界?"师云:"丫角女子白头丝。"

(同上书，左)

　　问："达磨未来时如何？"师云："遍天遍地。"（同上书，314页左）

自见石头门下体用回互之妙。

第三节　大随法真

　　法真，剑南梓州盐亭县人，姓王，簪缨之族也。妙龄颖悟，寻师访道，于慧义寺出家、具戒，南游参见药山之惟俨、道吾之圆智、云岩之昙晟、洞山之良价等。后往岭外上大沩山，累数载之清苦练行，拔操履群，沩山深器重之。

第四节　法真之法系

《景德传灯录》卷十一记：

　　前福州长庆大安禅师亦称大沩和尚法嗣、益州大随法真禅师。

大沩山灵祐之嗣，抑大安之嗣未决定。《五灯会元》卷四明记长庆安禅师法嗣。据《古尊宿语录》所载法真行状，真是后梁乾德元年顺世，寿八十六，而大沩山灵祐入灭时，即唐宣宗帝大中七年（853）方十九岁之青年，尚未达相续大法之期。法真自叙其修行之阅历：

诸仁者,似老僧行脚时,到于诸方,多是一千,少是七百、五百众。或于其中经冬过夏,未省时中空过,向沩山会里做饭七年,于洞山会中,做柴头三年。(《续藏经》,第一辑,第二编,第二十三套,第四册,309页右)

云云观之,似真上沩山参见诸方老宿之后。果然则非真灵祐之嗣。乃灵祐灭后沩山之主大安也。大安初参石巩山慧藏,后上沩山受灵祐之印证。唐懿宗帝咸通十四年诏赐延圣大师之号并紫衣一副,僖宗帝中和三年归寂,事见《宋高僧传》卷十二。《景德传灯录》卷九载大安上堂之语有安在沩山三十年来,吃沩山饭,屙沩山屎,不学沩山禅,法真之登沩山当在大安之时。

第五节 大随之住山

一日大安问云:"阇梨在老僧此中不曾问一转语。"法真云:"教某甲向什么处下口。"安云:"何不道如何是佛?"真便以手掩安之口作势。安叹云:"子真得其髓。"由此令闻传岭外。尔后旋西蜀,寄锡天彭堋山龙怀寺。于路傍煎茶,普施三年。因于后山见一古院号大随山,群峰蠶秀,涧水清泠,中有一树,围四丈余,南开一门,中空虚通,不假斧斤而自然为一庵,法真乃居之。时人号曰木禅庵。十有余年,不出山,道声远闻,四方玄学多集其轮下,于是益州大随之名高天下。

第六节　蜀王王衍之皈依

《大随开山神照禅师行状》云：

> 时蜀王崇重师名，凡三诏不从。王慕师孤风，无由一见，遂于光天元年十月十五日遣内侍赍紫衣师号寺额等赐师，师不受。凡三度送至，师确意却之。王愈钦师德，再遣使出敕云："寡人心愿，此回禅师如准前不受，乃卿之罪也，回必诛卿。"天使奉圣旨再往师处，师亦不受。天使勤恳拜礼告云："禅师此回若不受君命，某必受戮，愿师慈悲，免某祸患。"师不获已受之，师既受已，使复告师："求回表谢恩。"师云："老僧自住山来，无纸墨，汝随我口传语大王，须善保，治家治国，事无偏倾。领取传言，勿令忘失。欲求相见是何年月。"使依师言，回阙奏王，王深悦，再令天使诣山中，长生侍奉师，师亦不受。复云："老僧不为名利，须得个人作什么。"天使惘然，师且权留之。（同上书，310页右一左）

所谓蜀王者，王衍也。准《旧五代史》卷百三十六及《五代史》卷六十三，蜀王王建起自盗贼，攻城重战，以唐昭宗帝大顺二年为检校司徒成都尹剑南西川节度副大使、知节度事管内观察处置云南八国招抚使。以同帝天复三年封为蜀王。天祐四年，至后梁灭唐，建自立即皇帝位。封诸子为王，所谓光天元年为后梁末帝贞明四年戊寅，此年六月建卒。建之幼子衍，即位号皇帝。衍暗愚荒淫，溺于神仙之说，放骄傲奢，自招灭亡者。光天元年十月赐法真紫衣者，不能不为衍矣,法真不受命理之当然。以蜀王乾德元年己卯即后梁末帝贞明五年(919)迁化,春秋八十六。

法真之法虽原出沩山而与沩山之宗风不同。沩仰有画地、圆相等模样,既论之矣。法真全不为此风所染。

第七节　大随活用华严

上堂语云:

> 上堂云:"你不见道,一尘含法界,所以道,有一智人,破尘出经卷,量等三千大千世界。你欲破不破,我今举起大家求此事。三千世界收在一微尘,四大海水归一滴,须弥纳芥子中,若求自己只在一毫毛。你若一毫毛处见得,三千大千总成经卷,只是自己动这个境界不得。所以真境不现,说什么纤毫觉处,总是偗(偗疑提)刀避箭,惧境藏形。你唤这个作什么。兄弟如石压草相似,或然拈却不,依旧习气犹存,须是随处了却,始得与境为主,免尘境使唤始得。"(同上书,306页右)

应用华严之教旨说即事而真,真眼中无教禅之别也。

> 上堂云:"此性本来清净,具足万德,但以随染净二缘而有差别。故诸圣悟之,一向净用而成觉道。凡夫迷之,一向染用,没溺轮回,其体不二。故《般若》云:无二无二分,无别无断故。(同上书,308页左)

以上说话,于达磨之理人一毫不添,一尘不减。

第八节　大随之彻底思想

真之彻底法门,以下记一则证之而有余:

> 僧遂问:"劫火洞然,大千俱坏,未审此个性坏不坏?"师云:"坏。"进云:"恁么则随他去也。"师云:"随他,随他去也。"僧无语。时会中三百余僧,尽皆不肯,皆云:"从上已来只说不坏之性,和尚何故却云坏耶?"众各惶然。(同上书,308页左—309页右)

说古今不坏之性,此性为凝然常住恒存,如金刚之不坏。超越三际,不移四劫。然法真说此性与此全反,一会大众所以惶惑。夫此性活物也与火共燃,与水共流,与鸟共歌,与花共笑,移四劫出入三际,始现其灵机。若凝然不变则此性即死物,何得谓活物耶?诸山长老多不到这个见地,故法真云:

> 只如老僧行脚时,不拣丛林有供养无供养处,只要看他眼目稍似,根性有些器量,方欲过夏或一冬。若是根性鄙劣者,三朝两日便行,算来参六十余员大知识,有大眼目者那无一二,余者岂有真实知见。(同上书,308页右)

胡喝礼棒之徒,遍天下如斯,可胜叹哉!

第九节　个是古佛

又云：

其僧后至投子和尚处，投子云："阇梨近离甚处？"僧云："远离西川大随。"投子问云："彼中还有尊宿也无？"僧云："有一禅师住大随山，现有三百余众。"子云："有何言句接人，试与老僧举看。"僧云："某甲昨问大随，劫火洞然，大千俱坏，未审此个性坏不坏？"子云："大随如何答？"僧云："大随答坏。僧云，某更问怎么则随他去也。大随又答道，随他，随他去也。"子云："汝作么生会大随语？"僧云："某甲不肯此语。"子云："阇黎早错了也。大随怎么道，随他，随他去，汝又如何？"僧云："至今未决。"子遂呼侍者令装香，大展坐具，望西川大随山遥礼三拜已。叹曰："不是大随和尚，伊是个古佛，此乃真善知识。汝速往彼忏悔参取，老僧无如是法与汝说，速去速去。"（同上书，309页右）

知法真者，法真之徒。投子汲石头之流，大随育沩山之乳，水乳和合一味之妙法如是。

第十节　三圣慧然

临济义玄晚年居大名府兴化寺。唐咸通八年，将示灭告众谓吾灭后不得灭却吾正法眼藏。时三圣慧然出曰："敢教灭却和尚正法眼藏。"玄曰："已后有人问你,向他道甚么?"然便喝。玄曰："谁知吾正法眼藏向这瞎驴边灭却。"言讫而逝。是《临济传》所见,既论之矣。而慧然不审其本乡及族姓,《宋高僧传》逸其名,从临济会下受心诀,盘桓诸方丛林。一日参见德山宣鉴,才展坐具。鉴云："不用展炊巾,这里无残羹馊饭。"慧然云："赖遇无设有,向甚么处着。"鉴便打,然接住棒推鉴,向绳床上。鉴呵呵大笑,然哭云："苍天苍天。"便出去。

第十一节　雪峰与三圣

参问雪峰义存："透网金鳞,未审以何为食?"存云："待汝出得网时,即向你道。"然云："一千五百人善知识话头也不识。"存云："老僧住持事繁。"参仰山慧寂,寂问："汝名甚么?"然云："慧寂。"寂云："慧寂是我。"然云："我名慧然。"寂呵呵大笑。参香岩智闲,闲问："甚处来?"然曰："临济来。"闲云："还将得临济剑来么?"然以坐具蓦口便撼,闲休去。如是遍参,后住镇州三圣院,其迁化之年月不明。

第十二节　兴化存奖

存奖是慧然同门,诸录不记其本贯姓氏,在临济义玄门下为侍者,于三圣院充首座。常云："我向南方行脚一遭,拄杖头不曾拨着一个会佛法底人。"慧然问："你具个甚么眼便恁么道。"奖便喝。然云："须是你始得。"

后于同门魏府大觉会下为院主。一日大觉问："我闻你道向南方行脚一遭,拄杖头不曾拨着一个会佛法底,你凭个甚么道理与么道?"

奖便喝，觉便打，奖又喝，觉又打。至来日，觉召院主云："我直下疑你昨日这两喝。"奖又喝，觉又打，奖再喝，觉又打。奖云："某甲于三圣师兄处学得个宾主句，总被师兄折倒了，也愿与某甲个安乐法门。"觉云："瞎汉来这里纳败缺。"脱下衲衣痛打一顿。奖言下领临济吃黄檗之棒的道理。后住魏府兴化寺，振临济之宗风。

第十三节　庄宗帝之皈依

《古尊宿语录》卷五云：

> 同光帝驾幸河北，回至魏府行宫，常坐朝，僧录名员来朝后，帝遂问左右："此间莫有德人否？"近臣奏曰："适来僧录名员皆是德人。"帝曰："此是名利之德，莫不有道德之人否？"近臣奏曰："此间有兴化长老，甚是德人。"帝乃召之。师来朝见帝，赐坐茶汤毕，帝遂问："朕收下中原，获得一宝，未曾有人酬价。"师云："如何是朕下中原之宝？"帝以手舒幞头脚。师云："君王之宝谁敢酬价。"圣颜大悦。赐紫衣师号，师皆不受。（《续藏经》，第一辑，第二编，第二十三套，第二册，111页右—左）

所谓同光帝即后唐庄宗帝。据《五代史》卷五，庄宗帝是李克用之长子存勖，唐昭宣帝天祐五年，即王位于太原，同光元年癸未（923）灭后梁，迁都洛阳，即皇帝位，建国曰唐。庄宗重禅法，志玄学。在《传灯录》卷十七，洞山良价之法嗣华严寺《休静传》云：

> 师初住福州东山之华严，未几属后唐庄宗皇帝征入辇下，

大阐玄风,其徒果三百矣。……一日车驾入寺烧香。帝问曰:"这个是什么神?"师对曰:"护法善神。"帝曰:"沙汰时什么处去来?"师曰:"天垂雨露,不为荣枯。"(《续藏经》,第三十套,第十册,920页左)

第十四节　庄宗帝之参禅

《五灯会元》卷十三《休静传》云:

> 庄宗问:"祖意、教意是同是别?"师曰:"探尽龙宫藏众义,不能诠。"问:"大悟底人为甚么却迷?"师曰:"破镜不重照,落花难上枝。"问:"大军设天王斋求胜,贼军亦设天王斋求胜,未审天王赴阿谁愿?"师曰:"天垂雨露,不拣荣枯。"庄宗请入内斋,见大师大德总看经,唯师与徒众不看经。帝问:"师为甚么不看经?"师曰:"道泰不传天子令,时清休唱太平歌。"帝曰:"师一人即得,徒众为甚么也不看经?"师曰:"师子窟中无异兽,象王行处绝狐踪。"帝曰:"大师大德为甚么总看经?"师曰:"水母元无眼,求食须赖虾。"帝曰:"既是后生,为甚么却称长老?"师曰:"三岁国家龙凤子,百年殿下老朝臣。"(《续藏经》,第一辑,第二编乙,第十一套,第三册,244页左)

《佛祖统纪》卷四十三记三圣谒同光帝者存奖之误。奖之迁化,亦不明记岁月,其在同光元年与四年之间?

第十五节　当时关于嗣法之风习

《古尊宿语录》卷五云：

> 师开堂日，拈香云："此一炷香本为三圣师兄，三圣为我太孤，便合承嗣大觉，大觉为我太赊。我于三圣处会得宾主句，苟不遇大觉师兄，泊乎误却我平生。我于大觉处吃棒，见得临济先师在黄檗处吃棒底道理。此一炷香，供养我临济先师。"（同上书，110页左）

由是观之，古禅门之相承，不依师资之投合，从资之见处而定其本师，出世开堂之日公表之。存奖是临济之侍者，三圣之首座，大觉之院主，于三处有所得，而嗣因缘最深之临济，此未必依临济之允许，只依凭存奖之心证而已。与后世师资对面，授受嗣业者别。《五灯会元》卷十一存奖同门《灌溪志闲》之条云：

> 师离临济至末山，师住后上堂曰："我在临济爷爷处得半杓，末山娘娘处得半杓，共成一杓吃了，直至如今饱不饥。"（《续藏经》，第一辑，第二编乙，第十一套，第三册，198页左）

此于临济、末山二处同得力，可证其毫无轩轾，然而志闲嗣临济，未嗣末山，亦是从闲之乐意而已。

第二十七章　长庆慧棱、镜清道怤与鼓山神晏

雪峰义存门下龙象甚多，皆扬化于五代。有长庆慧棱，万象之中独露身一句，能道破泛神观。有镜清道怤，辞学宏赡，崇论玄议，兴禅于吴越。其语要多不传于今为遗憾。鼓山神晏，亦领一千余众，蔚然成一家，截断经论言语之葛藤，休去歇去，身心纯净去。蓦地教以与乾坤不藏底事相应。

第一节　长庆慧棱

慧棱，杭州盐官人，姓孙，童龀，俊朗淳澹。年十三投苏州通玄寺出家登戒，闻南方禅学炽盛游方，以唐僖宗帝乾符五年入闽，参西院、灵云等，尚有凝滞，往来雪峰义存、玄沙师备二大老间，二十年间称坐破七个蒲团。一日卷帘忽然大悟，乃打颂：

也大差，也大差，卷起帘来见天下。有人问我解何宗，拈起拂子劈口打。

义存举此颂谓师备云："此子彻去也。"备云："未可此是意识著述，更须勘过始得。"至晚义存谓慧棱云："备头陀未肯汝在，汝实有正悟对

众举来。"乃又打颂：

> 万象之中独露身，唯人自肯乃方亲。昔时谬向途中觅，今日看来火里冰。

存便顾备云："不可更是意识著述。"棱问："从上诸圣传受一路，请师垂示。"存良久，棱拜而退。存微笑。此酬问一不爽玄旨。

第二节　长庆之住山

在雪峰山二十九载，定业淳密，操守矜庄。唐昭宣帝天祐三年（906）泉州刺史王延彬闻其道声，请住招庆院（一作昭），开堂之日，彬朝服趋隅曰："请师说法。"棱云："虽然如此，恐有人不肯。"《景德传灯录》卷十八云：

> 后闽帅请居长乐府之西院，奏额曰长庆，号超觉大师。

《宋高僧传》卷十三不记闽帅住山之请。若因闽帅之请而住长庆，则所谓闽帅必为忠懿王王审知。

第三节　王氏夫人之皈依

《传灯》又云：

> 闽帅夫人崔氏（奉道自称炼师）遣使送衣物至。云："炼师令

就大师请取回信。"师曰:"传语炼师领取回信。"须臾使却来师前,唱喏便回。师明日入府。炼师曰:"昨日谢大师回信。"师曰:"却请昨日回信。"看炼师展两手。闽帅问师曰:"炼师适来呈信,还惬大师意否?"师曰:"犹较些子。"曰:"未审大师意旨如何?"师良久。帅曰:"不可思议,大师佛法深远。"

兹所谓闽帅是忠懿王之子王延翰。延翰以后唐庄宗帝天成元年遇弑。尝慨然曰:"闽自古王国也,吾今不王,更待何时?"自称大闽国王,建宫殿置百官,威仪文物,皆效天子之制,不久被弑。延翰之夫人崔氏是:

> 陋而淫,延翰不能制。审知丧未期,彻其几筵。又多选良家子为妾。崔氏性妒,良家子之美者辄幽之别室,系以大械,刻木为人手以击其颊。又以铁锥刺之,一岁中死者八十四人。崔氏后病见以为祟而卒。(《五代史》,卷六十八)

王延翰为大闽王国,当后唐明宗帝天成元年(926),在位不满一年。崔氏与慧棱之交涉当在此时。如斯住福州长庆院,道化甚盛,学侣四集,往来憧憧,不减一千五百众。行化闽越二十七载,后唐明宗帝长兴三年(932)寂,春秋七十九。

禅得谓立脚于泛神观,南阳慧忠、洞山良价有无情说法之话,瓦砾放光明,风雨演妙音,尘尘刹刹,现紫磨黄金之佛身,慧棱所谓万象之中独露身是也。

第四节　镜清道怤

道怤，温州永嘉人，姓陈，卭总不食荤茹，于本州开元寺求出家，受具之后，游闽入楚，遍历丛林，欲决生死之根源。上雪峰山谒义存。存问："什么处人？"怤曰："温州人。"存曰："恁么即与一宿觉是乡人也。"怤曰："只如一宿觉是什么处人？"存曰："好吃一顿棒且放过。"一日怤问："只如古德岂不是以心传心？"存曰："兼不立文字语句。"怤曰："只如不立文字语句，师如何传？"存良久。怤礼谢。义存垂语曰："此事得恁么尊贵，得恁么绵密。"道怤对曰："道怤自到来数年，不闻和尚恁么示诲。"存曰："我向前虽无，如今已有，莫有所讹么。"怤曰："不敢，此是和尚不已而已。"存曰："致使我如此。"怤从此信肯。闽中称小怤布衲。

第五节　道怤之住山与吴越王之归佛

道怤罢参，住越州镜清院（一作鉴）唱雪峰之禅旨，学者奔凑。时有副使皮光业者，日休之子，博识宏辩，与道怤往复论道，退语人曰："怤师之高论，人不能窥其极。"案吴越王钱镠传，皮光业尝为镠宾客，后为越州刺史，未得其详传。

吴越王钱镠字具美，杭州临安人，方唐末之乱，从盗起，树武勋，以昭宗帝天祐元年封吴王。及后梁太祖即位，封镠为吴越王。镠奉佛志深，欲弘禅道，请道怤居天龙寺，始见怤乃曰："真道人也。"瞻礼甚厚，署顺德大师。由是玄学大盛于吴越。以后唐明宗帝长兴三年（932）卒，谥曰武肃王。镠之子元瓘立袭封，文穆王是也。元瓘亦崇信道怤，创龙册寺请使主之。怤以后晋高祖天福二年（937）归寂，寿七十。

第六节　镜清之语句

师（道怤）问僧："门外甚么声？"云："雨滴声。"师云："众生颠倒，迷己迷物。"云："和尚作么生？"师云："洎不迷己。"云："洎不迷己，意作么生？"师云："出身犹可易，脱体道应难。"（《续藏经》，第一辑，第二编乙，第九套，第五册，419页左）

僧问："新年头还有佛法也无？"师（道怤）云："有。"云："如何是新年头佛法？"师云："元正启祚，万物咸新。"云："谢师答话。"师云："镜清今日失利。"（同上书，420页右）可以测知其家风。

第七节　鼓山神晏

神晏，大梁人，姓李，幼颖悟，不食荤茹。年十二见白气数道腾屋壁，题壁曰："白道从兹速改张，休来显现作妖祥。定祛邪行归真见，必得超凡入圣乡。"题讫，白气便灭。勉学遘疾，梦有神人与药，觉而顿觉快。又梦有梵僧告出家之时至，遂依卫州白鹿山之道规披剃，上嵩山具戒。由是杖锡遍参，扣诸方禅关，屡努力于记持言语，遏知解。后上雪峰山见义存，从前知解一时被铲却，朗然有所符契。义存知其缘熟，忽挡住之曰："是甚么？"神晏言下释然，而忘其了心，举手摇曳而已。存曰："子作道理耶？"晏曰："何道理之有？"存便抚而印可之。

第八节　闽王之崇信

义存入寂之后，忠懿王王审知开福州鼓山，创万岁寺，请晏唱雪峰之法。一日闽王入寺瞻仰佛像问："什么是佛？"晏曰："请大王鉴。"王曰："鉴即不是佛。"晏曰："鉴即不是佛，是什么？"王不对。

《鼓山先兴圣国师和尚法堂玄要广集》见《古尊宿语录》卷三十七，其中载前后帝王问讯语：

忠懿王入万岁寺，见佛像，指问师云："是什么佛？"师云："请大王鉴。"王云："鉴即不是佛。"师云："鉴即不是佛，是什么？"

第九节　惠宗之崇信

惠宗见师不安，问："莫是时节至否？"师云："即今是什么时？"惠宗云："与么即无来去也。"师云："亦是圣躬与么道。"又因志上座说云："昨夜见天王面前现。"惠宗问因师："什么不向某甲面前现。"云："却是陛下见。"少帝遣内侍送书上山，只乃封题而已。师览而神之，寻内臣拜辞师云："圣人若问，如何祗对？"师云："但道尽乾坤有所依赖。"（《续藏经》，第一辑，第二编，第二十三套，第四册，322页右）

此所谓惠宗是忠懿王之次子鏻。鏻以后唐明宗帝长兴三年自即皇帝位，改元龙启，国号大闽。追谥其父王审知为昭武孝皇帝，庙号太祖。以后唐废帝清泰元年被杀，谥曰惠皇帝。鳞传见《旧五代史》卷百三十四、《五代史》卷六十八。次曰少年是鳞之子昶，抑为审知之少于曦，不详。昶于后晋天福二年朝贡被封闽王，同三年被杀，谥康宗。审知之少子曦立，是为景宗。鳞、昶、曦皆暗愚淫虐，自招其祸。

神晏住山演法三十二年，学侣一千余众。后晋天福中（936—943）入寂，寿七十七。

第十节 鼓山之玄要

晏之语要曰《玄要广集》，收于《古尊宿语录》卷三十七，有宋太祖乾德三年绍文序。乾德去后晋之天福不满二十年，据绍文序，先有《神晏语录》多漏落，了宗再编录为完璧，其所传可信。

神晏尝参雪峰，自觉记诵之学全无益，故常斥之。

师云："若也宗脉未露，记着一字，如饮毒药，丧身失命，为什么故如此，都来是不具眼，如今更有一般底，大作群队聚头，念经念论，说圆说顿，披这衣服，作个什么语话，还差么？还返仄么？还有些些子衲僧气息么？且问，圆为什么人施？顿为什么人设？还辨得端由么？相共鲁论，不识好恶。"（同上书，316页右）

师云："大事未办，宗脉不通，切忌记持言句，意识里作活计。不见道，意为贼、识为浪，尽被漂沦没溺去，无自由分。诸和尚，必若大事未通，不如休去，大歇去，身心纯静去好。（同上书，315页）

师云："近来师僧，只爱举经举论，说圆说顿，所以道，经有经师，论有论师，律有律师，有函有号，有部有帙，白日明窗，夜附灯烛，自有人传持在，关汝衲僧什么事。汝且道，圆为什么人施？顿为什么人设？因偏说圆，得成圆顿。本自圆成，不因偏说这个是圆顿教，于衲僧分上作么生？各有区分，莫灭胡种。"
（同上书，321页右）

晏所力说是圆顿之教，极妙之谈，毕竟止于口舌而已。记诵忆持之学不过徒劳心力，不如休去歇去，纯静去，辉本具圆成之灵光，有自由之分。此意六祖以来，一丝不曾添些。

第十一节　鼓山之玄风

上堂云："诸和尚有什么病败，什么处欠少，亘古亘今，恒然如是，何须向长连床上，痴兀兀地，便当得去。汝但于一切处验，还出得汝去处么？不见古圣道，如人在空，如鱼在水，或行或坐，不离于空，逆流顺流，不离于水。既然如此，且合作么生？兄弟，莫自受屈，莫自沦自溺，既到这里，不奈何也。"（同上书，319页左）

鱼在水中不知水，人在妙法之中不知妙法，哀哉！绍文于《玄要广集序》评晏之宗风云：

机锋迅而金翅取龙，格致高而般倕匠物。言如雷火，搓之而一点随游。事比蟾辉，唱之而孤轮不坠。破空有而旋敲中道，话君臣而匪称当人。排净名而未是本参，斥圆常而非为极则。（同

上书，322页左—323页右）

所云并非溢美之言。

第十二节 鼓山之法系

绍文又云：

> 先兴圣国师法嗣雪峰，乃石头五叶也。（同上书，322页左）

神晏之法系是与石头希迁、天皇道悟、龙潭崇信、德山宣鉴、雪峰义存相承而来者，一点不容拟议。绍文当宋代初期草此序，后世杜撰之徒，证之天王道悟之伪碑，以德山、雪峰属于南岳怀让之法系，可知其非。

第二十八章　云门文偃与罗汉桂琛

雪峰门下声望之高，力量之雄伟，莫如云门文偃。偃机辩雷奔，舒卷风生，为云门宗之祖。其言谓人人自有光明在，看不见时暗昏昏。若言即心即佛则为认奴作郎，论生死涅槃则似斩头觅活。若说佛说祖则似将木橛子换却眼睛。见乾坤大地微尘诸佛总在拄杖头上。罗汉桂琛亦当代之名匠，嗣雪峰资玄沙师备。琛云南方知识，商量浩浩地，不如我这里种田搏饭吃。大可见其思想之彻底。

第一节　云门文偃

《宋高僧传》文偃传佚，然《古尊宿语录》卷十八有《云门山光泰禅院匡真大师行录》。以偃入灭之年集贤殿雷岳所撰，最可信凭。

文偃，苏州嘉兴人，姓张，髫龀厌俗，依空王寺律师志澄出家。天纵夙慧，诵诸典不要再阅，澄器重之。及长，于毗陵坛受具，还侍澄之左右，学律数年。虽持戒清严，而心事未了，乃辞澄参睦州陈尊宿，《行录》云谒睦州道踪禅师，踪黄檗之裔是也。《景德传灯录》讳陈不记，《五灯会元》作道明，然《行录》作道踪，未知孰是。睦州才见文偃之来闭门却之，偃乃叩门，州云："谁？"偃云："某甲。"州云："作什么？"偃云："己事未明，乞师指示。"州开门一见便闭却，如此三回，至第三日州始开门，偃乃撐入。州忽擒住云："道道。"偃拟议。州托开云："秦时䤩轹钻。"偃仍有所悟入。《五灯会元》卷十五记，州推出曰："秦时䤩轹钻。"遂掩门损一足，从此悟入。损一足事旧记全无，恐蛇足。既谙参数载，深探玄微。州知其神器，因语之曰："吾非汝师，雪峰有义存禅师，合往参之。"

第二节 云门与雪峰

文偃承指教入岭造雪峰山。于庄会一僧，问曰："上座今日上山去耶？"僧曰："是。"偃曰："寄一则因缘问堂头和尚，只是不得道是别人语。"僧曰："得。"偃曰："上座到山中见和尚上堂众才集，便出握腕立地曰：'这老汉顶上铁枷何不脱却？'"其僧一如所教。雪峰闻僧语，下座拦胸把住其僧曰："速道速道。"僧无对。雪峰托开之曰："不是汝语。"僧曰："某甲语。"峰曰："侍者将绳捧来。"僧曰："不是某甲语，是庄上一浙中上座教某甲来道。"峰曰："大众去庄上迎取五百人善知识来。"次日文偃上山谒雪峰，峰曰："因什么得到与么地？"偃乃低头。尔后温研积稔，函盖相应，乃密付心印。罢参游方，历访洞岩、疏山、曹山、天童、归宗、乾峰、灌溪等，锋辩险绝，道声盛世。偃自云："困风霜十七年间，涉南北数千里外。"

第三节 人天眼目

后于韶州灵树院见如敏。敏，闽人福州大安之嗣，安百丈怀海之嗣，为黄檗希运同门。如敏盛化岭外，异迹颇多，广主刘氏，奕世崇信，私署知圣大师。文偃既谙灵树院，敏忽鸣鼓告众迎请为第一座。

如敏临将示灭，欲使文偃踵其席，纳一书秘函中，谓门人曰："吾灭后广主若幸此，请相赠。"便升堂跏趺而终。广主果至，问以遗示，门人出函奉之，主启之得书云："人天眼目堂中首座。"盖以第一座文偃为人天眼目，适于为灵树之主云。

第四节　广主者刘龑也

广主乃敕刺史何希范，具礼屈请，以袭法会，请疏载《古尊宿语录》卷十八。《景德传灯录》卷十一《如敏章》，同卷十九《文偃章》，《宋高僧传》卷二十二《如敏传》，《云门山光泰禅院匡真大师行录》等，不录广主之名。案何希范请疏有：

> 弟子韶州防御使，兼防遏指挥使、权知军州事、银青光禄大夫、检校兵部尚书、御史大夫上柱国何希范洎阖郡官僚等，请灵树院第一座偃和尚，恭为皇帝陛下开堂说法，上资圣寿者。

称广主为皇帝，希范官名亦准唐制。检《五代史》卷六十五、《南汉世家》、《弘简录》卷七十三等。刘隐后梁开平三年被封南平王，领有海南，以太祖乾化元年卒，隐尚未用僭号，明也。

次乾化三年后梁末帝即位，刘隐之弟龑袭南海王之封。至同帝贞明三年（917）龑自即皇帝位，国号大越，立三庙置百官，翌年改国号汉，即南汉是也。龑以后晋高祖天福七年（南汉大有十五年，942年）卒，谥天皇大帝，庙号高祖。

云门遗诫云："吾自居灵树及徙当山，凡三十余载。"偃入寂行录明记南汉中宗帝乾和七年己酉四月十日，乾和七年相当后汉高祖乾祐二年（949），然则偃住灵树在后梁贞明中无可疑者。从乾祐二年上溯三十三年至贞明三年，以高祖龑之僭号属此年，请疏所谓皇帝非高祖不可。《释氏稽古略》卷三明记偃任灵树之第一座，当庚寅长兴元年，不知据何史料，从乾祐二年溯至长兴元年，仅二十年与偃遗诫凡三十余年之语相反，殆不足信。

第五节　云门与香林明教

高祖龑累召文偃诣阙，每顾问酬答响应，帝大悦，赐紫袍师名。晚年徙云门山，大新堂宇，恢弘法化，禅客凑集。南汉中宗晟乾和七年，上遗表，遗诫门人，从容趺坐顺寂。遗表、遗诫、行录、请疏之全文，皆附《云门匡真禅师广录》之后。

慧洪《林间录》卷上云：

> 云居佛印禅师曰："云门和尚说法如云，绝不喜人记录其语，见必骂逐曰：'汝口不用，反记我语，他时定贩卖我去。'今对机室中录皆香林明教以纸为衣，随所闻，随即书之。后世学者渔猎文字语言中，正如吹网求满，非愚即狂，可叹也。"（《续藏经》，第一辑，第二编乙，第二十一套，第四册，296页右）

这个传说，真否如何不可知，久已脍炙人口，故笔之于此。

第六节　云门之门庭

《古尊宿语录》卷十五至十八所收《云门匡真禅师广录》，乃门人明识大师赐紫守坚所集。守坚之传不明,《景德传灯录》卷二十三并《五灯会元》卷十五所列云门文偃法嗣中,有衡州大圣寺守贤禅师者,是同人或否?现存《广录》乃刊正镂板于宋神宗帝熙宁中者,有熙宁丙辰(1076)三月二十五日苏澥《序》,文偃语要,殆无遗漏。

偃接人酷似睦州、赵州、雪峰,故四卷《广录》中,无平实语,言言句句、出人意表。虽有超宗越格之风,亦是时弊之一耳。苏澥《序》云:

> 祖灯相继数百年间,出类迈伦,超今越古,尽妙尽神,道盛行于天下者,数人而已。云门大宗师特为之最。擒纵舒卷,纵横变化,放开江海,鱼龙得游泳之方,把断乾坤,鬼神无行走之路,草木亦当稽首,土石为之发光。(《续藏经》,第一辑,第二编,第二十三套,第三册,198页左)

实际上,偃得意所在,擒纵舒卷,纵横变化,尽神尽妙。其拈向上之机云:

> 直下无事,早是相埋没也。更欲蹋步向前,寻言逐句,求觅解会。千差万别,广设问难,赢得一场口滑。去道转远,有什么歇时,只此个事。若此言语上,三乘十二分教,岂是无言语,因什么道教外别传?若从学解机智,只如十地圣人,说法如云如雨,犹被诃责。见性如隔罗縠,以此故知,一切有心天地悬殊。虽然如是,若是得底人,道火何曾烧口,终日说事,未尝挂着唇齿,未曾道著一字;终日着衣吃饭,未曾触着一粒米,挂着一缕丝。虽然如此,犹是门庭之说,须是实得与么始得。(同上书,第

二册，168页左）

文偃自许以十地圣人以上可知。

第七节 云门之泯绝无寄

又云：

> 若言即心即佛，权且认奴作郎，生死涅槃，恰似斩头觅活。若说佛说祖，佛意祖意，大似将木橛子，换却你眼睛相似。（同上书，177页右）

偃之法道如大火聚，烧尽一切，使之泯绝无寄，而随处发现这个大光明。云：

> 人人自有光明在，看时不见暗昏昏。（同上书，175页左）
> 只如雪峰和尚道："尽大地是你。"夹山和尚道："百草头上荐取老僧，闹市里识得天子。"洛浦和尚云："一尘才起大地全收，一毛头师子全身总是你，把取翻覆思量看，日久岁深，自然有个入路。（同上书，170页右）

此是文偃劈腹剜心之所也。偃法道无多子，常云：

> 我寻常向汝道，微尘刹土中，三世诸佛，西天二十八祖，唐土六祖，尽在拄杖头，说法神通变现，声应十方，你还会么？

（同上书，173页左）

又云：

　　西天二十八祖、唐土六祖，天下老和尚，总在拄杖头上，直饶会得，倜傥分明，只在半途。若不放过，尽是野狐精。（同上书，176页左）

第八节　云门之格外玄机

偃发言常脱常轨。

　　世尊初生下，一手指天，一手指地，周行七步，目顾四方云："天上天下，唯我独尊。"师云："我当时若见，一棒打杀，与狗子吃却，贵图天下太平。"（同上书，182页左）。

如所言，可见其雄伟之气性。

　　示众云："十五日已前，不问你。十五日已后，道将一句来。"代云："日日是好日。"（同上书，185页左）

　　问："如何是清净法身？"师云："花药栏。"云："便怎么去时如何？"师云："金毛师子。"（《续藏经》，第一辑，第二编乙，第九套，第五册，417页右）

　　问："如何是尘尘三昧？"师云："钵里饭，桶里水。"（同上）

　　问："如何是超佛越祖之谈？"师云："胡饼。"（同上）

问:"如何是佛法大意?"师云:"面南看北斗。"(同上)

问:"如何是佛?"师云:"干屎橛。"(同上)

此等语,脍炙人口。

第九节　两般二种之病

偃有两般二种之病之语如下:

> 光不透脱,有两般病,一切处不明,面前有物是一。又透得一切法空,隐隐地似有个物相似,亦是光不透脱。
>
> 又法身,亦有两种病得到法身。为法执不忘,己见犹存,坐在法身边,是一。直饶透得法身去,放过即不可,仔细检点来,有甚气息,亦是病。(同上书,415页右)

所谓光不透脱是智光不彻透也。面前有物是诸法实有之现。隐隐地似有个物者,诸空真空与透脱而空见犹存也。要之两般之病不外空有之二见。次法身之病者,于一切处感见法身之妙相而执着法身之念未止,是病也。直饶透得法身边,而放过时再坠法身边,亦是病。

第十节　云门之一字禅

偃对机有以一语一字蓦地截断葛藤之概,此他宗师多所未见。

问:"如何是玄中的?"师云:"铿。"问:"凿壁偷光时如何?"

师曰:"恰。"问:"杀父杀母,佛前忏悔,杀佛杀祖向什么处忏悔?"师曰:"露。"问:"密室玄宫时如何?"师曰:"倒。"进云:"宫中事作么生?"师曰:"重。"师一日云:"什么生是问中具眼?"代云:"瞥。"一日云:"三日不相见,不得作旧时看,作么生?"代云:"千。""如何是正法眼?"师云:"普。""三身中那身说法?"师云:"要。"

此类是也,丛林目之曰一字关。

第十一节 顾鉴咦

《人天眼目》卷二云:门逢僧必特顾之曰鉴,僧拟议则曰咦。门人录为顾鉴咦。后德山圆明密禅师,删去顾字但曰鉴咦。故丛林目之曰抽顾。慧洪《智证传》所谓亦同之。而《广录》中不记偃常顾僧曰鉴又曰咦,《行录》及《缘密传》亦无此记事。《广录》所举偃偈颂之终有:

抽顾颂,鉴咦。

不知《眼目》之说,果中正鹄与否?

第十二节 云门之三句出于德山缘密

《广录》举云门之三句,乃缘密所作。

>   颂云门三句语并余颂八首
>   门人住德山圆明大师　缘密述
>   函盖乾坤
>   乾坤并万象，地狱及天堂。
>   物物皆真现，头头总不伤。
>   截断众流
>   堆山积岳来，一一尽尘埃。
>   更拟论玄妙，冰消瓦解摧。
>   随波逐浪
>   辩口利舌问，高低总不亏。
>   还如应病药，诊候在临时。(《续藏经》，第二编，第二十三套，第三册，195页左—196页右)

此所谓三句也。非文偃有此三句，乃缘密出此分类。偃语有：

>   示众云："函盖乾坤，目机铢两，不涉万缘，作么生承当。"

缘密三句之说是离此语而为者。《密传》云：

>   又曰德山有三句语，一句函盖乾坤，一句随波逐流，一句截断众流。(《大藏经》，第三十套，第十册，960页左)

然则三句为缘密所说可知。

第十三节 三句外之诸句

《广录》三句之外,更举诸颂,皆密作。

  三句外别置一问
当人如举唱,三句岂能该。
有问如何事,南岳与天台。
  褒贬句
金屑眼中翳,衣珠法上尘。
己灵犹不重,佛祖为何人。
  辨亲疏
黑豆未生前,商量已成颠。
更寻言语会,特地隔西天。
  辨邪正
罔象谈真旨,都缘未辨明。
守他山鬼窟,不免是精灵。
  通宾主
自远趋风问,分别向道休。
再三如不晓,消得个非遥。
  抬荐商量
相见不扬眉,君东我亦西。
红霞穿碧海,白日绕须弥。
  提纲商量
若欲正提纲,直须大地荒。

欲来冲雪刃，不免露锋芒。

　　举实商量

睡来合眼饭来餐，起坐终须勿两般。
同道尽知言不惑，十方刹土目前观。

　　委曲商量

得用由来处处通，临机施设认家风。
扬眉瞬目同一眼，竖拂敲床为耳聋。(《续藏经》，第一辑，第二编，第二十三套，第三册，195页左—196页右)

第十四节　看话禅

方文偃时看话禅正风行，征之偃之语：

　　更有一般底，如等闲相似聚头，举得个古人话，识性记持，妄想卜度道，我会佛法了也。只管说葛藤，取性过日，更嫌不称意，千乡万里抛却父母师资，作这去就，这个打里榾汉，有什么死急，行脚去。(《续藏经》，第二编，第二十三套，第二册，171页右)

唐末生看话之风，既言之矣。今入五代，此风益盛，取古人之话头，妄想卜度以为会佛法，不通禅教大体而见处偏固者即此之故。文偃骂诸方宗师云：

　　诸方老秃奴，曲木禅床上坐地，求名求利，问佛答佛，问祖答祖，屙屎送尿也。三家村里老婆，传口令相似，识个什么好

恶，总似这般底，水也难消。（同上书，175页左）

可想见法盛而弊生之状。

第十五节　罗汉斋

释氏之法用钵盂乃印度之古仪，至匙箸则从中国之俗耳。文方用之有确证。

> 师见僧斋次问："钵盂匙箸，拈向一边，把将馄饨来。"无对。代云："好羹好饭。"（同上书，191页右）
> 又云："匙箸钵盂，手巾单子。"（同上书，左）

罗汉斋亦行于禅林。

> 师问僧："设罗汉斋，得生天福，你得饭吃。"（同上书，194页右）
> 因供养罗汉，问僧："今夜供罗汉，你道罗汉还来也无？"（同上书，左）

罗汉供养之事始见《翠微传》，至五代而此仪行世。

第十六节　罗汉桂琛

桂琛，常山人姓李，自幼厌俗，斋茹一餐，调息终日，达弱冠后出家，事万岁寺无相，学毗尼。一日为众登台宣戒本了谓："持犯以束身者非真解脱，依文解义岂协圣心哉！"乃自发愤访南宗，初谒云居，去参雪峰、玄沙二老，未有所得，后得玄沙旨，色空明暗廓然无惑。师备尝问："三界唯心，汝作么生会？"桂琛指椅子云："和尚唤这个作什么。"备云："椅子。"琛云："和尚不会三界唯心。"备云："我唤这个作竹木，汝唤作什么？"琛云："桂琛亦唤作竹木。"备云："尽大地觅一个会佛法底人不可得。"由是愈加激励。

师备之诱迪学者，皆命琛助发之，故琛虽韬藏，道誉甚远。

第十七节　王诚之崇信

漳州刺史王诚于闽城西之石山创梵宇，名地藏院，请琛演法。驻锡十有余年，来往二百众。后为勤州太保、琅琊公志所请，移漳州罗汉院，不数岁，学徒大集，盛阐玄要。后唐明宗帝天成三年（928）示疾，安坐而终，春秋六十二。

《宋高僧传》卷十三云：

> 琛得法，密付授耳。时神晏大师，王氏所重，以言事胁，令舍玄沙嗣雪峰，确乎不拔，终为晏谮而凌轹，惜哉！

不知果为史实否耶？

第十八节　桂琛之心要

桂琛思想难得分明，然征之以下问答，其心要可知。

师见僧来，举拂子曰："还会么？"僧曰："谢和尚慈悲，示学人。"师曰："见我竖拂子便道示学人，汝每日见山见水，可不示汝。"（《大藏经》，第三十套，第十册，949页右）

又见僧来举拂子，其僧赞叹礼拜。师曰："见我竖拂子便礼拜赞叹。那里扫地，竖起扫帚，为什么不赞叹？"（同上）

师插田次，见僧乃问："甚么来？"云："南方。"师云："南方近日佛法如何？"云："商量浩浩地。"师云："争如我这里种田搏饭吃。"云："争奈三界何？"师云："你唤什么作三界？"僧有省。（《续藏经》，第一辑，第二编乙，第九套，第五册，431页左）

第二十九章　法眼文益之禅风

罗汉桂琛出清凉文益。益宏涉教经，于华严圆融之深义殊悟入，活用曹洞回互之禅以为理事泯合之妙。其言谓大凡祖佛之宗，具理具事，事依理立，理假事明，理事相资，还同目足，欲其不二，贵有圆融。且如曹洞家风，则有偏有正，有明有暗，临济有主有宾，有体有用。又如法界观具谈理事，断自色空。海性无边，摄在一毫之上，须弥至大藏归一芥之中，故非圣量之使然。真猷合尔，不着它求，尽由心造，佛及佛生，具平等故。益形成法门一派，称为法眼宗，五宗之第一也。

第一节　法眼文益

文益，余杭人，姓鲁，年甫七岁，投新定之智通院全伟削染，弱龄纳戒于越州开元寺。时有律师希觉，盛化于明州鄮山育王寺，乃往听习领其微旨，兼探儒典以文墨游心。希觉目为我门之游夏，可以知其造诣。后玄机一发，不安于持犯，飞锡南询，见福州长庆院慧棱。棱，雪峰义存之嗣，虽未契玄旨，而为众所推服。寻结伴出西湖，适大雨急至，溪水暴涨，不能进，暂寓城西之地藏院，即桂琛道场也。

第二节　桂琛与文益

琛知文益在长庆门下以才能自显，故锐意接之。琛问："上座何往？"益曰："逦迤行脚去。"琛曰："行脚作么生？"益曰："不知。"琛曰："不知最亲切。"益言下有省。又举《肇论》至天地与我同根处，桂琛云："山河大地与上座自己是同是别？"文益云："别。"琛竖起两指。益云："同。"琛又竖起两指便起去。

文益等辞去，桂琛送之至门，问曰："上座寻常说三界唯心，万法唯识，乃指庭下片石云，且道此石在心内，在心外？"文益云："在心内。"琛云："行脚人着甚么来由，安片石在心头？"益窘无以对，即放包席下求决择，依止近月余，日呈见解，说道理。琛语之云："佛法不恁么。"益云："某甲词穷理绝。"琛云："若论佛法一切见成。"益言下大悟。同行法进等欲历览江表丛林，益亦随行，至临川，州牧请住崇寿院。

有子方者，来自长庆会下，文益举长庆慧棱之偈问云："作么生是万象之中独露身？"子方举拂子。益云："恁么会又争得？"方云："和尚尊意如何？"益云："唤什么作万象？"方云："古人不拨万象。"益云："万象之中独露身，说甚么拨不拨。"方豁然省悟。述偈投诚服膺焉，由是参徒翕然而至，不减千计。

第三节　李昇之崇信

《宋高僧传》卷十三云：

> 江南国主李氏始祖知重,迎住报恩禅院,署号净慧。

江南国主者,南唐烈祖李昇,字正伦,好学、宽仁、勤俭、施善政。吴大和五年即以后唐明宗长兴四年(933)封齐王。吴天祚三年即以后晋高祖天福二年(937)受吴主之禅,即帝位于建康,国号南唐,改元曰升元。升元七年即后晋天福八年(943)殂。李昇传详《五代史》卷六十二。

文益为南唐李昇请,住金陵报恩禅院,其后迁主清凉寺。一日与李主论道罢,同观牡丹花,王命作偈,文益即赋云:

> 拥毳对芳丛,由来趣不同。发从今日白,花是去年红。艳冶随朝露,馨香逐晚风。何须待零落,然后始知空。

文益于金陵三坐大道场,朝夕演法,诸方禅林,皆靡然风化,玄沙师备法门,中兴于江表矣。后周世宗显德五年(958)七月示疾,南唐元宗景亲加礼问,跏趺而逝。寿七十有四,谥大法眼禅师。

第四节　法眼禅教之融合

《文益语录》,语风圆信与郭凝之所辑,入五家语录,收在《续藏经》第一辑第二编第二十四套第五册。其宣扬法门,禅教融合,浑然无瑕玼。语不险而理幽,机锋不露而用活,不陷当时之禅弊者,盖益一人耳。益法道之特色是发挥石头明暗理事回互之妙用,体现华严之圆理于禅,兼带三界唯心、万法唯识之真现者。

其说理事云:

理无事而不显，事无理而不消，事理不二，不事不理，不理不事。(《大藏经》，第三十套，第十册，1016页右)

又云：

大凡祖佛之宗，具理具事，事依理立，理假事明，理事相资，还同目足。若有事而无理，则滞泥不通，若有理而无事，则汗漫无归。欲其不二，贵有圆融。且如曹洞家风，则有偏有正，有明有暗。临济有主有宾，有体有用。然建化之不类，且血脉而相通，无一不该，举动皆集。又如法界观，具谈理事，断自色空，海性无边，摄在一毫之上，须弥至大，归藏一芥之中。故非圣量使然，真猷合尔。又非神通变现，诞性推称。不着它求，尽由心造，佛及众生具平等故。(《十规论》第五)

斯文益引杜顺之法界观门，将教禅打成一团，而无滞于教之弊。云：

诸人各会，看还源观，百门义海，《华严论》《涅槃经》诸多策子。阿那个教中，有这个时节，若有试举看，莫是怎么经里有怎么语，是此时节么，有什么交涉，所以微言滞于心首，尝为缘虑之场，实际居于目前，翻为名相之境。又作么生得翻去，若也翻去又作么生，得正去，还会么？莫只恁么念策子，有什么用处。(《大藏经》，第三十套，第十册，972页左)

还源观者，唐法藏撰修《华严奥旨》妄尽还源观。百门义海者，同为法藏著《华严经义海百门》。可以证文益使其门下看华严诸书。

第五节　法眼之活用华严

益曾颂华严六相：

> 华严六相义，同中还有异。异若异于同，全非诸佛意。诸佛意总别，何曾有同异。男子身中入定时，女子身中不留意。不留意绝名字，万象明明无理事。（同上书，1020页左）

颂三界唯心：

> 三界唯心，万法唯识，唯识唯心，眼声耳色，色不到耳，声何触眼，眼色耳声，万法成办。万法匪缘，岂观如幻，大地山河，谁坚谁变。（同上）

第六节　法眼《参同契注》

文益于石头之法有亲缘，尝云：

> 出家人但随时及节便得。寒即寒，热即热，欲知佛性义，当观时节因缘。古今方便不少，不见石头和尚，因看《肇论》，云："会万物为己者，其唯圣人乎？他家便道圣人无己，无所不己，有一片言语，唤作《参同契》。"末上云："坐土大仙志，无过此语也。中间也只随时说话。上座今欲会万物为已去，盖为大地无一法可见。他又嘱人云光阴莫空度，适来向上座道，但随时及节便

得，若也移时失候，即是虚度光阴于非色中作色解。上座于非色中作色解，即是移时失候。且道色作非色解还当不当，上座若怎么会？便是没交涉，正是痴狂两头走，有什么用处？上座但守分随时过好。"（同上书，973页右）

如斯推奖《参同契》，作其注解。宋慧洪《林间录》中云：

> 非特临济宗喜论三玄，石头所作《参同契》备具此旨。窃尝深观之，但易玄要之语为明暗耳。文止四十余句，而以明暗论者半之。篇首便标曰："灵源明皎洁，枝派暗流注。"又开通发扬之曰："暗合上中言，明明清浊句。"在暗则必合上中，在明则须明清浊，此体中玄也。至指其宗而示其意，则曰："本末须归宗，尊卑用其语。"故下广叙、明暗之句，奕奕联连不已，此句中玄也。及其辞尽也，则又曰："谨白参玄人，光阴莫虚度。"道人日用能不遗时失候，则是真报佛恩，此意中玄也。法眼为之注释，天下学者宗承之。然予独恨其不分三法，但一味作体中玄解，失石头之意。李后主读当明中有暗注辞曰："玄黄不真，黑白何咎。"遂开悟。此悟句中玄为体中玄耳。（《续藏经》，第一辑，第二编乙，第二十一套，第四册，311页右）

然则文益《参同契注》，传于宋代甚明，其后佚而不传于今。鼓山元贤《洞上古辙》卷上云：

> 《参同契》，此洞宗之源也。宋有法眼大师注，世所共宗，今已湮没不可考。（《洞上古辙》卷上，2页右）

法眼宗渊源于石头，可以此证之。

第七节　法眼之啐啄同时

文益门人德韶有偈：

通玄峰顶，不是人间。心外无法，满目青山。

益闻之云："此一偈可起吾宗？"可以见法眼宗之面目。

师一日上堂，僧问："如何是曹源一滴水？"师云："是曹源一滴水。"（《续藏经》，第一辑，第二编，第二十四套，第五册，500页左）

归宗玄策禅师，曹州人，初名慧超。谒师问云："慧超咨和尚，如何是佛？"师云："汝是慧超。"超从此悟入。（同上书，501页右）

因僧来参次，师以手指帘。寻有二僧，齐去卷帘。师云："一得一失。"（同上书，499页右）

师问修山主："毫厘有差，天地悬隔，兄作么生会？"修云："毫厘有差，天地悬隔。"师云："恁么会又争得？"修云："和尚如何？"师云："毫厘有差，天地悬隔。"修便礼拜。（同上）

此等语传唱诸方。

文益示其徒极悃切，最急于实行。

问:"如何是正真之道?"师曰:"一愿也,教汝行,二愿也,教汝行。"

第八节 《宗门十规论》

益所著《宗门十规论》,一一指时弊,痛加诫箴。其略云:近代之人,虽入丛林,懒于参求,纵或留心,不择宗匠,心地尚未明,急务住持,滥称知识,且贵虚名在世。是其一。

德山、临济、沩仰、曹洞、雪峰、云门,各有门庭施设。子孙护宗党祖,不原真际,竟出多歧,矛盾相攻,以争斗为神通,骋唇舌作三昧,是非锋起,人我山高。是其二。

今人多不量己力,剽窃人言,但知放,而不知收;虽有生而且无杀,奴郎不辨,真伪不分。是其三。

曹洞则敲唱为用,临济则互换为机,韶阳则函盖截流,沩仰则方圆默契,如谷应韵,似关合符,虽差别于规仪,且无碍于融会。近代宗师,棒喝乱施,自云曾参德山临济,圆相互出,唯言深达沩山、仰山,对答既不辨纲宗,作用又焉知要眼,诳谑群小,欺昧圣贤。是其四。

大凡祖佛之宗,理事相资,还同目足。苟或不知其旨,妄有谈论,致令偏正滞于回互,体用混于自然,是其五。

先德梯航山海,不避死生,为一两转之因缘,有纤瑕之疑事,须凭决择,贵要分明。如不经淘汰,臆断古今,则何异未学剑而强舞太阿。是其六。

近代学人专守师门,记持露布,切忌承言滞句便鼓吻摇唇,以为妙解。是其七。

若欲举扬宗乘,须先明佛意,次契祖心。倘或不识义理,只当专守门风,如辄妄有引证,自取讥诮。是其八。

诸方宗匠,以歌颂为等闲,将制作为末事,任情直吐,多类于野谈,率意便成。识者览之嗤笑,愚者信之流传。是其九。

盖有望风承嗣,窃位住持,便谓我已得最上乘。护己之短,毁人之长。以讦露为慈悲,以佚滥为德行,破佛禁戒,弃僧威仪,反凌铄于二乘,倒排斥于三学。口谈解脱之因,心弄鬼神之事。是其十。

五代之末,禅林之弊风,如睹目前矣。

第九节　五代之看话禅

唐末为看话禅之胚胎,既言之矣,至五代之末而看话完成。《宗门十规论》云:

> 他先德梯航山海不避生死,为一两转之因缘,有纤瑕之疑事,须凭决择,贵要分明,作亲伪之箴规,为人天之眼目。然后高提宗印,大播真风,征引先代是非,鞭挞未了公案。

即于一二则之公案有疑,则跋涉山川,努力抉择之也,是为明古人之宗趣不待言。然而得明古则之二三则,即以为领了佛法,陷于看话禅。其病决不轻,岂不可畏也哉!

第十节　当时嗣法之风习

禅家嗣法之大事,在师资冥契不待言,然亦有多由学人之决意而定者,既如前论。《文益语录》亦为此证。

　　师久参长庆棱,后却继嗣地藏。长庆会下有子昭首座,平昔与师商榷古今言句,昭才闻,心中愤愤。一日特领众诣抚州,责问于师。师得知,遂举众出迎,特加礼待。宾主位上,各挂拂子一枝。茶次,昭忽变色抗声问云:"长老开堂,的嗣何人?"师云:"地藏。"昭云:"何太孤长庆先师。某甲同在会下,数十余载,商量古今,曾无间隔,因何却嗣地藏?'师云:"某甲不会长庆一转因缘。"昭云:"何不问来?"师云:"长庆道,万象之中独露身,意是作么生?"昭竖起拂子。师便叱云:"首座,此是当年学得底,别作么生。"昭无语。师云:"只如万象之中独露身,是拨万象,不拨万象?"昭云:"不拨。"师云:"两个也。"于时参随一众连声道:"拨万象。"师云:"万象之中独露身聻。"昭与一众,懡㦬而退。(《续藏经》,第一辑,第二编,第二十四套,第五册,503页左)

此所谓子昭对文益之因缘,机语无异于子方对文益之因缘,虽二个因缘似亦为一。益不继嗣长庆而嗣地藏,则由于藏下大悟,此事在益开堂而公表师承之日始为世知。地藏、长庆二者于此均不能如何。如益嗣长庆,人亦不能争之,当时嗣法之状,正是如此。

第三十章　风穴延沼与天台德韶

一反文益之平实宗风，而弄孤险者为风穴山之延沼。沼是临济四叶，活泼纵横，云为出常情，大唱临济玄要。尝云：世尊三昧，迦叶不知；迦叶三昧，阿难不知；阿难三昧，商那和修不知。吾有三昧，汝亦不知。

文益之门有天台山德韶，能继法眼宗统，再兴曹溪禅风。言简而旨明，语平而理幽，于五代第一人也。其教旨云：佛法现成，一切具足。古人道：圆同太虚无缺无余。良由法界无边，心亦无际。事无不彰，言无不显，如是会得同唤般若现前、理极真际。一切山河大地、森罗万象、墙壁瓦砾，并无丝毫阙亏。

第一节　风穴延沼

延沼，余杭人，姓刘，以唐昭宗帝乾宁三年（896）生，自幼魁磊，有英气，学习儒典，出京应进士不遂，东皈依本州开元寺智恭剃染，游讲肆，修天台教观。年二十五见道忞于越州镜清院。忞雪峰之嗣，因缘未熟，寻诣襄州华严院。时有守廓者，为汝州南院慧颙侍者。华严一日升座曰："若是临济德山高亭大愚乌窠船子下儿孙，不用如何若何，便请单刀直入。"守廓出众便喝，华严亦喝，廓亦喝，华严亦喝。廓起礼拜，以指顾众曰："这老汉一场败缺。"喝一喝归众。延沼心奇之，因结为友，遂得三玄三要之旨。

守廓更奖沼使见其师慧颙于南院。沼初入门不礼拜，问曰："入门须辨主，端的请师分。"颙拍左膝，沼便喝。颙拍右膝，沼亦喝。颙曰："左边一拍且置，右边一拍作么生？"沼曰："瞎。"颙拈棒，沼笑曰："莫盲枷瞎棒倒夺打和尚去。"颙掷拄杖曰："今日被黄面淅子钝置。"沼曰："大似持钵不得诈言不饥。"颙曰："子曾到此间乎？"沼曰："是何言欤？"颙曰："好问汝。"沼曰："亦不可放过。"便礼拜。颙喜之，赐坐问曰："所与游者何人？"沼曰："襄州与廓侍者同夏。"颙曰："亲见作家。"

延沼于是俯就弟子之列，从容承禀，依止六年，遂上堂奥。以后唐明宗帝长兴二年（931）至汝州，就古风穴寺之废址定居，日行乞村落，夜燃松脂，单丁孤影七春秋。檀信来集，伽蓝一新。后晋高祖帝天福二年（937），州牧闻延沼道风，尽礼致之，上元日开堂，嗣南院慧颙。

后汉高祖帝乾祐二年（949），州牧迁守郢州，沼亦避寇往依之。寇平后，有汝州宋太师者，施其第为佛宇，号新寺，迎沼居之。由此法席益盛，参徒甚多。

后周太祖帝广顺元年（951），赐寺名曰广惠，住山二十二年，以宋太祖帝开宝六年（973）寂，寿七十八。

第二节　风穴之法系

《景德传灯录》卷十三以延沼为汝州南院法嗣，以南院为魏府大觉之嗣，即如下：

魏府大觉和尚法嗣

　　庐州大觉和尚　庐州澄心院旻德和尚

　　汝州南院和尚

魏府兴化存奖禅师法嗣

　　汝州宝应和尚（亦曰南院第一世住）

汝州南院和尚法嗣

　　汝州风穴延沼禅师

据此说则：临济义玄——魏府大觉——汝州南院——风穴延沼，次第相承。

第三节 《广灯录》之说

然而《天圣广灯录》以后订正之。据《广灯录》则：

　　临济院义玄惠照禅师法嗣

　　魏府大觉禅师　镇州宝寿沼禅师　镇州三圣慧然禅师　齐耸禅师　定州崔禅禅师　镇州万寿禅师　涿州秀禅师　魏府兴化存奖禅师

　　魏府兴化存奖禅师法嗣

　　汝州宝应禅院颙禅师　淄州水陆禅师　太行山禅房院克宾禅师魏府天钵禅师　守廓上座

　　汝州宝应禅院颙禅师法嗣

　　汝州风穴山延沼禅师　汝州颖桥安禅师

即临济义玄——兴化存奖——南院慧颙——风穴延沼之次第。

《广灯录》卷十四所载，汝州宝应院《颙禅师语录》与《景德传灯录》卷十二所载汝州宝应和尚之语比较如全同一人。《传灯》云：

师（宝应）上堂曰："诸方只具啐啄同时眼，不具啐啄同时用。"时有僧便问："如何是啐啄同时用？"师云："作家相见不啐啄，啐啄同时失。"……其僧不肯。后于云门会下闻别僧举此语，方悟旨，却回参省，师已圆寂，遂礼风穴和尚。风穴问曰："汝当时问先师啐啄语，后来还有省处也无？"云云。

据以上记述，风穴延沼为宝应之嗣明也。

第四节　风穴之语要

慧洪《禅林僧宝传》卷三录延沼与南院商量临济玄要之语云：

南院又问："汝道四种料简语，料简何法？"对曰："凡语不滞凡情，即坠圣解。学者大病，先圣哀之，为施方便，如楔出楔。"曰："如何是夺人不夺境？"曰："新出红炉金弹子，篾破阇梨铁面门。"又问："如何是夺境不夺人？"曰："刍草乍分头脑裂，乱云初绽影犹存。"又问："如何是人境俱夺？"曰："蹑足进前须急急，促鞭当鞅莫迟迟。"又问："如何是人境俱不夺？"曰："常忆江南三月里，鹧鸪啼处百花香。"又问曰："临济有三句，当日有问：如何是第一句？"临济曰："三要印开朱点窄，未容拟议主宾存。"风穴随声便喝。又曰："如何是第二句？"临济曰："妙解岂容无著问，沤和争赴截流机。"风穴曰："未闻已前错。"又问曰："如何是第三句？"临济曰："但看棚头弄傀儡，抽牵全借里头人。"风穴曰："明破即不堪。"于是南院以为可以支临济，幸不辜负兴化先师所以付托之意。(《续藏经》，第一辑，第二编乙，第十套，第三册，226页左)

以上语不见于《传灯》，见《广灯》卷十五。《传灯》《广灯》共录四宾主之问答云：

问："如何是宾中宾？"师云："攒眉坐白云。"问："如何是宾中主？"师云："入市双瞳瞽。"问："如何是主中宾？"师云："回銮两耀新。"问："如何是主中主？"师云："磨砻三尺剑，待斩不平人。"(同上书，第二编乙，第八套，第四册，368页左)

第五节 风穴之心印

延沼上堂语云："祖师心印，此日全提，去即印住，住即印去。只如不去不住，印即是，不印即是。众中还有道得底么？"时有卢陂长老问："学人有铁牛之机，请师不搭印。"师云："惯钓鲸鲲澄巨波，却嗟蛙步骤泥沙。"(同上书，367页左)

在《传灯》作住即印破，作澄巨浸，然后世诸录多改为：

祖师心印，状似铁牛之机去即印住，住即印破云云。

却不如旧录好!

第六节　风穴之用处

欲知沼生平之用处，以下之语可见。

上堂云："若立一尘，家国兴盛，野老嚬蹙。不立一尘，家国丧亡，野老安贴。于此明得，阇梨无分，全是老僧要识阇梨么？"右边拍一拍云："者里即是阇梨。要识老僧么？"左边拍一拍云："者里即是老僧。老僧与阇梨，亦能悟却天下人，亦能迷却天下人。"（同上书，368页左）

上堂云："夫参学人，临机直须大用现前，莫自拘于小节。设使言前荐得，犹是滞壳迷锋，纵使句下精通，未免触途狂儿。劝汝诸人，应是向来依他作解。明昧两歧，与汝一时扫却，直教个个如师子儿。咤呀地哮吼一声，壁立千仞，谁敢正眼觑着？觑着，即瞎却渠眼。"（同上书，366页左）

第七节　天台德韶

德韶，处州龙泉人，姓陈，生而杰异，年十五，有梵僧劝使出家。及年十七，投本州龙归寺受业。十八诣信州开元寺受满分戒。

后唐庄宗帝同光中（923—925），上舒州投子山谒大同，转潭州龙牙山造居遁，问曰："天不盖，地不载，此理如何？"居遁曰："合如是。"德韶不喻其旨，再请垂诲，遁曰："道者，汝向后自会去。"次至抚州疏山之羌仁，久而不契辞去。

如是历参五十四员宗匠，括磨搜剥，未至脱洒，最后诣临川，见清凉文益，但随众耳，无所咨决。然文益一见，深知其大器。

一日有僧问文益："十二时中如何得顿息万缘去？"益曰："空与汝为缘耶？色与汝为缘耶？言空为缘则空本无缘，言色为缘则色心不二，日用果何物为汝缘乎？"德韶闻而悚然异之，是文益言实理真诠，与诸方之竹头接木之语不同也。

文益一日上堂，有僧问："如何是曹源一滴水？"益曰："是曹源一滴水。"韶闻而平生凝滞涣然冰释，感泪沾衣。文益曰："汝当大宏吾宗，行矣，无自滞于是。"

韶乃辞去，游天台山，睹智颛之遗踪，有归旧居之想，有瞪然终焉之志。

第八节　忠懿王之问法

先是韶寓白沙，时吴越之忠懿王，以王子守台州，闻韶名，遣使迎之，日夕问道。韶曰："他日为霸王，当兴佛法。"后汉高祖帝乾祐元年（948），王主吴越，乃迎请为国师。

时天台有学僧义寂，屡语韶曰："智者之教，年祀寝远，虑多散落，今新罗国其本甚备，自非和尚慈力，其孰能致之乎？"韶于是闻于忠懿王。王遣使往彼国，缮写备足而回。

第九节　天台教之复兴

《释门正统》卷二《义寂传》云：

> 初智者所设教迹,自安史挺乱以来,会昌籍没之后,当时硕德,但握半珠,隐而不曜,所有法藏,多流海东。师痛念本折枝摧,力网罗之,先于金华古藏中,仅得《净名》一疏而已。后以钱忠懿王览内典,昧于教相,请扣韶国师,称师洞明台道,王召师建讲,遣使抵日本,求其遗逸,仍为造寺,赐号净光。追谥九祖尊者,台道郁而复兴,师之力也。(《续藏经》,第一辑,第二编乙,第三套,第五册,381页右)

如斯韶助力台教之复兴,至兴智者道场数十所,实不失为千古美谈。

韶尝住通玄峰,有偈:

> 通玄峰顶,不是人间。心外无法,满目青山。

后于般若寺开堂说法十二会,第一会初开堂之日,示众曰:

> 一毛吞海,海性无亏,纤芥投锋,锋利无动。见与不见,会与不会,惟我知焉。乃有颂曰:
>
> 暂下高峰已显扬,般若圆通遍十方。人天浩浩无差别,法界纵横处处彰。

以宋太祖帝开宝五年(972)迁化,享年八十二。

第十节　天台平实之语要

德韶可称曹溪之真裔,发言一无隐晦,不险峭,言言分明,句句平实,弃枝叶而提大本,去小径而阔步大道。谓为慧能之法,再出于世,无不可也。

上堂曰:"上圣方便犹如河沙,祖师道非风幡动,仁者心动,斯乃无上心印法门。我辈祖师门下客,合作么生会祖师意?莫道风幡不动,汝心妄动,莫道不拨风幡,就风幡道取,莫道风幡动处是什么?有云附物明心,不须认物。有云色即是空。有云非风幡动应须妙会,如是解会与祖师意旨有何交涉?既不许如是会。诸上座便合知悉,若于这里彻底悟去,何法门而不明,百千诸佛方便一时洞了,更有什么疑情。所以古人道一了千明,一迷万惑。上座岂是今日会得一则,明日又不会也。莫是有一分向上事难会,有一分下劣凡夫不会。如此见解设经尘劫,只自劳神乏思无有是处。"(《大藏经》,第三十套,第十册,980页左)

以仁者心动为无上心印,可知韶见处之非凡。因谓今日会一则明日又不会云云,此正对看话。今日捏怪于一则公案,明日亦黑漆桶看他之公案,韶所以排斥之也。

第十一节　曹溪之真风再起

又云：

若见般若，不名般若；若不见般若，亦不名般若。般若且作么生说见不见？所以古人道，若缺一法，不成法身；若剩一法，不成法身；若有一法，不成法身；若无一法，不成法身，此是般若之真宗。（同上书，981页右）

与慧能六祖《坛经》之说，全无分别。

佛法见成，一切具足。古人道圆同太虚无缺无余。若如是且谁缺、谁剩、谁是、谁非、谁是会者、谁是不会者？所以道东去亦是上座，西去亦是上座，南去亦是上座，北去亦是上座。上座因什么得成东西南北？若会得自然，见闻觉知路，绝一切诸法现前。何故如此为法身无相，触目皆形，般若无知，对缘而照。一时彻底会取好诸上座出家儿合作么生？此是本有之理未为分外识，心达本源，故名为沙门。若识心皎皎地，实无丝毫障碍上座。（同上）

又云：

真空不二，万德无言，正当明时，如王宝剑。所以如来于一切处成等正觉，于刀山剑树上成等正觉，于镬汤炉炭里成等正

觉，于棒下成等正觉。(《续藏经》，第一辑，第二编乙，第九套，第五册，444页左)

触目菩提，法法全真，此为德韶教旨，法眼之宗旨也。法眼之宗旨，石头之宗旨也。石头之宗旨，曹溪之宗旨也。此外，更要何葛藤哉！

第三十一章 王侯之归崇与禅门之兴隆

唐末亘五代，禅道大盛，王侯之归向者不少。如后唐庄宗于兴化存奖，南唐王李昪于清凉法眼，楚王马殷于石门献蕴，吴越王钱镠于镜清道怤，钱俶于天台德韶、永明道潜，闽王王审知于雪峰玄沙，南汉王刘隐于灵树如敏，皆其崇信之深者。

第一节 南唐王李昪

后唐庄宗（922—925，在位三年）敬信兴化存奖，问法于华严之休静，既言之矣。

次南唐主李昪之于清凉法眼，亦既言之。据《佛法金汤编》卷十，皈依法眼非李昪乃李煜也。云：

> 煜，字重光，璟第六子，初名从嘉，及嗣位更名煜，即李后主。尝请文益禅师，住报恩禅院，署号净慧禅师，迁往清凉寺。文益示寂，煜为建塔，奉金身葬于江宁县之丹阳，敕谥大法眼，塔曰无相。

然案《五代史》卷六十二，煜嗣南唐王位是宋太祖帝建隆二年（961），即文益迁化后三年。益之迁化在李璟时。《景德传灯录》卷二十四云：

> 升州清凉院休复悟空禅师……参寻宗匠，缘会地藏和尚，后继法眼住抚州崇寿。甲辰岁江南国主创清凉大道场延请居之。……师平日居方丈唯毾一袜，每晒同参法眼多为偈颂。晋天福八年癸卯十月朔日遣僧往报恩院，命法眼禅师至方丈嘱付。又致书辞国主，取三日夜子时入灭。国主屡遣使候问，令本院至时击钟，及期大众并集，师端坐警众曰："无弃光影。"语绝告寂，时国主闻钟，登高台遥礼清凉，深加哀慕。

所谓甲辰若为后晋出帝开运元年（944），则是天福八年癸卯（943）之翌年。《传灯》纪年自家撞著。《佛法金汤篇》卷十云：

> 李先主（李昇）升元初改徐温所建兴教寺为清凉大道场，请抚州崇寿寺休复悟空禅师居之。升元二年改瓦官寺为升元寺。

果然则清凉院是升元元年即后晋天福二年李昇所创。天福八年悟空迁化之后，文益住此可知。

第二节　李　璟

同书云：

> 李璟，昇长子，谥元宗，即李中主，保大中为先主造寺曰奉先（即保宁寺）。璟迁都南昌，以子从嘉守建康。

第三十一章 王侯之归崇与禅门之兴隆

《景德传灯录》卷二十三、《罗山道闲之法嗣·隐微章》云：

> 洪州大宁院隐微禅师……历参宗匠，至罗山，法宝大师导以师子在窟出窟之要，因之省悟。……周广顺元年辛亥金陵李氏向德，召入居龙光禅院（后改名奉先），署觉寂禅师。暨建隆二年辛酉随江南李氏至洪州，住大宁精舍，重敷玄旨，其年十月示疾……安坐而逝。

二说符合，璟亦为禅之外护。

又同书云门文偃之法嗣：

> 筠州洞山普利院第八世住清禀禅师……造云门……入室印悟乃之金陵，国主李氏请居光睦，未几复命入澄心堂，集诸方语要经十稔云云。
>
> 金陵清凉明禅师，江南国主请师上堂云云。
>
> 金陵奉先深禅师，江南国主请开堂日，才升座，维那白捶曰法筵龙象众，当观第一义云云。

皆不记年代。为昪为璟难知悉。后者为璟似之。又《景德传灯录》卷二十二，鼓山神晏法嗣：

> 建州白云智作真寂禅师……礼鼓山国师披剃……乾祐二年己酉江南国主李氏延居奉先，赐紫衣，师名云云。

由其纪年可推知其为李璟。同书长庆慧棱之法嗣。

  庐山开先寺绍宗圆智禅师……入长庆之室密契真要。初结庵于虔州了山，二十载道声遐布，江南国主建寺请转法轮，玄徒辐辏，暨国主巡幸洪州，躬入山瞻谒，请上堂云云。

是亦璟也。

同书卷二十袁州盘龙山可文之法嗣。

  袁州木平山善道禅师初谒乐普……乃参盘龙，……凡有新到僧未许参礼，先令运土三担，而示偈曰：

  南山路仄东山低，新到莫辞三担泥。嗟汝在途经日久，明明不晓却成迷。

  师肉髻罗纹，金陵李子向其道誉，迎请迎养，待以师礼。……大法眼禅师有偈赠曰：

  木平山里人，貌古言复少。相看陌路同，论心秋月皎。坏衲线非蚕，助歌声有鸟。城阙今日来，一沤曾已晓。

此当为李昪。

第三节　楚王马殷

  楚王马殷，字霸图，许州鄢陵人，唐昭宗帝乾宁三年（896）拜为潭州刺史，后梁太祖即位之年开平元年（907）封为楚王。后唐明宗帝天成二年（927）再封为楚国王，以同年长兴元年（930）卒，寿七十九，殷传详《五代史》卷六十六。

  据《景德传灯录》卷二十并《佛法金汤编》卷十，青林师虔之法

第三十一章　王侯之归崇与禅门之兴隆

嗣，襄州凤凰山石门寺献蕴至潭州时，马殷出城延请，问曰："如何是祖师西来大道？"蕴曰："好好大哥，御驾六龙千古秀，玉阶排仗出金门。"殷乃请入天册府供养数日。

瑞岩师彦之法嗣，南岳横龙亦应楚王马氏之请住金轮，不知为马殷抑其子孙。

第四节　吴越王钱镠

钱镠，字君美，唐僖宗帝光启三年（887）拜左卫大将军、杭州刺史、昌越州观察使，昭宗帝景福二年（893）为镇海军节度使、润州刺史。昭宗帝天复二年（902）封越王，天祐元年（904）封吴王。后梁太祖封为吴越王，后唐庄宗赐玉册金印。于是钱镠自称吴越国王。后唐明宗帝长兴三年（932）卒，寿八十一，谥武肃王。

后梁贞明五年（919），黄檗希运之法嗣广杭州罗汉院宗彻之寺为安国罗汉寺，移其塔于大慈山，见《传灯》卷十二。

同书仰山慧寂之法嗣：

> 杭州文喜禅师……咸通七年旋浙右，止千顷山筑室而居，会巢寇之乱，避地湖州，住仁王院。光启三年钱王请住龙泉廨署（今慈光院）……大顺元年钱王表荐赐紫衣。乾宁四年又奏师号曰无著。光化二年示疾。

所谓钱王者，镠也。镠请越州镜清寺道怤居天龙寺，兴禅于吴越，又创龙册寺延请怤，既如前述。

第五节　吴越王钱佐

《传灯》卷十八雪峰义存之法嗣有：

> 杭州龙华寺真觉大师灵照，高丽人也。……钱公卜杭之西关创报恩院，延请开法，禅众翕然依附，寻而钱王建龙华寺，迎金华傅大士灵骨道具置焉，命师住持。

所谓钱王者，钱镠之孙钱佐，文穆王钱元瓘之子也。袭封吴越国王，后晋开运四年卒，寿二十，谥忠献。

第六节　忠懿王钱俶

钱俶立为吴越王，是即忠懿王。宋太宗帝太平兴国三年国除。《传灯》卷二十一、鼓山神晏之法嗣有：

> 杭州天竺山子仪心印水月大师……往浙中，钱忠懿王聆其道誉，命开法于罗汉、光福二道场，海众臻凑。

又钱俶与天台德韶之关系，既如前叙。《传灯》卷十九雪峰义存之嗣有：

> 杭州龙兴宗靖禅师……钱王命居龙兴寺，有众千余，唯三学讲诵之徒，果如雪峰所志。周广顺初，年八十一，钱王请于寺之

大殿演无上乘,黑白骈拥……钱王特加礼重,屡延入府,以始住院署六通大师。显德元年甲寅季冬月示灭。

是亦钱俶也。

第七节　闽王王审知

闽王王审知与雪峰、玄沙及鼓山神晏之关系既言之矣。《传灯》卷十八雪峰义存之法嗣:

> 福州仙宗院仁慧大师行瑫,泉州人也。姓王氏,本州开元寺受业,预雪峰禅会,声闻四远,闽帅请转法轮,玄徒奔至。

所云当为王审知。同书有:

> 漳州保福院从展禅师……梁贞明四年丁丑岁漳州刺史王公钦承道誉,创保福禅院,迎请居之。开堂日王公礼跪三请,躬自扶掖升堂。

是王审知也。

《传灯》卷二十一玄沙师备之法嗣有:

> 福州卧龙山安国院慧球寂照禅师……梁开平二年玄沙将示灭,闽帅王氏遣子至问疾,仍请密示继踵说法者谁乎?玄沙曰:"球子得。"王氏默记遗旨,乃问鼓山国师曰:"卧龙法席,孰当其

任?"鼓山举城下宿德具道眼者十有二人,皆堪出世,王氏亦默之。至开堂日,官寮与僧侣俱会法筵。王氏忽问众曰:"谁是球上座?"于是众人指出。王氏便请升座。……唐乾化三年癸酉八月十七日不疾而逝。

是王审知不待论。

同书鼓山神晏之法嗣:

> 金陵报恩院清护禅师,福州长乐人也,姓陈氏,六岁辞亲礼鼓山披削,十五纳戒于国师,言下发明真趣。暨国师圆寂,乃之建州白云,闽帅王氏奏赐紫,号崇因大师。晋天福八年金陵兴师入建城,时统军查元徽至院,师出延接。查问曰:"此中相见时如何?"师曰:"恼乱将军。"查后请师归金陵,国主命居长庆院摄众。周显德初,退归建州卓庵。时节度使陈诲创显亲报恩禅苑,坚请住寺。……开宝三年五月江南后主再请入住报恩、净德二道场,来往说法,改号妙行禅师。当年十二月示疾,预辞国主。二十日平旦声钟召大众嘱付讫,俨然坐亡,寿五十有五。

江南后主者,南唐李璟也。

第八节　王延钧

《佛法金汤编》卷十云:

> 延钧,审知次子,素奉佛法,度僧一万人,由是闽中多僧。

尝请罗山和尚开堂说法,升座敛衣,左右顾视便下座。王近前执罗山手曰:"灵山一会,何异今日?"师曰:"将谓你是个俗汉。"

第九节　南汉王刘龑

南汉刘龑与灵树如敏之因缘,前既言之。《传灯》卷二十二云门文偃之法嗣:

> 韶州白云祥和尚宝性大师初住慈光院,广主刘氏召入府说法。

又同书有:

> 韶州双峰山兴福院竟钦和尚慧真广悟禅师……广州刘氏尝亲问法要。

> 韶州净法章和尚禅想大师,广主刘氏问如何是禅师?师乃良久,广主罔测,因署其号。

是当为刘龑。

《传灯》卷十二仰山南塔光涌之法嗣有:

> 韶州昌乐县黄连山义初,号明微大师……广南刘氏向师道化,请入府内说法。

是未知为刘龑否?

第十节　文穆王与忠献王

同书云：

> 越州清化全付禅师……游庐陵，安福县宰为建应国禅苑，迎以聚徒，本道上闻，赐名清化……师后因同里僧勉还故国，钱氏文穆王特加礼重。晋天福二年丁酉岁，钱氏戍将辟云峰山建院，亦以清化为名，法侣臻萃。……至忠献王赐以紫方袍，师不受，王改以衲衣，仍号纯一禅师。

文穆王是元瓘，忠献王是钱佐，如上所述。《宋高僧传》卷十三全付传云：

> 安福县宰杨公建应国禅院，请付居之。禅徒子来，堂堂叕满。杨宰罢任，其乡人复于鸽湖山建院，迎以居之。廉使上闻，赐名曰清化禅院云云。

其他记事，详见《传灯》。

《宋高僧传》卷十三、宋庐山圆通院《缘德传》云：

> 释缘德，姓黄，钱塘人……习禅法于天龙寺道怤禅师，寻往江西问道，自云居往庐阜，孤节高岸实不见有所欲。江南国主李氏召入内道场安置，虑其不群，别构罗汉院处之。苦求入山，请住庐山新院，乃列威仪导引焉。德且装衣荷担而入，然后升座问

答参问焉。其国主赐赉，未尝以表笺报谢，有国老宋齐丘者，礼以师道，以开宝中卒。

所谓李氏，李昇也。宋齐丘为昇相。据《景德传灯录》卷二十六，缘德嗣襄州清溪之洪进，进罗汉桂琛之嗣也。

第十一节　法眼门下与诸王

清凉文益门下龙象极多，为王侯之所归向。益之法嗣杭州报恩寺慧明禅师传，载《景德传灯录》卷二十五云：

> 杭州报恩寺慧明禅师，姓蒋氏，幼出家，三学精练，志探玄旨，乃南游于闽越间，历诸禅会，莫契本心。后至临川谒净慧禅师，师资道合。寻回鄞水大梅山庵居，时吴越部内禅学者虽盛，而以玄沙正宗置之阃外，师欲整而导之。一日有二禅客到，师问曰："上座离什么处？"曰："都城。"师曰："上座离都城到此山，则都城少上座，此山剩上座，剩则心外有法，少则心法不周，说得道理即住，不会即去。"其二禅客不能对。……师寻迁于天台山白沙卓庵。时有朋彦上座博学强记，来访师，敌论宗乘。师曰："言多去道远矣。今有事借问，只如从上诸圣及诸先德还有不悟者也无？"朋彦曰："若是诸圣先德，岂有不悟者哉！"师曰："一人发真归源，十方虚空悉皆消殒。今天台山巍然，如何得消殒去？"朋彦不知所措。自是他宗泛学来者皆服膺矣。汉乾祐中，吴越王延入王府问法，命住资崇院。师盛谈玄沙宗一大师及地藏法眼宗旨臻极，王因命翠岩令参等诸禅匠及城下名公定其胜

负。……师举雪峰塔铭问老宿云:"夫从缘有者始终而成坏,非从缘有者历劫而长坚,坚之与坏即且置。雪峰即今在什么处?"众皆无对。设有对者亦不能当其征诘。时群彦弥伏。王大悦,命师居之,署圆通普照禅师。

同书又云:

杭州永明寺道潜禅师,河中府人也。姓武氏,初诣临川谒净慧禅师。一见异之,便容入室。一日净慧问曰:"子于参请外看什么经?"师曰:"看《华严经》。"净慧曰:"总、别、同、异、成、坏六相,是何门摄属?"师对曰:"文在《十地品》中,据理则世、出世间一切法皆具六相。"曰:"空还具六相也无?"师懵然无对。净慧曰:"子却问吾?"师乃问曰:"空还具六相也无?"净慧曰:"空。"师于是闻悟,踊跃礼谢。……净慧曰:"子向后有五百毳徒,而为王侯所重在。"师寻礼辞,驻锡于衢州古寺,阅《大藏经》而已。后忠懿王钱氏命入府受菩萨戒,署慈化定慧禅师,建大伽蓝,号慧日永明,请居之。师曰:"欲请塔下罗汉铜像过新寺供养。"王曰:"善矣。予昨夜梦十六尊者乞随禅师入寺,何昭应之若是。"仍于师号加应真二字,师坐永明大道场,常五百众。

道潜迁化之年月《传灯》所不记。《宋高僧传》卷十三有建隆二年(961)辛酉九月十八日示疾,《释氏稽古略》卷三作周显德五年(958)示寂,未知孰是。同书又云:

杭州真身宝塔寺绍岩禅师,雍州人氏,姓刘氏,七岁依高安禅师出家，十八进具于怀晖禅师，暨游方与天台韶国师同受记于临川，寻于浙右水心寺挂锡，宴寂后止越州法华山，续入居塔寺上方净院。吴越王命师开法，署了空大智常照禅师。……开宝四年（971）示疾，谓门弟子曰："诸行无常，即常住相。"言讫跏趺而逝，寿七十三。

此所谓吴越王，当为忠懿。同书又云：

金陵报恩道场文遂导师，杭州人也，姓陆氏，乳抱中父母徙家于宣城，才早岁挺然好学，乃礼池州僧正落发登戒。年十六观方禅教俱习。尝究《首楞严经》十轴，甄分真伪缘起本末精博，于是节科注解文句交络，厥功既就，谒于净慧禅师述己所业深符经旨。净慧问曰："《楞严》岂不是有八还义？"师曰："是。"曰："明还什么？"师曰："明还日轮。"曰："日还什么？"师懵然无对。净慧诫令焚其所注之文。师自此服膺请益，始忘知解。初住吉州止观。乾德二年国主延入居长庆，次清凉，次报恩大道场，署雷音觉海大导师，礼待异乎他等。

此所谓国主者必为李煜。同书又云：

金陵净德道场达观禅师智筠，河中府人也，姓王氏，弱龄迈俗，依普救寺杲大师披削，年满受具游方，谒抚州龙济修山主亲附久之，机缘莫契，后诣金陵报恩道场参净慧，顿悟玄旨，后住庐山栖贤寺。……乾德三年江南国主仰师道化，于北苑建大道场，曰净德，延请居之，署大禅师之号。……师谓众曰："吾不能投身岩谷，灭迹市廛，而出入禁庭以重烦世主，吾之过也。"遂屡辞归故山，国主赐以五峰栖玄兰若。开宝二年（969）八月十七日宴坐告寂，寿六十四。

此亦李煜也。同书又云：

  金陵清凉法灯禅师泰钦，魏府人也。生而知道，辩才无碍，入净慧之室，海众归之，佥曰敏匠。初受请住洪州函谷山双林院。……后入金陵住清凉大道场。……江南国主为郑王时，受心法于净慧之室。暨净慧入灭后，尝问于师曰："先师有什么不了底公案？"师对曰："见分析次。"异日又问曰："承闻长老于先师有异闻底事？"师作起身势。国主曰："且坐。"……开宝七年（974）六月示疾……其月二十四日安坐而终。

此所谓江南国主者，当为李璟。
  如上所述，五代虽争乱之世，而王臣之所崇奉能继续其繁荣者，乃禅宗也。